2021年度教育部高校思想政治理论课教师研究专项、高校思想政治理论课教学研究项目成果（项目编号：21JDSZK032）

宁波工程学院学术专著出版基金、宁波市"知行新说"、宁波市"新时代思想政治理论与实践研究基地"、宁波市高校思政课"张新光名师工作室"资助

应用型本科高校教学"精准供给"
——以思想政治理论课为例

王 震 / 著

中央编译出版社
Central Compilation & Translation Press

图书在版编目（CIP）数据

应用型本科高校教学"精准供给"：以思想政治理论课为例／王震著．—北京：中央编译出版社，2023.12

ISBN 978-7-5117-4490-6

Ⅰ．①应… Ⅱ．①王… Ⅲ．①思想政治教育－教学研究－高等学校 Ⅳ．①G641

中国国家版本馆 CIP 数据核字（2023）第 158888 号

应用型本科高校教学"精准供给"——以思想政治理论课为例

责任编辑	彭永强　李媛媛
责任印制	李　颖
出版发行	中央编译出版社
网　　址	www.cctpcm.com
地　　址	北京市海淀区北四环西路 69 号（100080）
电　　话	（010）55627391（总编室）　　（010）55627319（编辑室） （010）55627320（发行部）　　（010）55627377（新技术部）
经　　销	全国新华书店
印　　刷	凯德印刷（天津）有限公司
开　　本	710 毫米 × 1000 毫米　1/16
字　　数	341 千字
印　　张	18.75
版　　次	2023 年 12 月第 1 版
印　　次	2023 年 12 月第 1 次印刷
定　　价	98.00 元

新浪微博：@中央编译出版社　　微　　信：中央编译出版社（ID: cctphome）
淘宝店铺：中央编译出版社直销店（http://shop108367160.taobao.com）　（010）55627331

本社常年法律顾问：北京市吴栾赵阎律师事务所律师　闫军　梁勤
凡有印装质量问题，本社负责调换，电话：（010）55627320

前　言

对于任何一个国家来说，青年都代表着未来和希望，青年总是社会中最积极、最有生气的力量。我们党和国家一向十分重视和关心青年工作，将青年的教育培养视为关系党和国家前途命运的重大战略任务。大学生是青年群体中的知识分子和中坚力量，肩负着实现国家富强、民族复兴、人民幸福的时代重任。他们思想活跃、兴趣广泛、进取心强，探索未知劲头足，接受新生事物快，主体意识和参与意识强，对人生事业发展有着美好憧憬和强烈渴望。同时，我们也要认识到，青年大学生往往阅历不够丰富，心智尚未完全成熟，正处于人生的"拔节孕穗期"，容易从自身和理想状态的角度认识和理解世界，对于一些事物的认知难免感性、表象、片面，必须加强教育引导工作。"我国正处在大发展大变革大调整时期，国际国内形势的深刻变化使我国意识形态领域面临着空前复杂的情况，各种思想文化相互激荡，不同文明交流交融交锋更加频繁。"① 特别是近些年来，随着我国日益扩大开放、日益走近世界舞台中央，我国同世界的联系更趋紧密、相互影响更趋深刻，意识形态领域面临的形势和斗争也更加复杂。"学校是意识形态工作的前沿阵地，可不是一个象牙之塔，也不是一个桃花源。"② 长期以来，各种敌对势力从来没有停止对我国实施西化、分化战略，从来没有停止对中国共产党领导和我国社会主义制度进行颠覆破坏活动，始终企图在我国策划"颜色革命"，他们下功夫最大的一个领域就是争夺我们的青少年③，做好大学生思想政治教育工作，事关"国之大者""党之伟业""百年大计"。争夺青年的斗争，我们不能输，也输不起；意识形态这块阵地我们不去占领，人家就会去占领。为此，必须不断加强开展对于青年大学生的思想政治教育，用习近平新时代中国特色社会主义思想铸魂育人，引导青年大学生增强中国特色社会主义道路自信、理论自信、制度自信、文化自信，把爱国情、强国志、报国行自觉融入坚持和发展中国特色社会主义、建设社会主义现代化强国、实现中华民族伟大复兴的奋斗之中，培养一代又一代拥护中国共产党

---

① 习近平：《论党的宣传思想工作》，北京：中央文献出版社2020年版，第54页。
② 习近平：《思政课是落实立德树人根本任务的关键课程》，载《求是》，2020年第17期。
③ 《十九大以来重要文献选编》，北京：中央文献出版社2019年版，第648页。

领导和我国社会主义制度、立志为中国特色社会主义奋斗终身的社会主义合格建设者和可靠接班人。

思想政治理论课是对大学生进行系统的马克思主义理论教育、开展思想政治教育的主渠道,是高校落实立德树人根本任务的关键课程,作用不可替代。我们党历来高度重视高校思想政治理论课建设,特别是党的十八大以来,党中央在先后召开的全国高校思想政治工作会议、全国教育大会等会议上均对高校思想政治理论课建设提出了明确要求,并专门召开学校思想政治理论课教师座谈会,与教师代表进行面对面的交流,听取大家的意见建议。近年来,党和国家领导人在对南开大学等多所高校进行考察时,反复强调要加强思想政治理论课建设。在中国人民大学考察时,专门走进思想政治理论课智慧教室,观摩现场教学并参与讨论。2020年8月,习近平总书记在《求是》发表《思政课是落实立德树人根本任务的关键课程》一文,全面系统深入阐明了思想政治理论课建设的重大意义、建设关键、创新理念、建设机制,并就教学进行了具体的方法论指导。党的十八大以来,《关于加强和改进新形势下高校思想政治工作的意见》(2017)、《关于深化新时代学校思想政治理论课改革创新的若干意见》(2019)、《高等学校思想政治理论课建设标准(2021年本)》等近十项文件先后发布,就推进新时代高校思想政治理论课建设进行整体谋划和具体落实。"自1949年新中国成立以来,很少有近十年出现的这种情况:从中央最高层到社会公众都如此关注高校思想政治教育,投入如此巨量的资源。"①因此,这些年来,思政课建设成效是显著的,教学方法不断创新,教师乐教善教、潜心育人,教师队伍规模和素质稳步提升,大中小学思政课一体化建设初显成效。②

笔者进入应用型本科高校从事思想政治理论课专职教学已十年有余,如果算上早期在其他高校的兼职阶段,则有二十年之久,曾先后面向80后、90后、00后学生开展教学。在这并不算短的教学生涯中,既收获了不少学生发自肺腑的"让我明白了很多道理"的感谢感恩,也曾有过被学生质疑课程与教学意义的遭遇;既有影响人、改造人、引领人的育人价值感和成就感,也有"言者谆谆,听者藐藐"的无力感和失落感。在进行本书写作之前对数所应用型本科高校在校生的调研访谈中,我们时常会面对这样的尴尬:

问:"你能说出教过你思政课的教师姓名吗?"

答:"不记得。"

问:"如果将选择权完全交由学生,你会再次选择思政课吗?"

答:"不会"。

矛盾是事物存在的状态,具有普遍性、反复性、连续性,事物的发展总会出现这样或那样的问题和矛盾,旧的问题和矛盾解决,新的问题和矛盾又会产生。"坚持问题

---

① 薛晓斌:《思想政治理论课教学科学化:理论与实证研究》,北京:人民出版社2020年版,第1页。
② 习近平:《思政课是落实立德树人根本任务的关键课程》,载《求是》,2020年第17期。

导向是马克思主义的鲜明特点"①,承认问题、正视问题是科学发展的基础。"我们也要看到,思政课建设中的一些问题亟待解决","办好思政课,有不少问题需要解决",必须以求真务实的态度客观看待这些问题和不足。"什么叫问题?问题就是事物的矛盾。"②做好应用型本科高校思想政治理论课教学,首先要有查摆问题的勇气和自觉,主动"照镜子"。事物总是在问题的不断解决过程中成长进步的,"只要科学地认识、准确地把握、正确地解决这些问题,就能够把我们的社会不断推向前进"③。相反,如果"习惯于用老思路老套路来应对,蛮干盲干,结果是虽然做了工作,有时做得还很辛苦,但不是不对路子,就是事与愿违,甚至搞出一些南辕北辙的事情来"④。

在过去数年的教学中,笔者经常思考一个问题:出现这些现象是因为思想政治理论课不被需要吗?显然不是!是人就一定有思想和精神需求,渴望获得精神支撑。我们不能简单地将问题归因于时代变了,环境变了,学生变了,苛责学生的"功利主义",难道这不正是加强思想政治理论课教学及其本身的价值和意义吗?更何况,时代在发展进步、教学手段更加多样,我们的教学底气更足,学生的主体意识也更加强烈,他们很清楚自己需要什么。那么,问题一定出在教学上,在于我们在很大程度上依然延续"供给者本位"思维,专注于"你应该怎样"并据此进行教学供给,忽视了教学对象在教学中的主体性地位,对于教学对象的需求没有足够重视和认真研究,教与学"两张皮",供给与需求相割裂。如果一门课程"没什么用",也"不好听",那么不被选择、喜欢、重视也就理所当然了,教学必然呈现"教师'我讲我的'——学生'你讲你的'"这种"相安的隔离"。如何以供给侧结构性改革为突破口,实现思想政治理论课教学供给侧与需求侧的动态平衡,切实增强教学活力和育人实效,是应用型本科高校思想政治理论课教学建设的一个重要现实命题。

按照院校属性和特点进行分类指导和建设是我国高校思想政治理论课建设的一条重要经验。早在1952年10月教育部发布的《关于全国高等学校马克思列宁主义、毛泽东思想课程的指示》中,就将高校按照学习年限作了综合类大学、三年专科学校、两年专科学校的分类,按照学科作了财经艺术、工、农、医分类,并根据不同院校进行了不同的课程设置。⑤2000年前后,一批高职高专类院校升格本科院校,一批本科层次的独立学院得以创建。这类高校因本科办学时间普遍不长,一般被称为"新建本科高校"。2015年,为适应和引领经济发展新常态,教育部、国家发展改革委、财政部发布了《引导部分地方普通本科高校向应用型转变的指导意见》,随后全国数以百计的"新建本科高校"开始了应用型本科建设高校转型,目前已成为我国高等教育体系的一支特

---

① 《习近平在哲学社会科学工作座谈会上的讲话》,载《人民日报》,2016年5月19日。
② 《毛泽东选集》(第3卷),北京:人民出版社1991年版,第839页。
③ 习近平:《之江新语》,杭州:浙江人民出版社2007年版,第235页。
④ 《习近平总书记重要讲话文章选编》,北京:中央文献出版社、党建读物出版社2016年版,第32页。
⑤ 教育部社会科学司:《普通高校思想政治理论课文献选编(1949—2006)》,北京:中国人民大学出版社2006年版,第13页。

色鲜明的队伍。尽管这些年来高校思想政治理论课建设成效显著，但教学的吸引力、感染力、针对性、实效性还不够强，学生抬头率、参与度、获得感不够高，教学的社会评价还不够好等问题并没有根本解决，这一状况在应用型本科高校思想政治理论课教学中同样不同程度地存在。同时，应用型本科高校因其办学定位、人才培养、建设过程以及思想政治理论课教学资源基础等与研究型高校和老牌本科高校的差异，其思想政治理论课教学问题又有着自身独特的表现形式和生成逻辑。这就要求我们在加强高校思想政治理论课教学整体性研究时，有必要对应用型本科高校思想政治理论课教学进行专题研究。

"我们不但要提出任务，而且要解决完成任务的方法问题。我们的任务是过河，但是没有桥或没有船就不能过。不解决桥和船的问题，过河就是一句空话。不解决方法问题，任务也只是瞎说一顿。"[①]近年来，应用型本科高校对于思想政治理论课教学十分重视，纷纷出台一系列文件政策加强建设，投入也明显增加，但受制于多种因素影响，思想政治理论课边缘化状况和教学实效并没有发生根本性改变，教学需求侧与供给侧的矛盾没有得到有效化解。学界有关应用型本科高校教学和高校思想政治理论课教学的研究成果可谓汗牛充栋，但对于应用型本科高校思想政治理论课教学研究一直处于"洼地"，不仅成果数量寥寥，论文层次也相对不高，尽管普遍认识到了应用型本科高校思想政治理论课教学转型的必要性，但对于具体"转什么""转到哪""怎么转""谁来转"等问题还缺乏深入系统的思考和研究。知者行之始，行者知之成。2015年以来，笔者所在的"教学创新"团队在学校支持下，一直聚焦应用型本科高校思想政治理论课教学改革实践探索和理论研究，提出了思想政治理论课教学"精准供给"理念，尝试在全面准确把握应用型本科高校思想政治理论课教学需求的基础上，进行针对性教学供给。本书是对团队过去几年改革探索成果经验的总结，在团队过去几年研究基础上的进一步思考和充实。需要说明的是，应用型本科高校思想政治理论课教学质量并不一定低于研究型大学，在学生获得感、满意度方面甚至可能高于研究型大学。[②]这一点也在我们的调查中再次得到验证。同时，正如上文所述，应用型本科高校思想政治理论课教学问题有其特殊的表现形式和生成机制，但在很多方面与综合性、研究型高校乃至高职院校又存在着共同之处。在研究写作过程中，我们尽可能聚焦于应用型本科高校思想政治理论课教学，但也不可能完全抛开高校思想政治理论课教学的一些普遍的共性问题，因此会出现一些内容上的交叉。

"思想政治理论课能否在立德树人中发挥应有作用，关键看重视不重视、适应不适应、做得好不好。"[③]应用型本科高校思想政治理论课教学"精准供给"是项新课

---

① 《毛泽东选集》（第1卷），北京：人民出版社1991年版，第139页。
② 章秀英、朱坚、李露阳：《大学生思想政治理论课获得感的基本特点及提升对策——基于全国31所高校问卷调查的实证分析》，载《浙江师范大学学报（社会科学版）》，2021年第3期。
③ 黄玥：《习近平总书记心目中的思政课》，载《新华每日电讯》，2022年4月26日。

题,有大量的难题需要破解,有赖于应用型本科高校、学界以及社会的关心和重视,更需要广大思想政治理论课教师的主动探索和大胆实践。"凿井者,起于三寸之坎,以就万仞之深。"今天的中国正处于爬坡过坎、转型发展的关键期,国际形势风云变幻,冲突和矛盾跌宕起伏,立德树人的伟大教育事业,任重而道远。社会、高校、教师和学生唯有转变理念思维,正视思想政治理论课教学的价值,形成全社会关心支持思想政治理论课的合力,应用型本科高校及其思想政治理论课建设才可能真正走向内涵式发展。山积而高,泽积而长。本书只是高校思想政治理论课教学改革探索大河里一朵小小的浪花,但愿能为应用型本科高校思想政治理论课一线教师和相关理论研究者提供一点点的借鉴。

目 录

第一章 绪 论 … 1

第一节 应用型本科高校思想政治理论课教学建设：
一个重要而现实的命题 … 1

第二节 新时代应用型本科高校思想政治理论课教学建设的
三个必要转向 … 10

第三节 "精准供给"是应用型本科高校思想政治理论课教学建设的
关键 … 17

第四节 应用型本科高校思想政治理论课教学"精准供给"
研究现状 … 23

第五节 研究思路、研究内容和研究方法 … 32

第二章 应用型本科高校思想政治理论课教学需求与"精准供给"体系 … 36

第一节 思想政治理论课教学"精准供给"的理论基础 … 36

第二节 应用型本科高校思想政治理论课教学需求体系 … 42

第三节 应用型本科高校思想政治理论课教学"精准供给"体系 … 60

第三章 应用型本科高校思想政治理论课教学内容"精准供给" … 66

第一节 教学内容"精准供给"是高校思想政治理论课建设的核心 … 66

第二节　高校思想政治理论课教学内容"精准供给"的实施 ……… 74

第三节　应用型本科高校思想政治理论课教学内容供给现状调查 … 83

第四节　应用型本科高校思想政治理论课教学内容"精准供给"
建设 ………………………………………………………… 97

第四章　应用型本科高校思想政治理论课教学方式方法"精准供给"
…………………………………………………………… 111

第一节　高校思想政治理论课教学方式和教学方法的内涵界定 … 111

第二节　应用型本科高校思想政治理论课教学方式方法供给现状
调查 ………………………………………………………… 117

第三节　应用型本科高校思想政治理论课教学方式方法"精准供给"
建设 ………………………………………………………… 127

第五章　应用型本科高校思想政治理论课实践教学"精准供给"
…………………………………………………………… 139

第一节　应用型本科高校思想政治理论课实践教学基本理论 …… 139

第二节　应用型本科高校思想政治理论课实践教学现状调查 …… 147

第三节　应用型本科高校思想政治理论课实践教学"精准供给"
建设 ………………………………………………………… 159

第六章　应用型本科高校思想政治理论课"精准考核" …………… 174

第一节　高校思想政治理论课"精准考核"的内涵和类型 ……… 174

第二节　应用型本科高校思想政治理论课考核现状调查 ………… 182

第三节　应用型本科高校思想政治理论课"精准考核"建设 …… 191

第七章　应用型本科高校思想政治理论课教师教学"精准供给"能力建设 ················ 199

第一节　应用型本科高校思想政治理论课教师教学"精准供给"能力基本理论 ················ 199

第二节　应用型本科高校思想政治理论课教师教学"精准供给"能力现状调查 ················ 209

第三节　应用型本科高校思想政治理论课教师教学"精准供给"能力建设 ················ 217

附　录 ················ 227

参考文献 ················ 273

后　记 ················ 286

第一章

绪 论

第一节 应用型本科高校思想政治理论课教学建设：一个重要而现实的命题

"人创造环境，同样，环境也创造人。"[①]人在通过社会实践活动创设、优化环境的同时又时刻受到环境的影响和塑造，人的思想与自身所处的环境密切相关并随着社会存在的变化而变化。思想政治理论课是教育人、引导人、培育人的课程，思想政治理论课教学总是在特定的时代环境下进行的，"环境在其发展过程中出现的各种矛盾，以及由此引发的客体思想内部的矛盾、客体思想与社会发展要求之间的矛盾，规定了思想政治教育的任务"[②]。当前，思想政治理论课教学的时代背景与环境已经发生重大变化，以大数据和人工智能为主要特征的第四次工业革命时代正席卷而来并深刻重塑思想政治理论课教学理念与模式，世界正在经历"百年未有之大变局"的深刻变化，"新时代"成为思想政治理论课教学的时代脚注。应用型本科高校自身经过近二十年的发展业已成为我国高等教育的重要组成部分，并面临新一轮的转型升级。时代环境的发展变化赋予了应用型本科高校思想政治理论课教学新起点、新内涵、新内容、新定位，也对其提出了新要求。"要根据时代变化和实践发展，不断深化认识，不断总结经验，不断实现理论创新和实践创新良性互动，在这种统一和互动中发展21世纪中国的马克思主义。"[③]应用型本科高校思想政治理论课教学建设必须要从时代大局着眼，密切关注环境的变化，紧跟时代发展，顺应时代潮流，反映时代要求，因事而化、因时而进、因势而新，在改进中不断加强。

一、应用型本科高校已成为我国高等教育的重要组成部分

新中国成立初期，面对各行各业百废待兴，亟待培养一大批懂操作、能上手、会应用的建设人才的局面，国家随即开启了应用型高校的建设探索之路。到20世

---

① 《马克思恩格斯选集》（第1卷），北京：人民出版社2012年版，第172页。
② 沈国权：《思想政治教育环境论》，上海：复旦大学出版社2002年版，第30页。
③ 《习近平在中共中央政治局第二十次集体学习时强调：坚持运用辩证唯物主义世界观方法论 提高解决我国改革发展基本问题本领》，载《党建》，2015年第2期。

纪80年代，面对改革开放形势的发展要求，北京、天津等地为满足社会对于高等教育的需求，依托大学开设分校，专门招收本地生源，培养本科层次应用型人才来服务本地经济社会发展，为后来的应用型本科高校建设提供了最初的样本。此外，一批早期成立的职业学校也逐步升格为本科层次的应用型大学。1993年，党中央、国务院发布《中国教育改革和发展纲要》，提出要重点发展应用性学科和专业，重视培养社会主义建设急需的高层次应用型和复合型人才，为应用型本科办学提供了政策依据和改革方向。1999年，国务院批转教育部制定的《面向21世纪教育振兴行动计划》，提出要瞄准国家创新体系的目标，培养造就一批高水平的具有创新能力的人才，到2010年高等教育入学率接近15%。该计划意味着我国高等教育进入大众化快速发展车道，为应用型本科教育建设发展提供了重要机遇。[1]

进入21世纪，随着改革开放的深入推进，面对经济结构的深刻调整和产业升级步伐的不断加快，特别是创新驱动发展战略的实施，我国高等人才供给与需求结构发生深刻变化。然而，由于缺乏具体明确的政策指导，同时受办学理念和传统思维等因素的惯性影响，新成立的地方高校在很大程度上依然参照传统本科建设模式，进行学术型人才培养，在与传统老牌本科高校同质化竞争中陷入明显弱势，与地方经济社会发展需求也不相匹配，并引发了学生竞争力弱、就业难、就业质量低等一系列问题。与此同时，我国生产服务一线亟需的应用型人才却无法得到有效补充，引发高等教育结构性矛盾，严重影响了产业升级和地方经济社会发展，也违背了办学初衷。为此，必须进行高等教育领域人才供给侧结构性改革，破除高校建设同质化发展困局，走差异化、特色化发展之路。2015年教育部、国家发展改革委、财政部联合发布了《引导部分地方普通本科高校向应用型转变的指导意见》，明确提出了地方本科高校应用型转型的基本思路、主要任务、配套政策和推进机制。这是第一份关于地方普通高校应用型转型的专门性指导文件，为应用型本科高校建设发展指明了方向。随即全国多个省份开展了地方本科高校转型的改革探索，仅2015年全国就有300多所高校入选改革试点。党中央、国务院进一步从国家战略高度部署推动本科高校向应用型转变。《国民经济和社会发展第十三个五年规划纲要》（2016）明确提出要推动具备条件的普通本科高校向应用型转变，要求从治理结构、专业体系、课程内容、教学方式、师资结构等方面进行全方位、系统性改革，"提升教育服务经济社会发展能力，调整优化高校区域布局、学科结构、专业设置，建立健全学科专业动态调整机制……推进产学研协同创新，积极投身实施创新驱动发展战略，着重培养创新型、复合型、应用型人才"[2]。2019年《国务院关于印发国家职业教育改革实施方案的通知》提出，到2022年一大批普通本

---

[1] 胡万山：《中国应用型本科教育发展70年：历程、经验及展望》，载《黑龙江高教研究》，2020年第7期。
[2] 《坚持中国特色社会主义教育发展道路　培养德智体美劳全面发展的社会主义建设者和接班人》，载《人民日报》，2018年9月11日。

科高等学校要实现向应用型的转变。同年发布的《国家职业教育改革实施方案》也明确了"一大批普通本科高等学校向应用型转变"的发展目标。着眼于我国第二个百年奋斗目标和发展环境面临的深刻复杂变化，2021年发布的《中华人民共和国国民经济和社会发展第十四个五年规划和2035年远景目标纲要》进一步提出，要推进高等教育分类管理和高等学校综合改革，建设高质量本科教育，推进部分普通本科高校向应用型转变，增强高校学科设置针对性，加强创新型、应用型、技能型人才培养，壮大高水平工程师和高技能人才队伍[①]。引导部分地方本科高校向应用型转变，已经成为新时代解决高等教育大众化背景下高校同质化建设与经济社会多样化需求矛盾的战略突破口和重要着力点。

经过数年的建设发展，应用型本科高校已经成为我国高等教育体系中一支十分重要的力量。从院校数量和学生规模看，应用型本科高校已经占据我国普通本科高校的"半壁江山"[②]，学生规模庞大。以浙江省为例，目前共确定了20所应用型建设试点示范高校，约占该省普通本科高校数量的一半。今后应用型专业要占所在院校专业数的70%以上，在应用型专业中就读的学生占所在院校在校生的80%以上。[③] 根据统计，截至2020年，我国普通高等学校共有2738所，其中本科院校1270所，地方院校1156所。各类形式的高等教育在校生规模达4183万人，高等教育毛入学率54.4%[④]，2023年我国高校毕业生达1158万人。可以相信，随着新一轮的产业转型升级和区域协调发展的推进，应用型本科高校的数量将进一步增加。因此，做好如此大规模学生群体的思想政治理论课教学工作，对于我国高校思想政治理论课建设发展和高校思想政治教育工作的价值和意义是不言而喻的。

二、高校思想政治理论课教学环境发生重大变化

一是高校思想政治理论课面临的国际环境发生重大变化。"办好思政课，要放在世界百年未有之大变局、党和国家事业发展全局中来看待，要从坚持和发展中国特色社会主义、建设社会主义现代化强国、实现中华民族伟大复兴的高度来对待。"[⑤] 当前，世界百年未有之大变局加速演进，新一轮科技革命和产业革命深入发展，国际力量对比深刻调整，我国发展面临新的战略机遇。同时，世纪疫情影响深远，逆全球化思潮抬头，单边主义、保护主义明显上升，世界经济复苏乏力，

---

① 《中华人民共和国国民经济和社会发展第十四个五年规划和2035年远景目标纲要》，中华人民共和国中央人民政府网，http://www.gov.cn/xinwen/2021-03/13/content_5592681.htm（访问时间：2021年11月15日）。
② 柯进：《693所新建本科院校如何发展——城校共生成新建本科新愿景》，载《教育现代化》，2020年第2期。
③ 李剑平：《浙江20所本科大学成为应用型建设示范高校》，载《中国青年报》，2019年1月21日。
④ 《教育部2020年教育统计数据》，中华人民共和国教育部网，http://www.moe.gov.cn/jyb_sjzl/moe_560/2020/quanguo/（访问时间：2021年11月19日）。
⑤ 习近平：《思政课是落实立德树人根本任务的关键课程》，载《求是》，2020年第17期。

局部冲突和动荡频发，全球性问题加剧，世界进入新的动荡变革期。①作为"百年未有之大变局"的重要变量，我国进入战略机遇和风险挑战并存、不确定难预料因素增多的时期，各种"黑天鹅""灰犀牛"事件随时可能发生，承受的外部压力也前所未有。少数国家出于一己私利不断渲染"中国威胁论"，妄图以与中国"脱钩"、搞所谓"小院高墙""平行体系"孤立中国，挑战中国国家主权和安全，妄图打断中华民族伟大复兴的进程。我们越是日益走近世界舞台中央，越是逐步接近实现民族复兴的伟大梦想，就越可能遭遇敌对势力更多的遏制打压和破坏，就越需要加强高校思想政治理论课教学这个高校思想政治工作的主渠道、主阵地，深入引导大学生保持清醒的头脑，增强忧患意识，坚持底线思维，全面客观认识当代中国和外部世界，明确自身的时代责任和历史使命，坚定中国特色社会主义道路自信、理论自信、制度自信、文化自信。

二是高校思想政治理论课教学的社会环境发生重大变化。党的十八大以来，以习近平同志为核心的党中央采取一系列战略性举措，推进一系列变革性实践，实现一系列突破性进展，取得一系列标志性成果，党和国家事业取得历史性成就、发生历史性变革，我国迈入全面建设社会主义现代化国家新征程，中国特色社会主义已进入近代以来最好的发展时期，中华民族伟大复兴呈现出前所未有的光明前景，我们比历史上任何时期都更接近、更有信心和能力实现中华民族伟大复兴的目标。同时，我们也面临不少困难和问题，发展不平衡不充分问题仍然突出，推进高质量发展还有许多卡点瓶颈，科技创新能力还不强，重点领域改革还有不少硬骨头要啃，意识形态领域还存在不少挑战。今天，我们所面临问题的复杂程度、解决问题的艰巨程度明显加大，全面建设社会主义现代化国家，前途光明，任重道远。青年大学生是建设社会主义现代化国家的宝贵力量，青年强则国家强。党的十八大以来党和国家事业取得的伟大成就，为高校思想政治理论课提供了丰富有力的思想内容支撑，开辟了新时代高校思想政治理论课理论和实践发展的新境界。面临的困难和问题指明了高校思想政治理论课释疑解惑、凝心聚力的重要坐标点。面对全面建成社会主义现代化国家的奋斗目标，必须以时不我待的紧迫感和责任感，进一步加强高校思想政治理论课建设，回应大学生最关心、最现实、最困惑、最尖锐、最敏感的思想和理论问题，引导大学生以发展的、全面的、系统的思维，坚定的立场、观点、方法分析问题，认清主流和支流，把握好现象和本质，坚定不移地听党话、跟党走，怀抱梦想又脚踏实地，敢想敢为又善作善成，立志做有理想、敢担当、能吃苦、肯奋斗的新时代好青年。②

---

① 习近平：《高举中国特色社会主义伟大旗帜　为全面建设社会主义现代化国家而团结奋斗——在中国共产党第二十次全国代表大会上的报告》，北京：人民出版社2022年版，第26页。
② 习近平：《高举中国特色社会主义伟大旗帜　为全面建设社会主义现代化国家而团结奋斗——在中国共产党第二十次全国代表大会上的报告》，北京：人民出版社2022年版，第71页。

三是高校思想政治理论课教学的网络和技术环境发生重大变化。一方面，突飞猛进的信息化、数字化、网络化技术与"百年未有之大变局"交汇，进一步强化了互联网对于思想交流、交融和交锋的功能。西方敌对势力依靠其对网络信息和技术的垄断，利用网络推行"民主化进程"，以社交新媒体为主要平台，综合运用其他多种媒介开展意识形态渗透，宣传西方的政治制度和价值观念，丑化中国共产党、中国政府和中国社会制度，恶意炒作和放大中国国内负面新闻，搅乱人们思想，撕裂社会共识，社会主义核心价值观被边缘化、污名化的风险加大。大学生是互联网的"原住民"，对于"网上生活"的依赖程度愈加强烈。调查显示，我国大学生互联网使用率早在2015年就已经接近100%，96.4%的大学生将互联网视为最主要的信息渠道，大学生日均使用互联网时长超过6小时。①学校是意识形态工作的前沿阵地，不是象牙塔，也不是桃花源②，互联网的普及与快速发展无疑对于高校思想政治理论课教学建设提出了新的要求。另一方面，日新月异的当代信息技术特别是大数据、人工智能等技术与教育实现深度融合，便利了优质教学资源的建设和共享，改变了教学方式和手段，极大地拓展了教学的时空，"为个性化精准教学带来新的发展契机"③，掀起了新一轮的教育教学革命，为高校思想政治理论课教学的创新发展创造了新的良好的技术环境。

三、新时代高校思想政治理论课教学建设标准和要求进一步提高

党的十八大以来，思想政治理论课在党中央治国理政战略全局中的地位更加凸显。在全国高校思想政治工作会议、全国教育大会上，习近平总书记就思政课建设多次讲过意见，强调最多的就是学校思想政治理论课建设。④2019年，习近平总书记亲自主持召开了学校思想政治理论课教师座谈会并发表重要讲话。近年来，教育部等部门先后印发了《高等学校思想政治理论课建设标准》《新时代高校思想政治理论课教学工作基本要求》《关于加强和改进新形势下高校思想政治工作的意见》《关于深化新时代学校思想政治理论课改革创新的若干意见》等一系列文件，就新时代高校思想政治理论课建设发展进行整体规划和部署，在加强支持力度的同时进一步明确和提高了建设标准、目标和要求。

一是课程建设标准进一步提高。2011年，教育部发布了《高等学校思想政治理论课建设标准（暂行）》，共包含5项一级指标、21项二级指标、38项三级指标；其中A*（核心指标）有6项，A（重点指标）有8项，B（基本指标）有24项，要求A*指标6项、A类指标7项以上、B类指标20项以上达标方可认定合格。在此基础上，教育

---

① 张薇：《超九成大学生和白领群体从网上获取信息》，载《光明日报》，2015年3月24日。
② 习近平：《思政课是落实立德树人根本任务的关键课程》，载《求是》，2020年第17期。
③ 张奕：《基于教学精准交互行为分析的人工智能精准教学研究》，载《成人教育》，2019年第9期。
④ 习近平：《思政课是落实立德树人根本任务的关键课程》，载《求是》，2020年第17期。

部分别于2015年、2021年先后修订出台了《高等学校思想政治理论课建设标准》。相较于2011年本，2021年本的《高等学校思想政治理论课建设标准》一级指标保持不变，原二级指标中的"教学方法改革"变为"改革创新"，由原来的强调教学方法改革提升为课程的全面改革创新，并增设了"建设'大思政课'""师德师风"两项新标准。A*、A、B三类由38项增加到41项；其中，A*由6项增加到9项，A由8项增加到14项，B由24项降为18项。在评价标准上，本科院校A*指标9项、A类指标12项以上、B类指标14项以上达标方可认定合格，指标体系进一步完善，内容更加丰满，核心指标和重点指标数量和标准均有明显提高：(1)在组织管理上，进一步强化了学校党政领导的"思想政治理论课建设第一负责人"的责任，增加了"学校党委书记、校长每学年到思想政治理论课教研部门开现场办公会至少1次，听取思想政治理论课教学工作汇报，解决实际问题。学校党政主要负责同志每学期至少讲授1次思想政治理论课"的内容，加强了二级机构领导班子政治建设，要求"班子成员应是中共党员"。(2)在教学管理上，在保持"课堂规模一般不超过100人，鼓励小班教学"的基础上进一步提出要"推行中班教学，倡导中班上课，小班研学讨论的教学模式"。针对实践教学的现实问题和困难，将教务处、财务处、学生处、团委、思想政治理论课教学科研机构纳入教学统筹管理体系。在学生覆盖面上，要求从原来的"覆盖大多数学生"提高为"覆盖全体学生"。在教学方法改革方面，在要求建立健全考试考核评价体系的基础上，要求进一步体现全面性和准确性，强调注重过程考核。(3)在队伍建设上，着眼于思想政治理论课教师素养建设，提升了教师培训、研修、考察和学术交流的频度、内容和空间，要求"学校每年对全体教师至少培训一次"，"每学年至少安排1/4的专职教师开展学术交流、实践研修和学习考察活动。有条件的学校可以开展国(境)外学术交流和实践研修"。进一步加强了思想政治理论课建设中的教学导向，要求高校制定实施符合思想政治理论课教师职业特点的职务职称评聘标准，提高教学和教学研究占比，将思想政治理论课教学研究理论文章纳入支撑评聘体系。2018年4月，教育部印发的《新时代高校思想政治理论课教学工作基本要求》还对学分进行严格管理，明确要求从本科思想政治理论课现有学分中划出2个学分，开展思想政治理论课实践教学，并指出"网络教学不得挤占课堂教学时数，原则上晚间和周末不安排思想政治理论课必修课"，此外对师生比、生均专项经费也进行了明确规定。

二是课程体系进一步充实。(1)开设"习近平新时代中国特色社会主义思想概论"新课程。党的十九大将习近平新时代中国特色社会主义思想确立为中国共产党必须长期坚持的指导思想并写入党章，十三届全国人大一次会议将这一思想载入宪法，实现了党和国家指导思想的与时俱进。为全面推动习近平新时代中国特色社会主义思想进教材、进课堂、进学生头脑，北京、上海、天津、黑龙江在全国率先试点在高校全面开设"习近平新时代中国特色社会主义思想概论"必修课。

2019年8月，中共中央办公厅、国务院办公厅印发的《关于深化新时代学校思想政治理论课改革创新的若干意见》明确提出，要加强以习近平新时代中国特色社会主义思想为核心内容的思想政治理论课程群建设，要求全国重点马克思主义学院率先全面开设"习近平新时代中国特色社会主义思想概论"课，各高校要重点围绕习近平新时代中国特色社会主义思想开设系列选择性必修课程。在前期试点基础上，2019年9月，教育部党组发布《"新时代高校思想政治理论课创优行动"工作方案》，推动37所全国重点马克思主义学院全面开设"习近平新时代中国特色社会主义思想概论"课，并要求"形势与政策"课及时深入宣讲习近平新时代中国特色社会主义思想特别是习近平总书记最新重要讲话精神。2020年12月，中共中央宣传部、教育部印发《新时代学校思想政治理论课改革创新实施方案》，进一步明确在大学阶段本科教育五门必修思想政治理论课程的基础上，在全国重点马克思主义学院率先全面开设"习近平新时代中国特色社会主义思想概论"。为此，国家教材委员会2021年7月印发《习近平新时代中国特色社会主义思想进课程教材指南》的通知，要求以系统学习和理论阐释的方式，引导学生全面深入地理解习近平新时代中国特色社会主义思想的理论体系、内在逻辑、精神实质和重大意义，理解其蕴含和体现的马克思主义基本立场、观点和方法，增进对其科学性系统性的把握。2022年秋季开始，"习近平新时代中国特色社会主义思想概论"课程在全国高校普遍开设。（2）增设"四史"课程。为全面落实习近平总书记在党史学习教育动员大会上的重要讲话精神和《中共中央关于在全党开展党史学习教育的通知》的部署安排，教育部党组2019年9月发布的《"新时代高校思想政治理论课创优行动"工作方案》要求各高校结合实际，统筹校内通识类课程，围绕党史、新中国史、改革开放史、社会主义发展史开设选择性必修课程，确保学生至少从"四史"中选修1门课程。2021年4月，教育部办公厅发布了《关于在思政课中加强以党史教育为重点的"四史"教育的通知》，要求在思想政治理论课中开展以党史教育为重点的"四史"教育，并深化所有思想政治理论课必修课中"四史"学习教育相关内容的有机融入，有条件的高校要开设以党史教育为重点的"四史"课程，全国重点马克思主义学院根据本校实际情况至少开设1门"四史"类选择性必修课，具有马克思主义理论学科点的高校面向马克思主义理论学科学生开设"四史"类必修课，其他高校根据本校实际情况开设"四史"类选修课，将"四史"类选修课与人文素质类选修课、专题讲座融合开设。2021年秋季开学开始，"四史"课程在全国高校全面开展。

三是对于思想政治理论课教师的能力与素养要求进一步提高。党的十八大以来，习近平总书记十分重视思想政治理论课教师工作，做出了"办好思想政治理论课关键在教师,关键在发挥教师的积极性、主动性、创造性"的重要论断[①],多次就高校思想政治理论课教师素养建设提出要求,就如何讲好思想政治理论课做出具体指导,集中体现于习近平总书记2019年在学校思想政治理论课教师座谈会上做出的重要讲话。新时代思想政治理论课教师要做到"政治要强""情怀要深""思维要新""视野要广""自律要严""人格要正"。第一是坚定马克思主义信仰,"有信仰的人讲信仰",善于从政治上看问题,坚守政治原则,在大是大非面前保持政治清醒。第二是要有家国情怀、传道情怀、仁爱情怀,心里装着国家和民族,对马克思主义理论教育事业投入真情实感,对教育教学有执着追求,把对家国的爱、对教育的爱、对学生的爱融为一体,心中始终装着学生。第三是要善于运用创新思维、辩证思维,善于运用矛盾分析方法抓住关键、找准重点、阐明规律,引导学生树立正确的理想信念,学会正确的思维方法。第四是既要有广博的理论知识,又要有宽广的视野,既要有扎实的马克思主义理论功底,又要广泛涉猎其他哲学社会科学和自然科学知识,既要掌握经济社会变化发展大势,又能进行历史与现实、国内与国外的纵横比较。第五是既要严格遵守教学纪律,也要严格遵守政治纪律和政治规矩,做到课上课下一致、网上网下一致。第六是要自觉修身修为,作为学为人的表率。与此同时,思想政治理论课教师还要因事而化、因时而进、因势而新,具备改革创新能力,遵循思想政治工作规律,遵循教书育人规律,遵循学生成长规律,做到"八个相统一",即政治性和学理性相统一、价值性和知识性相统一、建设性和批判性相统一、理论性和实践性相统一、统一性和多样性相统一、主导性和主体性相统一、灌输性和启发性相统一、显性教育和隐性教育相统一,使思想政治理论课真正有亲和力、感染力、针对性和实效性,实现知、情、意、行的统一。2020年1月,教育部发布《新时代高等学校思想政治理论课教师队伍建设规定》,提出要严把教师政治关、师德关、业务关,明确思想政治理论课教师的首要岗位职责是讲好课,要突出教师教学基本情况以及教学实效考查,同时对于教师在国家统编教材使用、教学研究、教学改革创新等方面提出了一系列新要求。

四是构建"大思政"格局。2022年8月,教育部会同中共中央宣传部等11个部委共同印发了《全面推进"大思政课"建设的工作方案》。这是我国教育史上第一份有关"大思政"建设的重要文献,对于如何充分调动全社会力量和资源,建设"大课堂"、搭建"大平台"、建好"大师资"做出了系统规划和要求:(1)改革创新主渠道教学,建好思想政治理论课"小课堂"。建构党的创新理论研究阐释和教育教学的自主知识体系,建强思想政治理论课课程群,优化教材体系,拓展课堂教学内容,创新课堂教学方法,优化教学评价体系。(2)善用社会大课堂,加强实践教学建设。强化组织领导,建立思想政治理论课实践教学工作体系,整合思想政

---

① 习近平:《思政课是落实立德树人根本任务的关键课程》,载《求是》,2020年第17期。

治理论课教师和辅导员队伍参与组织指导思想政治理论课实践教学,要求参照学生专业实训(实习)标准设立思想政治理论课实践教学专项经费,分专题设立一批"大思政课"实践教学基地,严格落实实践教学学时学分并避免实践教学娱乐化、形式化、表面化。(3)搭建网络信息大资源平台,形成共建共享、系统集成、全面覆盖的全国高校思想政治理论课教研系统。以项目支持方式推动教学资源建设常态化机制化,组织开发和推荐一批科学权威实用的课件、讲义供一线教师统一使用,建设教学案例库、教学重难点问题库、教学素材库、在线示范课程库、网络教育宣传云平台等专栏教学资源库。(4)构建大师资体系,建立健全思想政治理论课特聘教授和兼职教师制度,选聘优秀地方党政领导干部、企事业单位管理专家、社科理论界专家、各行业先进模范以及高校党委书记校长、院(系)党政负责人、名师大家和专业课骨干教师、日常思想政治教育骨干等加入思想政治理论课教师队伍,形成英雄人物、劳动模范、大国工匠等先进代表以及革命博物馆、纪念馆、党史馆、烈士陵园等红色基地讲解员、志愿者经常性进高校参与思想政治理论课教学的长效机制。

四、应用型本科高校思想政治理论课教学建设亟待加强

应用型本科高校大都成立时间不长,主要为理、工、农、医类院校,人文底蕴普遍不强,社会科学类课程相对不多。大多数学生缺乏前期系统完整的思想政治理论课学习经历,政治思想理论基础相对较为薄弱,对于一些重大理论和现实问题的鉴别力和判断力相对不足,特别需要精心引导和栽培。应用型本科高校就业导向强烈,社会对于应用型人才素养还存在一些偏狭认识,"重专业课、轻思想政治课""重实践操作、轻价值观塑造"的思想在大学生乃至学校管理主体中均一定程度存在,思想政治理论课协同育人环境有待加强。党的十八大以来,尽管应用型本科高校普遍加大了对于思想政治理论课教学的投入和支持,但在思想政治理论课建设的资源基础、支持力度、环境质量上还存在不少亟待加强的短板,学生不爱学、不爱听、教学实效性不强等问题仍然不同程度地存在。

思想政治理论课是应用型本科高校课程体系的重要组成部分,思想政治理论课教学是应用型本科高校教学体系的重要组成部分;没有思想政治理论课同向同步的建设与转型,就没有应用型本科高校的整体性转型与发展。"立德树人"是一个整体性概念,"立德"与"树人"二者相互依存、不可分割。"立德"是根本,育人的根本在于立德。"以就业为导向,培养服务经济社会发展的高素质技术技能人才的根本前提是立德树人"[①],应用型本科人才是知识、能力和德行三个要素统一,应用型本科高校所培养的是一个包括专业知识和技能、职业道德与社会责任感、

---

① 范伟:《转型发展时期应用技术型院校通识教育的反思》,载《中国成人教育》,2014年第22期。

敬业意识与团队合作、法治意识、创新精神、实践能力等在内的综合性高素质人才。这些素养的取得与世界观、人生观、价值观教育息息相关,也是思想政治理论课的主要内容。如果应用型本科高校思想政治理论课在教学理念、课程结构、教学内容、教学方式等方面仍然沿袭专科院校、传统本科高校模式,不仅难以为大学生成长提供有效的思想价值观引导和支撑,也势必减损应用型本科高校人才培养质量。应用型本科高校转型最终要落实到面向学生的最基本的课堂教学中来。没有课堂教学的理念和模式的支持,没有课堂实效的提升,转型就是一句空话,无法真正地向社会输送需要的人才,同时实现自身的发展。①为此,必须进一步加强应用型本科高校思想政治理论课教学建设,准确把握其特点和应用型人才培养的特殊要求,围绕"立德树人"这个根本任务,推进思想政治理论课教学与应用型人才能力培养要求在课程上的融合②,增强教学实效,真正发挥在人才培养上不可替代的价值与功能。

第二节　新时代应用型本科高校思想政治理论课教学建设的三个必要转向③

经过二十年左右的建设发展,应用型本科高校思想政治理论课教学已趋于成熟,同时与教育层级、办学定位、人才培养、教学目标等也存在匹配度不足的现象和问题,突出表现为本科教育"专科化"、教学与传统本科高校"同质化"和教学形式化的问题。为此,新时代应用型本科思想政治理论课教学建设,要着重推动和实现从专科层次教学向高质量本科层次教学,从传统型本科高校教学向应用型本科高校教学,从形式化教学向实效化教学的转向。

一、从专科层次教学转向本科层次教学

我国应用型本科高校主要由三种方式产生:一是将国有资产与社会资本相结合,依托公办大学创立独立学院;二是新创办或将民办专科高校升格为本科高校;三是将国家公办专科高校升格为本科高校④。其中,大部分应用型本科高校是由专科院校升格而来。本科教育与专科教育存在着一系列重大差别⑤:(1)培养目标不同。专科教育侧重于学生应用操作技能培养,本科教育则是理论与技能培养并

---

① 玉素萍:《广西新建本科院校思想政治理论课教学改革探析——基于"二次转型"的背景》,载《教育观察(旬刊)》,2014年第10期。
② 汪娜:《建设应用型本科思想政治教育'金课'的几点思考》,载《合肥学院学报》,2019年第3期。
③ 王震:《新建本科院校思政课建设转型的理论思考》,载《渤海大学学报(哲学社会科学版)》,2023年第1期。
④ 胡万山:《中国应用本科教育发展70年:历程、经验及展望》,载《黑龙江高教研究》,2020年第7期。
⑤ 刘天祥:《大学本科教育与专科教育的比较及其启示》,载《湖南商学院学报》,1996年第5期。

重,既重视学生专业的应用能力,也重视培养学生形成较为厚实宽广的专业基础理论知识和初步的专业理论研究与开发能力。(2)教学模块不同。本科教育的教学模块一般由课堂教学、学术讲座、社团活动、社会实践四个模块构成,专科教育主要由课堂教学和社会实践两个模块构成。(3)教学内容不同。本科教育的课堂教学既要讲解基本概念、观点、框架体系,也要介绍相关不同学术观点及其背景,信息量大,内容较深,具有较强的思想性、理论性。专科教育的课堂教学中一般要求讲解清楚课程的基本概念、观点、体系,信息量相对少,内容较浅,思想性、理论性不要求太强。(4)教学管理不同。本科教育的教学管理以目标管理理论为指导,一般采用学分制教学管理方法,而专科教学管理一般不以目标管理理论为指导。此外,本科教育在人才培养模式上以学科建设为核心,按学科门类设置专业,对教师科研能力有较高要求。专科教育以"应用"为主旨构建课程和教学内容体系,实践教学在教学中占较大比重,也相应要求侧重技能型或双师型教师。

专科教育与本科教育在思想政治理论课教学上的差异表现为两者在课程设置、学分安排、教学时数、内容体系、建设标准等方面均有不同。[①](1)课程设置与学分差异。2005年中宣部、教育部颁布的《〈关于进一步加强和改进高等学校思想政治理论课的意见〉实施方案》规定,四年制本科教育共设置4门思想政治理论必修课,分别是"马克思主义基本原理""毛泽东思想、邓小平理论和'三个代表'重要思想概论""中国近现代史纲要""思想道德修养与法律基础",共14个学分,另开设"当代世界经济与政治"等选修课。专科课程只设置2门必修课,即"毛泽东思想、邓小平理论和'三个代表'重要思想概论"和"思想道德修养与法律基础",共7个学分。此外,《方案》还规定,本、专科学生都要开设"形势与政策"课,其中本科2学分,专科1学分。在具体安排上,要求在教学实施中"尊重教育教学规律,充分考虑本科、专科教学的特点和内容要求"。2018年教育部印发的《新时代高校思想政治理论课教学工作基本要求》规定,本、专科教育开设的课程数量不变,在课程名称上以"毛泽东思想和中国特色社会主义理论体系概论"取代"毛泽东思想、邓小平理论和'三个代表'重要思想概论",本科和专科思想政治理论课程相差8学分。另外,要求从本、专科思想政治理论课现有学分中分别划出2个、1个学分开展实践教学,本、专科实际差别9学分。2020年中宣部、教育部发布的《新时代学校思想政治理论课改革创新实施方案》中,本、专科教育开设的课程数量依然保持不变,但以"思想道德与法治"取代"思想道德修养与法律基础",本、专科相差7个学分。同时要求各高校结合本校实际,统筹校内通识类课程开设选择性必修课程。(2)学时差异。1995年原国家教委教社科文件规定四年制本科马克思列宁主义理论课学时文理科类分别不少于250和200学时;三年制和二年制大专文理科均

---

① 刘万英:《高校本专科思政课程体系的比较研究》,载《教育与职业》,2012年第12期。

不少于150和100学时。四年制本科思想品德课不少于85学时,专科不少于68学时。1998年中宣部、教育部文件规定,"马克思主义哲学原理"三年和二年制专科分别为50、36学时,本科为54学时;"邓小平理论概论"三年和二年制专科分别为64、60学时,本科为70学时;"毛泽东思想概论"三年和二年制专科均为40学时,本科理工和文科类分别为36、54学时;"思想道德修养"专科均为40学时,本科为51学时;"法律基础"专科均为28学时,本科为34学时。根据2018年的《新时代高校思想政治理论课教学工作基本要求》、2020年的《新时代学校思想政治理论课改革创新实施方案》规定,本、专科教育的思想政治理论课学时相差一百多。(3)建设标准等方面的差异。2008年中宣部、教育部发布的《关于进一步加强高等学校思想政治理论课教师队伍建设的意见》和2011年《高等学校思想政治理论课建设标准(暂行)》均规定"本专科思想政治理论课专任教师要总体上按不低于师生1:350—400的比例配备"。尽管没有区别专科与本科院校师生比的差别,但在实际中专科院校师生比明显弱于本科院校。2015年中宣部、教育部印发的《普通高校思想政治理论课建设体系创新计划》对本科和专科院校师生比进一步明确,即两者"严格按照1:350—400和1:550—600的师生比配足配强专职教师"。2020年的《新时代高等学校思想政治理论课教师队伍建设规定》统一规定根据全日制在校生总数按照师生比不低于1:350的比例核定专职思想政治理论课教师岗位。在专项经费上,自2011年以来,一直按照"本科院校按在校学生总数每生每年不低于20元、专科院校按在校学生总数每生每年不低于15元的标准提取专项经费",2020年开始调整为"按照本科院校每生每年不低于40元、专科院校每生每年不低于30元的标准安排"。

本科教育与专科教育的差异、本科高校与专科院校思想政治理论课的差异,对于应用型本科高校思想政治理论课教学内容、教学方法、教学手段、考核评价方式提出了新的要求和标准。由专科院校升格为本科高校,绝不是办学层次的简单变化,而是内涵式发展提升。从现实来看,一些应用型本科高校与专科阶段相比,思想政治理论课教学在理念、模式、方式、方法、管理、师资队伍建设等方面并没有发生太大的变化。因此,应用型本科高校思想政治理论课教学转向,首先是要强化本科教育意识,实现由专科化教学向本科教学的跨越,继续优化并形成与本科教育相适应的思想政治理论课教学,避免"本科教育专科化"[①]。

二、由传统型本科高校教学转向应用型本科高校教学

应用型本科高校大都经历了一个"专科院校——地方本科高校——应用型本科高校"的循序渐进过程,而明确应用型建设方向和开展转型探索的时间至今不

---

① 李俊义:《本科教育专科化问题及其成因和对策分析》,载《现代教育科学》,2010年第3期。

过十年左右。由于思想政治理论课教学在不少应用型本科高校处于相对边缘化境地,其应用型转向的时间实际更晚。不少应用型本科高校的思想政治理论课教学在教学理念、课程体系、教学内容和模式等方面与研究型、综合型高校并无二致。应用型本科高校与传统型本科高校存在明显的差异性,应用型转向必然意味着高校治理结构、专业体系、课程、教学、师资结构等一系列要素的相应转向。思想政治理论课程是应用型本科高校课程体系的重要组成部分,地方本科院校的应用型转向必然意味着思想政治理论课教学的相应转向。

服务地方经济社会发展是应用型本科高校的基本定位,实践性、应用性是应用型本科高校人才最鲜明的特点。思想政治理论课程及教学与应用型本科高校办学定位和人才培养目标具有高度契合性:(1)实践性、应用性是思想政治理论课程的基本属性之一。所谓"属性",是指事物固有的性质与规定。事物并非只有一个属性,也可能有多重属性,越是复杂的事物就越可能有更多属性。根据其在事物运动发展中的地位,又可以进行根本属性与基本属性、本质属性与非本质属性等多类划分。思想政治理论课程从来不是脱离社会生活实践的课程,既具有政治性、思想性、理论性,也具有知识性、实践性、应用性。马克思主义是思想政治理论课的精神内核,马克思主义本身是实践的理论,实践性是马克思主义理论区别于其他理论的显著特征,马克思主义思想政治理论也只有在实践中才能得以验证和升华。"意识形态不仅是统治阶级和社会集团根本利益得到集中反映的理论形式,也是统治阶级和利益集团利用得以满足和实现的实践要求和实践行动"[①]。(2)思想政治理论课包含丰富的应用性知识。思想政治理论课程体系是一个融政治、经济、文化、社会为一体,涉及哲学、史学、法学、德育学、社会学、管理学等多学科知识的体系,包含大量应用性知识。如"思想道德与法治"课程就是一门关于如何看待和处理个人与国家、社会、自然、他人关系的课程,包含大量有关人生、职业、事业发展和法律知识等应用性很强的知识,与学生健康成长和未来发展密切相关。(3)实践性、应用性是思想政治理论课教学的内在要求。思想政治理论课教学不同于思想政治理论课程,更不同于思想政治理论和教材。如果说思想政治理论课程主要表现为政治性、思想性、理论性的话,那么其教学则是在政治性、思想性、理论性引领下的具有鲜明实践性、应用性的教育活动。思想政治理论课教学不同于以知识传授为主要内容的专业课教学,同时也是思想政治教育。人是实践中的存在,人的"全部社会生活在本质上是实践的"[②],人的正确思想不是"自己头脑里固有的",而是"只能从社会实践中来"[③]。思想政治理论课教学的最终目的不是教给学生多少马列主义理论知识,不是让学生记住了哪些法律或道

[①] 王永贵等:《马克思主义意识形态理论与当代中国实践研究》,北京:人民出版社2013年版,第25页。
[②] 《马克思恩格斯文集》(第1卷),北京:人民出版社2009年版,第501页。
[③] 《毛泽东文集》(第8卷),北京:人民出版社1999年版,第320页。

德规范，而是以理论指导学生去实践，在改造主观世界的同时改造客观世界。因此"要高度重视思政课的实践性，把思政小课堂同社会大课堂结合起来"①，坚持理论性与实践性相统一，积极开展实践教学，将教材和课堂的思想政治理论鲜活化，让受教育者在课内外、校内外的生动实践中锤炼品格、增长才干、奉献社会，成长为德智体美劳全面发展的社会主义建设者和接班人。同时，思想政治理论课教学要解决现实的人、具体的人的现实性、具体性问题。一方面，思想政治教育的全部逻辑起点是现实的人、具体的人，教育内容来源于生活与实践，是人的主观意识对客观世界的能动反映与认知，只有在与生活再结合的过程中才能产生力量，"没有生活做中心的教育是死教育，没有生活做中心的书本是死书本"②。如果"过于强调教学内容的政治性与意识形态功能，使'为人'目的与'对人'手段相割裂"，会"导致教育过程中形式主义与教条主义"③。因此，在思想政治理论课教学中，我们既要警惕政治淡化，也要避免政治泛化，结合特定教学对象的人生事业发展实际需求开展对应性教学，因为"思想"离不开"利益"，如果离开，就会使自己出丑④。另一方面，思想政治教育作为一种实践活动最初就是以解决现实世界中的现实问题为目标而存在，并在实践发展中逐步形成思想政治教育本体之"是"，即思想政治教育最初是在一定目的指引或是问题倒逼的情况下发生发展的、人们根据所要解决的问题人为地规定思想政治教育的属性⑤。同样的，作为思想政治教育主渠道的思想政治理论课教学，必须与特定教学对象的现实问题和困境相结合，满足学生成长和发展期待。

从现实来看，应用型本科高校思想政治理论课教学的应用型转向还存在不少制约要素。（1）传统认知偏见依然强劲，关心思想政治理论课建设发展的社会氛围不够强。⑥一是对课程本质的偏狭认知，将其视为完全的意识形态宣传教化工具，是"政治说教课""纯粹的意识形态教育课"，只是进行政治结论和意识形态教条说教，与学生的生活世界相去甚远，将思想政治理论课教学看成教育者枯燥生硬地空谈理论、训导学生。二是对教学内容的轻慢态度，认为思想政治理论课是缺乏学术含量、没什么实用性的"虚课"，是各类常识的"大杂烩"，缺乏专业性，对于提升学生的思想、知识、能力无所助益。三是对课程地位的轻视，认为思想政治理论课是可有可无的"副课"，不必过于重视，学生应将主要精力放在"主课""专业课"的学习上，致使其长期处于边缘化境地。四是对课程作用的认识误区，认为思想政治理论课会扼杀学生的创造性和妨害学生的思想自由。以上这些

---

① 习近平：《思政课是落实立德树人根本任务的关键课程》，载《求是》，2020年第17期。
② 陶行知：《陶行知教育名篇》，北京：教育科学出版2000年版，第160页。
③ 潘智璇：《思想政治理论课生活化的三重意蕴与实践路径》，载《教育探索》，2021年第5期。
④ 《马克思恩格斯文集》（第1卷），北京：人民出版社2009年版，第286页。
⑤ 李敏：《论思想政治教育属性的学理内涵》，载《马克思主义理论学科研究》，2019年第2期。
⑥ 阮博：《驳关于思想政治理论课的若干流行偏见》，载《中国矿业大学学报（社会科学版）》，2021年第7期。

认知偏见和误区不断营造和强化思想政治理论课的负面刻板印象,使其受到轻视、排斥乃至恶意攻击,恶化了应用型本科高校思想政治理论课教学的建设环境。(2)部分应用型本科高校和教师转向建设意愿不足。首先,长期以来学界和高校管理者对于应用型本科高校思想政治理论课教学转向重视不足,总体上还处于实践探索阶段,尚未形成可供借鉴的成熟模式。尽管理论界和不少应用型本科高校已经意识到了思想政治理论课教学转向的必要性,但对于"转什么""怎么转"的具体内容还不清晰,等待观望思想还比较浓厚。其次,高校思想政治理论课教学成果产出是一个隐性的漫长过程,很难进行显性的精确量化,并且更多是"以一种'附加值'的形式出现,并不直接产生经济、社会效益"[①]。尽管学生的课程考试成绩在一定程度上可以成为衡量学生思想政治素养的某种指标,但两者之间并不必然对称,用人单位也很难据此做出准确客观的判断,更主要的还是对其专业能力的考查。在就业导向下,不论对于应用型本科高校还是大学生而言,专业课教学建设显然比思想政治理论课教学建设更具直接和现实效益,因此制约大学生对于思想政治理论课程学习的积极性和高校的建设热情。最后,思想政治理论课建设具有一定政治敏感性,一些应用型本科高校管理者及任课教师因此产生畏难心理,担心教学转向探索一旦没有把握好分寸,可能会引发问题,因此不敢不愿触碰,改革的主动性、积极性不高。(3)教学转向资源和能力不足。大部分应用性本科高校由原来的专科类院校升格形成,办学起点不高,建成时间短,基本都是地方性院校,办学资源主要来自地方政府,办学条件有限,更愿意把有限的资源和精力集中于产出效益明显的专业课程教学建设上。如同样是实践教学,应用型本科高校往往在专业课实践教学和基地建设上不遗余力,而对于思想政治理论课实践教学和基地建设则鲜有投入。(4)转向存在一些结构性矛盾。一是教学内容与办学定位的矛盾。应用型本科高校大都沿用了传统型高校思想政治理论课程体系,教学内容宏大抽象,应用性知识比例偏低,与地方产业、行业、学生未来职业等结合度不高,与应用型本科高校服务地方经济社会发展的办学定位和人才培养目标差之较远。二是教学方式方法与人才培养目标的矛盾。应用型本科高校沿用传统的"重课堂灌输、轻动手参与""重理论教学、轻实践教学",实践教学"弱化、泛化、散化、虚化和简化"的现象还比较明显[②],与高层次应用技术人才的目标定位契合度不足。三是教师教学能力与教学要求之间的矛盾。一方面,部分教师缺乏相关专业背景和知识,如部分"思想道德与法治"课程教师不具备法律专业背景,教学只能泛泛而谈。另一方面,相当比例教师从"校门"到"校门",缺乏本地社会工作经历,对地方情况不熟悉,对于教学内容难以进行"应用性""地方性"转化。四

[①] 王震:《应用型本科高校思政教学转型:问题、方向与路径》,载《改革与开放》,2018年第5期。
[②] 张春和:《新时代高校思想政治理论课实践教学体系的探索与构建——兼论"2018新方案"基本要求的落实落细》,载《学校党建与思想教育》,2018年第17期。

是教学建设与教师发展的矛盾。应用型本科高校应以教学为主,但在"科研至上"的价值导向下,教学业绩在应用型高校的职称评定、绩效考核等方面影响不大,教师对于思想政治理论课教学的热情不足。

三、由形式化教学转向实效化教学

所谓形式化教学,是指教学活动按照教学管理要求完整实施,完成了各项"规定动作",但教学针对性、吸引力、感染力不强,学生课堂参与度、获得感、认同感不高,没有达到教学应有的效果,教学表面化、空心化、形式化,用轰轰烈烈的形式代替了扎扎实实的落实,用光鲜亮丽的外表掩盖了矛盾和问题。思想政治理论课鼓励积极探索新的教学形式,思想政治理论课教学目标也必须通过一定的形式来实现。但是,如果把握不好度,过于注重形式而轻视教学内容、只重视表面热闹而不注重实际效果就背离了教学形式探索的意义。教学实效始终是高校思想政治理论课教学建设的根本方向和目标,思想政治理论课教学实效性不强的问题始终是党、国家和社会关注的主要问题,《中共中央国务院关于进一步加强和改进大学生思想政治教育的意见》(2004)、《中共中央宣传部教育部关于进一步加强和改进高等学校思想政治理论课的意见》(2005)、《中宣部教育部关于印发〈普通高校思想政治理论课建设体系创新计划〉的通知》(2015)、《关于深化新时代学校思想政治理论课改革创新的若干意见》(2019)等文件均指出,目前思想政治理论课"课堂教学效果还需要提升"。客观地说,长期以来,思想政治理论课教学形式化问题在一些高校一直不同程度地存在,是包括应用型本科高校在内的一个共性问题,不仅浪费了宝贵的教学人力物力资源,也严重伤损了学生的学习积极性,引发学生的逆反心理,助长了不良学风,抹黑了思想政治理论课和思想政治理论课教师形象,消解了高校思想政治教育"主渠道"的功能,是造成社会负面评价的主要原因,是形式主义作风在思想政治理论课教学工作上的反映。

党的十八大以来,高校思想政治理论课建设在改进中不断加强,教学实效性不断增强,大学生的学习获得感明显增强。同时我们也要看到,高校思想政治理论课的课堂教学效果仍待加强[①],形式化教学在一定程度上依然存在。具体表现为:(1)教学内容空心化。一是在内容设置上没有考虑特定教学对象的特点和课程学习需求,缺乏针对性。学生对于学习内容感到"没有什么用","讲空话",获得感低。二是内容陈旧重复。教学内容不能紧跟时代发展变化,没有及时充分地对我国政治、经济、文化、社会建设新成就和国内外正在发生的生动现实进行教学资源化,一些内容甚至已在小学、中学阶段反复讲授,一些案例还停留于几十年前。不是说这些内容不能讲,而是应不断提炼新内容、新案例、新数据,做到"因

---

① 习近平:《思政课是落实立德树人根本任务的关键课程》,载《求是》,2020年第17期。

时而新"。三是一些重要的教学工作并未实际开展。如实践教学在不少高校尚处于挂牌阶段,尽管"实践教学基地"数量很多,新闻宣传很多,但实际上不少应用型高校并未真正开展。(2)教学论证不足,说服力不强。在教学过程中"是什么""怎么做"讲的多,"为什么"讲的少,专注于结论、内容和意义,从理论到理论,以马克思主义理论论证马克思主义理论,以马克思主义导师和领袖的讲话论证马克思主义理论,缺乏多学科透彻的学理分析和生动的数据、案例支撑。少谈或不谈问题,不够客观全面。(3)教学过程专制化。教学满堂灌,师生之间缺乏必要的沟通交流,学生主体性不强,教学变成教师的"独角戏"。尽管一些课堂也开展了小组讨论、主题辩论、课堂报告等形式,但因教师能力有限、准备不足,主导性发挥得不好,一些讨论辩论主题缺乏吸引力,学生参与度不高或敷衍应对。(4)教学技术运用失当。多媒体可以增加教学内容的生动性、形象性、丰富性,但无法替代教师的"教",也无法解决内容的"实"。从现实看,一些教师以充斥大量文字、图片和短视频的幻灯片替代讲授,或将教师的课堂教学异化为学生的网络自学,以"新技术"之名行教学形式化之实。(5)考核评价形式化。在考核内容上重知识点考查、轻主观世界考查,重考核结果、轻考核过程,考题设计刻板,考生缺乏发挥的空间。其结果就是学生关注考试重于关注课程学习,关注成绩重于关注自我价值观养成,平时学习敷衍了事,考前死记硬背知识点,导致"能量转化的困境"[①]。因此,应用型本科高校思政课教学必须因事而化、因时而进、因势而新,依据思想政治教学特点,紧密结合课程教学目标和高层次应用型人才培养要求以消除思政课教学形式化,努力体现时代性,把握规律性,富于创造性,增强实效性。

第三节 "精准供给"是应用型本科高校思想政治理论课教学建设的关键

思想政治理论课教学由教师的"教"与学生的"学"构成,是一个精神产品的生产、包装、传授与接受、吸收、涵化过程,具有明显的"供给侧—需求侧"结构。需求侧与供给侧相互依存、彼此制约,共同构成高校思想政治理论课教学生态系统。需求侧是思想政治理论课教学的动力源,思想政治理论课教学的意义就在于满足大学生的精神需求;供给侧决定着需求的满足程度与质量,进而决定教学生态系统的运转。需求侧总是确定的、一定的,而供给侧则带有较大的不确定性,实现应用型本科高校思想政治理论课教学的"三个转向",根本途径是进行供给侧改革,关键在于实现教学"精准供给"。

[①] 北京高校思想政治理论课高精尖创新中心:《高校思想政治理论课学理支撑研究》,载《北京教育(德育)》,2019年第2期。

一、思想政治理论课教学"供给——需求"理论分析

思想政治理论课教学是个"供给——需求"过程。教学是"学生在教师有目的、有计划的指导下，积极主动地掌握系统的文化科学知识和基本技能、技巧体系，同时发展智能和体力，并形成一定思想品德的活动"[①]，是师生双方以教学内容为中介的互动过程，是教师"教"的活动与学生"学"的活动的统一。所谓"教"是"讲授""指导""教育""传授"，是知识、思想、理论、方法、技能的输出，带有明显的供给色彩，教师主体在教学过程中的"教"是教学的供给侧范畴。学生是"教"的受众对象，所谓"学"是学生基于知识、思想、理论、方法、技能需求对"教"的领受、涵化、实践和创新发展，带有明显的需求色彩，学生主体在教学过程中的"学"是教学的需求侧范畴。思想政治理论课教学尽管有其特殊性，但遵循着教学的基本原则和规律，同样是一个"供给——需求"过程，由教学供给侧与需求侧构成，是由教师"教"的供给侧和学生"学"的需求侧构成的有机整体。

满足需求是思想政治理论课教学的原动力。马克思主义认为，人的需求是人的内在本性，是人类生存状态的最直接表现形式和心理结构中最根本的东西，是人类个体和整个人类发展的原动力。需求决定生产，没有需求就没有生产，"任何人如果不同时为了自己的某种需要和为了这种需要的器官而做事，他就什么也不能做"[②]。因此，一切社会实践活动都应以满足人的需要为根本目的，不针对人的需要的生产没有意义。马克思主义同时认为，人的需要具有多样性、层次性和发展性。人作为"自然存在物"首先具有自然需要，同时人作为社会化的存在物又有社会需要和精神需要。人的活动是一个由生存需要到享受需要、再从享受需要到发展需要的由低向高递进发展状态。只有低层次需要得到了满足，才会向更高层次的需要发展，从而不断促进人的全面发展。生存需要是人的全部需要的基础。享受需要指人们在满足生存需要前提下享受美好生活的要求。发展需要是在生存享受等需要得以满足的基础上产生的更高层次的需要。人是现实的、具体的、历史的人，是在特定社会关系下从事某种实践活动的人，"我们不是从人们所说的、所想象的、所设想的东西出发，也不是从只存在于口头上所说的、思考出来的、想象出来的、设想出来的人出发，去理解真正的个人。我们的出发点是从事实际活动的人"[③]。马克思主义关于"人的需要"理论为思想政治理论课教学建设指引了方向。思想政治理论课教学必须把大学生看作具体的人、现实的人，有着丰富情感、性格、个性、有血有肉的人，关注他们的现实生活、情感世界和精神需要，基于大学生的需求确定应该教什么、怎么教，尊重他们的主体性、独立性以及差异性，

[①] 路冠英、韩金生：《教学论》，石家庄：河北教育出版社1987年版，第31页。
[②] 《马克思恩格斯全集》（第2卷），北京：人民出版社1998年版，第118页。
[③] 《马克思恩格斯选集》（第1卷），北京：人民出版社1996年版，第46页。

全面立体客观地分析他们的具体情况,科学拟定针对性、人性化的教学内容、方式、方法。

供给侧是思想政治理论课教学建设的关键。"生产是实际的起点,因而也是属于支配地位的要素",一定的生产决定一定的消费、分配、交换和这些不同要素相互间的一定关系,生产生产着消费,生产创造出消费的对象、方式和动力。现代教学理念认为,教学活动中"教"与"学"不是孤立的两个面,而是一个师生互动交往过程,学生和教师都是教学中的主体。但是,我们必须看到,教师与学生在教学中的"主体"地位是不一样的,教师的"主体性"表现为"教"的主体,学生的"主体性"则表现为"学"的主体。教师始终是教学活动的发起者、主导者和管理者,是"首席"主体。没有"教"则无所谓"学",教师决定了教学的供给内容、语言表述、教学模式与手段选择等,教师"教什么""怎么教""教多少"在很大程度上决定了学生"学什么""怎么学""学多少"。教学中的"学",主要是学生由"教"引发的"学"的行为,这也是"教学"与"自学"的主要区别。因此,教学供给侧在很大程度上决定了教学需求侧能否得到满足以及满足的程度,进而影响教学效果和人才培养,应用型本科高校思想政治理论课教学建设问题从根本上来说是一个供给侧问题。

二、应用型本科高校思想政治理论课教学问题主要表现为供给"精度"不足

目前,应用型本科高校思想政治理论课教学既存在需求侧的问题,也存在供给侧的问题。从需求侧来看,教学需求不旺的现象还比较明显,如学生学习积极性不强,课堂出勤率、抬头率、与教师互动率不高等。有观点认为,大学生"功利性强""思想政治意识淡漠""多元价值观冲击""社会环境发生重大变化"制约了思想政治理论课教学需求。这些因素的确会对大学生思想政治理论课教学需求产生一定影响,但不应成为应用型本科高校思想政治理论课教学实效难言满意的纠因之处,反而恰恰说明了其价值所在。正如习近平总书记在论述供给侧结构性改革时所言,"我国不是需求不足,或没有需求,而是需求变了,供给的产品却没有变,质量、服务跟不上。有效供给能力不足带来大量需求外溢"[①]。同理,应用型本科高校思想政治理论课教学所呈现的"需求不旺"现象,并非大学生需求不足或没有需求,而是教学供给没有契合应用型本科高校大学生这个特定群体或学生个体的需要,是供给不够精准的必然结果。

应用型本科高校思想政治理论课教学精度不够主要表现在四个方面。(1)供给"面"的问题,主要表现为供给缺损,即教学供给未能完全覆盖需求和对象。一

---

① 《习近平在省部级主要领导干部学习贯彻党的十八届五中全会精神专题研讨班上的讲话》,载《人民日报》,2016年5月10日。

是供给内容"面"的缺损。教材是教学的依据，以"思想道德与法治"课程教材为例：一方面，"法治"部分全部为法学理论和宪法学内容，这部分内容十分重要，但过于宏大抽象，与大学生生活现实距离较远，需求度、关注度、兴趣点自然也不会太高。另一方面，与青年大学生现实生活和未来人生事业发展关系最为紧密的、具有普遍性需要的内容，如劳动权益保障、婚姻家庭法等几乎没有涉及，大学生的"刚性需求"难以得到满足，形成"所教的不受欢迎、受欢迎的不教"的困境，必然降低教学吸引力。二是供给对象"面"的缺损。比如实践教学，由于多种原因，目前应用型本科高校校外实践教学还不能有效覆盖全体学生，只是挑选少部分同学参加。在师生互动方面，由于教学班级人数多，绝大多数同学很难获得与教师进行课堂互动或课下交流交往的机会。（2）供给"质"的问题，主要表现为一定程度上的"低端供给"。由于历史原因，早些年进入高校思想政治理论课专职教师队伍中的一些教师的学科和专业背景与教学内容并不匹配，是"不够专业的专职人员"。近年来，在教育部明令的师生比要求下，应用型本科高校加大思想政治理论课教师引入力度。但受制于多种因素影响，应用型本科高校人才引入竞争力相对不强，只能以放低标准的方式退而求其次，引入了一些学科专业背景与高校思想政治理论课"相关"、教学科研能力一般的教师。其中的一部分教师还无法做到高质量的教学供给，往往只能停留于概念、意义、内容等知识点上，缺少深入透彻分析论证的能力，难以做到多学科知识的融会贯通，设计的讨论主题浅显，难以契合大学生的知识水平和思维能力。（3）供给"量"的问题，既存在"供给不足"现象，也存在"供给过剩"现象。思想政治理论课教学时数是有限的，学生学习的时间和精力也是有限的，这方面供给量过多就必然意味着那方面供给量的减少。课堂教学中学生的"刚性需求"供给不足，非"刚性需求"供给量过多。一些党政领导的报告、外请专家讲座、在线课程、学生团学社思想政治教育等在主题上与思想政治理论课堂教学缺乏协同，也存在同质化重复教育问题。同质化过量供给造成"精神产品"供给过剩，引发"边际递减效应"，降低学生兴趣，甚至出现学习"负迁移"。（4）供给"点"的问题，即以"漫灌式"供给替代"滴灌式"供给。在教学内容、方式、方法上搞"一刀切"，进行整体性、统一性教学供给，将大学生成长发展需求和期待进行同质化预设，忽视应用型本科高校自身、不同学科、不同专业学生需求的差异性，缺乏"因材施教"的群体特殊性教育，即每一个子群体自身的重点引导内容和针对。①

三、以"精准供给"推动应用型本科高校思想政治理论课教学转向

应用型本科高校思想政治理论课教学供给缺损、低端供给、供给不足、供给

---

① 贾龙：《群体分类视角下新时代大学生思想政治教育针对性研究》，山东大学博士学位论文，2021年，第12页。

过剩等问题,主要诱因在于供给结构失衡,对于大学生自身发展需求关注不多、研究不够,供给精度不足、质量不高、供给"漫灌式",解决问题的根本途径在于加强供给"靶向"建设,增强供给精度,以"精准供给"推动应用型本科高校思想政治理论课教学从"本科专科化"教学向高质量本科高校教学转向,从传统型本科高校教学向应用型本科高校教学转向,从形式化教学向实效化教学转向。

首先要科学认识应用型本科高校思想政治理论课教学供给结构及其内部关系。应用型本科高校思想政治理论课教学既要"顶天",讲好马克思主义理想与信仰,实现人的政治化、社会化,又要"立地",坚持理论联系实际,提供与地方经济社会发展和大学生个人成长发展相关的内容。正如上文所述,学生"成长与发展"是一个包括多元主体、多项目标的整体,要以整体性思维推进建设。党和国家的需求在需求体系中居于根本性地位,用人单位和应用型本科高校的需求在需求体系中居于基础性地位,学生自我价值实现需求在需求体系居于关键地位,思想政治理论课教学也应相应进行三个层面内容的融合性供给,不能只见树木不见森林,顾此失彼。一方面,要将宏观的思想政治理论与地方结合起来、与用人单位的需求结合起来,与高层次应用型人才培养目标结合起来,增强本地、本校、本学科相关内容供给。另一方面,也要避免"重新把'社会'当作抽象的东西同个人对立起来"[1],片面强调思想政治理论课教学育人的工具价值,片面强调供给内容的高、大、全,合理增加适应于大学生朴素的、现实的、迫切的需求所对应的教学供给。"人的绝大部分时间和精力都用于旨在实现最基本的但又尚未满足的需要上,当这些需要或多或少得以实现后,人才能越来越注意到更高层次的需要"[2]。将教学供给内容单一化为纯粹的社会理想、政治诉求、价值取向和道德品质方面,并"嵌入式"地施加给个体作为"学习任务",会使得教育对象将思想政治理论课教学视为国家的事情,于其个人而言并非必要和迫切之事,甚至无足轻重[3]。为此,应用型本科高校思想政治理论课教学要"按照人的全面发展的要求,由促进社会发展逐渐向引导人的全面发展转变……在教育过程中逐渐增强人的主体意识、培养人的主体精神、开发人的主体能力、塑造人的主体人格"[4],不仅要进行人的社会性和政治性教学供给,加强主流意识形态和价值观教育,也要合理设定与个人发展密切相关的内容供给,实现大学生国家诉求、社会诉求与个体诉求的有机融合,将大学生个人价值同国家前途命运紧紧联系在一起。

从现状来看,应用型本科高校思想政治理论课教学"精准供给"的重点要放

---

[1] 《马克思恩格斯全集》(第3卷),北京:人民出版社2002年版,第302页。
[2] [美]马斯洛:《马斯洛人本哲学》,成明编译,北京:九州出版社2006年版,第43页。
[3] 郑丽娟、何友鹏:《马克思人学理论视域下高校思想政治理论教学改革的新探索》,载《扬州大学学报(高教研究版)》,2015年第6期。
[4] 卜建华、孙静:《人的全面发展理论视域下的思想政治教育创新浅析》,载《学校党建与思想教育》,2016年第5期。

在加强对于大学生自身成长发展需求的供给上。马克思主义认为，人的需要是人的内在本性，是人类生存状态的最直接表现形式，一切社会实践活动都应以满足人的需要为根本目的，不针对人的需要的生产没有意义。思想政治理论课是一门立德树人的课程，教学对象是人，教学内容是关于人，教学目标是为了人的发展。思想政治理论课教学说到底是对人讲道理，"理论只要说服人，就能掌握群众；理论只要彻底，就能说服人。所谓彻底，就是抓住事物的根本。而人的根本是人本身"①。思想政治理论课教学只有紧紧抓住人本身这个根本问题，才能真正说服人，赢得人，实现教学功能和目标。人的需要是本身所固有的特性，不考虑大学生需要进行"灌输"，"企图用行政命令的方法，用强制的方法解决思想问题，是非问题，不但没有效力，而且是有害的"②，脱离人的现实的"空洞的理论是没有用的，不正确的，应该抛弃的"③。正视、重视、理解学生成长发展需求，是激发思想政治教育内生动力的重要内容④。应用型本科高校思想政治理论课教学必须始终关注大学生的需要、服务大学生的需要，不能基于自我的想象去确定我们应该教什么、怎么教，将大学生看作一个抽象的、孤立的、被动的教学对象进行空洞的说教，而应以本地、本校、特定学科专业、年龄阶段、成长经历、心理特点的大学生成长发展需求和期待为逻辑起点和主要内容，尊重人的个性发展需要，不断丰富和调整供给内容。只有充分尊重和不断满足人的需要，才能从根本上调动人的积极性和创造性，否则思想政治理论课教学就会变成教育者的自说自话、自娱自乐、孤芳自赏。

其次要多层面、多途径提升教学供给"精度"。一是进行"差异化""精细化"供给。"精准供给"是与"漫灌式"供给对立的一种供给思维和模式。教学"漫灌式"供给的一个重要特点是无视教学对象的特点和差异，进行无差别、统一性供给，而"精准供给"则要求针对不同教学群体对象具体分析，因材施教、因时制宜、因地制宜、因势利导。思想政治理论课教学"差异化""精细化"供给，就是要在严格遵循党和国家关于本科高校思想政治理论课程和教学的统一要求、以教材为本的同时，"建成适合每个人的教育，努力使不同性格禀赋、不同兴趣特长、不同素质潜力的学生都能接受符合自己成长需要的教育"⑤，根据特定大学生群体的特点和需求确定针对性的教学内容，选择适用性强的教学载体和有效路径，寓"统一性"教学目标于"差异化"教学行为之中。二是强化"在地化""应用性"供给。应用型本科高校不同于研究型本科高校，其鲜明特点在于培养服务地方经济社会发

---

① 《马克思恩格斯文集》(第1卷)，北京：人民出版社2009年版，第11页。
② 《毛泽东文集》(第7卷)，北京：人民出版社1999年版，第209页。
③ 《毛泽东选集》(第3卷)，北京：人民出版社1991年版，第836页。
④ 冯刚：《增强高校思想政治教育持续发展的内生动力》，载《中国高等教育》，2017年第Z2期。
⑤ 习近平：《坚持中国特色社会主义教育发展道路 培养德智体美劳全面发展的社会主义建设者和接班人》，载《人民日报》，2018年9月11日。

展的高层次应用型人才，思想政治理论课教学内容应当紧密结合本地、本校的特殊地情、校情、学情和教学对象"应用型"人才素养要求开展教学，加强教学内容、教学资源的"在地化"和"应用性"，这也是应用型本科高校思想政治理论课教学"精准供给"最大特色所在。三是开展多类型、"菜单式"供给。通过建立学生"选教师"制度，提供多主题、多形态、数量足、质量高的学习资源，设置多类型、多形态成果展示和考核方式，建立多主题、多类型实践教学基地等，由教学对象根据自身实际情况和特点自主选择，增强教学对象学习的主体性、考核的主体性、参与的主体性。四是加强"精准供给"技术支撑。只有基于真实、精准的数据支持，才有可能实现真正意义上"差异化""个性化"、精准性供给。为此，要"运用现代信息技术等手段建设智慧课堂"[1]，充分利用大数据、人工智能、物联网等现代分析技术进行教学对象的精准画像，精准开展需求分析、行为分析、学情分析，生成个性化档案，使教学决策从"经验化"到"科学化"，进行针对性教学设计，实现教学资源的精准推送，开展精准供给。

第四节　应用型本科高校思想政治理论课教学"精准供给"研究现状

尽管新中国成立之初就开始了应用型本科教育的实践探索[2]，但"应用型本科"一词直到1998年才由龚震伟在《江南论坛》第3期发表的《应用型本科应重视创造性培养》一文中首次提出。"应用型本科高校"的提出则更晚，并存在多个具有内涵交叉性的相关概念，如"新建本科院校""地方性高校""独立学院"等。2008年安徽省率先成立了"安徽省应用型本科高校（部分）联盟"后，国内多个省份也相继成立了省级应用型本科高校联盟，2013年全国范围的应用技术大学(学院)联盟正式成立[3]，"应用型本科高校"概念才逐渐为学界所普遍接受。学界对于"思想政治理论课"的表述也存在多样化，其他表述还有"思想政治课""思政课"。考虑到学界对于"应用型本科高校"和"思想政治理论课"的不同表述，为了尽可能完整地把握学界研究成果，我们分别以两者不同表述为关键词相结合在"中国知网"等主要学术文献电子平台进行了搜索，同时去除了不同关键词检索下的重复文献。

---

[1] 习近平:《思政课是落实立德树人根本任务的关键课程》，载《求是》，2020年第17期。
[2] 胡万山:《中国应用型本科教育发展70年：历程、经验及展望》，载《黑龙江高教研究》，2020年第7期。
[3] 李均、何伟光:《应用本科大学40年：历史、特征与变革》，载《南京师大学报（社会科学版）》，2018年第5期。

一、总体概况

在"中国知网"以"应用型本科"为篇名进行搜索,再分别以"思想政治理论课""思想政治课""思政课"为篇名在结果中搜索,分别有论文65篇、4篇、54篇。其中,中文社会科学引文索引(CSSCI)及其扩展版共有6篇,硕士论文1篇,最高被引文章为侯保龙2015年发表于《思想理论教育导刊》第6期的《应用型本科院校思政课教学方法改革的原则与路径》一文,共被引用20次。在"中国知网"以"独立学院"为篇名搜索,再以"思想政治理论课""思想政治课""思政课"为篇名在结果中搜索分别有论文共272篇、16篇、89篇。其中,中文社会科学引文索引(CSSCI)及其扩展版共10篇,硕士论文4篇,最多被引是冯来兴2011年发表于《思想政治教育研究》的《独立学院思想政治理论课建设的现状及对策》一文,共被引23次。在"中国知网"以"新建本科"为篇名搜索,再以"思想政治理论课""思想政治课""思政课"为篇名在结果中搜索分别有论文42篇、0篇、10篇,其中中文社会科学引文索引(CSSCI)及其扩展版共有1篇,硕士学位论文0篇,最高被引文章为胡大伟2014年发表于《浙江水利水电学院学报》的《新建'应用型'本科院校思想政治理论课转型发展论》一文,共被引6次。在研究内容上,一些学者分析了应用型本科高校思政课教学现状、存在问题并提出建设原则、策略和路径,一些学者聚焦于应用型本科高校思政课教学内容、方式方法、实践教学、师资队伍与素养建设等主题进行研究,还有学者针对具体课程进行研究。在研究方法上,学者借助马克思主义学、政治学、社会学、哲学、管理学、统计学等多学科理论,采取了调查研究、实证研究、个案研究、定性与定量研究等多类方法。有关应用型本科高校思想政治理论课研究最早是陈向芳于2007年6月发表在《中国德育》第6期上的《略论独立学院思想政治理论课教师队伍建设》一文。该文分析了独立学院思想政治理论课教师队伍学历低、队伍不稳定等问题并提出了建设策略。在院校具体类型上,涉及民办本科院校、新建本科院校、独立学院、地方性高校,一些学者还以区域院校为对象开展研究,如民族地区、西部地区、东部地区、长三角地区应用型本科高校等。

在"中国知网"以"供给"为篇名搜索,在"搜索结果"中再分别以"思想政治理论课""思想政治课""思政课"在"结果中搜索"分别有73、14、114篇,共201篇。其中,CSSCI(含拓展)共9篇,硕士学位论文11篇。最早见于吕学芳、郑流云、肖映胜2015年11月发表于《吉首大学学报(社会科学版)》第6期的《论高校思想政治理论课'育人理念'的转换——从'供给者本位'与'需求者本位'的视角分析》一文。该文比较分析了高校思想政治理论课"供给者本位"和"需求者本位"育人理念的内涵、特点、价值和理论缺陷,提出应坚持"供给者本位"与"需求者本位"的统一。最多被引论文为张宝君2017年发表于《思想理论教育导刊》的《"精准供给"视域下高校思想政治理论课教学现实反思与策略》和杨新莹、李军松、白晓宇2018年发表于《现代教育科学》第7期的《"融媒体"视域下的高校思政课教学供给侧结构改革》，两文均被引36次。另外，还有专著3部：一是李梁教授2017年12月由上海大学出版社出版的《高校思想政治理论课教育教学供给侧结构改革理论研究》。该作是2016年全国"高校思政课教育教学供给侧结构性改革的思路与构想"学术研讨会暨第六届"上海大学思政论坛"论文集，共有论文32篇。二是王金伟、李梁2017年12月由上海大学出版社出版的《高校思想政治理论课教育教学供给侧结构改革实践研究》。该作同样是上述学术研讨会论文集，主要围绕高校思想政治理论课程供给侧具体问题展开研究，对一些高校思想政治理论课供给侧改革经验进行了总结，共有论文33篇。三是张磊2019年7月由山东大学出版社出版的《高校思想政治理论课供给侧改革研究》。该作分析了高校思想政治理论课供给侧改革的内涵、存在的问题及影响要素，在调研高校思想政治理论课供给方即教师存在的问题及影响要素的基础上，提出了高校改革的策略，并进行了课程相关设计及探索。

二、主要研究内容

（一）应用型本科高校思想政治理论课教学建设的逻辑

学者们从不同角度进行了研究。(1)大多数学者从教学问题现状入手，认为应用型本科高校思想政治理论课教学感染力、吸引力不足，学生抬头率、参与度、获得感、认同感不够，教学实效难以实现课程目标。具体表现为：第一，从课程特点看，思想政治理论课内容偏抽象性、理论性，实用性不强，与青年大学生学习和心理特点契合度不高，制约了学生学习动力。第二，从教学对象看，当代大学生学习动机功利化，对于课程及学习的价值认识不够深刻。第三，从教学内容看，存在与中小学阶段纵向上的重复、本科阶段各门思想政治理论课间横向上的交叉重复、统一性教材没有考虑不同专业或岗位对教学内容差异化要求等[①]。第四，从教学过程看，传统的"灌输式"教学仍在延续，学生主体性不强，课堂交流互动不多，教学方法陈旧，难以激发学生学习兴趣。第五，从教学管理来看，跨专业教学、百人以上的大班化授课难以掌握学生的出勤、过程化管理与考核等[②]。第六，从师资队伍来看，存在思想政治理论课教师数量不足、教学理论知识基础和教学技能不强等问题。第七，从考核方式来看，通过率畸高，学校与教师有减少不及格率的主观意愿，学生考试没有压力，学习动力不强，加剧了学生对课程的轻视。需要说明的是，上述问题在不同类型高校的思想政治理论课教学中均一定程度上存在，

---

① 翟会盈：《影响应用型本科高校思政课实效性的教师因素》，载《中学政治教学参考》，2021年第9期。
② 杨冠亚、王兆香、陈惠珍：《新形势下应用型本科院校思想政治课教学时效性研究》，载《中国石油大学胜利学院学报》，2014年第4期。

并不为应用型本科高校所独有。(2)部分学者从应用型本科高校与研究型高校的比较中就应用型本科高校办学定位进行探究，并据此提出应用型本科高校思想政治理论课教学转型建设的价值所在。首先，应用型本科高校大多升格于专科或高职院校，在相当长一段时间内还处于发展的"初级阶段"，思想政治理论课教学基础先天薄弱，在教学环境、教学方式、师资力量、学生素质、教学经验等方面还不能满足本科教学的要求。[1]其次，应用型本科院校与升格前的专科院校在人才培养目标上存在重大差别，思想政治课教学必须以转型适应本科阶段教学要求。专科以够用为原则构建基础理论，重在掌握实用技术和熟悉相关规范，本科强调岗位的适应面要宽、适应的层次要高，理论基础必须相对宽厚。专科的实践能力主要体现技能性，重在常规操作，本科重视系统的专业思维训练，实践能力主要体现技术性，重在非常规操作，即发现问题，分析问题，创新解决问题的思路和方法。[2]再次，从课程设置和学生特点来看，本科阶段增设了一系列必修课和选修课，如"马克思主义基本原理""中国近现代史纲要""当代世界经济与政治"等。最后，应用型本科高校思想政治课教学对象具有自身特点。应用型本科高校学生的学科背景多为理工科，人文素质偏弱，对于思想政治理论具有先天的距离感。同时，其与专科院校大学生相比具有更强的辨识和思维能力，但与研究型高校学生相比，其理论基础又相对薄弱，自我期待值和学习管理能力相对不高，并明显偏向于以就业为目标的学习导向[3]，实用主义心态强烈，他们往往仅仅关注与其就业等有关的理论，而不关注理论的全面性。[4](3)少数学者从"专科升格本科"对于思想政治理论课教学影响视角进行研究。"本科教育绝不是在专科教育的基础上，简单地延长一年学制，增加几门课程；专科向本科的提升，包含了丰富的内涵变化和教育的创新"，本科阶段思想政治理论课教学与专科阶段教学在课程目标、课程体系、评价方式上存在的重大差别，因此必须做好由专科教学向本科教学的转化。[5]然而，"新建本科院校在向合格本科院校过渡期内，无论是管理者还是教学人员在教育教学理念上仍或多或少存在着专科的印记，本科教学目标定位不够清晰"[6]，专科教学模式的影响在一定范围内还不同程度地存在，如知识的传授深度不够，缺乏学科间的横向关系，所传授的知识是以"考核范围为度""课本知识为本"等[7]。本科院校在升本以前重点要求搞好专业建设，不强调搞学科建设，学术

---

[1] 邓小明：《提升新建应用型本科院校思政课教学实效性研究》，载《学理论》，2019年第11期。
[2] 彭轩雁、肖中云：《新建本科院校思想政治理论课教学的探索》，载《当代教育论坛（学科教育研究）》，2008年第5期。
[3] 邱丽娟：《独立学院思想政治理论课教学方法初探》，载《新西部（理论版）》，2015年第11期。
[4] 侯保龙：《应用型本科院校思政课教学方法改革的原则与路径》，载《思想理论教育导刊》，2015年第6期。
[5] 彭轩雁、肖中云：《新建本科院校思想政治理论课教学的探索》，载《当代教育论坛》，2008年第5期。
[6] 李新富：《新建本科院校教学团队建设问题研究——以思想政治理论课师资队伍建设为例》，载《学理论》，2011年第6期。
[7] 刘颁、唐玉蛟：《新建本科院校思政课面临的问题及对策》，载《衡水学院学报》，2009年第10期。

意识和学科意识比较淡薄,在业务上能拔尖,学术研究成果突出,能担任学术带头人、学科带头人不多。[①]

(二)应用型本科高校思想政治理论课教学建设的方向与对策

应用型本科高校思想政治理论课教学必须以改革创新的精神加强建设,积极转型。学界提出了如下建设转型方向:一是地方性。应用型本科高校与区域社会经济发展关系密切,其发展在一定程度上取决于学校培养的人才是否能够满足地方发展需求,能否为区域社会经济发展服务。因此,应用型本科高校思想政治课教学要主动与地方对接,吸纳地方社会和文化资源。这不仅是应用型本科高校"地方院校"办学定位的要求,也是其得以发展的重要支撑。为此,有学者提出,可以通过院校共建共享方式进行基于学科专业的思想政治理论课案例库建设,案例库建设既要遵循典型性,也要注意案例普遍性、时效性,保证案例不断更新。同时,思想政治理论课教师也应该瞄准区域经济社会发展需求,积极参与地方的决策咨询及应用对策研究,提升决策咨询的层次和水平。[②]"掌握地方经济社会发展的一线资料,能为地方经济社会发展产生的重大问题提供解决方案,这不但能提升思政教师在学生心目中的威望,而且也让被许多人认为的纯理论'说教'的思想政治理论课更加接近社会现实,增强教学亲和力和生动性。"[③]二是应用性。学界普遍认为,应用型本科高校思想政治理论课建设要立足于应用型本科人才对"应用能力"方面要求突出的特点,重视实践教学环节,提升教学比重,强化学生"应用型"属性,推动其与专业课程实践教学相结合,建设专业课教学与思政课教学"双实训"实践基地,专业技能水平与思想表现、职业道德"双评议""双报告"制度。[④]有学者提出,爱岗敬业、责任心、奉献精神等职业道德素养是应用型本科高校思想政治理论课教学的重点[⑤],努力培养具有社会责任感、职业道德、实践创新精神的新型本科人才[⑥],增强学生就业创业及发展中的思想道德引领作用。[⑦]同时,也要防止出现一味消极迎合应用型人才培养"重实用"的趋势,弱化思想政治理论课的理论引导作用的现象。针对高层次应用型人才特点,学界还提出,要结合课程紧扣创业创新教育,突出创业创新精神的培养,培育专业精神和工匠精神,"无论是从时代的要求来看,还是从应用型本科院校发展的需要来看,抑或从增

---

① 李新富:《新建本科院校教学团队建设问题研究》,载《学理论》,2011年第6期。
② 邬旭东、施光跃、李荣:《安徽新建本科院校思想政治理论课教学改革调查研究》,载《思想理论教育导刊》,2016年第10期。
③ 厉孝忠:《应用型本科院校思政教学与科研融合发展对策研究》,载《三江论坛》,2020年第4期。
④ 龙海平、熊建生:《独立学院思政理论课"05方案"实施十年的回顾与展望》,载《思想政治教育研究》,2016年第6期。
⑤ 宾岩、黄冰凤、希利补发、朱娅铺:《应用型人才培养视域下发挥好思政课引领作用的路径研究》,载《改革与开放》,2021年第4期。
⑥ 汪元宏、蒋德勤、王有炜:《高校应用型人才思想政治教育改革探索》,南京:南京大学出版社2013年版,第34页。
⑦ 侯保龙:《应用型本科院校思政课教学方法改革的原则与路径》,载《思想理论教育导刊》,2015年第6期。

强应用型本科院校思政课教学实效性和应用型本科生成才的角度来看,培育与弘扬工匠精神都是思政课的重要任务"[①]。三是本科合格性。应坚持合格本科的标准,注意思想政治理论课教学的深度及学科间的横向关系,培养学生的科学思维能力、创造能力、创新精神和创业精神,做好学科建设工作,重视人文通识教育,加强第二课堂建设,如培育学生理论骨干、理论社团和读书会,提高校园文化建设的理论品质等。

(三)应用型本科高校思想政治理论课建设现状与对策研究

学界认为,十八大以来应用型本科高校思想政治理论课建设步伐明显加快,如成立课程建设领导小组并划拨专项建设经费,普遍设立了马克思主义学院、教研室,有的还成立了研究基地、研究所等,师资队伍也明显改善,实践教学也逐步启动实施。[②]但是,也存在不少建设短板问题,如生源质量相对较低,[③]建校时间短,升本时间短,还没形成自己独特的文化传统,学术气氛不浓,大学精神与校园文化的核心凝聚力不强,环境育人作用发挥不充分,师资队伍还不能充分满足教学需要,教学力不从心[④];一些专职教师科研能力短板,科研成果较少且与教学脱钩,难以将最前沿的学术研究成果充实到课堂中,高层次学科带头人缺乏,学科建设基础薄弱,有较大社会影响和指导意义的理论研究成果较少[⑤]。究其原因,一方面"部分应用型本科高校沿袭了关于高校思政教学的传统认知,将思想性、理论性、意识形态性看作思政教学全部,认为其抽象、宏观、非实用,与'应用性'存在天然矛盾,将思政教学转型排除于学校教学转型体系,延续思政教学的边缘化状态"[⑥];另一方面,应用型本科高校的就业导向和面临的办学资金和就业压力,特别是在招生人数迅速增加、办学规模日益扩大的背景下,应用型本科高校把资金主要投入了学校的征地扩建,思想政治理论课教师人数却没有相应增加[⑦],师资培训不足。为此,要扭转关于思想政治理论课教学的认知偏差,加大在教师培养、课程设置、实践教学的投入,从学生实际出发,坚持"以生为本"的教学理念。在教学中要以学生为平等交流的主体,而不是被动的教育对象,尊重学生的个性和

[①] 王玉娥:《工匠精神融入应用型本科院校思政课教学的应然与路径》,载《南宁职业技术学院学报》,2021年第4期。
[②] 邬旭东、施光跃、李荣:《安徽新建本科院校思想政治理论课教学改革调查研究》,载《思想理论教育导刊》,2016年第10期。
[③] 王磊、刘亚军:《独立学院思想政治理论课教学面临的问题及其对策》,载《长春理工大学学报(高教版)》,2007年第4期。
[④] 石雪梅:《新建本科院校思想政治理论课教学实效性问题分析》,载《湖北经济学院学报(人文社会科学版)》,2011年第3期。
[⑤] 冯来兴:《独立学院思想政治理论课建设的现状及对策》,载《思想政治教育研究》,2011年第4期。
[⑥] 王霞:《应用型本科高校思政教学转型:问题、方向与路径》,载《改革与开放》,2018年第10期。
[⑦] 张百顺、韦三:《新建地方本科院校〈形势与政策〉课教学的现状与对策》,载《经济研究导刊》,2009年第3期。

心理特征,关注学生的内在需求和价值取向,引导学生思想政治自我教育。①以教学为科研导向,以科研促教学,深入研究思想政治理论课教学方法和模式、热点和难点、时事焦点、重大理论和实践问题等,与时俱进地更新知识储备,将最前沿的学术成果应用到课堂教学中。②在课程考核方式上,要突破单一的笔试,采取综合式、全程式形式进行考核,采取合理的方式对学生的学习状态、认知能力和思想表现等进行全方位的考核,让考核贯穿思想政治理论课教学全过程,强调过程的管理。③理论考核命题应突出教学内容的广泛性,重点考查学生对知识点的理解和掌握,并在此基础上将社会实践、志愿服务、课程论文或调研报告等纳入考核内容,以检测学生的思考能力和研究能力。④

(四)思想政治理论课教学供给侧与"精准供给"研究

学界认为,思想政治理论课教学是精神产品的生产过程,同样存在供给侧和需求侧,"教学供给与学生需求的均衡是暂时的和偶然的状态,而两者失衡或矛盾的状态才是常态"⑤,这种失衡或矛盾突出表现为教学供给不能满足学生的"精神文化需求"⑥。学界主要就思想政治理论课教学供给侧如下内容展开研究:(1)思想政治理论课教学供给侧改革的内涵。有学者认为,思想政治理论课教学供给侧改革是基于学生和社会需求侧的变化,通过整合教学供给要素,矫正要素配置,使教学供给与大学生精神需求实现协调平衡和良性互动,以大学生为本是改革的出发点和归宿。有学者认为,思想政治理论课教学供给侧改革不只在于供给侧要素配置问题,还在于供给结构的调整和供给侧的转型升级。⑦还有学者认为,高校思想政治理论课供给侧改革是为了增强供给侧结构对需求变化的适应性灵活性,实现供给与需求的相互催生和创造。⑧对此,也有学者表示质疑,认为我们要进行的是高校思想政治理论课供给侧结构性改革而非供给侧改革,是为了解决供给的结构性问题的系统性改革,"供给创造需求"是对高校思想政治理论课供给侧结构性改革的误解。⑨(2)供给侧、需求侧的内容和关系研究。学界认为,思想政治理论课教学供给体系是一个包括供给主体、供给内容、供给渠道、供给环境四个

---

① 苏梅芳:《从合格评估标准谈新建本科高校思想政治理论课教学改革》,载《南阳理工学院学报》,2010年第2期。
② 李亚男:《独立学院思想政治理论课教师素质能力研究》,载《文教资料》,2021年第18期。
③ 李道霞、梅传声:《"大思政"视阈下独立学院思想政治理论课教学改革路径略探》,载《学校党建与思想教育》,2013年第17期。
④ 黄宁花、禹旭才:《独立学院思想政治理论课建设的现状与思考——以湖南省某独立学院为例》,载《当代教育理论与实践》,2021年第1期。
⑤ 孙英:《高校思想政治理论课教学供给侧改革论析》,载《思想理论教育导刊》,2017年第5期。
⑥ 武晓霞:《推进民办高校思想政治理论课供给侧改革的思考》,辽宁省高等教育学会2016年学术年会暨第七届中青年学者论坛论文,2016年12月,第495—501页。
⑦ 罗珍:《论高校思想政治理论课的供给侧改革》,载《红河学院学报》,2022年第3期。
⑧ 刘晓玲、彭子轩:《新时代高校思想政治理论课供给侧改革的实践路径》,载《高校辅导员》,2021年第1期。
⑨ 张国顺:《大学生思想政治理论课供给侧结构性改革创新研究》,载《黑龙江高教研究》,2018年第7期。

基本要素的体系,各要素间彼此之间相互联系、相互作用,各自又自成体系。"需求侧"是学生个人发展与社会需求的统一,学生需要包括学业发展需求、社会交往需求、心理情感需求、就业成才需求。针对学界过于强调学生需求侧的观点,有学者指出,一味迎合学生"诉求",会抽空思想政治理论课的社会基础,沉迷于教的手段、载体、形式,忽视供给侧内容的主导性与先进性,甚至出现意识形态控制弱化。"供给者本位"和"需求者本位"育人理念均存在理论缺陷。① 供给侧改革并不意味着"供给者本位论"的上位和"需求者本位论"的退出。"供给者本位"重社会需要轻个体发展,关注社会价值、工具价值,轻视了人的精神欲求和人文关怀,偏离了"现实的人"的主题②。"需求者本位"重个体发展轻社会需要,会造成个体发展与社会需求之间的矛盾,在一定程度上可能会导致极端个人主义思想的泛滥。因此,高校思想政治理论课应当在"正当性"与"有效性"之间寻求平衡,在"个体发展"与"社会需求"之间寻求科学的结合,坚持"供给者本位"与"需求者本位"的统一,而不是个人或社会的单一维度。③(3)供给侧问题研究。教师是教学供给的主导,也是解决高校思想政治理论课教学供给侧问题的关键④。目前供给侧问题首先表现为师生比结构、教师学历和职称结构、教师知识结构等结构性问题导致的部分教师教学供给能力不足。其次,在供给内容上,统编教材没有区别不同院校、专业学生间的差异性,存在纵向和横向的内容重复、形式刻板,与现实"两张皮"。在供给模式上,"老师讲、学生听",未能体现学生主体性。再次,在供给方式上表现为三个课堂不平衡,实践教学形式单一、覆盖面窄且流于形式。⑤(4)思路与对策。学界认为,要遵循思想政治理论课教学规律和大学生成长成才规律,尊重大学生主体地位,解决大学生关心困惑的现实问题,按照贴近学生思想特点、融入日常生活、注重实践体验、促进内化提升的建设理念,精准把握学生需求,通过创新教学理念、精育师资队伍、凝练课程内容、改革教育方法、转变话语体系、拓展教育途径,整合资源全面优化供给结构,以特色化、差异化、个性化、定制化供给最大限度满足学生全面发展需求。⑥改革的关键就是打造优秀师资,要建设一支人员稳定、结构合理,素质优良的专职教师队伍,提升教师信仰供给能力、知识供给能力、教学供给能力、科研供给能力。⑦在内容供给上,根据学校办学定位和学生

---

① 吕学芳、郑流云、肖映胜:《论高校思想政治理论课"育人理念"的转换——从"供给者本位"与"需求者本位"的视角分析》,载《吉首大学学报(社会科学版)》,2015年第6期。
② 肖应连:《从"独白"到"交往"的思想政治教育实践范式转换》,载《吉首大学学报(社会科学版)》,2009年第1期。
③ 肖映胜、张耀灿:《高校思想政治理论课教学评价理念新探》,载《高校理论战线》,2011年第7期。
④ 苏素琼:《师资建设是思想政治理论课供给侧改革的关键》,载《高教学刊》,2018年第1期。
⑤ 罗珍:《论高校思想政治理论课的供给侧改革》,载《红河学院学报》,2022年第3期。
⑥ 张宝君:《"精准供给"视域下高校思想政治理论课教学现实反思与策略》,载《思想理论教育导刊》,2017年第8期。
⑦ 刘勇、邵宇:《论高校思想政治理论课教师供给能力的优化》,载《学校党建与思想教育》,2017年第15期。

实际增强供给内容的针对性，少讲或不讲重复内容，及时更新教学内容，增强时代性。重构教学内容以满足不同层次的需求，针对不同专业学生不同的岗位要求，在教学内容选取方面有所侧重，开设各具特色的思想政治教育类选修课程。教学要以教材为本，但是在设计教案的时候要立足于实际，反映生活，融入生活化的事例题材，适时切入我国经济社会热点事件，实现思想政治教育与其他学科的融合。①构建思想、政治、道德、心理、法制教育等立体化综合性供给内容体系，由重视"量"的建设转向重视"质"的提高，从生产端创造教学产品的"精品"，确保教学产品的优质化与优库存。②在供给模式上，重在突出教学中的学生主体性。③在供给方式上，要开展互动式教学，探寻思政语言与学生言语风格的结合，并运用现代信息技术增加教学内容的趣味性，开展实践教学及仿真虚拟学习等。

三、简要评论与展望

学界已经较为全面地研究了应用型本科高校思想政治理论课教学的基本理论问题，梳理总结了建设成果、存在问题与生成机制，提出了建设方向、路径和建设策略，为新时代应用型本科高校思想政治理论课教学的建设发展提供了坚实的理论基础和实践经验，同时也存在一定不足。

第一，研究相对边缘化，尚未受到学界必要重视。相对于应用型本科高校、思想政治理论课动辄数以万计的研究成果而言，应用型本科高校思想政治理论课程与教学专题研究论文仅有500余篇，其中硕士学位论文仅5篇，无博士学位论文，著作也仅有一部即2017年由河北人民出版社出版发行、霍艾湘教授所著的《应用型本科院校思想政治理论课教学改革实践》。高校思想政治理论课教学供给研究期刊论文共200篇，其中硕士学位论文11篇，无博士学位论文。应用型本科高校思想政治理论课教学供给专题研究理论文章不足10篇，著作也仅3部。从成果质量与层次看，研究主体基本来自应用型本科高校思想政治理论课一线教师和少量教学管理人员，鲜有思想政治教育教学领域权威学者。成果层次普遍不高，引用量低，"应用型本科高校思想政治理论课"专题研究论文中，CSSCI及其扩展版期刊论文共有17篇，占比仅约3%，论文最高被引次数仅为23。"高校思想政治理论课教学供给"专题研究论文中，CSSCI及其扩展版论文共有9篇，占比仅约4%，论文最高被引数为36。在上述所有论文中，被引次数超过20的不足10篇，绝大多数被引量不足10，近15%的论文未被引用过。此外，成果大同小异，同质化明显，多学科理论互鉴不够。

---

① 黄美娟：《基于供给侧视角下的高校思想政治理论课教学改革审视》，载《广西科技师范学院学报》，2016年第2期。
② 马静：《供给侧视域下思想政治理论课教学改革的双重维度》，载《教育评论》，2016年第10期。
③ 刘慧、蔡桂如：《供给侧结构性改革视域下新建本科院校思想政治理论课教学改革》，载《长沙航空职业技术学院学报》，2016年第16期。

第二，成果特色不足，内容不平衡，研究不够深入。相当比例的理论成果虽然冠以"应用型本科高校思想政治理论课"之名，但并未实际聚焦"应用型本科高校"这一特定对象来展开研究，而是泛化为高校思想政治理论课共性研究，特色不够鲜明，辨识度不高。学界尽管较为全面地研究了应用型本科高校思想政治理论课教学的主要内容，但明显侧重于宏观和中观层面的研究，对于微观层面的研究不多。应用型本科高校思想政治理论课教学建设的完整性、系统化分析框架体系尚未建构，研究碎片化。一些基础理论如"思想政治理论课实践教学"的概念尚未形成共识，边界不清也带来了研究的混乱。一些核心问题如应用型本科高校思想政治理论课教学需求侧缺乏系统全面分析，对于"需求侧"到底包含哪些内容和要素并未进行深入研究。

应用型本科高校思想政治理论课教学是我国高校思想政治理论课教学的一个缩影，其建设和问题既存在一些共性，也存在自身的特殊性。学界应基于应用型本科高校办学定位和人才培养目标，将应用型本科高校思想政治理论课教学作为高校思想政治理论课教学和思想政治教育的一个重要方向，加强其特性研究，将其真正建设成有滋有味、有声有色、入脑入心、有营养受欢迎的"金课"。

第五节 研究思路、研究内容和研究方法

一、研究思路

应用型本科高校思想政治理论课教学研究既是一个理论问题，也是一个实践性很强的问题。因此，我们研究的总体思路是，以理论研究为基础和引领，重在加强实践研究，将理论应用于教学实践，以教学实践验证理论、完善理论、发展理论，在理论研究、深入调研和比较研究的基础上，探索基于"精准供给"的应用型本科高校思想政治理论课教学转型策略与路径。

（一）开展理论研究

一是建构政策文献库并开展研究。应用型本科高校思想政治理论课教学带有很强的政治性、政策性，这些文献、文件、政策体现了党和国家的意志，也是理论研究和教学实践的根本遵循。为此，我们一方面收集了新中国成立以来有关高校思想政治理论课建设、思想政治工作的重要文献，特别是党的十八大以来有关高校思想政治理论课建设、思想政治工作的系列文献。另一方面，整理了党和国家有关应用型本科高校、高等教育人才培养等方面的文献。通过对这些文献的梳理和比较，探索新时代应用型本科高校思想政治理论课建设的演进理路、政策依据、建设标准和发展方向。二是建构理论研究成果信息库并开展研究。学界已经对一些基本问题展开了研究并形成了一定成果，这些成果为本书奠定了重要的理论基

础。通过借助"中国知网"、购买相关著作,尽可能完整地分类整理现有理论研究成果,把握学界研究现状和不足之处,积极借鉴高质量成果为我所用。三是尝试进行部分理论创新工作。应用型本科高校思想政治理论课教学研究跨应用型本科高校教学和高校思想政治理论课教学两个领域。受多种因素影响,应用型本科高校思想政治理论课教学研究在这两个研究领域均相对边缘化,一些基础性重要理论还有待深化、拓展和认真探索。如高校思想政治理论课教学"精准供给"的理论依据何在?高校思想政治理论课教学"精准供给"到底包括哪些具体内容?是一个怎样的体系?等等。最终,廓清应用型本科高校思想政治理论课教学"精准供给"的理论、实施和评估框架,建构具有应用型本科高校鲜明特色的思想政治理论课教学"精准供给"体系。

(二)开展调研访谈和理论探索

一是面向应用型本科高校思想政治理论课一线教师、学生、教学管理人员和主要用人单位,就应用型高校思想政治理论课教学评价、教学需求、教学问题、教学建议等问题进行深入调研访谈,凝练总结先进经验举措,分析不同群体之间应答结果的共同之处、差异所在并分析原因,形成一份关于应用型本科高校思想政治理论课教学的多面、客观的系统性调查报告。二是对应用型本科高校思想政治理论课教学调查报告进行理论分析和研究。借助哲学、教育学、社会学、管理学、马克思主义等多学科理论和研究方法,对调研报告中的现象、问题、成因进行剖析解释。通过分析调研信息数据和代表性案例,研究应用型本科高校思想政治理论课教学"供给侧"问题形成机制、"供给侧—需求侧"互动机制、"精准供给"运行机制等,进行理论创建。

(三)进行理论验证与完善

课题组成员将理论研究成果运用于应用型本科高校思想政治理论课教学实践中,观察教学效果的发展变化,进行数据比对和分析,修正完善理论,进一步进行教学改革创新探索。

二、研究内容

(一)应用型本科高校思想政治理论课教学"精准供给"体系

一是应用型本科高校思想政治理论课教学"需求侧"的内容及内部关系,包括教学内容、教学方式、教学方法、教学空间、教学资源、教学体量、教学环境、教学工具等。二是应用型本科高校思想政治理论课教学"供给侧"的内容,对应架构应用型本科高校思想政治理论课教学"供给侧"体系。三是教学"需求侧"与"供给侧"的动态平衡机制,即"识别需求—教学供给—评价反馈—调整完善"的循环运行机制。

（二）应用型本科高校思想政治理论课教学"精准供给"先进经验与成果

在网络信息采集的基础上，选择若干高校进行深度调研访谈，梳理若干代表性应用型高校在课程设置、内容选择、教学实施、管理评价等方面的具体举措，重点考查这些举措与学生学科专业、职业规划、心理特点、价值观念培养等方面的联系，凝练应用型本科高校"精准供给"典型成果和经验，形成应用型本科高校思想政治理论课教学转型案例库。

（三）我国应用型本科高校思想政治理论课教学供给"精度"问题与生成机制

在深入调研的基础上，全面梳理我国应用型本科高校思想政治理论课教学供给"精度"问题，归纳其表现形式、类型划分及对于教学实效性的影响。通过横向和纵向分析，厘清教学供给"精度"问题的生成机制，重点分析体制机制障碍。

（四）基于"精准供给"的应用型本科高校思想政治理论课教学转型方案

一是理念重塑，变传统的"以材（教材、课程）施教、因师施教、同质化施教"为"以需设教、因需设岗、差异性施教"，确立"精准供给"在教学与转型中的核心地位和关键环节。二是制度创新，如教育行政部门就不同类型高校思想政治理论课教学建设进行分类规划，制定应用型本科高校思想政治理论课教学转型指导性意见等。三是机制优化，核心是"需求识别—精准供给—评价反馈—校准完善"的"精准供给"运行机制。四是资源建设。基于本校学生特点和学科方向，建设协同性思想政治理论课程与教材、应用型教学案例库，从学科结构优化实际需要出发充实思想政治理论队伍等。五是技术改进，主要包括工具使用和教学技能，如大数据的运用、教学内容的精准设计、教学方式与形式的科学选择、教学方法的运用等。

三、主要研究方法

（一）文献研究法

分别建构党和国家有关高校思想政治理论课和思想政治教育相关文献库、学界研究成果文献库，梳理其中具有代表性的思想观点、归纳总结建设经验成果，论证高校思想政治理论课教学"精准供给"理论自恰性，厘清"需求侧"和"需求侧"的结构、要素和互动机制，建构"应用型本科高校思想政治理论课教学'精准供给'体系"。

（二）比较研究法

比较研究是科学评估的重要手段，通过以下方面的比较分析为应用型本科高校思想政治理论课教学转型和"精准供给"研究提供依据：一是对应用型本科高校与高职高专类院校、研究型高校在办学定位、人才培养目标、教学对象、思想政治理论课建设环境等方面进行比较研究。二是对高校思想政治理论课教学与高校思想政治教育、高校专业课教学进行比较研究。三是对应用型本科高校思想政治理论课教师、学生、教学管理人员和主要用人单位对于思想政治理论课教学的不同需求、认知、评价等进行比较研究。四是对新时代与此前时期高校思想政治理论课教学建设环境等进行比较研究。

（三）调查研究法

为准确把握应用型本科高校思想政治理论课教学供给与需求，2019年至2022年期间，我们对应用型本科高校思想政治理论课教学下列相关人员进行了问卷调查和深度访谈：（1）专职教师。面向17所应用型本科高校思想政治理论课教师进行了问卷调查和访谈。其中，发放问卷调查203份，访谈32位，涉及不同职称、学位、性别、年龄段和高校思想政治理论课专任教师，具体情况如下：

表1-1　访谈对象结构（专职教师）

	职称			学历学位			性别		年龄（岁）		
	正高	副高	讲师及以下	博士	硕士	本科	男	女	45以上	44至31	30以下
数量	12	78	113	95	98	10	86	117	37	116	50
占比（%）	5.9	38.4	55.7	46.7	48.2	5.1	42.3	57.7	18.2	57.1	24.7

（2）在校学生。为了比较在校大学生与用人单位在毕业生能力与素养关注点和关注度上的差别，我们还面向4所应用型本科高校的一千余名在校生进行了问卷调查和访谈。共收回有效问卷1346份，其中，大一、大二、大三、大四学生数量各有334、442、469、101名，分别占比24.8%、32.8%、34.8%、7.6%；文科类学生323名，理工科类学生1023名，分别占比24%、76%；女生363名，男生983名。访谈学生共121名。

表1-2　访谈对象结构（在校大学生）

	年级				性别		学科方向		政治面貌		来源地	
	一	二	三	四	男	女	人文社科	理工农医	中共党员	其他	城镇	农村
数量	334	442	469	101	983	363	323	1023	92	1254	530	816
占比（%）	24.8	32.8	34.8	7.6	73.0	27.0	23.9	76.1	6.8	93.2	39.4	60.6

（3）应用型本科高校马克思主义学院及其教学管理人员。

（4）用人单位。面向应用型本科高校主要用人单位发放调查问卷267份，收回有效问卷224份。其中，私营企业146家，外资企业43家，国有企业18家，事业单位17家。访谈用人单位人力资源相关人员46位；其中，来自私营企业的31位，外资企业的8位，国有企业的4位，事业单位的3位。

第二章

应用型本科高校思想政治理论课教学需求与"精准供给"体系

思想政治理论课教学是一个精神产品需求与供给的过程和结构,教学供给和教学需求都是由多要素、多主体构成的既相互独立,又彼此制约的体系。应用型本科高校思想政治理论课教学"精准供给"体系是在精准把握需求体系的基础上进行逆向对应建构的,实现供给体系与需求体系在内容、方式、方法、体量等各方面的精准对接并保持动态平衡的体系。

第一节 思想政治理论课教学"精准供给"的理论基础

管理学"精准治理"理论自提出以来受到多学科的广泛认同和应用。在借鉴该理论的基础上,教育学"精准教学"理念应运而生。针对我国经济发展中的现实问题,为适应和引领经济发展新常态,2015年中央提出进行"供给侧结构性改革"。受此启发,部分思想政治教育教学研究者进一步提出了"精准思政"概念。这些思想理论为我们科学理解和界定思想政治理论课教学"精准供给"奠定了基础。

一、"精准治理"

20世纪90年代,学界在对政府传统的单向管理带来的问题反思下提出了"治理"概念。治理与管理不同:管理主体是一元的,而治理主体是多元的;管理是垂直的,治理是扁平化的;管理具有主观性、随意性,治理强调规范性、体系化;管理是单向度、自上而下的科层执行,治理更强调需求的表达、收集、整理、分析,是以解决"人"的需求和问题为出发点和归宿,要求积极主动回应需求,自下而上与自上而下相结合,政府依据需求进行政策调适,是多元主体基于共同目标的广泛沟通协商互动过程,突出强调了民众在治理体系和治理过程中的地位,体现了鲜明的"以人为本"思想。在此基础上,学界进一步提出了"精准治理"概念,即以社会问题和社会需求为靶心,通过精细化治理工具,精确定位问题、需求、层次和难点,实现问题的精准、系统、动态、有效解决。"精准治理"是对传统"管制式""粗放式"模式的反思和回应①,是一种更为人性化、先进性、科学性、有效性的管理理念和模式。近年来,随着我国进入深度转型期,社会矛盾叠加复杂,面临的各种风险挑战不断增加,原有管理模式越来越无法适应形势发展的需要。党的十八大以来,我们不断加强社会治理的改革探索,国家治理体系和治理能力现代化水平明显提高,精准思维已经成为新时代治国理政的重要思维方式。从唯物史观的角度看,精准思维就是一切从实际出发,抓住事物发展的主要矛盾和矛盾的主要方面,精确解决问题。党的十九届四中全会研究了坚持和完善中国特色社会主义制度、推进国家治理体系和治理能力现代化的若干重大问题,做出了加强国家治理体系和治理能力现代化建设的重大决策,精准治理在治国理政中的重要性进一步突出,被广泛应用于生态环境、疫情防控、扶贫攻坚、国家安全等各领域。习近平总书记多次强调精准治理的重要意义,强调治理贵在精准,重在精准,成败之举在于精准。如对于扶贫攻坚工作,他指出,"搞大水漫灌、走马观花、大而化之、手榴弹炸跳蚤不行。要做到六个精准,即扶持对象精准、项目安排精准、资金使用精准、措施到户精准、因村派人(第一书记)精准、脱贫成效精准。各地都要在这几个精准上想办法、出实招、见真效。要坚持因人因地施策,因贫困原因施策,因贫困类型施策。俗话说,治病要找病根。扶贫也要找'贫根'。对不同原因、不同类型的贫困,采取不同的脱贫措施,对症下药、精准滴灌、靶向治疗"。②长期以来,高校思想政治理论课教学在建设上也存在着传统管理理念和模式的影子,精准思维、"精准治理"理论对于新时代高校思想政治理论课教学建设和改革具有十分重要的指导意义。

二、"供给侧结构性改革"

近年来,随着我国经济运行态势和社会主要矛盾的变化,出现了供给侧明显不适应需求结构的问题和现象:一是无效和低端供给过多,一些传统产业产能严重过剩,产能利用率偏低,如钢铁、水泥产量出现下降甚至是负增长。二是有效和中高端供给不足,供给侧调整明显滞后于需求结构升级,居民对高品质商品和服务的需求难以得到满足,出现到境外大量采购日常用品的现象,造成国内消费需求外流。三是体制机制束缚了供给结构调整,供给侧调整表现出明显的黏性和迟滞,生产要素难以从无效需求领域向有效需求领域、从低端领域向中高端领域配置,新产品和新服务的供给潜力没有得到释放。2015年11月10日,在中央财经领导小组第十一次会议上,习近平提出要"着力加强供给侧结构性改革,着力提高供给体系质

---

① 王阳、叶敏:《从"精细化管理"到精准化治理:社会治理的理念变革与政府实践》,载《新视野》,2016年第1期。
② 中共中央党史和文献研究院:《习近平扶贫论述摘编》,北京:中央文献出版社2018年版,第58—60页。

量和效率,增强经济持续增长动力,推动我国社会生产力水平实现整体跃升"①。2016年1月18日,习近平在省部级主要领导干部学习贯彻党的十八届五中全会精神专题研讨班上对供给侧结构性改革的内涵做了深入系统全面的阐述。②"供给侧结构性改革"是适应和引领经济发展新常态的重大创新,作为一种思维模式被广泛应用于多学科理论研究和多领域改革实践,主要包括以下内容:第一,在目标上,以增强内生动力,推动高质量发展为主题,坚持质量第一、效益优先。供给侧结构性改革的根本,是使我国供给能力更好满足广大人民日益增长、不断升级和个性化的物质文化和生态环境需要,从而实现社会主义生产目的。第二,在切入点上,从生产端、供给侧入手,突出生产与供给在"供给—需求"结构中的作用,强调供给结构对需求变化的适应性和灵活性。第三,改革重点是供给侧结构,是用改革的办法推进结构调整,矫正供需结构错配和要素配置扭曲,保持总供给和总需求的动态性结构平衡。第四,在方式上,一方面是通过优化重组有效化解产能过剩,去产能、去库存、去杠杆、降成本、补短板、减少无效和低端供给。另一方面,从生产领域加强优质供给,增加公共产品和服务供给,扩大多样化、个性化、高端化有效供给。第五,在供给侧与需求侧关系认识与处理上,供给侧结构性改革理论认为,供给和需求都是管理和调控宏观经济的基本手段,二者相互配合、协调推进。没有需求,供给就无从实现,新的需求可以催生新的供给;没有供给,需求就无法满足,新的供给可以创造新的需求;放弃需求侧谈供给侧,或放弃供给侧谈需求侧都是片面的。供给侧结构性改革不是不重视需求侧,而是既强调供给又关注需求,既突出发展社会生产力又注重完善生产关系,既发挥市场在资源配置中的决定性作用又更好发挥政府作用,既着眼当前又立足长远,解决供需不平衡、不协调、不匹配。供给侧结构性改革理论为推动新时代高校思想政治理论课教学建设改革提供了一个重要思路。

三、"精准教学"与"精准思政"

"精准教学"是一种追踪与测量学生外显和内隐学习行为,检验教学目标完成情况,并依据反馈结果进行及时干预和补救的教学方法,该教学方法源于因材施教的思想和原则。③20世纪60年代,美国学者奥格登·林德斯利在斯金纳的行为主义学习理论基础上提出了"精准教学"概念,旨在通过设计测量过程来追踪小学生外在直观的学习表现并提供数据决策支持,以便"将科学放在学生和教师的手中"。精准教学主要包括四个方面:第一,"学习者最清楚",即学生的外在行

---

① 《习近平主持召开中央财经领导小组第十一次会议强调 全面贯彻党的十八届五中全会精神 落实发展理念推进经济结构性改革》,载《理论导报》,2015年第10期。
② 《习近平在省部级主要领导干部学习贯彻党的十八届五中全会精神专题研讨班上的讲话》,载《人民日报》,2016年5月10日。
③ 安富海:《精准教学:历史演进、现实审视与价值澄明》,载《课程·教材·教法》,2021年第8期。

为表现是教学决策的唯一依据。第二，聚焦于可直接观察与测量的行为。第三，用"流畅度"评估学生学习表现情况，并且将"频率"作为衡量"流畅度"的关键性指标。第四，使用标准变速表记录学生行为发生的频率，绘制学习表现。进入21世纪，精准教学的"数据化"特征凸显，即通过对学习行为、结果行为等学生学习表现的数据化，特别是对教与学活动过程与结果数据的持续性、广泛性地采集，形成具有特定情境下的教学大数据，实现教师精准地"教"和指导学生细致地"学"。"精准"与"教学"的结合，意在表征这是一种关注每一个学生个体学习品质的教学范式，指向个性化的人才培养取向及定位，强调教学这一社会性行为背后的人本意义，不仅关注技术的工具理性，也关注技术的价值理性，强调两者的高度统一，是教学"以人为本"理念的技术支持与保障。同时，精准教学的效果由师生与大数据的互动程度决定，教师如何进行有效数据的识别与应用，如何设计与优化教学，学生如何运用大数据改进学习策略，这些都是精准教学模式能否在教学实践中发挥作用的关键。①

思想政治教育的一项重要任务是让人们形成正确的思想和价值观。因教育对象之间千差万别，特别是在当代大学生需求个性化、价值取向多元化背景下，如何对症下药、因材施教一直是困扰思想政治教育的难题，"精准思政"一直是思想政治教育努力的方向。进入2013年"大数据元年"之后，大数据、人工智能等现代信息化工具的出现，为"精准思政"的实施提供了可能。"精准思政"可作广义和狭义两种理解。广义的"精准思政"即是在遵循思想政治教育规律的基础上，以推动现实的生命个体成长为目标，以现实的具体问题为着力点，系统性、针对性地实施思想政治教育的过程；其核心是实现思想政治教育供给侧和需求侧的精准对接，以精准对接实现有效教育。②狭义的"精准思政"突出强调对现代信息技术手段的运用，即在大数据以及人工智能等现代化信息技术的介入下，在精准思维的引导下，对受教育者的行为进行大数据算法分析，在整合教育资源的基础上，精准定制个性化的思想政治教育方案，实现教育的精准到人，培育合格的时代新人。目前，学界大都聚焦于狭义的"精准思政"，对受教育者思想政治教育需求进行精准识别与分析，准确掌握受教育者的思想政治教育真实需求，根据需求进行精准滴灌，并通过实时追踪教育对象的整体情况，了解其思想观念变动情况，绘制行为变动轨迹，综合相关因素给出思想政治教育效果评估。"物联网、大数据、云计算等现代信息技术是精准思政的硬件基础，精准识别、精准分析、精准决策、精准预测、精准追踪、精准评估是精准思政的实施过程，精准教育、精准管理和精准服务是精准思政的具体应用。"③

---

① 谢建：《教师精准教学能力模型构建研究》，东北师范大学博士学位论文，2020年，第14—18页。
② 李辉、孙晓晖：《精准思政：必要与可行》，载《思想教育研究》，2020年第6期。
③ 周远：《精准思政：新时代高校思想政治工作的新理念与新模式》，载《思想理论教育》，2020年第8期。

四、"人的全面发展"

"人的自由全面发展"理论是马克思主义核心理论之一,也是马克思人学理论的现实目标和最终归宿。人的全面发展是相对于人的片面发展而言的,马克思、恩格斯在《德意志意识形态》中指出,人的全面发展是"人以一种全面的方式,也就是说,作为一个完整的人,占有自己的全面的本质"①,包括人的需要、能力、个性、体力、智力、社会关系等方面全面发展,成为真正意义上的人。个性的自由、全面的发展是指人的个性在各个方面最大限度的发展,并在发展过程中个人能按照自己的意愿、兴趣和社会的需要自由地发展自己,从而发挥其独特个性和创造性活动。人的主体性是人在创造自己历史的活动中所表现出来的能动性、创造性和自主性,其精神内核是把人当作人来看待,反对把人看作工具和手段。个人能力的发展是实现人的全面发展的重要途径,人的全面发展的最终目的也是为了提高人各方面的能力,"任何人的职责、使命、任务就是全面地发展自己的一切能力"②,也就是个人创造物质价值、社会价值、精神价值和自身价值的能力。人的全面发展既是个体的全面发展,也是个体与自然、社会、他人关系的全面发展,两者相统一。个体发展在社会发展中居于基础地位,只有实现人的个人的全面发展,才能够更有力地推动社会的进步与发展,人的全面发展的最终目的也是为了人的个人发展;同时,人的全面发展需要高度发达的生产力和与之相适应的丰富合理的生产关系,"社会关系实际上决定着一个人能够发展到什么程度"③。人的全面发展需要是思想政治理论课的内在规定性,思想政治理论课教学的最终目标在于服务于人的全面发展能力和需要,理所当然应当遵循人的全面发展理论。为此,思想政治理论课要从人的全面发展的完整理解开展教学:一方面要聚焦大学生的社会发展,加强社会意识、社会观念、社会价值建设,凸显主流价值导向,引领社会思潮,培养社会主义合格建设者和可靠接班人;另一方面,要围绕学生个体成长成才的现实发展需要开展教学,加强学生个体能力建设,尊重学生的主体地位,不将学生视为客体、手段和工具。

五、思想政治理论课教学"精准供给"的内涵

基于"精准治理""供给侧结构性改革""精准教学""精准思政"和"人的全面发展"理论,我们认为,所谓思想政治理论课教学"精准供给",是指思想政治理论课教学在供给结构、内容、方式、方法、手段、体量、层次、时空等各方面与教学对象的成长发展需要和期待精确对接的一种教学理念和模式。与传统的"一刀

---

① 《马克思恩格斯文集》(第1卷),北京:人民出版社2009年版,第189页。
② 《马克思恩格斯全集》(第3卷),北京:人民出版社2002年版,第330页。
③ 《马克思恩格斯全集》(第3卷),北京:人民出版社2002年版,第295页。

切""灌输式""粗放式"教学理念和模式不同,它从单一聚焦思想政治理论课教学供给侧转向供给侧与需求侧的双向互动,突出教学需求侧在教学实施中的基础性地位,从关注教学供给面转向更强调供给结构,从注重教学供给行为转向教学供给精度和质量,强调在对教学需求侧全面、准确、细致、动态分析的基础上进行教学供给侧的整体设计、调整、优化,进而进行精准化、最优化、高质量供给,实现教学供给侧与需求侧的动态平衡,实现课程教学目标。

准确理解思想政治理论课教学"精准供给"内涵应把握以下要点:(1)需求侧决定供给侧的建设方向与内容。不是"教什么""怎么教""教多少"决定"学什么""怎么学""学多少",不是由教学管理部门和教师自上而下单向度地决定教学供给,而是在对教学对象需求信息收集研判基础上进行教学供给的科学设计,有一个先自下而上、再由上而下的双向互动过程,由"学什么""怎么学""学多少"决定"教什么""怎么教""教多少",由教学需求侧指引教学供给侧建设方向和内容。(2)供给侧决定需求侧的实现与程度。思想政治理论课教学"精准供给"突出需求侧、强调需求的前置性并不意味轻视教学供给侧。相反,教学供给侧对教学需求侧具有反作用,供给意愿、能力、质量直接决定教学需求侧的实现与程度。(3)供给"精准"是关键。要求在教学真实需求信息的完整收集、整理、分析、研判基础上,精准建构教学需求侧体系,精准确定各项需求的质、量、度,对应精准建构教学供给侧体系并与需求侧发展变化保持动态平衡。(4)供给结构是重点。以往的思想政治理论课教学建设主要关注教学资源"点"或"面"的建设。教学"精准供给"在关注"点"和"面"建设的同时,更强调教学供给"结构"的系统性、平衡性。这个"结构"是与教学需求侧结构对应的结构,供给侧结构失衡就意味着供给测的度、量失衡,某些需求供给不足,某些需求则供给过剩。

特别需要指出的是,思想政治理论课教学需求侧中教学对象的"需求"不能一概而论地纳入需求侧体系,而必须进行具体分析。第一,它是基于思想政治理论课程特点的需求。也就是说,那些超出思想政治理论课范畴的"需求"不应纳入思想政治理论课教学需求侧。思想政治理论课程及教学也不可能解决大学生成长发展过程中遇到的所有思想需求问题,我们不应不切实际地让思想政治理论课程及教学承载过多,不应夸大和泛化思想政治理论课程及教学的功能。第二,它主要是教学对象的群体性需求。教学对象因个人情况的不同,对于思想政治理论课程及教学的需求千差万别,理想状态的教学"精准供给"是对各个个体需求的精准满足。但是,在班级授课制下,思想政治理论课教学不可能在有限的课堂教学时间内完全兼顾每一位教学对象的所有个性化需要,而是尽可能满足大多数学生的群体共性需求。第三,它是合理性需求。思想政治理论课教学"精准供给"绝非一味迎合社会评价或教学对象的需求偏好,而是要科学判断哪些是教学对象健康成长与发展所必"需"的东西。思想政治理论课教学在任何时候都不能放弃供给侧的引领性、导向性价值追求，教学"精准供给"尊重的是大学生的合理性需求而非一切需求，根本在于这种需求是否符合"成长发展需要"，是"在社会需要的前提与基础上考量学生的需要，使思想政治理论课教学将社会需要与学生需要相结合，以社会发展的主导需要推动、引导学生需要的发展与满足，以学生需要促进社会需要的发展，达成二者的协同发展，最终实现学生和社会的发展"①。

第二节　应用型本科高校思想政治理论课教学需求体系

"需求"是思想政治理论课教学的逻辑起点，"需求——满足"矛盾始终贯穿于教学的整个过程，是推动思想政治理论课教学建设的根本动力，只有明晰了思想政治理论课的需求体系，才能确定供给体系及其建设的方向和内容。思想政治理论课教学需求体系包括社会性需求和主体性需求两个方面。社会性需求是指社会对于思想政治理论课教学的目标及要求，主要包括党和国家对课程教学的目标需求、高校人才培养需求和社会特别是用人单位需求。主体性需求是指作为主体的教学对象对于思想政治理论课教学服务于自身成长和发展期待的需求。社会性需求与主体性需求既相互独立又内在统一，主体性需求以社会性需求为前提，社会性需求的实现基础又在于主体性需求的满足。社会性需求是思想政治理论课教学需求体系的根本所在，满足社会性需求是思想政治理论课教学的根本任务；主体性是需求体系的关键所在，"只有触发了受教育者对自身发展需要的渴望，教育者同时又敏锐地捕捉到这一需要和渴望，才能达到理想的教育效果"②。因此，应用型本科高校思想政治理论课教学必须紧紧围绕"培养什么人、怎样培养人、为谁培养人"这个根本问题，立足学校办学定位，围绕高层次应用型人才培养目标和社会特别是用人单位对于高层次应用型人才的需求开展教学的同时，精准对接大学生对于思想政治理论课教学满足自身成长发展需求，实现社会性需求与主体性需求的一体化融合。

一、党和国家育人育才需求

不论应用型本科高校思想政治理论课有着怎样的自身特点，都必须始终遵循着我国高校思想政治理论课建设的基本原则、方向和目标，必须全面贯彻党的教育方针，坚持"为党育人、为国育才"的初心和使命。

---

① 上官苗苗、王立仁：《学生需要在思想政治理论课教学中的意义》，载《思想政治教育研究》，2012年第6期。
② 冯刚：《探索思想政治教育发展的内生动力》，北京：人民出版社2017年版，第243页。

（一）培养合格"政治人"

教育是人类文化的传递形式、手段或工具。①思想政治理论课教学不同于一般的教育教学活动，是统治阶级系统地传播主流政治文化，培育个体政治认知和行为并为其参与政治生活提供基本政治知识与技能，实现个体与政治体系之间协调互动的专门性活动，具有鲜明的政治色彩。政治社会化是思想政治理论课的首要目标，思想政治理论课的核心功能和价值是将受教育者从"自然人"培养成为合格的"政治人"，思想政治理论课的"思想"是主流意识形态思想，政治是核心和灵魂，政治统帅、引领思想，政治性是思想政治理论课的根本属性，政治原则是思想政治理论课教学的第一原则，培养合格"政治人"是思想政治理论课教学的首要目标。

我国是工人阶级领导的、以工农联盟为基础的人民民主专政的社会主义国家，社会主义制度是中华人民共和国的根本制度，中国共产党领导是中国特色社会主义最本质的特征。这就决定了应用型本科高校思想政治理论课以培养社会主义合格建设者和可靠接班人为首要使命和根本遵循。"办好思想政治理论课，最根本的是要全面贯彻党的教育方针，解决好培养什么人、怎样培养人、为谁培养人这个根本问题。我们党立志于中华民族千秋伟业，必须培养一代又一代拥护中国共产党领导和我国社会主义制度、立志为中国特色社会主义事业奋斗终身的有用人才。在这个根本问题上，必须旗帜鲜明、毫不含糊。"②应用型本科高校思想政治理论课教学建设始终在党的领导下，以马克思主义思想理论武装青年大学生。特别是随着我国日益走近世界舞台中央，意识形态领域面临的形势和斗争也更加复杂。我们必须进一步从维护国家意识形态安全的高度，以思想政治理论课为阵地，旗帜鲜明地传播好马克思主义科学理论特别是习近平新时代中国特色社会主义思想理论，教育引导青年大学生正确认识世界和中国发展大势，科学认识和把握人类社会发展和中国特色社会主义的历史必然性，深刻理解中国共产党为什么"能"、马克思主义为什么"行"、中国特色社会主义为什么"好"，自觉警惕、防范、抵制西方国家的和平演变和"颜色革命"，把实现个人价值同党和国家前途命运紧紧联系在一起，增强中国特色社会主义道路自信、理论自信、制度自信、文化自信，把爱国情、强国志、报国行自觉融入坚持和发展中国特色社会主义、建设社会主义现代化强国、实现中华民族伟大复兴的奋斗之中。思想政治理论课就是要做马克思主义思想政治教育的显性课程，思想政治理论课教学必须立场明确、旗帜鲜明、理直气壮。尽管目前社会对于思想政治理论课建设还存在一些杂音，少数学生对于思想政治理论课也存在一定消极态度，但这只是一个如何加强改进思

---

① 胡德海：《教育学原理》，北京：人民教育出版社2013年版，第217页。
② 《用新时代中国特色社会主义思想铸魂育人 贯彻党的教育方针落实立德树人根本任务》，载《光明日报》，2019年3月19日。

想政治理论课教学的问题,而绝不能成为弱化、歪曲、否定思想政治理论课的政治性属性和"政治人"培养目标的借口。中共中央宣传部、教育部2020年联合印发的《新时代学校思想政治理论课改革创新实施方案》明确,培养"矢志不渝听党话跟党走,争做社会主义合格建设者和可靠接班人"是新时代高校思想政治理论课课程目标的根本出发点和落脚点,应用型本科高校思想政治理论课教学必须始终服从和服务于这个根本目标和落脚点。

(二)塑造大学生健全人格

人格是人的社会自我,是个体在先天遗传的基础上,通过社会实践与后天社会环境的相互作用而形成的相对稳定和独特的心理行为模式,是个体在能力、情绪、需要、动机、兴趣、态度、价值观、气质、性格和体质等方面的整合,是个体在社会化过程中形成的给人以特色的心身组织[1],"反映的是一个人的思想觉悟、道德情操、工作能力所达到的水准,是一个人知识积累、道德修养和意志磨炼的结晶"[2]。人格不仅是作为个体的人立足于社会的基本条件,也是作为整体的国民所蕴藏的国家软实力的重要体现,"盖国民而无完全人格,欲国家之隆盛,非但不可得,且有衰亡之虑焉"[3]。教育的核心是"育人",而"育人"的基本目标就是塑造健全人格,"教育者,养成人格之事业也"[4],塑造健全人格始终是教育的基本方向、目标和内容。

立德树人是高等教育的根本任务。《中华人民共和国教育法》规定:"教育应当坚持立德树人,对受教育者加强社会主义核心价值观教育,增强受教育者的社会责任感、创新精神和实践能力。"[5]《中华人民共和国高等教育法》规定:"高等教育必须贯彻国家的教育方针,为社会主义现代化建设服务、为人民服务,与生产劳动和社会实践相结合,使受教育者成为德、智、体、美等方面全面发展的社会主义建设者和接班人","高等教育的任务是培养具有社会责任感、创新精神和实践能力的高级专门人才"。健全人格是立志成才的大学生必备的素质条件,也是促进人的全面发展的重要环节。因此,"要把立德树人融入思想道德教育、文化知识教育、社会实践教育各环节,贯穿基础教育、职业教育、高等教育各领域,学科体系、教学体系、教材体系、管理体系要围绕这个目标来设计,教师要围绕这个目标来教,学生要围绕这个目标来学。凡是不利于实现这个目标的做法都要坚决改过来。"[6]

高校思想政治理论课是一门立德树人的课程,旨在通过教学提升大学生适

---

[1] 黄希庭:《人格心理学》,杭州:浙江教育出版社2002年版,第1—2页。
[2] 张雷声:《新时代思想政治理论课教学的重要遵循》,载《马克思主义理论学科研究》,2019年第2期。
[3] 高平叔:《蔡元培全集》(第3卷),杭州:浙江教育出版社1997年版,第12页。
[4] 高平叔:《蔡元培全集》(第2卷),北京:中华书局1984年版,第407页。
[5] 《中华人民共和国教育法》,中华人民共和国教育部网,http://www.moe.gov.cn/jyb_sjzl/sjzl_zcfg/zcfg_jyfl/(访问时间:2022年3月2日)。
[6] 习近平:《论党的青年工作》,北京:中央文献出版社2022年版,第178页。

应社会需要的政治、思想、道德和心理等综合素质,推动大学生的政治社会化、思想社会化、道德意识与行为社会化。①第一,从教学对象特点看,青年大学生正处于人生的"拔节孕穗期",世界观、人生观、价值观还不成熟,对于一些社会行为和现象缺乏足够鉴别力、判断力,存在不少问题和困惑,需要进行全方位的教育引导。第二,从课程目标来看,高校思想政治理论课程目标是在"重点引导学生系统掌握马克思主义基本原理和马克思主义中国化理论成果,了解党史、新中国史、改革开放史、社会主义发展史,认识世情、国情、党情,深刻领会习近平新时代中国特色社会主义思想"②的过程中,培养运用马克思主义立场观点方法分析和解决问题的能力,自觉践行社会主义核心价值观,尊重和维护宪法法律权威,识大局、尊法治、修美德,培养德智体美劳全面发展的社会主义建设者和接班人,是一个包括政治、思想、道德、法治、人文等素养的综合性、整体性人才目标。第三,从课程内容看,思想政治理论课涉及马克思主义哲学、政治经济学、科学社会主义,涉及经济、政治、文化、社会、生态文明等方方面面的知识,各门课程既各有侧重又相互协同,共同构成了涵盖青年大学生健康成长所必需的各类"精神养料"的完整课程体系。因此,高校思想政治理论课教学是以政治教育为引领,塑造大学生的价值观念、道德修养、家国情怀、民主法治精神,进行健全人格培育,使之成为"完整的人"。

二、应用型本科高校转型发展与人才培养需求

作为应用型本科高校教学体系的重要组成部分,思想政治理论课教学要适应应用型本科高校办学定位,服务于高层次应用型人才培养,这既是应用型本科高校整体化转型发展的客观要求,也是实现思想政治理论课"立德树人"主渠道功能的必要条件。

(一)适应应用型本科高校办学定位

高等教育同质化倾向严重,毕业生就业难和就业质量低,生产服务一线的应用型、复合型、创新型人才紧缺,是地方普通本科高校应用型转型的时代背景和根本动因。从一定意义上说,地方普通本科高校应用型转型既是国家创新驱动发展战略的要求,也是学校自身生存发展的迫切需要。《关于引导部分地方普通本科高校向应用型转变的指导意见》明确指出,地方普通本科高校向应用型转变的指导思想是"推动转型发展高校把办学思路真正转到服务地方经济社会发展上来,转到产教融合校企合作上来,转到培养应用型技术技能型人才上来,转到增强学

---

① 颜素珍、顾辉:《论思想政治理论课对大学生政治社会化的作用》,载《河海大学学报(哲学社会科学版)》,2009年第4期。
② 《新时代学校思想政治理论课改革创新实施方案》,中华人民共和国教育部网,http://www.moe.gov.cn/srcsite/A26/jcj_kcjcgh/202012/t20201231_508361.html(访问时间:2022年3月10日)。

生就业创业能力上来,全面提高学校服务区域经济社会发展和创新驱动发展的能力。"①由此可见,地方普通本科高校应用型转型主要有三个方向和目标:一是服务高校所在地方经济社会发展,根据所服务区域的产业、行业、企业和社会发展需求进行学科建设、专业设置、课程体系、科学研究、质量评价,寻找切入点、创新点、增长点,与地方要素资源紧密对接,适应、融入、引领所在区域地方的发展态势。二是坚持特色化办学方向,在办学类型、人才培养目标、具体人才培养方向上,走一条不同于传统的研究型本科高校、其他区域应用型本科高校乃至本区域其他应用型本科高校的发展道路,以避免同质化竞争和实现错位发展。三是就业创业的鲜明导向。地方本科高校应用型转型的现实压力就是毕业生就业难、就业质量不高,转型的直接动力和目标就是实现毕业生的高质量就业和创新创业,高层次应用型人才的培养最终必须要落实到人才的高质量就业上。地方普通本科高校应用型转型的方向和目标决定了应用型本科高校思想政治理论课教学在课程体系、内容设计、方式方法、模式选择等方面也应当走出一条不同于研究型本科高校的特色之路,推进学校的应用型整体转型和发展。

(二)服务高层次应用型人才培养

人才是衡量一个国家综合国力的重要指标,是中国特色社会主义事业发展最宝贵的财富,人才资源是党执政兴国的根本性资源,国家发展靠人才,民族振兴靠人才,综合国力竞争说到底是人才竞争。②人才培养是高校的首要任务,始终居于学校建设的核心地位。我们要培养的是又红又专、德才兼备、全面发展的社会主义合格建设者和可靠接班人,既要有理想信念,又要有才干担当。实现中华民族伟大复兴,必须"统筹职业教育、高等教育、继续教育协同创新,推进职普融通、产教融合、科教融汇,优化职业教育类型定位"③,造就一支规模宏大、素质优良、门类齐全、结构合理的人才队伍。高层次应用型人才是我国加快产业转型升级和经济社会转型发展不可或缺的人才,高层次应用型人才培养是我国人才强国战略的重要一环。

应用型人才的能力要素包括专业能力、关键能力和综合能力。④专业能力主要是指运用所学知识解决工作实践中专业问题的能力。关键能力主要是指学习能力、工作能力、创新思维和创新能力等。综合能力是在上述能力基础上的良好的服务意识、管理技巧、身心素质、公民道德和职业道德、政治思想素养以及基本的人

---

① 《教育部 国家发展改革委 财政部关于引导部分地方普通本科高校向应用型转变的指导意见》,中华人民共和国教育部网,http://www.moe.gov.cn/srcsite/A03/moe_1892/moe_630/201511/t20151113_218942.html(访问时间:2022年3月10日)。
② 《习近平出席中央人才工作会议并发表重要讲话》,中华人民共和国中央政府网,http://www.gov.cn/xinwen/2021-09/28/content_5639868.htm(访问时间:2022年3月10日)。
③ 习近平:《高举中国特色社会主义伟大旗帜 为全面建设社会主义现代化国家而团结奋斗》,北京:人民出版社2022年版,第34页。
④ 李金昌:《特色办学与高层次应用型人才培养模式探索》,载《浙江工商大学学报》,2010年第4期。

文、科学素养和良好的职业素质等。①应用型本科高校思想政治理论课要结合课程特点，紧紧围绕和服务于高层次应用型人才培养目标，着力提升大学生如下素养：一是实践应用能力。实践性是思想政治理论课的重要属性。应用型本科高校思想政治理论课教学要有别于研究型高校偏重于理论知识的特点，更加强调学生实践应用能力和意识的培养，理论是着眼于指导实践的理论，知识是服务于应用的知识，不断提高学生的理论和知识转化质量。二是自主学习和创新意识。应用型本科高校人才不仅应具有动手能力，而且应具有较强的问题意识、创新意识和思辨能力，敢于挑战和突破常规，在实践中自主学习、思考、分析、推理、判断，掌握学习和分析方法，在解决问题中实现创新发展。这就对思想政治理论课的教学模式、方式方法提出了要求，要大量开展问题式、启发式、合作式、参与式教学。三是扎根地方、服务一线的精神和能力。高层次应用型人才主要就职于应用型本科高校所在地方生产服务一线，工作生活环境相对艰苦。为此，要在思想政治理论课教学中引导学生了解地方、热爱地方、扎根地方、服务地方、发展地方，正确认识不同行业、职业的意义和价值，深入了解高校所在地方和区域的历史文化状况、经济社会现实和发展态势，把握地方市场、企业、行业、职业需求，把行业、企业的一线需要作为自己科学实验、创新创业甚至毕业设计的依据，培育学生脚踏实地、做精做细的职业品格，不好高骛远，勇于在小天地里做出一番大作为。四是较为宽厚的理论基础。应用型本科教育不同专科教育，不能局限于狭窄的专业范围内，其人才培养要遵循本科人才培养规律，应该具有较为宽厚的理论基础和宽阔的知识面。

三、满足用人单位的员工素养需求

思想政治理论课教学立德树人"主渠道"的价值与功能，在时空维度上绝不仅限于大学生短短的在校四年，更在于他们未来长久的职业事业生涯乃至于终身受益。应用型本科高校办学坚持需求导向即面向地方经济社会发展需求②，其办学质量的一个重要标志就是培养的人才与用人单位需求的契合度。因此，用人单位对于应用型本科高校大学生思想政治相关素养的需求是应用型本科高校思想政治理论课建设的一个重要方向。必须要采取各种方式和途径准确把握学校用人单位特别是主要用人单位对于员工思想政治的关切点所在，把握本校大学生思想政治相关素养还存在哪些薄弱环节，与用人单位需求还存在着怎样的差距。

调研发现，用人单位对于应用型本科高校毕业生最为关注的前五项能力与素质分别是敬业精神、实践应用能力、道德品行、学习意愿与能力、协作精神。令

---

① 高林、鲍洁：《关于高等教育分类与应用性本科教育培养目标的研究》，载《教育与职业》，2006年第17期。
② 《教育部 国家发展改革委 财政部关于引导部分地方普通本科高校向应用型转变的指导意见》，中华人民共和国教育部网，http://www.moe.gov.cn/srcsite/A03/moe_1892/moe_630/201511/t20151113_218942.html（访问时间：2022年3月11日）。

人意外的是，"专业知识"的选择率仅仅排第七位。在访谈中，不少用人单位表示，"我们不是要找最优秀的人才，而是要找最合适的人才，主要是看综合素质"，"首先看他（她）的责任心，责任心不强的人是坚决不敢要的"，"踏实最重要！现在的大学生都很聪明，但能做到踏踏实实不容易"，"能不能很快上手很重要"。对于"专业知识"，不少用人单位在访谈中指出，学生的专业素养固然重要，但在校阶段主要是打基础，现代社会知识更新速度极快，大量实用知识和技能还是要靠在岗位实践中积累。招聘环节对于大学生专业素养的考察在一定意义上也是对其在校期间学习态度和学习能力的考查。从长远来看，是否具有主动学习意识、自主学习能力更为重要。此外，"道德品行""协作精神""执行力""吃苦耐劳精神"等都是用人单位十分看重的毕业生素养。需要指出的是，不同类型的用人单位在人才能力与素质关注点上存在较大差异。比如国有企业、事业单位对于"政治素质"的关注度就大大高于私营企业、外资企业，而外资企业、私营企业对于"单位忠诚度"的关注度则明显高于国有企业、事业单位。这可能与不同单位性质和职业稳定性存在一定关系。另外，用人单位对于不同工作岗位考察的侧重点也不尽相同，技术岗位的考查更倾向于实践应用能力和专业知识，而行政类岗位侧重学生综合素质。

表2-1　用人单位对于应用型本科高校毕业生能力与素养的关注点和关注度

序号	内容	关注度（单位：个）	占比（%）	备注
1	敬业精神	187	83.4	有访谈对象以"踏实""责任感"替代敬业精神
2	实践应用能力	164	73.2	
3	道德品行	161	71.8	
4	学习意愿与能力	157	70.0	
5	协作精神	157	70.0	
6	执行力	139	62.0	
7	专业知识	122	54.4	
8	吃苦耐劳精神	108	48.2	
9	单位忠诚度	95	42.4	访谈对象补充项
10	问题意识与解决	87	38.8	
11	职业规划能力	68	30.3	
12	创新意识与能力	57	25.4	
13	沟通表达	55	24.5	
14	制度意识与自律	43	19.1	
15	知识面与结构	36	16.0	

续表

序号	内容	关注度（单位：个）	占比（%）	备注
16	文明与礼仪	35	15.6	访谈对象补充项
17	政治素质	24	10.7	
18	组织管理	22	9.8	访谈对象补充项
19	其他	21	9.3	

调研还发现，应用型本科高校大学生与用人单位在人才能力与素养上的关注点和关注度总体匹配，但在有些方面也存在不小的差别。首先，大学生认为用人单位最关注的应该是"专业知识与能力"和"实践应用能力"，认为"专业能力强的人更受欢迎""专业能力是'敲门砖'""学好数理化，走遍天下也不怕"，用人单位实际最为关注的"敬业精神"在大学生臆想的用人单位关注度中仅位列第四，两者之间存在10个以上百分点的差距。"实践应用能力"在两者选择中均列第二，但同时也存在近9个百分点的差距。这说明应用型本科高校大学生普遍认识到了"敬业精神"和"实践应用能力"的重要性，但用人单位更强调前者，而大学生更重视后者。如，有学生就表示"我能完成自己的工作任务不就行了吗，干嘛非要让我装出一副很努力的样子"。其次，大学生对于"专业知识""沟通表达""组织管理"预估值远高于用人单位实际关注度，对于"学习意愿与能力""执行力"的预估值则远低于用人单位实际关注度。再次，大学生已然认识到用人单位十分关注大学生道德品行。有意思的是，大学生预判的用人单位对于思想道德品质的关注度甚至超过用人单位实际关注度近10个百分点，这说明近年来学校的道德宣传教育对于大学生已经产生了良好的效果，普遍具有了强烈的道德品行意识。此外，通过数据分析我们还发现，男生、理工类、高年级学生相对于女生、人文艺术类、低年级学生更倾向于用人单位关注专业知识、实践应用能力等"硬实力"。

表2-2　应用型本科高校大学生认为的用人单位关注点和关注度

序号	内容	关注度（单位：个）	占比（%）	备注
1	专业知识	1107	82.2	主要表现为专业证书
2	实践应用能力	1105	82.0	在校期间的学科竞赛
3	道德品行	1098	81.6	
4	敬业精神	986	73.2	
5	协作精神	853	63.3	
6	沟通表达	739	54.9	
7	创新意识与能力	622	46.2	
8	问题意识与解决	608	45.1	

续表

序号	内容	关注度（单位：个）	占比（%）	备注
9	执行力	585	43.4	
10	吃苦耐劳精神	441	32.7	
11	组织管理	307	22.8	
12	职业规划能力	254	18.8	
13	学习意愿与能力	167	12.4	
14	政治素质	112	8.3	党员、学生干部身份
15	知识面与结构	98	7.2	
16	其他	94	6.9	

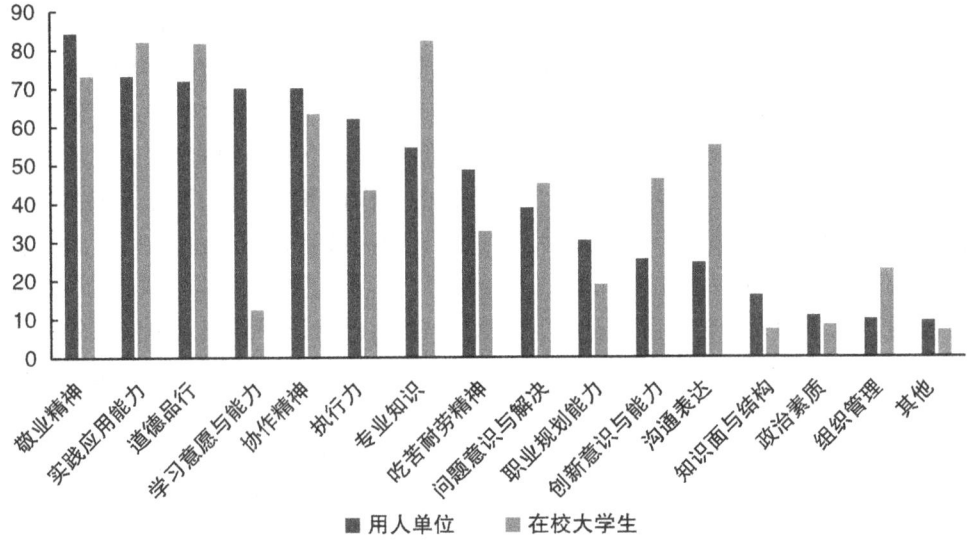

图2-1 应用型本科高校大学生与用人单位对于人才能力与素养的关注度比较

根据与不同用人单位的访谈，我们整理出（表2-3）用人单位认为的目前大学生能力与素养反映最为欠缺的十个方面。可以发现，其中仅有两项与专业能力直接相关，其余八项均属于非专业性素养。尽管这些问题可能并非为应用型本科高校毕业生所独有，但对于加强应用型本科高校思想政治理论课教学建设依然具有重要启发价值。

以用人单位反映最为强烈的三个方面的问题为例。用人单位认为，应用型本科高校大学生最为欠缺的是踏实的作风，眼高手低现象比较多，责任心不强，做事不够认真细致。"交代他做一个介绍产品的PPT，他做了，但实在没法用，反而耽误了事情"，"安排一位新入职的大学生去某单位取一份文件，一下午都没回来。一问才知道，人家说没找到人，然后就直接回家了"，"能力不足可以容忍，慢慢培养吧,但是态度有问题真的难以接受","觉得稍微迟到早退一下没什么","特别是一些所谓'优秀生',觉得自己大材小用了"。思想品德是用人单位极为看重的员工素质,但近70%的用人单位将其列为大学生亟待提升的能力与素养序列中的第二位,这说明不少大学生尽管认识了思想品德的重要性,但"知"而不"行"。还有用人单位反映,有的毕业生在工作中"很计较自己的那点东西,不怎么考虑其他人特别是公司利益,即便是职责范围外举手之劳的事情都不愿做"。有的诚信不足,甚至"为了请几天假不惜谎称自己家人病逝"。有的学生"很会察言观色这一套,还自以为精明,其实让人很反感","工作出问题首先是找客观理由,而不是反思自我"、有的"口头禅就是脏话"。离职的时候往往最见人品,"有的离职时态度非常差","离职的时候手续都没办,直接玩失踪,我以为出什么事了"。在职场涵养方面,表现为团队协作精神不强,甚至基本的规矩、礼仪意识不足等,"对于分配的任务觉得领导偏心,直接撂挑子不干了","不请示领导擅自修改文案",一些新入职大学生"连进别人办公室该先敲门都不懂","对老员工缺乏必要的尊重"。以上种种现象和问题都为应用型本科高校思想政治理论课教学提供了加强的方向。

表2-3 用人单位认为的大学生有待加强的能力与素养

序号	内容	关注量（单位:个）	占比（%）	表现形式
1	工作作风	38	82.6	眼高手低、好高骛远;工作不主动,不点不动;自以为是;有目标有想法,但说得多、想得多,做得少;责任感不强,工作应付;做事粗枝大叶;做事拖拉;晚上熬夜,白天上班没精神;自由散漫
2	思想品德	32	69.5	自我为中心;精明算计,工作中根据需要区别对待不同的人,势利眼;爱计较;害怕自己的付出没被领导发现而白费;推诿责任;对人不真诚;爱炫耀攀比;言语粗鄙;不够谦虚;离职时特别"坑"
3	职场涵养	27	58.6	团队协作不力;缺乏礼仪意识;不懂规矩;待人接物不主动不热情;爱计较;散播小道信息;爱表现自己;没有"眼力劲";不尊重老员工
4	学习意愿与能力	25	54.3	缺乏终身学习意识,安于现状;不爱钻研琢磨;学习没有章法,学无所得;创新意识不足;不爱总结和反思
5	专业知识基础	22	47.8	专业基础不扎实,知识陈旧;知识面窄,专业之外的知识了解不多;人文知识薄弱
6	应用能力	20	43.4	动手能力不强;习惯被动接受安排;一些基本技能不会;不懂也不问
7	心理素质	18	39.1	挨不了批评;脾气大,说话冲;爱抱怨;受到误解容易激动;情绪化;容易产生挫败感;应对突发情况慌乱
8	吃苦精神	16	34.7	对工作环境要求高;不愿做基层工作;拒绝加班;过于讲究物质生活
9	问题意识与解决	14	30.4	问题意识淡薄,不主动发现个人工作中的问题;独立解决问题能力弱;容易看到他人问题、单位问题,看不到自己的问题

续表

序号	内容	关注量（单位：个）	占比（%）	表现形式
10	规划意识与能力	12	26.0	工作缺乏细致安排；缺乏预判性；频繁跳槽；事业发展规划多变

四、青年大学生自我需求

马克思主义认为，人的一切活动都在追求需求的满足中产生，需求引发动机，动机促发行为，行为达到目标，需求是人的一切实践活动的原动力。在思想政治理论课教学过程中，大学生并不是被动地接受灌输，他们会对教学内容进行甄别、判断、筛选并过滤掉不需要的部分，只把耳朵留给那些符合自身需求的部分。因此，切实关注、回应和满足大学生需求特别是核心需求是思想政治理论课教学内容设计的一个重要依据，思想政治理论课教学"必须围绕学生、关照学生、服务学生"[①]，"满足学生成长发展需求和期待"[②]。为了准确把握应用型本科高校大学生对于思想政治理论课教学的需求状况，我们面向大学生进行了问卷调查，并对部分同学就此主题进行了访谈。

（一）教学需求度

数据显示，8%的大学生选择了"十分需要"，39%的大学生选择了"比较需要"，46%的大学生选择了"一般需要"，7%的大学生选择"不需要"。对数据的进一步分析发现：

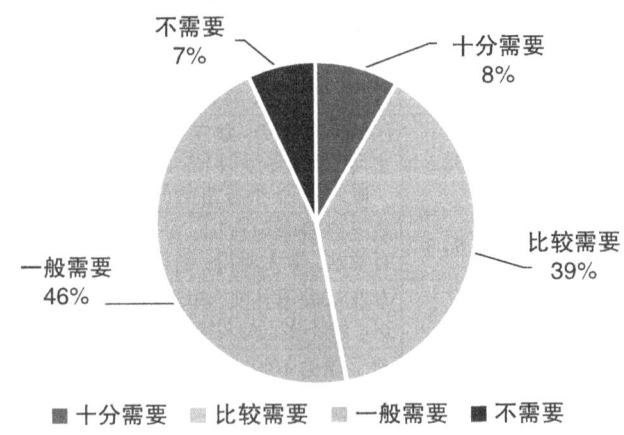

图2-2 应用型本科高校大学生对于思想政治理论课教学的需求度

---

① 习近平：《在北京大学师生座谈会上的讲话》，北京：人民出版社2018年版，第8页。
② 《习近平在全国高校思想政治工作会议上强调：把思想政治工作贯穿教育教学全过程开创我国高等教育事业发展新局面》，载《人民日报》，2016年12月9日。

第一，应用型本科高校大学生中，完全觉得"不需要"思想政治理论课教学的比例很低，这说明绝大多数学生是认可思想政治理论课程和教学价值的。

第二，应用型本科高校大学生对于思想政治理论课教学需求存在明显的"中间大、两头小"的现象。"比较需要"和"不大需要"的比例之和高达85%，而"十分需要"和"不需要"的比例均不足10%。这说明现阶段应用型本科高校思想政治理论课教学在吸引力方面还有较大提升空间，如何把中间的"大头"特别是认为"不大需要"的那部分争取过来十分关键。

第三，不同年级、学科、性别的大学生对于思想政治理论课教学需求度有所不同。大一年级选择"十分需要"的比例最高，达到年级人数的近10%，大三年级选择"不需要"的比例最高，为年级人数的近8%。

表2-4 应用型本科高校不同年级大学生对于思想政治理论课教学的需求度

类别	十分需要（年级占比）	比较需要（年级占比）	不大需要（年级占比）	不需要（年级占比）
大一	32（9.6%）	149（44.6%）	131（39.2%）	22（6.6%）
大二	37（8.3%）	148（33.4%）	229（51.8%）	28（6.5%）
大三	36（7.6%）	175（37.3%）	223（47.5%）	35（7.6%）
大四	9（8.9%）	47（46.5%）	38（37.6%）	7（7.0%）

访谈发现，大一学生入校不久，普遍对于大学新生活充满好奇，对于思想政治理论课期待值高，学习也更加主动积极。大三年级经过连续两年的思想政治理论课学习，存在一定倦怠感。文科生选择"十分需要"的比例近12%，明显高于理工科的约7%，但选择"不需要"的比例也略高于理工科。这可能与学科特点和就业方向存在一定联系，文科生的人文社会科学知识理论基础更为扎实，课程与未来从事的工作相关度也更高，对于思想政治理论兴趣更大。同时，也有部分文科生认为课程内容"学习过"，拉低了需求度。在性别与课程需求度关系上，女生在"十分需要"和"比较需要"上明显高于男生，这也与教学实践和考核结果实际情况基本吻合。

表2-5 应用型本科高校不同学科大学生对于思想政治理论课教学的需求度

类别	十分需要（本学科占比）	比较需要（本学科占比）	不大需要（本学科占比）	不需要（本学科占比）
文科类	38（11.7%）	139（43.0%）	123（38.0%）	23（7.3%）
理工科类	76（7.4%）	380（37.1%）	498（48.6%）	69（6.9%）

表2-6 不同性别大学生对于思想政治理论课教学的需求度

类别	十分需要（同性别占比）	比较需要（同性别占比）	不大需要（同性别占比）	不需要（同性别占比）
男生	72（7.3%）	386（39.2%）	445（45.2%）	70（8.3%）
女生	32（8.8%）	158（43.5%）	151（41.6%）	22（6.2%）

第四，"十分需要"和"不需要"选项在大学四年里并未发生太大变化，"不大需要"和"比较需要"从大二年级开始则发生显著变化，且前者减少的部分基本转至后者。在大三、大四年级，"十分需要"和"比较需要"均呈上升趋势，"不大需要"和"不需要"比例下降。

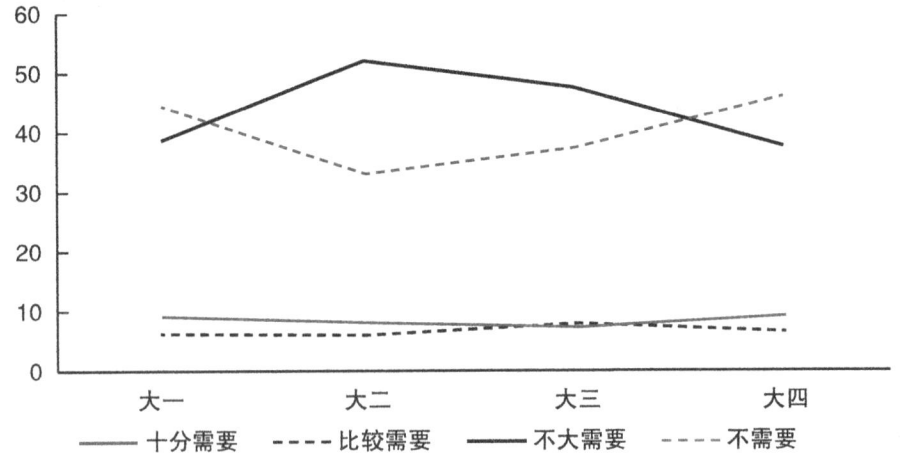

图2-3 应用型本科高校大学生对于思想政治理论课教学需求度的变化

（二）教学要素关注度

"请根据个人对下列各项的关注度进行赋分，最低0分，最高100分"。调查显示，应用型本科高校大学生对教学相关要素关注度得分由高到低分别为教学内容、教学方法、教学管理与考核、教学环境与手段、教学模式、教师魅力。由此可见，第一，应用型本科高校大学生对于教学内容的关注度最高，这与思想政治理论课教学"内容为王"的规律高度吻合，充分说明当代大学生已经具备了较强的思想政治理论课教学质量鉴别力。第二，教学方法和教学管理与考核在思想政治理论课教学中具有重要影响。在教学方法上，一些大学生认为，不同思想政治理论课教师讲课的效果差别很大，关键在于能否以有效的教学方法吸引学生。对于教学管理与考核的重视，则主要原因在于学生十分关注与奖学金、评优、入党挂钩的课程分数。第三，大学生尽管也关注教学手段、教学模式、教师个体的魅力，但远低于对于教学内容、教学方法和教学管理与考核的关注。

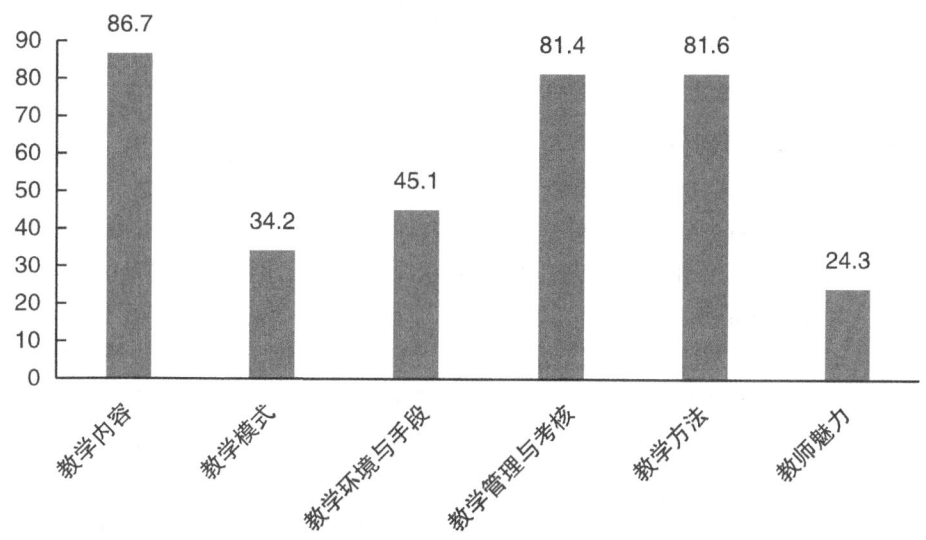

■ 对于思想政治理论课教学环节与要素的关注度

图2-4 应用型本科高校大学生对于思想政治理论课教学环节与要素的关注度

（三）教学内容需求状况

1. 教学内容属性偏好

"请根据个人偏好度对下列各项进行赋分，最低0分，最高100分"。从赋分结果看，应用型本科高校大学生对于不同属性教学内容需求具有如下特点：第一，对于应用性内容的需求远大于理论性内容。这说明应用型本科高校大学生普遍具有"重实用、轻理论"观念，"有用的肯定会学得更认真"，具有较为明显的功利主义。因此，大学生对于思想政治理论的价值认识和如何看待"有用"还需要加强引导。同时也显示他们并不完全排斥理论素养或者说在一定程度上也能比较客观地看待思想政治理论课的特点，"不讲理论就不是政治理论课了"，这就要求我们在教学中要尽力做好理论与应用的结合。第二，对于陈旧性内容需求不大，而对于新颖性内容需求强劲。有学生表示，"有些故事和案例小学讲、中学讲，到大学还讲，谁还愿意听？"，"讲来讲去还是那些东西"。第三，更加关注身边内容、与自身相关度高的内容。访谈发现，大学生对于发生的与自身空间距离和身份标签越接近的事情越感兴趣，而对于"国外"事务具有较高需求度主要是因为"想了解国外真实情况"，"老师肯定比我们知道的多"。第四，思想性需求明显超过识记性内容。绝大多数学生热爱思想，有思想追求，"想听听老师的高见"，"想听到不一样的思想"，而"识记性"内容"没什么意思"，"自己考前看看就行"，只追求"识记性"内容就"没必要上课了"。

表2-7　应用型本科高校大学生对于思想政治理论课教学内容属性的需求状况

理论性	应用性	陈旧性	新颖性	国外	国内	本地	一般性	与自身关联性	思想性	识记性
21.3	98.7	5.5	94.6	47.4	36.8	67.2	38.6	93.1	62.5	23.6

2. 教学内容方向偏好

"请根据个人需求度对下列各项进行赋分，最低0分，最高100分"。从赋分结果看，应用型本科高校大学生对于思想政治理论课教学内容在需求方向上具有如下特点：第一，政治理论和理想信仰的需求度最低。给出低分主要是因为"不感兴趣"，"空洞，都是些大道理"，"没什么用"，而给出高分的原因有"考研有用"，"家庭影响"，再次印证了应用型本科高校大学生思想政治理论课程学习的功利性及价值认知误区，同时也体现了家庭教育对于大学生的重要影响。第二，择业就业、学业事业、为人处世、法治教育的需求度最高，原因依然是因为"有用"。第三，对于形势政策、人生探讨、历史和人文知识有一定需求度，这说明应用型本科高校大学生在追求实用有用的同时，也比较重视自身的精神世界改造，对于知识的需求也较为开阔。

表2-8　应用型本科高校大学生对于思想政治理论课教学内容方向的需求状况

政治理论	形势政策	理想信仰	人生探讨	历史知识	人文知识	法治教育	为人处世	择业就业	学业事业
18.2	47.3	12.6	46.2	57.5	64.3	83.0	80.7	94.4	93.6

（四）教学模式需求状况

"请根据个人偏好对下列各项进行赋分，最低0分，最高100分"。调查显示，线上教学需求度最低，主要原因是"体验感不好"，"管理不规范"，"环境受影响"，"学生自律性不强"，这说明目前思想政治理论课线上教学效果仍有待加强。混合教学需求度最高，但与课堂教学、实践教学差别并不明显。混合教学能够较好地满足学生需求，"课堂更充实"，"有助于自学能力培养"。在实践教学方面，给出高分的原因是"形式活泼"，"开阔眼界"，"增加了对社会的了解"，给出低分的原因是"没学到什么东西"，"费时间"，但总体上依然受到学生欢迎。

表2-9　应用型本科高校大学生对于思想政治理论课教学模式的需求状况

课堂教学	线上教学	混合教学	实践教学
73.2	56.6	78.3	72.3

（五）教学环境与手段需求

从调查结果看，学生对于多媒体（智慧教室）教学、小班化教学的需求均远高于对"粉笔+黑板""大班化"教学的需求度,但也有11.4%的同学选择"粉笔+黑板"的传统教学方式,近21%的学生选择"无要求",因为"老师讲得好就行",可见教学质量是决定教学效果的根本性因素。近68%的学生选择"多媒体(智慧教室)",因为这种方式"更生动""更直观""科技含量高",教学手段对于增强课堂吸引力具有明显的影响。在班级规模偏向度上,近56%的同学选择"小班化"教学,因为"大班化"教学"纪律差","发言机会少影响平时成绩","找座难"。近13%的同学选择"大班化",近31%的同学选择"无要求",表示班级规模"对自己影响不大",也增加了"接触其他班级同学"的机会。

表2-10 应用型本科高校大学生对于思想政治理论课教学环境与手段的需求状况

教学工具			班级规模		
"粉笔+黑板"	多媒体(智慧教室)	无要求	大班化	小班化	无要求
11.4%	68.1%	20.5%	13.3%	56.2%	30.5%

(六)教学方法需求状况

从调查结果可以看出,学生对于"讲授式""专题式""探究式""案例式""互动式"教学法的认可度较高,其中对于"案例式"教学的认可度评分最高;对于"小组讨论式""练习式""任务驱动式""情境表演式"认可度、参与意愿则相对较低。这说明:第一,不少学生仍然习惯于"教师讲,学生听"的教学模式,但更倾向于以专题化、探究式和案例化教学,不少学生表示"专题可以讲的更透","问题更吸引人","案例可以多一些"。第二,学生课堂参与积极性仍然不高,即便认可某种教学方式也未必会主动参加。一方面部分学生缺乏在公众场合展示自我的历练和勇气,"不喜欢表现自己","紧张","说错了会觉得丢脸",存在一定畏惧心理;另一方面,教学设计质量会制约学生积极性,"没什么可讨论的","对主题不感兴趣","没什么意思"。第三,教师"主导性"在思想政治理论课教学中具有决定性影响,在采取多种方式开展教学的同时,更重要的是如何进行有效的教学设计,鼓励激发学生的"学生主体性"。

表2-11 应用型本科高校大学生对于思想政治理论课教学方法的需求状况

类别\方法	讲授式	专题式	探究式	案例式	互动式	小组讨论式	练习式	任务驱动式	情境表演式
认可度(0~100分)	62.3	65.7	72.2	85.7	54.6	37.5	35.8	33.6	23.3
参与意愿(0~100分)	/	/	/	/	20.1	22.4	18.6	17.5	16.8
差额	/	/	/	/	-34.5	-15.1	-17.2	-16.1	-6.5

（七）教学管理与考核需求

"你认为目前的思想政治课教学管理是否需要加强？"近49%的同学认为目前思想政治理论课教学管理"应当加强"，"有些同学经常不上课"，"玩手机、不听课的人挺多的"，线上教学情况更差，课后作业和任务"应付"的现象比较多，"网上搜答案"，对自己有一定干扰。近38%的同学选择"保持现状"，认为听不听课"是个人的事情"，"只要没干扰到别人就行"，"管也没用"，"讲得好自然就有人听"。还有近13%的同学认为"应当减弱"，因为一些管理"形式化"，"管得严就代表学得好吗？"可见，目前思想政治理论课的确存在一定管理不够严格的问题，"保持现状""应当减弱"选项背后在一定程度上是对思想政治理论课的轻视心理，同时也存在管理能力和水平的问题，但根本的是如何在教学上吸引学生，驱动学生的学习主动性和自觉性。

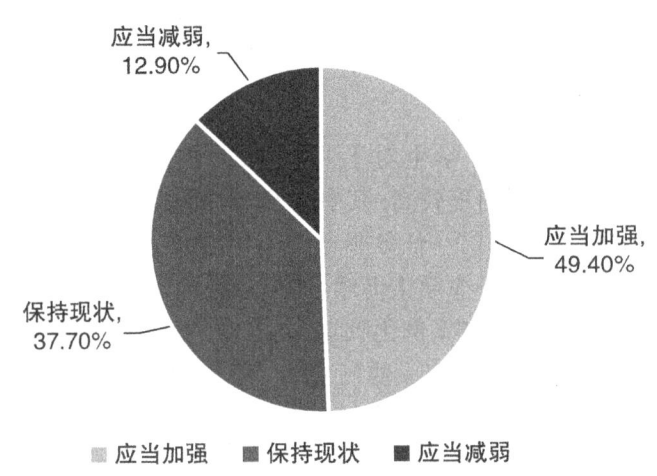

图2-5　大学生对于思想政治理论课教学管理的需求

在考核方面，对于问题1："你更偏向下列哪种考核方式"，除"在线考试"与"书面考试"的选择比例差别不大之外，选择"开卷考试"比例远大于闭卷考试，结果性考核远大于过程性考核，知识点考查远大于思想性、能力性考查，学习考查远高于行为考查。而对于问题2："你认为哪种考核方式更合理"，除"在线考试"与"书面考试"的选择比例变化不大之外，其他选项均发生巨大变化。这说明：第一，"在线考试"或"书面考试"形式对于学生影响不明显。第二，学生对于考核方式的偏好与他们认为的合理性之间存在重大差别，学生更倾向于对自己简单有利的考核方式，即便自身也认为这种形式并非最为合理。第三，这一调查结果表明，思想政治理论课教学应当理性看待学生偏好，一味迎合学生偏好并不利于学生的健康成长。

表2-12 应用型本科高校大学生对于思想政治理论课教学考核的需求状况

	开卷考试	闭卷考试	过程性考核	结果性考核	在线考试	书面考试	知识点考查	思想性考查	能力考查	学习考查	行为考查
问题1（%）	90.3	9.7	21.6	78.4	55.6	44.4	49.4	27.9	22.7	68.3	31.7
问题2（%）	76.2	23.8	73.3	26.7	51.0	49.0	32.4	37.5	30.1	52.4	47.6
差额	+14.1	-14.1	+51.7	-51.7	-4.6	+4.6	-17.0	+9.6	+7.4	-15.9	+15.9

（八）学习量需求

调查显示，近52%的学生选择学习量"过大"、课程"门数多"，"不仅仅是上课，作业也不少"，"老师们担心我们课下不学习，所以布置很多作业，其实我们课下挺忙的"，"社会调查很花时间"。近38%的同学选择"适中"，认为尽管课程门数和课时量不少，但课下作业不会花很多时间，"能通过考试就行"。近11%的同学选择"不足"，但这里的"不足"不是指绝对量，而是指需求结构问题，"一些想听的东西老师说没时间讲"，也有同学表示有些课程应该增加课时量，有些课程应该减少课时量。可见，第一，应用型本科高校思想政治理论课学习量总体偏多，但也存在着一些课程和内容的相对量偏少、学生"吃不饱"的情况。第二，学习量问题本身具有伸缩性，在很大程度上取决于学生的学习态度，学习量的加大并不意味着育人实效的必然增加。因此，如何在优化供给内容结构的前提下进一步优化不同主题的教学时间应是教学改革探索的一个方向。

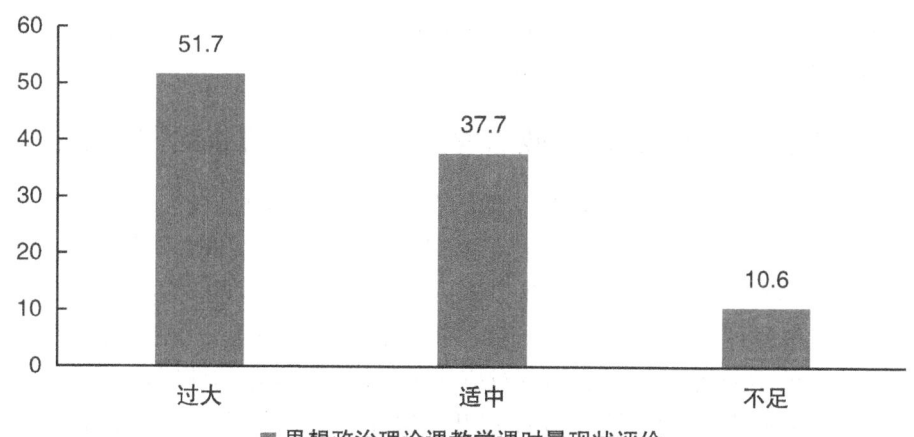

图2-6 应用型本科高校大学生对于思想政治理论课学习量现状评价

(九)对于教师素养需求

学生对于思想政治理论课教师素养整体评价积极正面,特别是政治素养和教学态度得分均超过90分,说明思想政治理论课教师受到学生普遍认可,绝大多数教师政治引领功能发挥明显,能认真开展教学工作,但少数教师的政治素养与教学态度仍有待加强,应当引起我们的重视。思想政治理论课教师人文素养得分最低,在人格魅力、教学技能、专业素养方面也有待提高。访谈表明,"知识面广"的老师明显更受欢迎,但不少教师还做不到多学科知识的融合。教师人格魅力表现在人生经历丰富精彩,语言生动、幽默,能平等、民主地对待学生,真正尊重关爱学生,也包括教师自身形象气质。在专业素养上表现为"讲出一些不一样的东西"和"耳目一新的感觉"。

表2-13 应用型本科高校大学生对于思想政治理论课教师素养的需求状况

	专业素养	政治素养	人文素养	教学技能	教学态度	人格魅力
评分	88.3	92.7	65.5	82.7	90.1	79.3

第三节 应用型本科高校思想政治理论课教学"精准供给"体系

应用型本科高校思想政治理论课教学供给侧是一个涉及多要素、多层面、多主体的体系。在内容上,包括政策规制、供给主体、供给内容、资源要素。在运行上,包含教学需求的精准定位、教学供给的精准设计与实施、教学的精准考核与激励等环节。因此,只有以整体化思维认识应用型本科高校思想政治理论课教学供给侧,才能建立起教学"精准供给"体系。

一、应用型本科高校思想政治理论课教学"精准供给"体系的内容

政策规制。思想政治理论课教学供给有着明确的政策规定性,应用型本科高校思想政治理论课教学"精准供给"首先必须严格按照党和国家的要求开展供给。在供给内容上,不论是开设的课程体系还是某一门课程的教学结构与内容,都必须严格按照有关政策文件规定组织实施。在供给体量上,严格遵循各门思想政治理论课的学分规定,一般1学分对应16个课时,在规定的课时内完成全部内容的讲授,讲满规定的课时数。在课程开设次序上,根据《新时代高校思想政治理论课教学工作基本要求》规定,"原则上本科生先学习'基础'课、'纲要'课,再学习'原理'课、'概论'课"。在教学方式方法上,既要根据教学实际情况积极采取"启发式、参与式、研究式教学",也要执行相关文件要求的教学方式方法,

如《高等学校思想政治理论课所有课程都要加强实践环节》。此外，还要严格按照《高等学校思想政治理论课建设标准》《普通高等学校马克思主义学院建设标准》《高等学校思想政治理论课教师队伍建设规定》等文件对于思想政治理论课教学建设机构、管理体系、运行机制等教学供给顶层设计以及师生比、专项经费等方面的规定和要求开展教学与管理。

供给主体。思想政治理论课教师是思想政治理论课教学的直接组织者、实施者，是教学终端产品的直接设计者、生产者、供给者，是教学"精准供给"的直接主体；思想政治理论课教师的供给思维、意愿、能力直接影响教学供给的内容、手段、方式方法并最终决定供给质量，"任何教育实践质量的优劣，在很大程度上都取决于负责此事的教师；任何课程改革的努力，如果没有意识到此点，而只是从课程领域的外部进行尝试的话，都注定不会成功，或最多只是一些细枝末节的改动"。[①]特别是对于思想政治理论课这样一门具有鲜明意识形态色彩的课程来说，秉持怎样的政治立场、原则、方向开展教学从根本上决定教学的成败，"在任何学校里，最重要的是课程的思想政治方向。这个方向由什么来决定呢？完全而且只能由教学人员来决定……任何监督、任何教学大纲等，绝对不能改变由讲课人员所决定的讲课的方向。"[②]这里的"思想政治理论课教师"不仅是指专任教师，也包括兼职教师。因此，加强应用型本科高校思想政治理论课教学"精准供给"建设，必须紧紧抓住思想政治理论课教师这个关键和教师"精准供给"能力建设这个核心。

供给内容。第一，在课程体系上，根据2019年中共中央办公厅、国务院办公厅印发的《关于深化新时代学校思想政治理论课改革创新的若干意见》和2020年中共中央宣传部、教育部印发的《新时代学校思想政治理论课改革创新实施方案》，目前应用型本科高校共开设"马克思主义基本原理""毛泽东思想和中国特色社会主义理论体系概论""中国近现代史纲要""思想道德与法治""形势与政策""习近平新时代中国特色社会主义思想概论"6门思想政治理论必修课程，并结合学校实际围绕马克思主义经典著作、党史、新中国史、改革开放史、社会主义发展史，中华优秀传统文化、革命文化、社会主义先进文化、宪法法律等，开设选择性必修课程。第二，在教学内容上，要以习近平新时代中国特色社会主义思想铸魂育人，以政治认同、家国情怀、道德修养、法治意识、文化素养为重点，以爱党、爱国、爱社会主义、爱人民、爱集体为主线，坚持爱国和爱党爱社会主义相统一，系统开展马克思主义理论、中国特色社会主义和中国梦、社会主义核心价值观以及法治等教育。其中，"马克思主义基本原理"主要讲授反映马克思主义世界观和方法论的最基本的原理；"毛泽东思想和中国特色社会主义理论体系概论"主要讲授中国共产

[①] [英]A.V. Kelly：《课程理论与实践》，吕敏霞译，北京：中国轻工业出版社2007年版，第10页。
[②] 《列宁全集》（第45卷），北京：人民出版社1990年版，第249页。

党把马克思主义基本原理同中国具体实际相结合产生的马克思主义中国化的两大理论成果;"中国近现代史纲要"主要讲授中国近代以来争取民族独立、人民解放和实现国家富强、人民幸福的历史;"思想道德与法治"主要讲授马克思主义的人生观、价值观、道德观、法治观,以及社会主义核心价值观与社会主义法治建设的关系;"形势与政策"主要讲授党的理论创新最新成果,新时代坚持和发展中国特色社会主义的生动实践,马克思主义形势观政策观、党的路线方针政策、基本国情、国内外形势及其热点难点问题;"习近平新时代中国特色社会主义思想概论"主要讲授习近平新时代中国特色社会主义思想的核心要义、理论与实践贡献、方法论、理论品格和历史地位等。同时,要"根据不同类型学校和不同层次人才培养要求,进一步增强教学的针对性和实效性"。①

供给模式。应用型本科高校大学生群体的思想政治理论基础、学科专业、职业事业目标与规划、学习方法和习惯差异巨大,思想认识、家庭环境、民族身份特征、价值观念也不同,存在不同的思想关注点和思想困惑问题,有着不同的需求。与传统的单向性"教—学"模式即教师主体决定"教什么""怎么教""教多少",忽视学生主体需求不同,思想政治理论课教学"精准供给"是在充分尊重学生主体性和选择权的基础上对教学对象进行分类教学,因材施教、因需施教,将学生需求置于教学设计的逻辑起点,从"需求体系"倒推"供给体系",分别进行"点—面—体系"的对应性建构,由"学"的需求侧决定"教"的供给侧。

资源基础。一是必要的设备与技术,如对学生基础性数据、行为类数据和学习结果数据的全方位采集,抓取学生在相关网站和社交媒体中的浏览、评论、发文、点赞等动态信息行为,整合学工系统、教务系统、图书借阅系统、在线教学系统、后勤系统等多个信息平台数据,联通学校、教室、教师和学生的大数据、人工智能、云计算、物联网、移动互联网等新兴技术和智慧教室等硬件设施等。二是数量足、类型多、质量高的思想政治理论课教学资源。思想政治理论课教学"精准供给"的一个重要特点是交给学生更多选择权,由学生因"需"自选,这就要求提供足够多不同类型和方向的可选择教学资源。应用型本科高校思想政治理论课教师要做到"精准供给",就必须占有丰富的与地方文化和经济社会发展、与教学对象学科等特点相关的思想政治生动素材和资源。

二、应用型本科高校思想政治理论课教学"精准供给"机制

一是教学需求的精准定位。教学需求的精准定位是应用型本科高校思想政治理论课"精准供给"的前提,是指在信息的充分、完整、真实收集的基础上进行

---

① 《中共中央宣传部 教育部关于印发〈新时代学校思想政治理论课改革创新实施方案〉的通知》,中华人民共和国教育部网站,http://www.moe.gov.cn/srcsite/A26/jcj_kcjcgh/202012/t20201231_508361.html(访问时间:2022年3月15日)。

教学需求的精准判断，主要在教学实施前进行并在教学过程中根据信息的发展变化进行灵活的调整。教学需求的精准定位主要包括以下环节：（1）教学需求主体研判。我们认为，应用型本科高校思想政治理论课教学需求主体应当包括党和国家、用人单位、应用型本科高校和大学生自身。（2）信息与数据采集。通过各种方式和手段尽可能实现信息的全面、准确和充分。一是通过文献查阅、理论研究、教研室研讨等方式，明确党和国家对于思想政治理论课教学的整体性要求以及本人承担的课程教学具体目标和要求。二是通过调研访谈、理论研究等方式，把握应用型本科高校特别是本校人才培养目标、方式、特点，了解本校校情以及思想政治理论课教学资源类型与基础等信息。以校地合作、挂职锻炼、社会调查等方式了解本地经济社会发展状况和文化。三是面向本地特别是本校主要用人单位，以问卷调查、深度访谈、集体座谈等方式，了解掌握主要用人单位关注的大学生思想政治理论素养结构与要点，掌握存在的问题与不足，特别是对于本校毕业生思想政治素养的具体评价，形成数据信息和案例库。通过交流、座谈、访谈等方式或委托班级学生干部，收集整理教学对象对于课程教学的意见、建议和要求。（3）数据与信息整理分析。选择合适的分析技术和工具，从教学对象基础数据、行为数据、思想数据以及互动关系数据中提取有价值的信息，剔除其中的不合理内容和虚假信息，从以下方面进行分门别类的统计和分析：①教学对象结构，包括性别、民族、年龄、学科、专业、年级、宗教信仰、政治面貌、家庭出生等方面的结构，结合相关理论形成对于教学对象思想政治理论基础、心理状况、思想差异、学习特点等基本判断。②教学对象前期学习与行为特点。根据其前期在线学习特别是思想政治理论课在线学习所留下的历史数据，参加的各类学科竞赛、活动、频率、成果等数据，分析其学习态度、质量和习惯。③教学对象的前期日常思想和行为概况。收集整理教学对象分散在讨论、作业及与相关社交媒体平台中的发言、留言等信息，从这些隐性文本中挖掘出教学对象的思想动态、情感状态和理论需求，[①]把握教学对象的日常生活行为表现、班风和班级文化。④重点关注对象，如严重的心理问题者、思想政治理论学习优异者、存在强烈的意识形态和价值观问题者等。（4）教学需求定位。进行教学对象的群体精准画像、少数特殊学生的个别精准画像，识别潜在的行为模式和可能存在的风险，对教学需求进行多维、多面、立体把握，结合课程属性、特点对需求的合理性、实现可行性进行判断，为教学设计提供可靠的依据[②]。

  二是教学供给的精准设计与实施。根据教学需求开展对应性教学设计。以面向"道路与桥梁工程"专业某班开设的"思想道德与法治"课程为例，在前期的调

[①] 张瑜、贾经铭：《基于信息技术的思想政治理论课精准施教模式探析——以清华大学"思想道德与法治"课程为例》，载《中国青年社会科学》，2022年第1期。

[②] 姜倩、李艳、钱圣凡：《基于大数据的高校精准教学模式构建研究》，载《高教探索》，2020年第11期。

查和数据分析中我们发现，从就业方面看该专业就业形势较好，薪资水平相对较高，八成以上学生在本地就业；从用人单位需求方面看，由于工作环境因素，对于毕业生的吃苦精神、踏实细致工作作风要求较高；从职业发展来看，员工普遍希望在积累了丰富的一线工作经验后逐层提拔到更重要的管理岗位。从本校该专业毕业生近年的工作表现看，一些优秀毕业生已经走到单位的中高层领导管理岗位，但近两年毕业生向往办公室环境、不愿跑工地现场的情绪比较明显。在结合班级学生信息和调查的基础上，我们在教学中做如下安排：在"人生观"专题教学中，课前由学生自学课程网络平台的若干本校"道路与桥梁工程"专业毕业生优秀校友典型案例和有关道路、桥梁重大责任事故案例，请学生以分组方式进行课堂讨论并做小组发言（作为课堂表现计入学生的平时成绩），由不同小组代表分别总结优秀校友背后的精神、品质、价值观和重大责任事故背后的人为因素，由教师进行发言点评。这些与专业契合、近距离、真实性案例，不仅培育了学生强烈的责任意识、工匠精神、职业伦理和法治意识，也激发了争相向优秀校友学习的精神动力。在"国家精神"专题教学中，以丰富的图片、视频素材和典型案例展示中国古代桥梁史的卓越工艺、近现代中国桥梁建设的艰难历程和近年来我国桥梁建设举世瞩目的伟大成就，一方面引导学生认识近代中国的屈辱和贫弱，增强中华民族伟大复兴的历史使命感和责任感；另一方面，增强学生的文化自信和新时代中国建设发展的自豪感。在"法治"专题，除讲授宪法、法学理论以及与学生关系密切的"劳动权益保障法"等外，结合案例讲授"道路、桥梁工程安全管理"法规，刑法和民法相关内容设置专业性法律小专题。在实践教学上，组织学生奔赴由本校专家担任总工程师的"杭州湾跨海大桥"，聚焦建设中的技术创新成就，增强学生创新意识。在后期网络教学平台内容推送上，也主要是与"道路、桥梁"相关主题和内容。需要说明的是，该教学的设计与实施由思想政治理论课教师与"道路与桥梁工程"专业课教师合作完成，力求教学的思想政治性与学科专业性的有效融合，推动"思政课程"与"课程思政"的协同建设。

三是教学的精准考核与激励。坚持过程性考核与终结性考核相结合、线上考核与线下考核相结合、学习性考核与生活实践考核相结合，突出质量考核，注重考查细节设计，设置多样考核方式，赋予学生必要的自主权和选择权，探索建构学生以多形态高质量成果参加考核的激励机制。过程性考核的内容包括线上与线下两个方面。线上考核主要参考平台学习痕迹和数据，包括作业完成、辅助课程和材料学习、讨论发言等，要面向学生明确合理学习量，重在进行质量评定，避免学生"为数据而数据"。线下考核主要包括课堂交流互动、小组讨论报告、时政热点报告、实践调研报告等。如在实践调研报告中，鼓励学生结合本学科专业并根据教师提供的选择或个人兴趣等自拟选题开展社会调查，鼓励学生以小视频、论文、艺术作品等多种方式提交成果，引导学生在深入社会实际中增长见识和动手能力，并通过将学生优秀成果打磨后进行校内公开展示、入编教师主编的教材、论文发表、申报大学生创新项目和参加相关竞赛等方式,激发学生的成就感。终结性考核是指期末考试,在期末试卷的设计中,要合理把握低阶、中阶、高阶考题的分值比重,设置若干时事热点和确能考查学生思想政治真实状况、思辨能力和理论水平的主观题。将大学生日常思想政治实际表现纳入考查体系,如大学生参加社会公益活动、参加学科竞赛获奖、获评模范先进个人等给予相应加分,避免思想政治理论课学习与日常生活"两张皮"。

第三章

应用型本科高校思想政治理论课教学内容"精准供给"

教学内容贯穿于教学过程的始终,是决定教学质量的核心要素,如何实现教学内容"精准供给"一直是高校思想政治理论课教学研究的核心议题之一。当前,应用型本科高校思想政治理论课教学内容供给在一定程度上还不能满足大学生的学习需求,是应用型本科高校思想政治理论课教学实效的主要制约因素。为此,要在科学研判应用型本科高校办学定位、人才培养目标和大学生需求的基础上,根据思想政治理论课教学规律,合理优化应用型本科高校思想政治理论课教学内容,进行教学内容的"精准供给"。

第一节 教学内容"精准供给"是高校思想政治理论课建设的核心

教学内容是否契合教学对象认知规律,能否有效满足教学对象对于某一课程的学习需求,对于思想政治理论课教学的实际效果具有决定性影响。因此,教学内容"精准供给"是高校思想政治理论课"精准供给"建设的核心。

一、高校思想政治理论课教学内容"精准供给"的内涵

教学内容是关于"教什么"的问题,始终是教学理论研究和教学实践关注的重点。在20世纪70年代之前,我国对于教学内容的探讨主要是借鉴苏联。20世纪80年代之后,关于教学内容的研究成果明显增多,并开始形成教学论和课程论两大话语体系。这一时期对于教学内容的认知主要表现为国家统制性、内容稳定性、文本正式性。20世纪90年代中后期特别是进入21世纪前后,学界逐渐超越那种将教学内容视为政府决策而非学术问题的思想局限,对于教学内容的探讨不断开阔和深入,产生了一大批理论研究成果。

(一)教学内容的内涵

尽管21世纪以来有关教学研究成果汗牛充栋,但在对于教学内容的界定和理解上理论界和广大一线教师长期莫衷一是,教学内容与课程内容、教材相互混用

抑或互为循环解释。必须看到，教学内容与课程内容、教材既相互联系制约，又彼此区别。要准确理解和把握教学内容的内涵，有必要将其与课程内容、教材进行比较分析，并进行多维视角的透视。

一般认为，在我国的本土化语境中，"课程内容"是指为了实现教学目的，由教育行政部门或学校根据课程目标，有计划地提供给学生的相对明确系统稳定的学习内容，包括学生需要学习的事实、概念、原理、技能、策略、方法、态度及价值观念等。课程内容往往以统一的课程标准形式规定下来，以学生学习结果的描述来展现，而不是对教学内容的具体规定，它不仅包括"知识与技能"，还包括"过程与方法""情感态度与价值观"。[1]因此，课程内容是属于课程层面的概念，它解决的是课程目标导引下的"教什么"的方向的问题，既不直接限定教师的教学内容，也不是学生学习的直接对象。因此，课程内容要借助某种方式和手段进行自我的具体化和外显化，这就为教材的产生提供了空间。

教材也被称为"教科书"。教材的内涵界定主要有两种视角：一种是课程内容具体化的视角，即"是根据课程标准对学科内容进行系统阐述的文本"[2]；另一种是教学实施的视角，"是围绕并支持各种教学活动的书籍"[3]。今天，随着技术向教育领域的渗透，教材早已超越原来的形态，除传统的纸类教材外，还包括数字化教材以及融合互联网、人工智能等信息技术的虚拟现实等表现丰富的多介质教材等。教材是课程内容的物化形态，它受制于课程内容，必须反映课程内容，以物质实体的形态连接课程与教学，是开展教与学的基本内容依据，也是实现课程目标和课程内容的具体化。但是，教材不是课程内容，只是表达课程内容的途径或手段。教材也不是要求学生直接学习的对象，而是师生教学活动的中介之一。因此，就教学而言，仅有课程内容的"教材化"是不够的，还需要在此基础上进行教材内容的"教学化"——进行教学内容的开发。

教学内容主要是个教学范畴的概念，尽管与课程内容和教材息息相关，但又存在明显的区别：（1）在主体上，教学内容的直接设计者、开发者和讲授者是一线教师，而非教育行政主管部门或教材的编写专家。尽管三者在根本目标上具有一致性，但在具体活动内容上明显不同。（2）在内容上，教学内容以课程内容为依据，以教材为母本，但又不是对于两者的复制和搬运，而是教师基于教学效益最大化目标和实际情况，通过选择、提炼、再造、优化等一系列环节建构出来的具有鲜明个性化的"新"内容，同样的课程和教材可以产生多样个性化教学内容。（3）在范围上，面对内容庞杂的教材内容，教师必须根据教学实际进行科学调整、有所侧重，而非面面俱到、雨露均沾。同时，生成教学内容的原材料也并不仅限于教材，

---

[1] 俞红珍：《课程内容、教材内容、教学内容的术语之辩》，载《课程·教材·教法》，2005年第8期。
[2] 裴娣娜：《教学论》，北京：教育科学出版社2007年版，第171页。
[3] [瑞典]胡森：《简明国际教育百科全书·教育》，北京：教育科学出版社1991年，第129页。

一切有助于实现课程目标、课程内容的资源都可以也应当被纳入教学内容的开发范畴。教学内容一般要严格遵循课程内容，但基于教学实际，在特殊情况下也可能高于课程内容的范畴。（4）在特点上，相较于课程内容的宏大性、抽象性、方向性和教材的静态性、统一性，教学内容面向和生成于具体教学实践，极富张力，体现了教师的教学智慧和策略，具有实践性、操作性、具体性、动态性、开放性、个性化特点。

由此，我们尝试给教学内容做出以下界定：教学内容是在具体教学实践过程中，由特定教师在课程目标、课程内容的规制导引下，根据教学实际，在充分把握和依据教材的基础上，通过选择、提炼、优化、再造的直接传递给学生的信息。需要指出的是，受近年来学界教学研究泛化的影响，有观点认为学生也是教学内容的开发主体，还有观点认为教学内容除教师在教学过程中传递的教学性信息外，也包括教学方式、方法、情感要素等，即"广义的教学内容"。这些观点均具有一定合理性，但内涵的泛化可能会带来研究的混乱。同时，对于学生"主体性"的过度强调和教师"主体性"的节节后退也不利于教学工作的建设。本书所言的"教学内容"仅作狭义的理解。

（二）高校思想政治理论课教学内容"精准供给"的内涵

从上文关于教学内容内涵的认识不难看出，教学内容本身就蕴含了"精准化"的意蕴。不论是其"选择、提炼、优化、再造"的生成过程，还是其"实践性、操作性、具体性、动态性、开放性、个性化"的特点，无不体现了教学内容是从"粗""泛""静"到"细""精""活"的劳动和智慧的结晶。教学内容的生成旨在教学的应用，即在教学过程中面向学生的传递与互动，服务于教学实践和学生学习需求。因此，真正意义上的教学内容一定是精准化的教学内容，是内容层面的教学"精准供给"。

教学内容内涵的界定为教学内容的研究提供了理论边界。但是，要准确把握教学内容"精准供给"的内涵，我们还需要对教学内容的内容本身进行进一步探索。教学内容可以从三个层面进行理解：（1）结构意义的教学内容，即教学内容是由哪几部分构成，形成一种怎样的结构。任何一门课程的教学内容都应是一种整体性的结构存在，如理想信念、价值观、道德观、法治观四大内容完整构成了"思想道德与法治"课程的教学内容。同时，各部分内容又由更小的部分构成，如法治部分包括法学基础理论、法治建设、宪法学和法律实践。依次类推，逐渐细微化，直到最后的"点"。（2）逻辑意义的教学内容，即教学内容的不同部分之间遵循着何种逻辑关系，并在这种逻辑下构成一个严密的系统整体。这种逻辑性一方面表现为不同部分在教学安排中的先后顺序、承接呼应、相互论证，另一方面表现为各部分内部具体内容之间的关系，因果论证、环环相扣。（3）体量意义的教学内容，即教学内容的量的大小。这里的"体量"既包括教学内容本身的体量大小，又包括各部分之间的体量比例关系。教学内容的体量及其结构决定了课程及不同部分的教学学时。以上三重意义的教学内容，共同构成了教学内容的内容本身。其中，结构意义的教学内容居于核心地位，教学内容结构的科学度、完整度决定了教学内容与课程内容、目标和人才培养的契合度，是教学内容的根本所在。逻辑意义的教学内容制约教学内容的实施效用，也影响教学内容的说服力。体量意义的教学内容最终转化为教师"教"和学生"学"的时间、精力成本，影响了教学内容的实现时间、空间、方式、方法。

教学内容要服从于课程内容和目标，教学内容供给的目的在于实现教学目标，满足教学对象对于课程教学的内容需求，并最终服务于人才培养目标。"精准供给"强调的是"供给"契合"需求"，追求的是供给与需求的平衡性。因此，所谓教学内容"精准供给"就是教师"教"的内容契合学生"学"的需求、课程目标要求、人才培养需求。思想政治理论课教学具有自己的特殊性，也遵循着教学的基本规律。基于此，我们认为，高校思想政治理论课教学内容"精准供给"，就是思想政治理论课教学内容在结构、逻辑、体量上与大学生实际需求、思想政治理论课程目标要求和高校人才培养目标相一致。

二、"内容为王"是高校思想政治理论课教学建设的基本规律

所谓"内容为王"，是指在高校思想政治理论课教学的整个过程中，教学内容都居于绝对的核心和统领地位，是决定思想政治理论课教学质量的根本所在。内容是相对于形式、方式、手段、工具、技术、环境等要素而言的。众所周知，影响教学质量的因素很多，如教学方式方法、新技术应用、班级规模等。但是，这些要素的意义和价值在于影响表达和传递教学内容，它们只有在教学内容可靠的基础之上才能真正发挥作用。内容是"主""本"和"里"；教学内容也决定教学形式、手段、工具的选择和使用，教学形式、手段和工具必须适应、服务于教学内容，任何缺乏内容支撑的教学方式、教学方法、教学手段、教学工具、教学技术、教学环境、课堂管理乃至教师本身的人格魅力等都是无本之物、无源之水。

思想政治理论课教学是一项精神产品的生产活动。任何产品，在缺乏优质主料的情况下，不论添加多少配料、添加什么配料、包装如何精美、采取何种工艺、由怎样高明的技师进行加工，也无法生产出真正吸引人、有"营养"的高质量产品。"主料"不仅是产品质量的根本保证，也是决定一个产品"是其所是"的根本依据。教学内容就是思想政治理论课教学的"主料"，决定了思想政治理论课教学的性质和质量。我们说思想政治理论课教学"要有'料'"，这里的"料"首先一定是教学内容。"所谓内容，是指思想政治理论课本身所要传授的'价值观'，真理性的知识，给人以思想启迪和人生领悟，否则就是'空洞的''形式化的'，是没有'内

容'的"。①

教学内容也是吸引学生学习的根本动力。任何一门课程的存在意义和价值，在于满足教学对象的需求；需求满足度越高，学生"获得感"越强，课程的"黏性"就越大。学生对于教学的需求无疑是多层面的，但教学内容在根本上决定了学生在课堂获得什么、获得多少，是一种实质性的需求满足，处于无可替代的位置。同时，随着高质量教学内容的持续更新和供给，实现"常学常新"与"常新常学"的良性循环，从而赋予了这种"获得感"和学习"黏性"以强劲的生命力。因此，教学内容不仅是吸引学生的根本动力，也是吸引学生持续学习的内在引力。相反，那些缺乏"内容"的教学，短期内或许会在"应激效应"下产生一定"效果"，但久而久之势必因为"学无所得"而为学生所抛弃。

近年来，我们十分强调思想政治理论课教学形式、技术等要素的创新，对于教学内容的重视有所不足。在教学实践中，甚至有以"创新"之名将思想政治理论课教学演变成了一定程度上的"脱口秀""科技展""行为艺术"。"我们是否应该反思一下，在改革的过程中，是否存在为了迎合所谓的'先进理念'，为了适应新的'教学形式'，而丢掉了教育中最核心的东西，那就是以什么内容来引导学生成长成才的问题。"②将"形式"置于"内容"之上的思想政治理论课教学犹如镜花水月，即便一时吸引学生眼球，也不过是华而不实的虚假繁荣，也是对教学的不负责任。总之，"在处理教学内容和教学形式的关系方面，一定要做到内容为王，广大教师务必把教学内容放在首要位置，所有教学形式都必须围绕教学目标和要求展开，防止泛娱乐化，更不要用眼花缭乱的教学形式冲淡了教学内容"③。

三、教学内容"精准供给"是突破教材局限性的客观要求

教材是教学的基本要素，是教学的主要依据，直接影响教学实施与效果。教材建设是思想政治理论课建设的一项基础性工作，高质量的教材是高水平教学的重要前提。思想政治理论课教材是国家主流意识形态的集中反映，对于引导大学生坚定正确的政治方向，提高思想道德修养和精神境界发挥着不可替代的作用。

新中国成立以来特别是改革开放以来，党中央一直十分重视高校思想政治理论课教材建设，先后经历了"56方案""61方案""78方案""85方案""98方案""05方案"六个时期。进入新时代，以习近平同志为核心的党中央十分重视思想政治理论课建设，高校思想政治理论课教材建设也不断加快推进。七十多年

---

① 王云霞：《高校思政课应处理好'内容为王'教学模式的三对关系》，载《思想政治教育研究》，2020年第6期。
② 唐俊峰：《课堂教学为主，内容引领为王：对提升高校思政课实效性的思考》，载《吉林师范大学学报》，2018年第6期。
③ 秦宣：《〈毛泽东思想和中国特色社会主义理论体系概论（2021年版）〉修订说明和教学建议》，载《思想理论教育导刊》，2021年第9期。

来，我国高校思想政治理论课教材走出了一条从新中国成立初期的翻译苏联政治教科书为主，到以初步结合中国实情的"中国化"为主要特征，再到全面体现中国特色和气派的高校马克思主义教材的建设发展之路。我国高校思想政治理论课教材既具有高校专业课程和其他课程教材的一般特点，也具有自身的独特之处：

一是鲜明的意识形态性。思想政治理论课是落实立德树人根本任务的关键课程，旨在培养一代又一代拥护中国共产党领导和我国社会主义制度、立志为中国特色社会主义事业奋斗终身的有用人才。因此，高校思想政治理论课教材总是旗帜鲜明地以马克思主义思想理论为指导，旨在引导学生增强中国特色社会主义道路自信、理论自信、制度自信、文化自信，自觉把爱国情、强国志、报国行自觉融入坚持和发展中国特色社会主义、建设社会主义现代化强国、实现中华民族伟大复兴的奋斗之中。这也是高校思想政治理论课教材与其他专业课教材的最大区别。

二是逻辑性、系统性、整体性。（1）从具体课程教材看，高校各门思想政治理论课程相对独立，各自有着自身特定的课程目标和对应的理论体系，这就决定了各门课程教材自身在内容的设置和安排上自成一体，成为具有本门课程鲜明特点的系统性整体化。（2）从各教材之间的关系看，它们在指导思想、内容设置、体例安排上彼此照应、相互衔接，共同构成科学完整的高校思想政治课教材体系。（3）从与中小学阶段思想政治教材关系看，高校思想政治课程体系和课程内容是中小学阶段思想政治教材基础上的梯次化建设发展，两者"一体化"。（4）从教材体系与理论体系的关系看，两者对应统一。马克思主义理论是一个逻辑严密、内在统一的完整科学体系，高校思想政治理论课教材系统完整地展现马克思主义理论。当然，马克思主义理论体系十分庞大，几本教材不可能穷尽马克思主义理论的全部内容，因此要进行科学凝练。

三是时代性、发展性、开放性。马克思主义揭示了关于自然界、人类社会和思维发展的普遍规律，但并不意味着马克思的所有具体观点会僵化为超越时空的终极真理。马克思主义来自实践，又为实践服务，并在实践中不断丰富和发展，与时俱进是马克思主义最重要的理论品质。"05方案"以来，我国高校思想政治理论课教材始终保持时代性、发展性、开放性建设，教材体系不断优化，教材内容持续充实，教材质量不断提升，教材形态走向立体化，教材更新频率合理适度。以"思想道德与法治"教材为例，2006年，《思想道德修养》与《法律基础》两本教材合编为《思想道德修养与法律基础》，2021年修订时更名为《思想道德与法治》。教材名称变化的背后是内容的进一步充实，如2021版的《思想道德与法治》教材第三章"继承优良传统 弘扬中国精神"，重点充实、反映了习近平在庆祝中国共产党成立100周年大会上的讲话、在党史学习教育动员大会上的讲话、在庆祝改革开放40周年大会上的讲话等重要讲话的精神，这样就及时将马克思主义最新理论成果，特别是习近平新时代中国特色社会主义思想的最新成果充实到了教材之中，紧跟习近平新时代中国特色社会主义建设实践的生动发展。此外，2021版的《思想道德与法治》还进行教材话语和形式的创新，深化了学理性建设，创新了教材呈现形式，图文并茂地回应青年大学生关注的思想理论和人生、法治热点问题，设计加入了若干二维码，以便学生获得与教学内容直接相关的重要文献或辅学材料。自2006年出版以来，该教材先后在2007年、2008年、2009年、2010年、2012年（未出版）、2013年、2015年、2018年、2021年和2023年共进行了10次修订，对于推动"思想道德与法治"课程建设发挥了重要的积极作用。

  四是权威性、严肃性、统一性。高校思想政治理论课教材的编写和使用是一项政治性很强的工作，先后经历了"拟纲编本""一纲多本""一纲一本"三个阶段[①]，现行教材是由中宣部、教育部组织编写，由高等教育出版社出版，全国普通高校统一使用的最新版"马克思主义理论研究和建设工程重点教材"。2005年2月，由中宣部、教育部印发的《关于进一步加强和改进高等学校思想政治理论课的意见》明确，中央决定将高校思想政治理论课教材纳入马克思主义理论研究和建设工程系列，中宣部、教育部负责教学大纲和教材编写工作，组织由学术带头人任首席专家，理论研究人员、教学人员以及实际工作部门同志组成的编写课题组，集中编写全国高校思想政治理论课教材。2006年1月，中宣部、教育部、新闻出版总署印发的《关于高校思想政治理论课教材出版管理的通知》指出，未经中宣部、教育部、新闻出版总署批准，任何部门、单位和个人不得再自行组织编写、出版发行各种名义的高校思想政治理论课教材。鉴于仍存在个别出版社自行组织高校教师编写、出版高校思想政治理论课教材的现象，2006年4月，教育部办公厅又印发了《关于进一步加强高等学校思想政治理论课教材编写管理、规范教材使用的通知》，要求各省、自治区、直辖市教育部门和高校要把高校思想政治理论课教材编写的管理和使用纳入新课程方案实施的管理之中并加强督导检查。2011年1月发布的《高等学校思想政治理论课建设标准（暂行）》明确要求，各高校要"使用马克思主义理论研究和建设工程重点教材思想政治理论课统编教材"。2015年和2021年分别发布的《高等学校思想政治理论课建设标准》进一步要求各高校要使用"最新版本"的"马克思主义理论研究和建设工程重点教材思想政治理论课统编教材"。国家统编教材的编写和修订不能随意加入编写组专家个人的学术见解，必须以中央文件和领导人的讲话为依据。

  实践证明，我国高校思想政治理论课教材适应了思想政治理论课程的建设发展要求，在推动高校思想政治理论课"落实立德树人根本任务关键课程"建设中发挥了不可替代的作用。同时，我们也要看到，高校思想政治理论课教材的固有特点又使其不可避免地具有一定的局限性，形成了在教材使用中的矛盾现象：（1）教

---

① 陈占安：《改革开放以来高校思想政治理论课教材建设的回顾与展望》，载《思想理论教育导刊》，2018年第10期。

材的统一性与高校类型层次多样性的矛盾。高校思想政治理论课教材由国家组织统一编写，全国各类高校统一使用，提供的是"制式"的内容。然而，不同地区、不同类型、不同层级高校在办学定位、人才培养目标等方面显然不同，不同高校的大学生乃至同一高校不同学科、专业大学生在思想政治理论基础、学习特点、课程学习需求也千差万别。事实上，任何一部教材都不可能兼顾所有高校各类学生的个性特点来编写，教材的内容也注定不可能做到完全契合各类学生的实际需要，这就必然形成教材的统一性与高校多样性的矛盾，"全国高校无论是本科院校还是专科院校都统一使用一本教材，难免有针对性不强的问题存在"。①（2）教材内容稳定性与社会发展动态性的矛盾。高校思想政治理论课教学要求紧密结合习近平新时代中国特色社会主义建设的生动实践，及时传递党的最新思想政治理论成果，高校思想政治理论课教材要与实践同频共振，与时代同向同行。然而，教材一经出版便处于阶段性"静态"，但社会与思想政治理论始终处于发展性"动态"。尽管我们可以通过不断修订对教材内容进行持续更新，但教材内容的更新速度无论如何也不可能跟得上社会发展变化的速度，党的治国理政新理念、新思想从提出到进教材总是会出现一个"时间差"：教材先天具有滞后性缺陷。思想政治理论课教材修订的主要目的就是为了解决其内容稳定性与社会实践动态性之间的矛盾，但只能尽可能地压缩而无法消除这个"时间差"。（3）教材的规范性与灵活性之间的矛盾。高校思想政治理论课教材编写有着严格的规范性要求，这在一定程度上制约了其灵活性设计。第一，教材要实现理论体系向教材体系的转化，必须遵从理论体系自身的逻辑，尽可能保持理论体系的系统性、完整性。不同思想政治理论课教材有时涉及同一理论内容，这就难以避免高校思想政治理论课教材之间以及其与中小学阶段思想政治教材之间的内容重复。第二，作为"理论"教材，高校思想政治理论课教材编写遵循的是"从个别到一般""从具体到抽象"的思路，"所谓理论，就是脱离个别事物的一般化，脱离具体事例的抽象"②，抽象有余必然意味着不够具体化、针对性。第三，教材结构严谨，各章节的内容逻辑严密、层次分明，只能以"平面化"的内容体系进行呈现。第四，教材内容全面、主题严肃。受篇幅所限，大量内容不能深入论述，只能"点到为止"。同时，教材总是力求回避争议性内容，而某些争议性内容恰恰是学生的关注点和兴趣点。此外，尽管教材总是力图在表达方式、文字风格上实现平和亲切和通俗易懂，但庄重严肃的政治主题又不可避免地催生距离感。

---

① 陈占安：《改革开放以来高校思想政治理论课教材建设的回顾与展望》，载《思想理论教育导刊》，2018年第10期。
② [美]杰弗里·亚历山大：《社会学二十讲》，贾春增译，北京：华夏出版社2000年版，第2页。

第二节 高校思想政治理论课教学内容"精准供给"的实施

从某种意义上说,教学是带有一定"服务"的性质,是一个由教师以教学管理规定为规范,以教学内容为产品,面向学生提供"学"的服务的过程。我们有必要站在"用户体验"的角度,去提供满足"用户需求"的高质量产品。大学生需要的不是初级精神产品,而是经过精心筛选和二次开发的高质量内容,墨守成规的教师对于学生创造性的发展无疑是一种近乎灾难的障碍。[①]在受众需求越来越个性化、多元化的背景下,高校思想政治理论课教师必须从简单的精神产品"提供者"、知识"搬运工"转化为精神产品的优秀"设计师"、知识"领航者",从学生的需求出发,灵活精准地设计教学内容,以优质的教学内容来引领和赢得"用户"。

一、高校思想政治理论课教学内容"精准供给"的四个环节

教学始终是一个动态的过程,这就决定了"动态化"的教学内容才是"精准化"的教学内容,"动态化"的教学内容供给才是教学内容的"精准供给"。高校思想政治理论课教学内容"精准供给",是一个以精准设计为核心的无限螺旋式上升的过程,需要把握好四个环节。

一是精准定位教学内容的需求。"精准供给"的灵魂在于"供给"满足"需求",与"需求"精准对接,"供给"对于"需求"的满足度是判断供给是否"精准"的唯一标准。高校思想政治理论课教学内容"精准供给",就是教学供给内容在结构、逻辑、体量等方面契合需求主体的需求。因此,高校思想政治理论课教学内容"精准供给"的前提,是确定需求主体的教学内容需求。高校思想政治理论课教学需求主体是一个由国家、高校、社会用人单位和学生构成的整体,这就意味着必须根据这些主体对于思想政治理论课教学内容的需求来进行供给。为此,要全面深入研究高校思想政治理论课程目标、教学大纲、国家关于课程建设的相关文件精神和标准,准确把握高校人才培养目标对于教学内容的要求,开展面向社会用人单位和大学生的调查分析,了解他们对于教学内容的需求,听取他们对于教学内容的意见建议,客观准确地把握高校思想政治理论课教学内容需求体系,"内容为王"的实质也正是"真正被需要的内容"。

二是精准把握教材的内容与体系。高校思想政治理论课教材是在中央有关部门的指导和组织下,严格根据教学大纲编写的体系化思想政治知识理论的载体,全面体现了党和国家对于大学阶段学生健康成长所需的学习内容要求,在编写

---

① 叶澜:《新编教育学教程》,上海:华东师范大学出版社1991年版,第15页。

过程中广泛听取一线师生和相关专家的意见，所有内容都是精挑细选、反复研究后确定的。教科书是国家主流价值观念的载体，具有"意识形态的守护职能"[①]，"思想政治理论课教师在教学中要把统编教材作为依据，确保教学的规范性、科学性、权威性"[②]。教学内容无论怎样千变万化，都不能脱离教材这个"法定"依据的逻辑体系、核心内容和重点难点，"吃透"教材是教学内容"精准供给"的又一必要前提和保证。要在深入研究的基础上，准确领会教材的思想主旨和价值目标，把握好教材的整体结构、章节的逻辑关系和各章节的具体内容和要求，为基于教材的教学内容设计打牢基础。

三是精准设计教学内容。（1）对国家统编教材进行"二次加工"。国家统编教材在编写时就已经充分考虑"教"的需求，为教学提供了基本的操作框架和步骤指引，具有"可教学性"。但是，教材内容毕竟是静态、"制式"、全面的，只是对教学内容的预设，而真实的教学活动是动态、具体、面向特定对象的。因此，无论教材怎样有意识地进行"教学化"设计，它都只是教学内容的主要依据，而不应直接被视为教学内容。"尊重教材，是尊重它的主体内容与本质内涵，但也不可以视其为丝毫不能动的一块教学磐石，那样就僵化教条了"[③]。为此，教师不必拘泥于教材内容，要根据特定的教学对象和现实的教学情景，对教材内容进行"精选"和"教学化"改造，实现教材内容向教学内容的转变。（2）多方面充实教学内容。教材给出的主要是一些基本结论和简要论述，是"干货"。为此，在进行教学内容设计时，既要以统编教材为主要依据，也要借鉴参考其他高质量教学辅助资料，充实以大量案例、数据等信息，实现教学内容的"丰满化""鲜活化"。就高校思想政治理论课教学内容而言，有必要及时将党和国家重大方针、政策、思想政治理论成果和社会重大思想理论热点、时政热点融入其中。此外，高校思想政治理论课教学内容与人文社会科学关系密切，也要适时引入其他人文社会科学知识，多视角分析马克思主义理论，把马克思主义理论讲清楚、讲透彻，避免马克思主义理论的自我循环论证。（3）精心设计实施环节。精心设计教学内容的导入、讲授、师生互动、学生小组讨论、课堂总结、课后任务、实践教学等各环节。

四是精心落实和持续完善教学内容。习近平总书记强调，"思想政治理论课教学内容要跟上时代，只有不断备课、常讲常新才能取得较好教学效果"[④]。教学内容的精准设计为教学活动的有序有效开展提供了坚实的保障，这一阶段的教学内容是静态的、理想化的教学内容。教学内容的设计与教学内容的落实并不是一回事，两者有时并不完全一致。在教学实践中，我们还要根据教学情势的发展变化

---

① 吴康宁：《'课程内容'的社会学释义》，载《教育评论》，2000年第5期。
② 习近平：《思政课是落实立德树人根本任务的关键课程》，载《求是》，2020年第17期。
③ 郑晓容、黎海燕：《教材体系向教学体系转化的逻辑建构——"毛泽东思想和中国特色社会主义理论体系概论"教学内容改革的探索》，载《岭南师范学院学报》，2022年第4期。
④ 习近平：《思政课是落实立德树人根本任务的关键课程》，载《求是》，2020年第17期。

对教学内容进行灵活调整，从而生成现场化的、真实的教学内容。随着教学对象的流转、教学技术的发展变化、教师对于课程理解的深化，教学内容也要随之变化，只有这样才能有的放矢和适应发展。①教学内容的完善只有进行时，没有完成时；一名优秀的教师，特别是讲授思想政治理论课这门与经济社会发展密切相关课程的教师，一定是习惯于不断充实完善教学内容的教师。在一节课、一学期的教学结束后，要及时修订课堂教学实践过程中暴露的不合宜的教学内容，补充新"发现""开发"的新内容，进一步完善教学内容的结构框架，进而形成新的更高质量的教学内容。

二、高校思想政治理论课教学内容"精准供给"的原则

一是灵活性与原则性相结合。高校思想政治理论课教学内容"精准供给"有着技术和价值双维度取向，即"精准化"的技术维度和意识形态的价值维度。因此，高校思想政治理论课教学内容"精准供给"建设要坚持灵活性与原则性相结合，兼顾技术和价值，技术服务于价值。一方面，要突破统编教材的局限性、积极创新教学内容和供给方式方法，最大限度地增加供给内容的产出效益；另一方面，要坚守政治立场和原则、课程目标和标准，着眼于大学生确立和践行马克思主义世界观、人生观、价值观。教学内容"精准供给"固然体现着教师教学的个性化和创造性，但不是教学内容简单切割式或增减式供给，也不是学生喜欢听什么就讲什么，更不是教师只考虑自己的专业特长、学术兴趣或另搞一套，能讲什么就讲什么、喜欢讲什么就讲什么。"让学生接受马克思主义，离不开必要的灌输。"②作为国家的意识形态和核心价值观，是不以人的意志为转移的"客观真理"，价值观教育本身就隐含着一种"强制性"，不能以个人的"好恶"来选择接受或者不接受。③教学内容的设计与建构也要始终"以本为本"，忠实于教材的逻辑体系和核心内容。总之，富有个性化和创造性的教学内容，其"差异"的前提，是政治立场和原则、课程目标和标准的"同一"。

二是"贴近实际、贴近生活、贴近学生"。2004年8月，中共中央、国务院发布的《关于进一步加强和改进大学生思想政治教育的意见》首次提出，大学生思想政治教育要坚持"贴近实际、贴近生活、贴近学生"原则。2005年2月，中宣部、教育部印发的《关于进一步加强和改进高等学校思想政治理论课的意见》再次强调该原则并将其作为加强和改进高校思想政治理论课的一条总体要求。"贴近实际、贴近生活、贴近学生"体现了强烈的教学"精准供给"思维，为高校思想政治理论

---

① 许驰、陈庆章：《课堂教学内容重构的原则与方法》，载《高等工程教育研究》，2018年第4期。
② 习近平：《思政课是落实立德树人根本任务的关键课程》，载《求是》，2020年第17期。
③ 王云霞：《高校思政课应处理好'内容为王'教学模式的三对关系》，载《思想政治教育研究》，2020年第6期。

课教学内容"精准供给"提供了方法论指导。从时间层面看,"贴近实际"就是教学内容要与时俱进,紧跟时代变化和党的思想政治理论发展,注重时效性,体现时代性。从内容层面看,"贴近实际"就是教学内容与世情、国情和学生的实际情况相结合,避免理论与实际"两张皮"。从目标层面看,"贴近实际"就是把回答和解决实践中提出的重大课题作为教学的重要任务,帮助大学生分析解决普遍关心的现实热点难点问题和思想困惑。"贴近生活",就是教学内容与社会经济、政治、文化生活相结合,与学生的日常现实生活相结合,关注朴素平凡的生活细节,形成丰富多彩的生活场景,从生活中挖掘生动事例、汲取新鲜营养,有"烟火气""人情味"。"对于学生而言,只有当教育成为一种能够引导他们走向生活的工具,他们才会感到接受教育的重要性和必要性。"①思想政治理论课教学面对的是一个个活生生、有血有肉的人,马克思主义是很朴实的东西,很朴实的道理②,缺乏生活气息的高校思想政治理论课教学就变成了简单的政治宣传和空洞的价值观说教,"理性的东西所以靠得住,正是由于它来源于感性"③。只有将教学内容与生活实际相结合,才能引发学生共鸣,是真正的尊重人、理解人、关心人。"贴近学生",就是教学内容要与学生这一特定身份、年龄、心理相结合,与他们所想、所盼、所惑相契合,体现学生意愿,满足他们的成长与发展需求。近年来,随着高校思想政治理论课教学理念的不断发展,教学"去对象化"思想已被抛弃,"学生主体性"意识已为广大教师所普遍接受。但问题在于,如何将"学生主体性"转化为实实在在的教学供给特别是教学内容供给这个核心,在教学内容设计上真真切切地关照学生需求。

三是突出"精"和"管用"。早在1992年的南方谈话中,邓小平就语重心长地指出,"学马列要精,要管用"④。时至今日,这一思想对于高校思想政治课教学内容供给建设仍然具有极其重要的启发意义。高校思想政治理论课程体系包括多门课程,涉及的学科门类有哲学、政治经济学、科学社会主义、历史、道德、法律等,内容十分丰富,学科交叉性明显。基于严谨性和规范性要求,高校思想政治理论课教材在内容呈现上往往较为完整,内容量也比较大。要想在有限的教学时间内实现教学效益最大化,对教材内容面面俱到地"物尽所用",既不可能,也无必要,而是同样"要精""要管用"。所谓"精",一是要精选内容,二是要把握精髓⑤,也就是我们前文所说的对教材内容进行"二次开发"。所谓"管用",就是让思想政治理论课教学内容有助于帮助学生解决现实问题、思想困惑,"学以致用"。"思想政治理论课教师给予学生的不应该只是一些抽象的概念,而应该是观察认识当代世

---

① 朱霞梅:《"三贴近":高校思想政治工作创新的根本途径》,载《社科纵横》,2007年第9期。
② 《邓小平文选》(第3卷),北京:人民出版社1993年版,第382页。
③ 《毛泽东选集》(第1卷),北京:人民出版社1991年版,第290页。
④ 《邓小平文选》(第3卷),北京:人民出版社1993年版,第381页。
⑤ 秦宣:《问题与对策:提高马克思主义大众化的实效》,载《思想理论教育导刊》,2011年第5期。

界、当代中国的立场、观点、方法"。①不同的高校有不同的办学定位,不同的教学对象有不同的特点和需求。大学生显然更愿意把有限的时间精力花到对自己"有用"的学习中去,对教学内容的质量有着一定的要求。最好的教学内容一定是经过精心裁剪、"量身定做"的,求"精"而非贪"全",突出"效用"而非"效率"。对于教材内容不加筛选、无所侧重地"照单全收",表面上或许"忠实地"开展了教学,但实质上是一种不负责任的"形式主义"和教学懒惰。

三、高校思想政治理论课教学内容"精准供给"的方法

高校思想政治理论课教学内容"精准供给"既是一个内容层面的问题、时效层面的问题,也是一个方法技术层面的问题。因此,如何以"精准"的方法实现教学内容的"精准"设计、呈现和传输是实现高校思想政治理论课教学内容"精准供给"的重要内容。我们在教学实践中探索了以下几类方法,这些方法有的独立运用,有的具有一定交叉性。

(一)更新法

所谓"更新法",简而言之就是以"新"的权威性内容更替"旧"的教学内容,以确保高校思想政治理论课教学内容的与时俱进。高校思想政治理论课的课程特点,要求其必须立足现实的世情、国情、党情,关注时代发展变化,克服高校思想政治理论课教材内容相对滞后的缺陷,保持教学内容的动态更新:(1)始终保持与党的指导思想和创新理论高度一致。时代是思想之母,实践是理论之源。"当代中国正经历着我国历史上最为广泛而深刻的社会变革,也正在进行着人类历史上最为宏大而独特的实践创新。这种前无古人的伟大实践,必将给理论创造、学术繁荣提供强大动力和广阔空间。这是一个需要理论而且一定能够产生理论的时代,这是一个需要思想而且一定能够产生思想的时代"②。高校思想政治理论课必须要以高度的政治自觉、思想自觉和行动自觉,及时将中国特色社会主义伟大实践成果特别是党的重大会议、决议提出的新思想、新观点、新表述、新论断纳入教学内容,用党的最新理论成果武装大学生头脑。(2)始终保持与课程具体内容的发展变化相合拍。以"思想道德与法治"课程为例,爱国主义和道德观教育是其重要组成部分。在该课程2018年版教材(当时该课程名称为"思想道德修养与法律基础")使用期间,《新时代公民道德建设实施纲要》《新时代爱国主义教育实施纲要》等重要文件得以颁布实施。这时,在进行爱国主义和道德观内容的教学时,就要及时根据这些新文件对教材原有内容进行更新调整。(3)教学素材和相关信息的更新。如教学中的案例素材,如果内容过于陈旧或者被使用的过于频繁,显然难

---

① 习近平:《思政课是落实立德树人根本任务的关键课程》,载《求是》,2020年第17期。
② 中共中央文献研究室:《习近平关于社会主义文化建设论述摘编》,北京:中央文献出版社2017年版,第72—73页。

以吸引学生，无法发挥作用。2023版高校思想政治理论课统编教材在这方面做出了努力，有的及时增加了在编辑出版时的一些最新案例和信息。但是，在社会发展日新月异的今天，随着教材使用时间的延续，这些案例和信息也将很快显得陈旧。这就要求我们要推动案例库和信息库的"推陈出新"，不断充实新近发生的、内容或视角新颖的重大典型案例和相关信息。当然，这些案例和信息如我国人均GDP的发展变化、重大科技创新成果等，都应援引于权威媒体和机构。

高校思想政治理论课教学内容"更新法"要求做到以下方面：（1）即时更新。所谓"即时"，是指在重大新思想、新观点、新表述、新论断出现的第一时间以小专题的方式及时充实到教学中，而不是按部就班地等到涉及课程具体内容时才开展教学，力求保持"鲜"度。重大新思想、新观点、新表述、新论断往往伴随重大时政热点事件。因此，可以结合重大时政热点事件开展教学。为了避免同一阶段不同思想政治理论课在教学上的重复，在讲授这些重大新思想、新观点、新表述、新论断时，要结合本门课程的实际特点而有所侧重。（2）一体更新。重大新思想、新观点、新表述、新论断的提出时间与课程相关内容的教学进度不可能完全保持一致，有的可能已经讲授完毕，有的则还未开始。为此，不仅要在余下的教学中，一律采取"从新"原则，根据新思想、新观点、新表述、新论断对相关教学内容进行更新调整，还要对前期已授课程进行"翻新"式回顾，实现教学内容的完整性、准确性、系统性。（3）深度更新。任何新思想、新观点、新表述、新论断都不是一日生成的，有着自身的演进规律，具有连续性。因此，在讲授新思想、新观点、新表述、新论断时，要厘清它们发展变化背后的理论逻辑、实践逻辑，有的内容还需要进行前后的比较分析，引导学生在学习新思想、新观点、新表述、新论断的过程中准确认识和把握社会和历史发展规律和大势。

（二）调整法

所谓"调整法"，是指在保持教材主要内容和结构框架的前提下，根据教学实际情势和需要，在教学过程中适度调整教学内容的先后顺序和结构框架。（1）合理调整教材结构框架。前文我们谈到，教材的严谨性、规范性决定其内容结构框架的完整性，各部分内容之间有的存在一定交叉，有的则泾渭分明，总体上是以一种"平面"的方式进行呈现。我们在教学实践中，并非要完全一致地遵循教材的编排顺序，而应更多地考虑学生的知识基础、认知规律和教学情势变化，进行灵活调整、"移花接木"，既要避免内容的简单重复，也要建构起"立体化"的知识框架，便于学生更好地理解。如"思想道德与法治"教材中，道德与法治分属第五章、第六章。众所周知，作为最主要的两类社会规范，法律与道德、法治与德治既存在着区别，又紧密联系。因此，在第五、六章的教学中，我们应适时将两者结合起来，避免道德是道德、法治是法治，道德法治"两张皮"。（2）灵活机动调整教学内容设计。严格来说，我们在进行教学内容设计时已经预设了教学现场的情势并为其可能的变化制定应对预案。但即便如此,在教学实践中依然可能发生一些预料之外的情形,如学生对于某部分教学内容的公开质疑、某个教学案例已在其他课堂得到过详尽的分析等。这些"意外事件"毫无疑问会干扰教学的正常进度,很可能导致教师无法完成预定的教学任务。但是,如果我们无视这些事件的发生,仍然按照原有内容设计进行教学,就事实上变相剥夺了学生的教学主体性资格,只会令他们消极地"被学习",这显然违背了教学基本规律,也与高校思想政治理论课教学目标相悖。因此,在教学实践过程中,大可不必刻意追求教学内容的绝对确定性,增强教学内容供给的灵活性机动性。

(三)增减法

所谓"增减法",是指根据教学效益最大化原则,对教学的内容和体量进行合理的增加或减少。

一是增加重大突发性热点事件的讲解。信息爆炸的新媒体、自媒体时代,大学生获取信息的途径十分便捷,信息量也大。重大突发性热点事件瞬时爆发,社会影响面大,获得关注度高,对人们的思想认识冲击力强,并往往有着错综复杂的背景,伴随扑面而来的"碎片化"、矛盾性信息乃至谣言。大学生群体普遍社会责任感强烈,对突发性重大热点事件敏感关切,也常常存在很多困惑之处,渴望得到可信、权威的解读和判断。可以说,高校思想政治理论课无时无刻不面临着来自"社会思想政治课"的竞争。在重大突发性热点事件发生背景下,信息源接收、加工、处理、传播的效率在很大程度上影响着大学生更早、更愿听谁"说",更相信谁的"话";效率越高,价值越大。这时,就要敢于打破原有的教学内容安排和设计,抓住学生迫切的求知心理,及时结合课程内容进行突发重大热点事件的教学。要结合课程内容对这类事件及其背后的根源、影响和启示进行深层次分析,以有力的解答化解学生的问题和困惑。这不仅是思想政治理论课程教学内容的应有之意,还能显著增强教学的吸引力和实效性,往往也深受学生欢迎。这也要求高校思想政治理论课教师对于重大热点事件要保持敏感度,能够综合各类信息并结合自身的专业知识给出令人信服的解答。需要强调的是,开展突发性重大热点事件的教学,绝非"形势与政策"一门课的内容,而是所有高校思想政治理论课统筹开展的任务。即便"形势与政策"课本身,也要根据事态发展及时灵活地进行教学内容的穿插和增加。

二是增加必要的学理性阐释。马克思主义理论既是真理,也是科学;要"以真理的精神追求真理",也要"以科学的态度对待科学"。思想政治理论课的本质是讲道理,"一切思想观念几乎无例外地是以论证的方式而存在的,在现代社会中尤其如此"①,只有"以理服人"才能真正得到学生的认同,也有助力培养大学生求

---

① 周祯祥、胡泽洪:《逻辑导论——理性思维的模式、方法及其评价》,广州:广东高等教育出版社2005年版,第65页。

真求实意识和逻辑思辨能力。理论的科学性、合理性就在于通过逻辑性的推理和演进来证明，高水平的思想政治理论课教学离不开扎实的学理支撑。高校思想政治理论课教材的一个特点是结论性的内容非常多，论证性内容相对不足。思想政治理论课教学的学理基础、学理资源、学理自信在哪里，高校思想政治理论课教学的政治性是否有充足、可靠、科学的学理支撑，能否以理论支撑政治、解析政治、说明政治，从而让思想政治教育润物无声地沁入受教育者心灵，这是我们必须正视的重要问题。①因此，我们在教学中要增加必要的学理性分析内容，而不能仅仅将结论的合理性归以"文件的规定"或"领导人的讲话"，用逻辑论证、数据论证、事实论证、历史论证、比较论证等多种方法赋予理论以说服人的力量。当然，这里的"学理"必须是表达政治的学理，不能简单等同于学术范畴的学理；既要避免学理性与政治性的盲目割裂或简单拼接，也要避免缺乏政治性的盲目说理以及缺乏学理性的政治说教。

三是增加必要的拓展性内容。高校思想政治理论课是"育人"的课程，"育人"的目标首先是"政治人"，同时也应是"文化人""社会人"。思想政治理论课首先是"政治课"，同时带有"人文修养课"的性质。如果将思想政治理论课仅仅定位于"政治课"，只讲政治、成就，既不客观，也不利于其建设发展。实事求是地说，高校思想政治理论课教材受多种因素影响，在这方面还有待进一步加强。为此，我们在教学中要结合教材，增补必要的拓展性内容：（1）人文社会科学知识。思想政治理论课内容涉及人文社会科学多领域，在教学中适度融入相关知识，不仅能增强马克思主义理论的说服力和鲜活性，也是提升思想政治理论课"内涵"和"深度"的必要途径。这也是习近平总书记指出的思想政治理论课教师"要有知识视野，除了具有马克思主义理论功底之外，还要广泛涉猎其他哲学社会科学以及自然科学的知识"②的原因所在。（2）恰当合理的国外素材。我们身处于一个全球化时代，随着中国日益走近世界舞台中央，我国同世界的联系更趋紧密、相互影响更趋深刻。高校思想政治理论课提供给学生的，既是观察认识当代中国的立场、观点、方法，也是观察当代世界的立场、观点、方法。今天，世界之变、时代之变、历史之变正以前所未有的方式展开，学生也经常会把国内外的情况联系起来。我们在教学中，"要善于利用国内外的事实、案例、素材，在比较中回答学生的疑惑，既不封闭保守，也不崇洋媚外，引学生全面客观认识当代中国、看待外部世界，善于在批判鉴别中明辨是非"③。（3）现实问题与"敏感"议题。一是现实问题。实事求是地说，任何社会的任何时期都会有这样那样的问题存在。高校思想政治理论课要以正面教育为主，但不意味着不能讲矛盾、碰问题。习近平总书记在2019年的学校思

---

① 田鹏颖：《高校思想政治理论课要坚持政治性和学理性相统一》，载《中国高等教育》，2019年第9期。
② 习近平：《思政课是落实立德树人根本任务的关键课程》，载《求是》，2020年第17期。
③ 习近平：《思政课是落实立德树人根本任务的关键课程》，载《求是》，2020年第17期。

想政治理论课教师座谈会上，就对"有的教师怵于思想政治理论课的意识形态属性，担心祸从口出，总是绕开问题讲、避开难点讲"的现象提出了严肃批评。[①]在教学中，我们不必事事"高大全"，应在讲清楚成绩成就的同时，适度讨论存在的问题和不足，培养学生辩证认识、理性分析现实问题的能力，也赋予教学内容真实性、全面性。二是"敏感"议题。思想政治理论课要在传播马克思主义立场、观点、方法的基础上用好批判的武器，直面各种错误观点和思潮，旗帜鲜明进行剖析和批判。要坚持问题导向，解答学生关注的、有疑惑的问题。[②]学生的疑惑就是思想政治理论课要讲清楚的重点。要更好地"传导主流意识形态"，就要"直面各种错误观点和思潮"，主动把学生最关注、最有疑惑的问题摆出来。刻意回避学生提出的尖锐敏感问题，传递给学生的潜在信息就是"这个问题用马克思主义理论解释不了"或"我没有解答这个问题的能力"，只会加剧问题的敏感性，放弃了引导学生明辨是非的契机，也拉低了教师的威信。2023版"思想道德与法治"教材的亮点之一，就是设置了"如何认清西方所谓'普世价值'的真实面目？""为什么说'党大还是法大'是个伪命题？"等一系列在过去的思想政治理论课教学中学生关心、教师不愿触碰的敏感问题板块，对思想政治理论课教学内容建设无疑具有启发意义。

四是合理缩减冗余内容。教学的时间总是有限的，学生课程学习的时间也是有限的；这方面的教学内容多了，必然意味着那方面的内容要合理压缩。不论是教材建设还是教学内容建设，都应有合理调整内容体量、实现教学效益最大化的意识。在教材方面，如"思想道德与法治"2013年版第七章"遵守行为规范锤炼高尚品格"，就将原第五章的内容大幅度压缩，变为第七章第一节，删除了原第五章和第六章的具体法律文件叙述内容。[③]在教学过程中，我们也应根据教学对象的具体情况在教学内容供给体量上有所侧重，部分内容可以合理缩减。需要强调的是，这里说的是"合理缩减"而非简单地忽略部分内容。一方面，近年来随着思想政治理论课"大中小学一体化"建设的持续推进，教材编写已经尽可能地降低大学阶段的思想政治理论课教材与中学阶段思想政治理论课教材的重复内容。另一方面，高中阶段有文理科之分，很多对于文科生来说是重复的内容，对理科生来说却又是一片空白，因此教学内容要根据教学对象具体情况进行具体分析。

（四）融入法

所谓"融入法"，是指在保持教学框架结构和核心内容不变的前提下，将与教学对象相关的个性化内容融入教学内容。统编教材无法兼顾高职生与本科生、研

---

① 习近平：《思政课是落实立德树人根本任务的关键课程》，载《求是》，2020年第17期。
② 习近平：《思政课是落实立德树人根本任务的关键课程》，载《求是》，2020年第17期。
③ 吴潜涛：《〈思想道德修养与法律基础〉教材修订说明及教学建议》，载《思想理论教育导刊》，2013年第9期。

究型本科生与应用型本科生的群体差异，无法兼顾不同专业群、职业岗位群对学生提出的职业能力和职业素养的差别化要求。不同学科之间观念上的互启、方法上的互用、内容上的互构、精神上的互融已经成为普遍性的学科建设活动。科学教育的本质是一种科学文化教育。科学文化教育是激发学生对自然、对生活、对生命热爱的教育，是深切感受、体悟科学思想、科学精神的教育，也是引导学生接受科学理想、信念、价值观、人文观，继承科学精神和优良传统的教育。如果说专业课因蕴含着人类对自然、社会和人的思维规律的探寻和思索而催生"课程思政"的话，那么高校思想政治理论课也应有机灵活地结合教学对象的专业课内容进行。科学家潜心于对自然的研究，在很大程度上是出于对真理的热爱和对真知的追求。科学家的行为背后本身就蕴含着世界观、人生观和价值观，与求真的志趣、探索的勇气、锲而不舍的精神、爱国的情怀等密切相连。任何科学背后一定有着人性，任何行业专业工作背后都有伦理。在思想政治理论课教学内容设计时，要在尊重教育部统编教材的前提下，融入教学对象专业课程相关人物、事件、案例等，实现"思政课程"与专业课程、"课程思政"的同向同行。

第三节　应用型本科高校思想政治理论课教学内容供给现状调查

应用型本科高校思想政治理论课教学内容"精准供给"建设的前提，是深入师生中间进行调查，掌握客观真实的教学内容实际需求与供给现状第一手数据、材料。"冥思苦索地'想办法'，'打主意'，这是一定不能想出什么好办法，打出什么好主意的。"[①]为此，我们分别对教师和在校大学生就教学内容供给进行了问卷调查和访谈。为了比较师生评价之间的差别，同时考虑两者在教学内容供给中的角色差异，问卷调查的主要内容基本相同，但在内容点和措辞上又保持了一定灵活度。

一、教学内容认知

思想意识是行为的先导。什么是教学内容、如何看待教学内容，特别是如何理解教学内容与教材之间的关系，不仅直接影响教师的教学内容设计，也影响大学生对于教师教学的评价，进而对教师的教学内容设计产生回溯性影响。

（一）面向教师的调查

1. 对于教材的认知

（1）教材在教学工作中的地位。调查显示，教师普遍认识到教材在教学工作

[①] 《毛泽东选集》（第一卷），北京：人民出版社1991年版，第110页。

中的重要性。其中,认为"十分重要"和"比较重要"的占比分别为70.9%、19.2%,两者合计高达90%以上;认为"一般"和"不太重要"的合计不足10%。在访谈中,教师普遍认为,"教材是教学的依据","教学要'以本为本',这个'本'就是教材","思政课具有特殊性,不能随心所欲",绝大多数高校思想政治理论课教师都能深刻认识到教材在教学中的重要地位,重视教材、忠于教材。选择"一般"和"不太重要"的教师的一个代表性的观点是,教材一旦质量不高就会严重制约教学的有效实施,而优秀的教师能做到对教材的灵活处理,因此教师比教材更重要。(2)教师对于教材的关注点。包括教材内容的完整性、针对性、时效性、逻辑性、学理性、可读性等。其中,针对性被认为是教材内容最重要的因素,认为针对性"十分重要"或"重要"的占比高达近95%,高出对于内容逻辑性、学理性认识的近10个百分点,高出完整性近19个百分点、时效性13个百分点,更是远远高出对于可读性的认识。对于教学内容针对性如此重要的原因,代表性观点有:"内容针对性决定教学吸引力","内容针对性特别是内容框架的针对性制约了教师的教学设计"。相对于内容针对性,教学时效性、逻辑性、学理性可以由教师在教学中进行灵活完善,而"可读性"主要是面向学生的,对于学生的影响较大,对于教学的影响不大。

表3-1 高校思想政治理论课教师对于"教材在教学工作中的地位"的认知

		十分重要	重要	一般	不太重要	不重要
教材在教学工作中的地位	数量	144	39	17	3	0
	占比	70.9%	19.2%	8.4%	1.5%	0.0%

2. 对于教材开发的认知与意愿

(1)教材开发意识。是否具有教材开发意识及意识的强度在很大程度上决定了高校思想政治理论课教师是否会进行教材开发及开发的程度。为此,我们就教师教材开发意识进行了调查。从数据来看,近73%的教师认为教材开发对于思想政治理论课教学工作"十分必要",近27%的教师认为教材开发"必要"。其中,教师的职称、学历、性别、年龄影响差别不大。这说明,进行教材开发,实现"教材体系"向"教学体系"转变的思想已被高校思想政治理论课教师普遍接受,并且开发意识强烈。(2)教材开发意愿与开发原则。教材开发意味着时间、精力成本的投入。有教材开发意识并不意味着教师有开发意愿,因为越是开发的深入,投入的时间、精力成本就越高。①教材开发意愿。从调查结果看,选择教材开发意愿"十分强烈"的教师占比为近45%,选择"强烈"占比近42%,选择"一般"的占比近13%。比较发现,相对于"教材开发意识"来说,"教材开发意愿"明显降低。尽管有近73%的教师认为教材开发"十分必要",但只有超过45%的教师有"十分强烈"的开发意愿。其中,开发意愿"十分强烈"或"强烈"的动因主要有两个方面:一是价值性追求,因为思想政治理论课教学是个"良心活","不能辜负学生期待","要得到学生尊重","给学生树立好榜样"。二是功利性追求。教学如果照本宣科,学生的评教成绩会"很难看""没面子";也制约教学的正常进行,因为"学生不听课,教不下去",还存在"被学校督导发现"的风险。开发意愿"一般"的影响因素有能力一般、时间精力不足、投入与"回报"并不成正比等。②教材开发原则。教材开发是高校思想政治理论课教学实施必要的环节,但也必须把握好开发的"度"。一旦开发过度,就可能带来教学的无序,也违反了教学要求。因此,我们以访谈形式就教师对于教材开发原则的认识进行了调查。第一,在教学内容"结构"上是否应该与教材保持完全一致的认识上,68%的教师持肯定态度,32%的教师持否定态度。持肯定态度的教师认为,"这是教学(纪律、秩序)要求","尊重教材的基本要求"。持否定态度教师认为,可以根据教学对象的具体情况灵活调整,有的认为"大的框架不应变动,小的框架可以调整",有的认为"在保持整体框架不变的前提下,可以对框架体系进行优化"。第二,在具体教学内容"体量"是否要与教材保持完全一致的认识上,47%的教师持肯定态度,53%的教师持否定态度。持肯定态度的教师主要依据还是"忠于教材"的要求,"教材的重点即是教学的重点"。持否定态度的教师认为,重点教学内容判断应结合教材和教学对象两方面进行判断,某些内容即便教材着墨不多,但如果对于特定教学对象来说十分重要,也应进行重点讲解。

表3-2 高校思想政治理论课教师对于教材开发意义的认知

		十分必要	必要	不大必要	不必要
教材开发对于教学工作来说	数量	148	55	0	0
	占比	72.9%	27.1%	0.0%	0.0%

表3-3 高校思想政治理论课教师教材开发意愿

		十分强烈	强烈	一般	消极
您对于教材开发的意愿	数量	92	85	26	0
	占比	45.3%	41.9%	12.8%	0.0%

(二)面向学生的调查

1. 对于教材的认知

教材也是"学材",教学对象对于教材的认知不仅直接制约教材价值的实现,也体现了自身对于课程的态度,影响教师教学的实施。调查数据显示:(1)大学生对于教材重要性的认知明显低于教师。从大学生的"教材对于课程学习"的认知看,认为"十分重要""重要"的占比分别达到近37%、34%,两者合计为71%,远低于教师的"教材在教学工作中的地位"近90%的肯定性评价。访谈发现,部分大学生之所以对教材重要性持消极态度,是因为他们认为教材是教师们的事情,与自己关系不大,"平时基本不会看教材";教师比教材重要,因为"教材再好,老师教得不好也没用","思政课是用来听的,不是看教材"。(2)师生对于教材内容的关注点存在较大差别。大学生对于思想政治理论课教材内容的"针对性"和"时效性"的评价,选择"十分重要""重要"的占比之和分别为近98%、80%;前者略高于教师评价,后者略低于教师评价。这说明师生对于教材针对性、时效性均十分重视且基本一致。但是,大学生对于教材内容其他方面的评价均大幅低于教师评价,差别最大的为"教学内容的学理性",两者差距达33个百分点。我们认为,差别生成的原因在于,师生对于教材认知的视角不同、高度不同。大学生主要还是出于个人需要、从真实学习状态出发看待教材,而教师主要从课程的价值、教学的需要、理论层面看待教材。(3)大学生除对于教材内容的针对性、时效性高度重视外,对其他方面关注并不强烈。对于教材内容的完整性、学理性、体量甚至可读性,关注度均在50%左右。

表3-4 大学生对于高校思想政治理论课教材的认知

		十分重要	重要	一般	不太重要	不重要
教材对于课程学习	数量	493	459	224	97	73
	占比	36.6%	34.1%	16.6%	7.2%	5.5%
教材内容的完整性	数量	312	406	331	160	137
	占比	23.2%	30.2%	24.6%	11.9%	10.1%
教材内容的针对性	数量	1013	299	34	0	0
	占比	75.3%	22.2%	2.5%	0.0%	0.0%
教材内容的时效性	数量	756	323	189	66	12
	占比	56.2%	24.0%	14.0%	4.9%	0.9%
教材内容的学理性	数量	433	361	227	196	129
	占比	32.2%	26.8%	16.9%	14.6%	9.5%
教材内容的可读性	数量	489	229	305	180	143
	占比	36.3%	17.0%	22.7%	13.4%	10.6%
教材内容的体量	数量	324	307	284	223	208
	占比	24.1%	22.8%	21.1%	16.6%	15.4%

2. 对于教材开发的认知

大学生对于高校思想政治理论课教材开发的认知直接决定他们对于教师教材开发行为和教学内容实际供给的评价。如果大学生与教师对于教材开发的认知差距过大,就可能对教师教材开发行为和教学内容供给做出负面评价,从而制约教师教材开发的积极性。(1)教材开发意义的认知。近75%的大学生认为,教材开发对于教学工作来说"十分必要",近12%的大学生认为"必要",两者合计近86%。也有近14%的大学生认为教材开发对于教学工作"不大必要"或"不必要"。可见,一方面,大多数学生都十分认同高校思想政治理论课教师的教材开发行为,为教材开发和教学内容建设提供了良好的环境基础。另一方面,大学生与思想政治理论课教师对于教材开发的认知存在较为明显的差距,两者在"十分必要"和"必要"选项上差距14个百分点,而大学生认为教材开发"不大必要"或"不必要"的比例则高出教师近14个百分点。(2)教材开发原则的认知。①在教材开发是否应"与教材内容结构保持完全一致"问题的认知上,近10%的大学生选择"完全认同",17%的大学生选择"认同",两者合计近27%;高达73%的大学生选择"不大认同"或"完全不认同",与教师对此问题的认知相差近40个百分点。②在教材开发是否应"与教材具体内容的体量保持完全一致"问题的认知上,26%的大学生选择了"完全认同"或"认同",74%的选择了"不大认同"或"完全不认同",同样与教师对此问题的认知相差达20个百分点。③在教材开发是否应"根据教学对象特点决定"问题上,有近74%的大学生选择"完全认同"或"认同"。④在教材开发是否应"根据教师教学擅长点决定"问题上,近49%的大学生选择"完全认同"或"认同",近51%的大学生选择"不大认同"或"完全不认同"。通过几组数据本身以及与教师的比较不难发现,师生的角色不同、立场不同,在对于高校思想政治理论课教材开发的认知上存在较大差异。大学生主要关注的是教材开发是否能满足自身对于课程教学的需求,他们对于教学内容是否遵从教材不大在意。教师则更重视教材对于教学内容的规制性,突出对于教材的遵从。如何合理缩小师生在教材开发认知上的"鸿沟"值得我们继续研究和反思。

表3-5 大学生对于高校思想政治理论课教材开发意义的认知

		十分必要	必要	不大必要	不必要
教材开发对于教学工作来说	数量	1012	154	124	56
	占比	74.8%	11.6%	9.4%	4.2%

表3-6 大学生对于高校思想政治理论课教材开发原则的认知

		完全认同	认同	不大认同	完全不认同
与教材内容结构保持完全一致	数量	131	229	513	473
	占比	9.7%	17.0%	38.1%	35.2%
与教材具体内容的体量保持完全一致	数量	153	194	446	553
	占比	11.4%	14.4%	33.1%	41.1%

续表

		完全认同	认同	不大认同	完全不认同
根据教学对象特点决定	数量	642	352	193	159
	占比	47.7%	26.2%	14.3%	11.8%
根据教师教学擅长点决定	数量	374	287	356	329
	占比	27.8%	21.3%	26.4%	24.5%

二、教学内容供给实际状况

教师的教材开发认知不等于其教材开发实践,更不等于教学内容实际供给。为准确把握应用型本科高校思想政治理论课教学内容供给实际状况,我们对任课教师和大学生分别进行了调研。

（一）面向教师的调查

1. 教学内容的时效性、新颖度

从数据来看,应用型本科高校思想政治理论课教师在教学内容的时效性、新颖度建设方面的自我评价总体较好,近80%的教师认为自己"充分实现"或"基本实现"了教学内容的时效性、新颖度,但"充分实现"率还有待提高。"充分实现"占比最高项为"关注国际、国内形势发展变化",达到近42%。"充分实现""基本实现"之和占比最高的为"党的重大理论创新成果的及时更新",这说明应用型本科高校思想政治理论课教师对于党的理论创新保持较强的敏锐性,并具有主动融入教学内容的自觉性。但是,在"学术前沿成果的及时引入介绍""援引的数据、案例新颖度高"方面做得还不够充分,无疑会制约教学内容的学术性、时效性和吸引力。在"关注地方、学校重大热点事件"上亦显不足,与应用型本科高校人才培养目标还有较大距离。

表3-7 教师自评：应用型本科高校思想政治理论课教学内容的时效性、新颖度

		充分实现	基本实现	没有实现
及时更新融入党的重大理论创新成果	数量	72	114	17
	占比	35.5%	56.2%	8.4%
及时结合融入学术前沿成果	数量	37	96	70
	占比	18.2%	47.3%	34.5%
及时关注国际、国内形势发展变化	数量	86	109	8
	占比	42.4%	53.7%	3.9%
及时关注地方、学校重大热点事件	数量	72	87	44
	占比	35.5%	42.9%	21.7%

续表

		充分实现	基本实现	没有实现
援引的数据、案例新颖	数量	76	88	39
	占比	37.4%	43.3%	19.3%

2. 教学内容的针对性

数据显示，应用型本科高校思想政治理论课教师在教学内容"与大学生学习和生活结合""与社会生活能力建设相结合""与大学生关注的思想和社会问题相结合"方面建设较好，"充分实现""基本实现"率均达到了85%以上，但"充分实现"率最高也未达到40%。特别是在"与高校所在地经济社会文化结合""与教学对象学科专业结合""与教学对象预期行业岗位内容结合"方面的实现率均不高，没有实现"与教学对象学科专业结合"的比率高达60%以上。这说明，目前应用型本科高校思想政治理论课教学内容针对性建设主要还是沿袭了传统本科高校的建设思路，对于教学对象的学科、专业、就业、职业等方面关注不多。访谈中发现，教师对于教学内容针对性建设存在很大压力。不少教师表示，高校思想政治理论课教学内容与教学对象的具体情况和需求紧密结合是"一个美好的愿景"，但对于教师来说"要求过高""难度太大""时间精力成本太大"，因为教师"对那些专业性的东西不了解"，"结合得不好反而弄巧成拙"，在应对教学任务都穷于应付的情况下，这些教学针对性的要求"不现实"。

表3-8 教师自评：应用型本科高校思想政治理论课教学内容的针对性

		充分实现	基本实现	没有实现
与高校所在地经济社会文化结合	数量	34	72	97
	占比	16.7%	35.5%	47.8%
与教学对象学科专业结合	数量	31	47	125
	占比	15.3%	23.2%	61.5%
与大学生学习和生活结合	数量	68	106	26
	占比	33.5%	52.2%	12.8%
与教学对象预期行业岗位内容结合	数量	27	63	113
	占比	13.3%	31.0%	55.7%
与社会生活能力建设相结合	数量	56	117	30
	占比	27.6%	57.6%	14.8%
与大学生关注的思想和社会问题相结合	数量	79	94	30
	占比	38.9%	46.3%	14.8%

3. 教学内容的学理性

①在教学内容是否"保持了必要的思想理论深度"上，20%以上的教师认为自己能"始终做到"，近46%的教师认为自己"经常做到"，两者合计达66%。另有28%以上的教师认为自己"偶尔做到"。这说明应用型本科高校思想政治理论课教师在教学中十分重视保持师生"理论差"，同时这也是由课程本身的特点所决定的。②在教学内容是否"进行充分的论证推理"上，超过36%的教师能够"始终做到"或"经常做到"，超过50%的教师能"偶尔做到"，仅有不足10%的教师"很少做到"。③在教学内容能否做到"灵活运用多学科知识"上，近22%的教师认为自己能"始终做到"或"经常做到"，"偶尔做到"或"很少做到"的比例高达近78%。通过上述数据我们可以发现：第一，目前应用型本科高校思想政治理论课教学内容的学理性还不够强，教师的理论基础有待进一步加强，教师中能"始终做到"必要的思想理论深度的比例不高。第二，应用型本科高校思想政治理论课教师普遍存在知识面不够宽，对其他多学科知识了解不够多的问题，这就难以在教学中旁征博引、对马克思主义理论进行多学科、多视角论证。第三，论证推理开展不足。其中，既有自身能力不足因素的制约，也与部分教师缺乏论证推理意识、习惯于"灌输"有关，还有"教学时间不足、推理太耗时间"的因素。论证推理不足无疑会拉低教学内容的说服力。

表3-9　教师自评：应用型本科高校思想政治理论课教学内容的学理性

		始终做到	经常做到	偶尔做到	很少做到
保持必要的思想理论深度	数量	41	93	58	11
	占比	20.2%	45.8%	28.6%	5.4%
进行充分的论证推理	数量	33	41	109	20
	占比	16.3%	20.2%	53.6%	9.9%
灵活运用多学科知识	数量	21	24	132	26
	占比	10.4%	11.8%	65.0%	12.8%

4. 教学内容的重复度

①教学内容"与教学对象中学阶段学习内容重复度"情况。统计数据显示，84%以上的应用型本科高校思想政治理论课教师主要因为对于高中阶段思想政治课程内容不了解而选择"不确定"，近16%的教师认为个人的教学内容与教学对象中学阶段学习内容重复度"较低"，这部分教师中有的曾任教于中学政治课，有的研究过高中阶段思想政治课程教材或辅导过高中阶段的学生。可见，绝大多数教师对于高中阶段思想政治理论课程并不熟悉，这显然不利于"大中小学思政课程一体化"建设。②在"与其他思想政治理论课程内容的重复度"问题上，近37%的

教师认为自己任教的思想政治理论课程在内容上"与其他思想政治理论课程内容的重复度"较低,其他教师因为缺乏高校其他思想政治理论课程教学经历、研究不多,选择"不确定"。

表3-10 教师自评:应用型本科高校思想政治理论课教学内容的重复度

		较高	较低	无	不确定
与教学对象中学阶段学习内容重复度	数量	0	32	0	171
	比例	0.0%	15.8%	0.0%	84.2%
与其他思想政治理论课程内容的重复度	数量	0	74	0	129
	比例	0.0%	36.5%	0.0%	63.5%

5. 教学内容体量

有近72%的教师认为,目前应用型本科高校思想政治理论课教学内容体量"适中",近16%的教师认为体量"过大",也有近12%的教师认为体量"过小"。持体量"过大"观点的教师认为,一方面,这两年高校思想政治理论课程增加了"四史""习近平新时代中国特色社会主义思想概论"课程,另一方面,高校思想政治理论课程本身的内容就比较庞杂,"教材总体上是越编越厚"。持体量"过小"观点的教师则认为,一些对于大学生健康成长具有现实意义的内容没有被纳入高校思想政治理论课的教学之中。

表3-11 教师自评:应用型本科高校思想政治理论课教学内容

		过大	适中	过小
教学内容体量	数量	32	146	25
	占比	15.8%	71.9%	12.3%

6. 教学内容前期建设情况

①较为重视征求教学对象的意见、建议。近21%的教师认为能"完全做到",近53%的教师认为能"基本做到"征求教学对象的意见、建议。征求的方式多样,或由马克思主义学院定期召集学生代表进行,由教师个人或组织学生进行。②总体对于教学内容前期建设缺乏重视,特别是对于教学内容需求的"精准定位"上开展不多,投入不足。不论是对于教学对象人才培养方案、课程体系和专业课基本内容、预期就业和行业的基本情况,还是对于中学阶段思想政治教材的了解、参加教学对象所在学院专业课教学活动上都存在较大不足,绝大多数教师均认为在这些方面"没有做到"。这就难以准确地把握教学对象到底需要怎样的个性化教学内容。

表3-12 教师自评：应用型本科高校思想政治理论课教学内容前期建设状况

		完全做到	基本做到	没有做到
熟悉教学对象人才培养方案	数量	9	42	152
	占比	4.4%	20.7%	74.9%
适时参加教学对象所在学院专业课教学活动	数量	6	23	174
	占比	3.0%	11.3%	85.7%
了解教学对象课程体系和专业课基本内容	数量	11	27	165
	占比	5.4%	13.3%	81.3%
了解教学对象预期就业和行业的基本情况	数量	10	22	171
	占比	4.9%	10.8%	84.3%
熟悉中学阶段思想政治教材	数量	16	22	165
	占比	7.9%	10.8%	81.3%
征求教学对象的意见、建议	数量	42	107	54
	占比	20.7%	52.7%	26.6%

（二）面向学生的调查

1. 教学内容的时效性、新颖度

从数据可以看出，大学生视角下应用型本科高校思想政治理论课教学内容的时效性、新颖度"有待实现"率均在50%左右或以上，距离大学生的需求还有一定距离：（1）"关注国际、国内形势发展变化""党的重大理论创新成果的及时更新融入"方面表现较好。前者的"充分实现"和"基本实现"两项之和达64%以上，后者两项之和达62%。这说明多数应用型本科高校思想政治理论课教师能够做到及时将党的重大理论创新成果引入教学之中，能结合国际国内形势发展变化开展教学。（2）"学术前沿成果的及时结合融入""关注地方、学校重大热点事件""援引的数据、案例新颖"方面明显不足，特别是前两项，"有待实现"率均在60%左右。在访谈中，不少学生表示，教师在课堂里大都按照教材内容进行讲授，一些案例比较陈旧，有些数据是几年前的，教学内容更新比较迟缓。（3）师生对于教学内容时效性、新颖度评价存在较大差异。教师自我评价度明显高于学生的实际感受，一些方面的差距巨大。这一方面固然有不同角色和心理下的必然差距，另一方面也说明教师需要更多地从教学对象视角来重新审视教学内容。

表3-13　学生评价：应用型本科高校思想政治理论课教学内容的时效性、新颖度

		充分实现	基本实现	有待实现
党的重大理论创新成果的及时更新融入	数量	172	524	650
	占比	12.8%	38.9%	48.3%
学术前沿成果的及时结合融入	数量	143	356	846
	占比	10.7%	26.5%	62.9%
关注国际、国内形势发展变化	数量	258	471	617
	占比	19.2%	35.0%	45.8%
关注地方、学校重大热点事件	数量	162	383	801
	占比	12.0%	28.5%	59.5%
援引的数据、案例新颖	数量	276	398	672
	占比	20.5%	29.6%	49.9%

2. 针对性调查

统计数据显示：(1)应用型本科高校大学生对于思想政治理论课教学内容针对性的评价普遍偏低。在各项针对性评价中，"充分实现"率最高的不足10%，最低的不足5%；"基本实现"率最高的为27%，最低的约10%；"有待实现"率最高的达84%以上，最低的也达到58%。(2)应用型本科高校思想政治理论课教学内容的"应用型"特色较弱。如在"与高校所在地经济社会文化结合""与教学对象学科专业结合""与教学对象预期行业岗位内容结合"这些最契合应用型本科高校人才培养方向的方面，学生的评价均不高。这也体现了应用型本科高校思想政治理论课在教学内容上与传统本科高校的区别不大，特色不明显。(3)师生对于应用型本科高校思想政治理论课教学内容针对性的评价结果在结构上具有相似性，在数值上具有较大差异性。师生均对"与教学对象学科专业结合""与教学对象预期行业岗位内容结合"做出的负面评价最大，但学生比教师的负面评价要高20个百分点。师生均对"与大学生学习和生活结合"给出的正面评价最高，但学生比教师的正面评价要低40个百分点。

表3-14　学生评价：应用型本科高校思想政治理论课教学内容的针对性

		充分实现	基本实现	有待实现
与高校所在地经济社会文化结合	数量	127	295	924
	占比	9.4%	21.9%	68.7%
与教学对象学科专业结合	数量	57	184	1105
	占比	4.2%	13.7%	82.1%

续表

		充分实现	基本实现	有待实现
与大学生学习和生活结合	数量	198	364	784
	占比	14.7%	27.0%	58.3%
与教学对象预期行业岗位内容结合	数量	63	147	1136
	占比	4.7%	10.9%	84.4%
与社会生活能力建设相结合	数量	82	203	1061
	占比	6.1%	15.1%	78.8%
与大学生关注的思想和社会问题相结合	数量	133	318	895
	占比	9.8%	23.7%	66.5%

3. 教学内容的学理性

数据显示：（1）应用型本科高校大学生对于思想政治理论课教学内容学理性评价总体较高。在必要的思想理论深度、充分的论证推理和多学科知识灵活运用方面评价上，认为"始终做到"或"经常做到"的比例之和分别达到60%、39%、37%以上，认为至少能"偶尔做到"的达70%以上。（2）师生评价在结构上相似，在数值上差异较大。师生均认为，"灵活运用多学科知识"最弱，"保持必要的思想理论深度"做得最好，但学生的负面评价总体要明显高于教师。一个有趣的现象是，学生对于教学内容学理性"始终做到"的正面评价高于教师的自我评价，"很少做到"的负面评价也同样高于教师的自我评价。这一方面可能是评价角色差异的结果，另一方面也有可能是因为师生对于调查内容的标准不同，教师的评价标准显然要高于大学生。

表3-15 学生评价：应用型本科高校思想政治理论课教学内容的学理性

		始终做到	经常做到	偶尔做到	很少做到
保持必要的思想理论深度	数量	364	446	322	214
	占比	27.0%	33.2%	23.9%	15.9%
进行充分的论证推理	数量	202	328	467	349
	占比	15.0%	24.4%	34.7%	25.9%
灵活运用多学科知识	数量	169	331	442	404
	占比	12.6%	24.6%	32.8%	30.0%

4. 教学内容重复度

应用型本科高校大学生中，认为高校思想政治理论课教学内容与高中阶段思想政治理论课程教学内容重复度"较高""较低""无"和"不确定"的比率分别为

19%、47%、9%、24%左右,认为高校思想政治理论课教学内容与大学阶段其他几门思想政治理论课程教学内容重复度"较高""较低""无"和"不确定"的比率分别为21%、40%、8%、31%左右,总体重复度不高。高中阶段共开设了面向所有学生的"中国特色社会主义""经济与社会""政治与法治""哲学与文化"四门思想政治必修课,开设了面向高考文科生的"当代国际政治与经济""法律与生活""逻辑与思维"三门思想政治选择性必修课。这些课程的内容与高校思想政治理论课在内容上具有明显的重复性,以"政治与法治"课程第三单元"全面依法治国"为例,共包括"治国理政的基本方式""法治中国建设""全面推进依法治国的基本要求"三部分内容。不难看出,这些内容与高校"思想道德与法治"第六章的内容具有较大雷同性。访谈发现,大学生之所以认为重复度不高,主要因为高中阶段思想政治课在考试指挥棒下,教学难免以"知识点""做题""刷题"为主,重在打牢思想政治知识理论基础。本科阶段的教学内容的深度、广度和丰富度显然是高中阶段无法比拟的,因此学生认为两者重复度并不大。在与其他思想政治理论课程内容的重复度方面,不同教师任教的另一门思想政治理论课则重复度相对不高,但同一名教师任教两门不同的课程则重复度相对较高。

表3-16 学生评价:应用型本科高校思想政治理论课教学内容的重复度

		较高	较低	无	不确定
与教学对象中学阶段学习内容重复度	数量	257	637	126	296
	比例	19.1%	47.3%	9.4%	24.2%
与其他思想政治理论课程内容的重复度	数量	286	550	103	407
	比例	21.2%	40.1%	7.7%	31.0%

5. 教学内容的体量

大多数应用型本科高校大学生认为目前思想政治理论课教学体量过大。数据显示,55%的调研对象认为主要表现为"课程数量比较多","还有选修课、各种思想政治报告会","课程集中在大一大二"。如果把课前课后任务也纳入教学内容的话,那么学习负担就更重了。39%的调研对象认为目前教学内容体量"适中",也有6%的调研对象认为教学内容体量"过小"。

表3-17 学生评价:应用型本科高校思想政治理论课教学内容的

		过大	适中	过小
教学内容体量	数量	738	526	82
	占比	55.0%	39.0%	6.0%

6. 教学内容建设参与情况

教学内容建设是高校思想政治理论课建设的重要内容。就"参与思政课教学建设意见状况",应用型本科高校大学生回答如下:(1)"学校(二级学院)向本人征询意见"选项中,近93%的大学生选择"0次",选择"1次"和"2次"的比例仅分别为6%、1%左右。这就意味着,绝大多数高校几乎没有面向大学生进行有组织的思想政治理论课教学建设意见征询活动或征询的学生比例极低。(2)"任课教师向本人征求教学建设意见"选项中,47%以上的大学生从未被思想政治理论课教师征询过意见,近40%的大学生被教师至少征询过1次意见,被征询过2次的为近11%,3次的约为3%。也就意味着53%以上的大学生被思想政治理论课教师征询过包括教学内容在内的教学建设意见。在方式上,有的是教学过程中面向全体学生发起征询意见,有的是在课间师生的交流中进行。(3)"本人主动与任课教师交流意见"选项中,仅有约6%的大学生主动与思想政治理论课教师进行过1次教学内容建设交流,约4%的进行2次,两者合计仅约10%。绝大多数学生没有与思想政治理论课教师进行教学内容交流的主动性。

表3-18　学生评价:应用型本科高校思想政治理论课教学内容建设的学生参与情况

内容	数量/比例	0次	1次	2次	3次及以上
学校(二级学院)向本人征询意见	数量	1246	86	14	0
	比例	92.6%	6.4%	1.0%	0.0%
任课教师向本人征询意见	数量	636	531	142	37
	比例	47.3%	39.5%	10.5%	2.7%
本人主动与任课教师交流意见	数量	1214	79	53	0
	比例	90.2%	5.9%	3.9%	0.0%

三、几点结论

第一,应用型本科高校思想政治理论课教学内容"精准供给"基础良好。一是大多数教师对于教学内容"精准供给"的认知较为深刻,建设意愿强烈。普遍认识到教学内容的针对性、时效性、学理性、体量等"精准度"相关要素对于实现课程目标、教学目标的重要价值和意义,教学内容"精准供给"建设意识和意愿都比较强烈。二是积极开展教学内容"精准供给"建设。大多数教师既能较好地遵循教材的编写意图、结构框架、重点内容,也能根据教学对象及其需求进行灵活地"二次开发",实现教材体系向教学体系的科学转变。一些教师和学校能够多形式、多渠道地调查分析教学对象的思想政治理论课教学需求,并结合这些需求进行教学内容的设计调整。三是教学内容总体受到学生多方面肯定。如在教学内容的时效性和新颖度、学理性、重复度、与教材的紧密度等方面,学生的肯定性评价普遍达到或超过50%。

第二，应用型本科高校思想政治理论课教学内容"精准供给"的一些基础性工作亟待加强。相当一部分应用型本科高校思想政治理论课教师对于具体教学对象的人才培养方案、学科专业、职业就业、课程学习具体需求等信息了解不多，在教学中与这些要素结合的不够，对于各主体教学需求缺乏调研和分析，师生对于教学内容供给的评价存在较大甚至很大差异，思想政治理论课教师对于教学内容设计带有较大的主观性。一些教师在教学内容的思想理论深度、开展论证推理和运用多学科知识的能力不足，教学内容的时效性、新颖度建设有待加强，学生对于教学内容供给现状特别是在内容的针对性等方面的满意度还比较低。

第三，教学内容的应用型本科高校特色不明显。目前应用型本科高校思想政治理论课教学内容与传统本科高校并无太大区别，在与高校所在地经济社会文化、与教学对象预期行业岗位内容、与社会生活能力建设的结合方面，不论是教师还是学生对此正面评价均不高，地方性、实践性不强，"应用型本科高校"特色不明显。

第四节 应用型本科高校思想政治理论课教学内容"精准供给"建设

应用型本科高校思想政治理论课教学内容"精准供给"，要按照灵活性与原则性相结合的原则，根据应用型本科高校办学定位、人才培养目标和具体教学对象实际，因地制宜、因时制宜、因材制宜，综合运用更新法、调整法、增减法、融入法等多样方法，进行教学内容的个性化、差异化供给，贴近实际、贴近生活、贴近学生，突出教学内容的"精"和"管用"。

一、教学内容与教学对象的学科专业相结合

学科专业是大学生基于自身志趣的自主选择，也是学生未来人生事业发展的主要基石之一，因而也是学生学习的兴奋点和关注重点。在教学过程中，能随口说出教学对象专业术语的思想政治理论课教师往往能让学生"眼前一亮"。结合学科专业的教学内容供给，以专业知识丰富思想政治理论课教学内容，以马克思主义基本观点和原理来分析专业领域的现象，从学科专业领域的人物、历史、故事和场景中挖掘思想政治教育元素开展教学，不仅拉近了大学生与思想政治理论课教学的距离，也增强了内容的"务实"性，使学生产生更强的学习驱动力，表现出更强的自觉性、主动性和意志力，实现"思政课程"与"课程思政"遥相呼应。

实现教学内容与教学对象的学科专业相结合，形成特定专业或专业群的个性化理论教学，要求做到以下几点：

了解教学对象的专业和人才培养基本状况。要掌握教学对象的专业人才培养具体目标、毕业时应掌握的知识和能力要求，了解主干学科、专业课程设置与教学进程安排，形成对于教学对象专业和人才培养的基本认识。通过参与教学对象的专业教师例会、专题讲座等活动，特别是通过"思政课程"与"课程思政"联动机制，实现与专业教师在教学上的常态性交流借鉴和内容的呼应，形成对于教学对象学科、专业和未来从事行业的较深了解。通过独立开展或参与教学对象所在二级学院组织的调研活动，掌握本校毕业生在专业实践中的职业道德、法治观念、创新意识、行为规范等真实状况，为开展针对性教学内容设计提供依据。

建构与思想政治理论课教学相关的学科专业信息和案例库。通过收集整理、向专业课教师寻求支持等方式，建构学科专业信息和案例库。这些信息和案例具有以下特点：一是具有思想政治要素的可开发性，而不是纯粹的专业性知识。二是出处具有权威性，确保内容的真实客观可信。三是尽可能具有重大性、典型性、时效性、近距离性。以道路桥梁与渡河工程专业为例，主要包括以下方面：（1）与学科专业相关的案例。通过挖掘案例背后的价值观和道德法律等因素，增强大学生的专业精神、职业伦理、法治意识、人文情怀，引导大学生在思想政治理论课学习中提升职业素养。案例要类型多样，各有侧重，以适用不同教学主题。（2）与学科专业相关的建设发展史、进步史、奋斗史。通过对中国古代源远流长的桥梁发展史和建筑瑰宝的介绍，增强大学生的文化自信。如赵州桥是世界上现存年代久远、跨度最大、保存最完整的单孔坦弧敞肩石拱桥，其建造工艺独特，在世界桥梁史上首创"敞肩拱"结构形式，比欧洲要早一千二百多年。通过新中国成立以来特别是新时代我国道路桥梁建设举世瞩目的成果展示以及与旧中国桥梁建设的比较，从侧面验证"中国共产党为什么能、马克思主义为什么行、中国特色社会主义为什么好"。通过道路桥梁建设带来的巨大经济社会效益，增强大学生的专业、职业价值感和认同感。通过近代中国道路桥梁建设屈辱史（如上海外白渡桥）、奋斗史（如钱塘江大桥、南京长江大桥）的讲解，激发大学生的爱国主义精神和实现中华民族伟大复兴的历史使命感。（3）与学科专业相关的杰出代表性人物。如怀着"让现代化大桥飞越天堑，去打破洋人诬蔑我们的谎言"的强烈情感，主持设计和建造了第一座由中国人自己设计和建造的近代化铁路公路两用桥——钱塘江大桥的茅以升先生，抗战时期毅然归国、承担修建滇缅公路上的桥梁最终为国捐躯的钱昌淦先生等。以他们的爱国、勤奋、坚毅、奋斗、创新、敬业精神和崇尚真理、淡泊名利的品质感染学生，引导大学生世界观、人生观和价值观的塑造，激励学生坚定理想信念、练就过硬本领、投身社会实践、锻造高尚品德。

根据教学对象专业进行教学内容设计。根据教学对象的专业人才培养具体目标、毕业时应掌握的知识和能力要求，确定思想政治理论课程的目标支撑点、结合点。需要注意的是，教学内容不必面面俱到地与教学对象学科专业相结合，不应让专业知识内容冲淡思想政治课程内容。

实例参考　凤凰县沱江大桥垮塌事故背后的人祸

■ 实例说明

1. 教学对象：2021级道路桥梁与渡河工程专业学生

2. 培养目标：培养掌握道路桥梁工程学科的基本原理和基本知识，获得现代道路桥梁工程师基本训练，具有创新创业意识、扎实基础理论、较宽厚专业知识和良好的实践能力，具备工程技术与管理核心技能，达到注册建造师等执业资格水平的应用开发型高级专门人才。

3. 就业去向：面向公路、铁路、市政、交通运输、地下建筑等建设工程领域现场技术管理岗位，从事道路桥梁工程技术或管理方面工作。

4. 课程目标："思想道德与法治"课程；旨在通过本课程的学习，树立正确的世界观、人生观、价值观，具有强烈的社会责任感和法律意识，在工程实践中理解并遵守道路桥梁工程师职业道德和规范，履行对公众的安全和环境保护的社会责任，具有良好的心理适应能力和社会生活适应能力。

■ 案例内容

2007年8月13日下午，位于中国湖南省凤凰县在建的沱江大桥突然坍塌，共造成64人遇难，直接经济损失近4000万元。经国务院事故调查组经调查认定，这是一起严重的责任事故。由于施工、建设单位严重违反桥梁建设的法规标准、现场管理混乱、盲目赶工期，监理单位、质量监督部门严重失职，勘察设计单位服务和设计交底不到位，湘西自治州和凤凰县两级政府及湖南省交通厅、公路局等有关部门监管不力，致使大桥主拱圈砌筑材料未满足规范和设计要求，拱桥上部构造施工工序不合理，主拱圈砌筑质量差，降低了拱圈砌体的整体性和强度。根据事故调查和责任认定，建设单位工程部长等24名责任人移交司法机关，分别被判处有期徒刑5至19年；施工单位董事长等33名责任人受到相应的党纪政纪处分；建设、施工、监理等单位分别受到罚款、吊销安全生产许可证、暂扣工程监理证书等行政处罚；责成省政府向国务院作出深刻检查。（整理自安全管理网等）

■ 教学内容设计

1. 设计意图。工程建设过程中任何细微的误差都可能造成极其严重的后果，而本校道路桥梁与渡河工程专业毕业生95%以上从事道路桥梁建设工程领域现场技术或管理岗位。本案例与该专业大学生毕业后从事的职业相关度大、内容信息量多、真实可行并具有代表性，契合人才培养目标和课程目标。

2. 教学内容结合点："思想道德与法治"课程第一章第二节"人生态度"、第五章第三节"职业道德"、第六章第四节"法治思维"。

3. 具体目标：通过本案例的讲解，培养学生在今后的职业生涯中的如下品质：

（1）敬畏生命，常怀重大责任和风险意识。（2）保持严谨、细致、踏实的作风，不做违反科学规律的事，拒绝侥幸心理。（3）严格遵守工程管理规范，增强法治意识，正确处理个人利益与集体、国家利益之间的关系。

思想政治理论课教学内容与教学对象学科专业相结合，对于教师的时间、精力和素养都提出了很高的要求。为此，要做好两项工作：（1）教师与教学对象专业的结对固定。不论是对于学科专业和人才培养的了解，还是教学信息和案例库的建设，对于思想政治理论课教师在时间、精力上都是一个挑战；同时，也只有经历一个较长时间的消化积累过程，才能做到游刃有余地结合。因此，要尽可能地根据学生专业进行教学分班，实现思想政治理论课教师与教学对象专业的结对固定，以利于教师深入了解掌握所在学校特定学科专业知识及其人才培养状况，结合教学对象学科专业进行高质量的教学内容开发与设计。这样既便于思想政治理论课教师参加教学对象所在学院的专业课相关活动，也便于学生结合学科专业开展课堂讨论和交流。（2）加强教师"第二专业"素养建设。结合教学对象学科专业进行思想政治理论课教学，提升思想政治理论课教师的该学科专业素养是关键。然而，高校思想政治理论课教师在学科背景上大都是马克思主义理论、法学等哲学社会科学，所学专业与教学对象专业大相径庭。如果将教师自身专业看作"第一专业"的话，那么教学对象的专业则是"第二专业"。要结合教学对象学科专业开展教学，必须要加强思想政治理论课教师"第二专业"素养建设。要通过自主学习或开展"第二专业"基础知识的培训，了解专业课中蕴含的思想道德教育因子。

二、教学内容与地方、身边的人和事相结合

从宏观到微观、"化大为小"，从地方的、身边熟悉的人和事入手；再"由小及大"，从微观到宏观，是思想政治理论课教学"精准供给"的一个重要方法。思想政治理论课的主题宏大、视野辽阔、立意高远，教材的内容凝练抽象于党史、新中国史、改革开放史、社会主义发展史和生动现实，乃至中国人民和中华民族的奋斗史，与大学生的距离较远。在教学内容设计时，通过从地方的、身边熟悉的人和事入手，将宏大抽象的内容"化大为小"，可以拉近与大学生的心理距离，增加亲切度，从而最终实现"由小及大"，实现思想上的升华。这里的"小"是一个相对概念，相对于全国性信息内容而言，高校所在省、市的信息内容就是"小"；相对于高校所在省、市而言，教学对象所在高校的人和事就是"小"。我们认为，高校思想政治理论课教学内容"化大为小"，应坚持"能小则小"与"灵活掌握"相结合，要尽可能地采用学生最亲近熟悉的内容，但关键在于内容的契合度和说服力。

一是与地方历史文化资源相结合。地方在长期的历史发展过程中会形成凝聚地方特色的文化精神，存留载有这些精神的历史遗迹、博物馆、纪念馆、展览馆、

烈士陵园等。将其融入教学内容，实现地方历史文化资源向思想政治理论课教学内容的转化，不仅开辟了历史认知的新视角，也增进了学生对地方的熟悉度、亲切感。特别是对于主要就业地为院校所在地的应用型本科高校大学生来说具有现实意义。为此，要了解本地历史文化资源并挖掘其背后的思想政治教学要素，分门别类地收集整理与高校思想政治理论课程相关的资料，如优秀传统道德文化、红色文化、先进历史人物、典故，等等。

实例参考 建党前后的浙籍先进分子

■ 实例说明

高校思想政治理论课程尽管在知识理论体系上各有侧重，但与党的历史都有着密切联系。浙江是"中国革命红船起航地"，无数革命先烈为了追求民族独立和人民解放，在浙江大地演绎了一段波澜壮阔的革命历史。在中国共产党成立前后，一大批浙江籍优秀儿女身先士卒、奔走奋斗，为党的诞生做出了卓越的贡献，甚至创造了中共建党史中的多个第一。为此，我们搜集整理了高校所在地不同阶段具有代表性的革命历史人物、事件，并结合思想政治理论课程具体教学内容进行融入。本例为建党前后的几位浙籍先进分子代表。

■ 案例内容

1. 红色火种守护者张人亚

张人亚于1898年出生于宁波镇海，1922年加入中国共产党，是当时上海最早也是仅有的几名工人党员之一。1927年四一二反革命政变后，党的活动被迫转入地下。在上海秘密从事革命工作的张人亚，平素喜欢看书，有意识地保留了党的文件和马克思主义书刊等重要物品。这些珍贵的党的文件和马克思主义书刊，随时可能"暴露"。思忖再三，张人亚决定把它们秘藏于老家。1927年冬天的一个午后，带着这些重要的文件、书刊，张人亚悄悄从上海坐船回到老家，将一大包东西交给父亲并叮嘱父亲一定要珍藏好。为安全起见，父亲对外佯称其"早已死了"，随后为张人亚修了一座墓穴，把张人亚托付的东西藏在里面。从此，老人家独自守护着秘密，等待着儿子的归来。1932年12月，张人亚在从江西瑞金去福建长汀检查工作途中因病去世。

1952年7月，张人亚的弟弟将部分文件、书报捐给上海工人运动史料委员会。1959年，他又把其余文物，连同珍藏的张人亚遗物，一并捐给上海革命历史纪念馆筹备处。这其中，就有珍藏于中共一大会址展厅的1920年9月版的《共产党宣言》中文译本、珍藏于中央档案馆的第一部《中国共产党党章》。

2. "真理的味道是甜的"——陈望道与《共产党宣言》的故事

1920年2月，陈望道带着英、日两个版本的《共产党宣言》回到浙江义乌老家，在破旧的陈家老宅着手《共产党宣言》的翻译工作。一天，他的母亲爱子心切，特意端来粽子和红糖水。走到屋外，她还特意问道："红糖够不够，要不要再给你添些？"

陈望道应声答道："够甜，够甜的了！"谁知，当母亲进来收拾碗筷时，却发现儿子的嘴里满是墨汁，红糖水却一点儿也没动。原来，因为过于投入，陈望道错将墨汁当作红糖水却浑然不知。经过2个月的奋笔疾书，2020年4月，我国第一本《共产党宣言》中译本在浙江义乌诞生，一经付印立即受到先进知识分子的热烈欢迎，初版1000册很快销售一空。至1926年5月，该书已相继印行17版，其再版的速度远超同时代的任何一本图书。

《共产党宣言》的翻译出版为党的创建奠定了思想理论基础。在《共产党宣言》的影响下，许多革命青年逐渐树立对马克思主义的坚定信仰，成长为马克思主义者。毛泽东曾说，"有三本书特别深刻地铭刻在我的心中，建立起我对马克思主义的信仰。我一旦接受了马克思主义是对历史的正确解释以后，我对马克思主义的信仰就没有动摇过。"这三本书中，陈望道翻译的《共产党宣言》位列榜首。1949年7月的中华全国文学艺术工作者代表大会上，周恩来遇见与会的陈望道时，紧紧握住他的手，当着在场代表们的面，笑呵呵地说："陈望道先生，我们都是你教育出来的！"

3. 中共一大卫士王会悟

王会悟（1898—1993年），浙江桐乡人。早在青年求学期间，她就经常传看进步报刊、谈论时事，并用白话文给陈独秀、恽代英写信。1921年，与中共早期领导人李达结为伉俪。

1921年7月，中共一大会议在上海召开，李达负责会议筹备工作，会场安排和代表食宿的事宜由王会悟办理。当时党的经费十分紧张，能省则省，同时也是为了安全起见，她最终选定了李汉俊所寄居的胞兄李书城的公馆。这就是今天坐落于上海兴业路76号的中共一大会址纪念馆！同时，她假借"北京大学暑期旅行团"名义，租下距离会议地点只有200米的博文私立女子学校一幢楼上的3间校舍，用以安排代表住宿。此时正值暑期，校内没有学生，既安全又便捷。吃饭也在博文女校解决，王会悟安排了一位熟人兼厨师和看门。但厨师也不知道楼上住的客人是什么人。她自己则放哨。包括转移南湖之后，整个中共一大期间代表们的食宿、会议出行、安全工作都由王会悟安排。

由于会场暴露，在王会悟的建议下，一大转到嘉兴南湖的游船上继续召开。上船前，王会悟特意租了两副麻将牌。一旦有别的游船靠近时，就听见船内传出打麻将的声音，让人误以为只是一帮游客。正是在这艘小小的红船上，讨论通过了《中国共产党的第一个纲领》《中国共产党的第一个决议》《中国共产党党纲》《关于当前实际工作的决议》。至此，中国共产党第一次全国代表大会胜利闭幕，宣告了中国共产党的成立。

一大期间，10多名代表在上海前后逗留时间近一个月，其间的食宿、会议警戒、交通出行等工作主要由王会悟承担。特别是会议转移到南湖，当天夜里做出决定，第二天早晨七点多就赶往南湖，旅馆、租船、吃饭、安保也由她负责，她又被誉为中共

会务工作第一人。那年,她仅仅23岁。(整理自浙江党史和文献网)

■ 教学内容设计

1. 设计意图:(1)这些党史中的先锋模范籍贯都是在教学对象所在高校的省内,有些人物的故居甚至距离学校非常近。用这些人物事迹,更能拉近学生的心理距离,增加亲切感。(2)通过对于这类先进人物事迹的介绍,可以为教学对象开展红色实践项目等提供引导。(3)所选择的先进分子在灿若星河的党史先进模范人物并非最为著名,事迹也并不为很多人所熟知,事迹本身也更为朴素和生活化,由此增加事迹的新颖度和亲切度。

2. 教学内容结合点:《思想道德与法治》第一章第二节"人生观"、第三节"创造有意义的人生",第二章第二节"坚定信仰信念信心"。

3. 具体目标:通过案例引导学生在感受党的先锋模范人物对于信仰的坚定、对于革命事业的热爱和巨大牺牲精神中,增进学生对于科学信仰的认识和理解,对于地方红色文化的了解,对于来之不易的今天美好生活的珍惜,进一步增强学生的历史使命感和责任感。

二是与地方社会建设发展相结合。应用型本科高校着眼于服务地方经济社会发展需求,所培养的人才也主要就业于高校所在城市。因此,要增强思想政治理论课在人才培养中的功能,要求教学内容必须要紧密结合地方经济社会发展的生动现实。为此,要关注地方经济社会发展中的重大新闻、事件、人物,关注重大政策、决策并及时融入教学内容之中,随时更新教学内容中的相关经济社会发展数据信息,培养大学生的城市主人翁意识。

实例参考 24年匿名捐款的宁波好人"顺其自然"

■ 实例说明

道德是立身兴国之本,也是一个地方社会文明程度的基础性标尺。道德教育是"思想道德与法治"课程的一个重要部分。在进行道德章节教学时,一个值得注意的环节是如何避免令大学生反感的"道德说教",代之以更亲切、更具寻常百姓的生活化气息方式进行。

■ 案例内容

1999年的一天上午,刚刚成立仅一年的宁波市慈善总会收到一份5万元邮局汇款单复印件,上面并没有署名,只是写着"好事不说,坏事不做,顺其自然"。自此,宁波市慈善总会每年都会收到来自"顺其自然"的"匿名"捐款。截至2022年,已累计向四川、青海、安徽、湖南、江西、湖北和浙江省内外灾区,向患重大疾病或遭遇意外而陷入经济困顿的学生、外来务工人员、城市居民捐款,向国外灾区捐款24次,累计总额高达1469万元。

"顺其自然"的捐款有几个特点：一是匿名，每年从"顺其自然"中摘取两个字作为汇款人。二是落款地址都不存在。三是每张汇款单都不超过1万元，因为达到1万元需要署上真名。四是都在每年的11月底12月初汇出，然后将收据邮寄至市慈善总会。宁波市慈善总会以及数百名受其善款资助的人士曾经尝试寻找"顺其自然"、向他（她）表示感谢而无果而终。最后，大家决定尊重"顺其自然"的意愿，顺其自然。

如今，"顺其自然"已成为宁波爱心的代名词，宁波爱心城市的标识。2018年6月，在浙江省档案馆"大写浙江人"大型展览中，没有图像、没有真实姓名，但享誉省内外的"顺其自然"与其他123位古今浙江杰出代表人物同台亮相。2022年11月，"顺其自然"展厅在宁波市慈善文化基地揭幕，展示着"顺其自然"的四封书信、各类奖杯与证书、善款使用情况以及相应的照片，面向社会开放。

在"顺其自然"的感召下，宁波逐渐形成了一个匿名捐款的爱心群体，目前已经有5000多人，数额在5000多万元。这其中，就有曾被"顺其自然"资助过的数名大学生，将工作后的第一笔工资捐出来……

（整理自人民日报、澎湃网、浙江宁波网等）

■ 教学内容设计

1. 设计意图：关于公益慈善的案例很多，如何吸引大学生是关键。"顺其自然"是慈善捐赠的一个特例：一是捐赠持续24年，并且可以确认由其捐赠的金额就达1500万元；二是该捐赠是匿名捐赠，为了实现匿名甚至多次变化名称，真正的不计名利，尤为可贵；三是24年来，本校学生一直受其救助，但也仅限于听过"顺其自然"的名称而不了解其事迹。到目前为止，"顺其自然"已经成为宁波慈善文化的"金名片"，化为宁波城市精神的一部分。不论作为宁波地方高校，还是事迹本身乃至道德感恩教育，"顺其自然"都是"思想道德与法治"课程教学的一个好案例。

2. 教学内容结合点：《思想道德与法治》第一章第二节"人生观"、第四章第三节"践行社会主义核心价值观"、第五章第三节"道德实践"。

3. 具体目标：引导培育学生乐善好施、扶贫济困的仁爱、慈善精神，淡泊名利、不求回报、只做实事的情怀，持之以恒的坚守和信念，懂得感恩、传递温暖、带动他人的意识。

三是与学校创建和发展史相结合。新中国成立以来，我国高校由少到多，由弱到强，中国高校建设发展史本身就是一部新中国史、改革开放史和社会主义发展史的缩影。每一所高校都在成长发展过程中积淀自己独特的精神和文化，持续深刻地影响校风、学风、教风。不少应用型本科高校都是在极其艰苦的情况下创立和发展起来的，蕴含着丰富的精神力量。挖掘本校创建和发展史中的那些感人至深、催人奋进的精神资源，并有机融入思想政治理论课相关教学内容，能直击学生的内心，不仅能够激发大学生对于学校的热爱感和归属感，也能催生学生的感恩意识和以自己成长成才传播学校美誉的责任感、使命感。例如，宁波工程学院是一所成立于20世纪80年代的应用型本科高校。彼时，宁波市高校极少。为了适应宁波发展的人才需求，发展宁波高等教育事业，一群满怀理想激情的青年人在极为艰苦的环境下开始草滩创业。校区是借用于本地一所少年体校，学生没有宿舍，只能走读，教工宿舍为冬凉夏热的简易活动房。教室是由食堂分割而成，教师办公室就是两间半老矮平房，雨天经常漏雨，所有教师只有一张写字桌。建校初期，教师在教学工作之外，还要充当"快递员""搬运工""装修工"，教师自己制作教具。为了满足学生多看书的需求，几位老师还合力建了个阅览室。尽管环境艰苦，但是师生们以强烈的使命感和事业心，齐心协力，讲实求精，勤俭办学，学生用工刻苦，教师潜心教学，师生亲如家人，仅用20年时间便创建成"全国示范性高等专科院校"。建校40年来，已向社会输出六万余名人才，成为占地达1800亩、教育设施齐全、在校生超1.6万人的"十四五"时期国家教育强国推进工程储备院校。在"思想道德与法治"课程教学中，我们将学校创建发展史融入中国精神的讲授中，展示了大量旧图片，学生普遍听得很认真，有学生表示"很感动""感受到力量""要加倍努力，不能辜负老一辈"，达到了很好的教学效果。

　　四是与身边的人与事相结合。思想政治理论课与身边特别是本校的人与事相结合，将抽象的思想、价值观进行最生动直观地展示，可以有效增强教学内容的吸引力、说服力。（1）与本校教师典型事例相结合。如在面向建筑与交通学院学生进行"思想道德与法治"课程相关内容的教学中，我们结合该院某著名桥梁专家的事例进行了讲授。该教授大学毕业不久进入宁波市政工程公司工作，同期入职的年轻人普遍向往轻松干净的"办公室"，他却主动提出要到一线担任施工员，37岁时便担任杭州湾跨海大桥工程指挥部副总指挥、总工程师。其间，他带领团队自主创新，填补我国跨海大桥建设多项空白，攻克多个世界性难题，创造多项世界第一，共获250余项科技创新和技术创新成果，5项科技项目达到了国际领先水平，累计节约建设成本11亿元。在面向材料与化工学院同学教学时，我们讲授的是该院青年学者杨研究员的事例。从毕业入校工作14年间，他几乎全年无休，一心扑在科研上，有9个大年初一是在办公室或实验室度过的，常常是学院走得最晚、到得最早的一个。正是这份对科研的钻研精神，他连续在国际顶级期刊发表论文多篇，先后当选乌克兰国家工程院外籍院士、英国皇家化学学会会士。通过能经常遇见的身边教师事例的讲授，引导学生学习他们勤奋进取、吃苦耐劳、勇于创新的品质，汲取精神的力量。（2）与本校校友典型事例相结合。通过与学校校友会合作，访谈撰写建校以来百名优秀校友先进典型事例集。这些校友来自学校不同学院不同专业，既有知名企业家、政府公职人员，也有成绩斐然的科技工作者、教育工作者、社会公益人士等。尽管职业事业各不相同，但每个人身上都有着值得大学生学习的闪光之处。在面对不同学院的教学中融入该学院的先进毕业生典型事例，邀请他们进入课堂与大学生交流、接受提问,为大学生树立真实可学的先进榜样。(3)与在校生典型事例相结合。每个学校、二级学院都有一批优秀的在校学生,他们或因勤奋好学在学习科研上取得骄人业绩,或在服务社会上做出重要贡献。在校生是与大学生接触最多、最为便捷的对象,也是大学生了解最深、最便于学习的对象。通过挖掘他们背后故事中的思想政治元素并融入教学内容,同样极具真实感、亲切感和说服力。(4)与地方的人与事相结合。如在"人生观"教学中引入学校所在城市发生的受到普遍关注和热议的地方性重大事件、突发事件、新闻和人物。如我们在"思想道德与法治"课程的讲授中,引入本地著名科学家——我国首位诺贝尔医学奖获得者屠呦呦的事例,重点讲授她用几十年如一日执着追求"使青蒿素能更好地为人类健康服务"这个高尚的目标,引导大学生在追求人生理想时要甘于寂寞、不怕挫折,看淡功利。

三、教学内容与学生生活和实际需求相结合

一是与学生生活相结合。生活蕴含真理,只有打通思想、理论与生活的联系,才能引导大学生由小见大、由浅入深地感悟真理。因此,要从具象化的事物事件或生活经验中引出一个具有普遍意义或启发意义的道理[①],将教学内容与大学生的生活紧密结合起来:(1)与学习生活相结合。学习是大学生活的主要内容。但是,不少大学生特别是低年级学生对于大学学习生活了解并不多,找不到方向,渴望获得指导。思想政治理论课教师大都有着丰富的学习经历经验,对于所在高校学情也更为了解,在学业指导上具有权威性。为此,要结合教学内容,在学业指导中引导学生正确看待苦与乐、得与失、顺与逆、荣与辱,培养学生乐观、进取、务实的精神。(2)与校园"微社会"生活相结合。大学生活是一个"微社会"生活,主要包括四重社会关系:与室友的关系、与同学的关系、与教师的关系、与管理人员的关系。只有培养好处理"微社会"关系的能力,才能更好地在毕业后立足于社会。在教学内容设计时,要有意识地将这些内容融入其中。(3)与社会生活相结合。大学生活从不曾隔离于社会,大学生同时也具有社会学意义上的"社会人"特征。从调研情况看,重点是要在教学中引导大学生处理两类社会关系:一是与父母的关系。当代大学生自我意识强烈,还有一些学生来自单亲家庭,不少大学生与父母关系淡漠乃至紧张。如何令人信服地引导好大学生正确处理与父母的关系,既是课程"育人"的要求,也能获得学生发自内心的认同。二是与社会"他者"的关系。即在社会公共生活特别是网络生活中与他人、与社会的关系。大学生的年龄、心理、阅历决定了其在社会关系上处理难言理性、成熟、周全,既可能伤害到他人,也可能伤害到自己。通过具体真实的生活化案例,培养大学生社会生活的规则意识、法治

---

① 陈钢:《讲道理的哲学观与马克思主义哲学大众化》,载《山西师范大学学报(社会科学版)》,2014年第1期。

观念,既与人为善,也保护好自己。

二是与学生需求相结合。满足需求是大学生学习的直接动力,是克服思想政治理论课教学内容"空洞"的最有效的方法,也是教学内容"精准供给"的关键。在教学内容设计中,要与大学生如下需求相结合:(1)与毕业"出路"需求相结合。要结合教学内容点和国家、地方、本校和教学对象学科专业实际情况,以客观翔实的数据,帮助大学生厘清自己的"出路"、对应的标准、自己的差距和必要的努力,培养学生规划意识、目标意识、危机意识、进取精神,拒绝"躺平""摆烂""佛系",克服眼高手低、好高骛远心理,勤思敏行。(2)与预期职场生活需求相结合。学生的学科专业意味着相应的行业职业和综合素质要求。要在前期调研、了解相关要求和本校相关专业毕业生在工作中的素养表现基础上,结合教学内容进行有意识的渗透和侧重。(3)与青年特有需求相结合。大学生群体普遍处于20岁左右,他们有着这个年龄段特有的喜好、困惑和需求。习近平总书记在纪念五四运动100周年大会上列举了青年在毕业求职、创新创业、社会融入、婚恋交友等6个方面的操心事、烦心事。①我们要在教学中关注青年所思、所忧、所盼,结合内容主动回应这些问题和困惑,让思想政治理论课教学更有"温度"。(4)与工具性需求相结合。这一需求在"法治"教学部分尤为明显。要在帮助大学生梳理可能存在的行为"风险点"、权益保护"注意点"过程中,提升大学生法治意识和思维:一是梳理与大学生权益保护相关的法律法规内容,如在求学、求职、工作中可能遭遇的侵权行为和法律应用。二是与专业相关的法律。如面向建筑工程类专业学生授课时,要精炼《中华人民共和国建筑法》《建设工程质量管理条例》《建筑工程五方责任主体项目负责人质量终身责任追究暂行办法》相关内容。三是实用生活法律知识。即公民在社会生活中可能涉及的相关法律知识,如大学生未来购买使用机动车的机率极大。为此,我们在"法治"教学时,专门讲授了"交通肇事罪"的构成、法律责任和加重情节。

四、教学内容与学理分析相结合

思想政治理论课不是简单地传递真理、灌输真理,而要讲清楚真理何以是真理,"真"在哪里;只有"坚持政治性和学理性相统一,以透彻的学理分析回应学生,以彻底的思想理论说服学生"②,才能"入脑入心",赢得学生的认同,提升思想品味、学术品味、课程品味。为此,一是要建构起言之有理的逻辑阐释体系。注重核心概念的讲解和知识体系的传授,厘清概念与概念、知识与知识之间的逻辑关系,形成整体性框架。二是以科学严谨的论证推理出结果。提出议题或结果后,以翔实的数字、案例、事实和比较,结合马克思主义理论和学术研究成果,有根有

---

① 习近平:《论党的青年工作》,北京:中央文献出版社2022年版,第215页。
② 习近平:《习近平谈治国理政》(第三卷),北京:外文出版社2020年版,第330页。

据地说理，进行多方面论证，在此基础上自然而然地形成结论或回应主题。在学理论证中，要以开阔的视野、多学科视角，突破学科边界限制，避免理论陷入自说自话。同时，要敢于打破教材的结构框架，形成立体性认识。例如，在讲授"依法治国和以德治国"相结合时，我们建构如下框架体系：第一，依法治国的内涵、优点和不足。第二，以德治国的内涵、优点和不足。第三，两种治理方式的比较分析。第四，形成结论，两者功能互补、价值合一。在讲授过程中，我们以马克思主义法治观、德治观为主线，辅之以中国儒家学派孔子、孟子和古希腊苏格拉底、亚里士多德等人的德治与法治思想进行补充论证，分析了"法治与法制""德治与人治、礼治"，并结合我国法治德治建设典型案例和国内外历史故事，从多学科角度进行论证。

五、教学内容与重大热点事件相结合

重大热点事件特别是突发性重大热点事件往往给大学生以强烈的思想冲击，也极易造成思想的混乱。及时结合重大热点事件，以客观、全面、深入的理论分析开展教学，不仅是"明辨是非""以正视听""定争止纷"的思想政治理论课教学的目标，也是满足大学生思想认识需求，增强教学吸引力和"有用性"的要求。

实例参考 "抗击新冠肺炎疫情"小课堂

■ 实例说明

新冠肺炎疫情是百年来全球发生的最严重的传染病大流行，其传播速度之快、感染范围之广、防控难度之大极其罕见。由于疫情冲击力极大，并且最先在我国爆发，当时社会一度出现恐慌情绪，国外也出现了不负责任的"甩锅"中国的言论。这些情绪和思想言论对于大学生也造成了不小的困扰。为此，我们迅速推出由"同舟共济：抗疫大考中的中国青年"等8个专题构成的"抗疫"系列微课。下文的案例为其中之一。

■ 案例内容

"欲加之罪——有关国家抗疫不力'甩锅'中国的背后"

一、"甩锅"中国是否具有科学依据

1. 针对所谓中国"隐瞒信息"导致疫情蔓延，从以下方面进行分析驳斥：（1）中国在疫情发生后的第一时间将疫情信息通报世卫组织，与多个国家地区沟通并向社会公开疫情信息与进展。（2）中国疫情初期对数据的修改，是突发性、猝不及防背景下的查漏补缺，正如世卫组织官员所言，重大突发疫情下很多国家都会出现类似情况。（3）美国等国迅速撤侨说明已经准确接收到该信息。（4）某些国家对于中国抗疫评价前后矛盾。

2. 针对疫情源自中国的恶意污蔑，进行了如下驳斥：世卫组织、多个权威机构均一再声明，疫情的爆发地、最先报告地不等于疫情的源头地，新冠病毒源头在学界尚

无定论、存在争议。

二、"甩锅"中国的深层动机

1. 转移国内抗疫不力、社会不满情绪。

2. 国内政治斗争的需要。因某些国家的政治体制和特点，尤其是即将迎来总统大选，攻击中国不过是为选票服务。

3. "西方文明优越论"下傲慢与偏见的本能反应。任何超越西方的，都是决不能接受的，也是虚假的。

三、我们的对策

1. 欢迎善意的批评，拒绝污蔑和"甩锅"。

2. 排除杂音，同心抗疫，坚定信心。

3. 加强对外援助，构建人类命运共同体。

■ 教学内容设计

鉴于当时疫情防控的严峻形势和多元思想的冲击，我们按照中央疫情防控指导思想，针对一些社会杂音特别是西方国家的种种污蔑，以专题教学方式进行了内容设计，以加强政治引领，厚植爱国情怀，深化价值引导，崇尚科学精神。

六、教学内容与问题相结合

实践的发展、社会的嬗变必然导致思想价值观的碰撞，在大学生头脑中形成各种疑虑、困惑。"任何重大的哲学问题无不源于重大的时代性问题，任何重大的时代性问题无不深层地蕴含重大的哲学问题"。[①]思想政治理论课之所以"有用"，就在于它能提供化解社会疑点的理论钥匙；思想政治理论课要"管用"，就必须直面并彻底地解决大学生各种重大思想困惑和问题。思想政治理论课要以正面教育为主，但不是不能触碰问题，更不代表社会没有问题。"每个时代总有属于它自己的问题，只要科学地认识、准确地把握、正确地解决这些问题，就能够把我们的社会不断推向前进。"[②]只有关注理论和实践的前沿问题，解难释疑，才能增强吸引力和说服力，使学生真学真信真用。

高校思想政治理论课教学内容与问题相结合：一是与改革发展实践中经济社会发展面临的现实问题相结合，运用马克思主义的立场和观点加以阐释和解答。如谈道德、法治建设时，当前的社会道德、法治还存在哪些问题？其背后的生成机制是什么？应该怎样加强建设？这些问题的讲解就不应缺少。二是与学生的学习、生活等现实问题相结合。三是与学生的重大思想理论困惑相结合。如在教学中时常有学生对共产主义信仰存有质疑，如"共产主义没有成功案例，不能在经验世界

---

① 孙正聿：《当代中国哲学的主体性与原创性》，载《中国社会科学》，2022年第3期。
② 《马克思恩格斯全集》（第40卷），北京：人民出版社1982年版，第290页。

中证实,因此是虚无缥缈的乌托邦","自私是人的本能,因而共产主义是不可能的","全世界发达国家都是资本主义国家"。如果不能清晰地回应和解答这些问题,只是阐述共产主义的内容,一味地要求学生崇拜、赞颂共产主义,那么,学生很可能会将其视为服务政治实践的技术手段而萌生拒斥心理。[①]

---

① 金德楠:《高校思政课共产主义信仰教育关键在以理服人》,载《湖北社会科学》,2022年第11期。

| 第四章 |

应用型本科高校思想政治理论课教学方式方法"精准供给"

"我们不但要提出任务,而且要解决完成任务的方法问题。我们的任务是过河,但是没有桥或没有船就不能过。不解决桥和船的问题,过河就是一句空话。不解决方法问题,任务也只是瞎说一顿。"[①]教学方式和教学方法是实现高校思想政治理论课教学目标、传输教学内容的"桥"和"船"。如果说教学内容是作为"产品"的高校思想政治理论课的"主料",那么教学方式和教学方法则是其生产制作的"工艺""配方""包装"和"营销"手段。精准契合教学对象需求的教学方式和教学方法,会让"营养丰富"的高校思想政治理论课更加有"色"、有"味"、更具体验感,推动教学内容的有效传输、吸收和转化,增强教学的吸引力、感染力、亲切度。因此,教学方式和教学方法一直是高校思想政治理论课教学研究的热点。近年来,随着教学理念的不断进步和教学技术的飞速发展,一系列新兴的教学方式方法被广泛地运用于高校思想政治理论课教学之中,"雨课堂""超星学习通""智慧树"等新平台新技术应用不断普及,应用型本科高校思想政治理论课教学方式和教学方法得到明显改进。

第一节 高校思想政治理论课教学方式和教学方法的内涵界定

教学方式和教学方法是教学理论研究领域的高频词,但对于"何为教学方式""何为教学方法",学界并无一个公认或权威的界定。高校思想政治理论课教学方式、教学方法对应的英文也五花八门,有Teaching Methods、Teaching Ways、Teaching Means、Teaching Approaches、Teaching Patterns等。通过查阅"中国知网"近二十年的研究论文和相关学术著作我们发现,高校思想政治理论课教学方式、教学方法、教学模式混淆使用的现象十分普遍,不少学者往往根据个人的表述习惯或喜好在这三者间随性选择使用或彼此替换。一些高校思想政治理论课教学研究著作则对于"教学方式"直接采取了回避态度。要探求应用型本科高校思想政

[①] 《毛泽东选集》(第1卷),北京:人民出版社1991年版,第139页。

治理论课教学方式和教学方法建设的"是",前提是明确作为教学方式和教学方式的"事",只有明晰它们之间的关系,特别是要厘清彼此之间区别,才能避免陷入各说各话、"物非所言"的混沌之境。

学界对于教学方式和教学方法内涵的认识与界定,大体有如下几类观点:(1)教学方式与教学方法没有什么区别。任何行为总是以一定的方式进行。所谓"方式",是指"说话做事所采取的方法和形式"[1]。因此,教学方式就是"在教学过程中所采取的教学方法和教学形式"[2]。这种从单一的语言学视角去界定教学方式,进行简单的概念套用并未揭示其真正含义,显然难以科学准确界定教学方式、教学方法的深刻内涵。(2)教学方式是教学方法的下位概念。即教学方式是教学方法系统的组成部分,是构成教学方法的具体活动和行为[3],是"教学方法的活动细节……如讲授法中的讲授、讲解、讲演,练习法中的示范、模仿等"[4]。"教学方式隶属于教学方法,教学方法的价值须由教学方式实施体现。教学方式是教学主体为达成教学目标、实现教育价值而采用的动态化教学行为序列及系统化教学活动的总和。教学方式以教学理论为指导,师生基于教学环境合理应用教学资源,开展教学活动,最终达成教育目标。教学方式具有动态交互的特点"[5]。如柴艳萍在《高校思政课教学方式方法改革再思考》一文中就将教学方式视为教学方法的下位概念。(3)教学方式是教学方法的上位概念。该观点认为,教学方式与教学方法是宏观与微观、全局与局部的关系,"教学方式和教学方法的关系,与战略和战术虽不尽相同,但有相似之处。在教学上,从整个发展过程的全局考虑,在每一个发展阶段,需要一种基本的方法。而且,由于教学过程的每一个发展阶段都持续一个相当长的时间,具有一些相对稳定的特点,因此,适合每一个发展阶段的基本的方法也应该有一定的规定性和稳定性,并且有一定的形式——也就是教学方式"[6]。"教学方式是教学规律与教学方法之间的中介,是教师在教学中所采用的一系列教学行为与活动方式、方法的结合"[7],教学方法从属于、依附于教学方式,"任何具体方法(教学方法),只有纳入一定的教学方式中,才可谈论其生命力和实效性"。任者春、彭渝钦等认为,教学方式是各种教学方法选择、组合与运用所体现出的整体教学式样,是"把一系列具体教学方法整合在一起",并分别提出了"'研究、互动、体验'三维一体教学方式""立体教学方式"。(4)教学方

---

[1] 中国社会科学院语言研究所词典编辑室:《现代汉语词典》,北京:商务印书馆2012年版,第366页。
[2] 张丽娜:《教学方式、课堂学习环境对高中生自我调节学习的影响》,东北师范大学博士学位论文,2021年,第9页。
[3] 李森、赵鑫:《教学方式变革的文化审视》,载《课程·教材·教法》,2011年第4期。
[4] 顾明远:《教育大辞典》(增订合编本),上海:上海教育出版社1998年版,第741页。
[5] 谢幼如、邱艺、黄瑜玲、王芹磊:《疫情防控期间'停课不停学'在线教学方式的特征、问题与创新》,载《电化教育研究》,2020年第3期。
[6] 张武升:《教学论问题争鸣研究》,天津:南开大学出版社1994年版,第236页。
[7] 吴效锋:《新课程高效率教学》,沈阳:辽宁大学出版社2006年版,第62页。

式和教学方法均由"教"和"学"两个层面构成。教学方式既包括"教"的方式也包括"学"的方式，如柴艳萍在《高校思政课教学方式方法改革再思考》一文中指出，"高校思政课改革既包括教师'教'法的改革，如专题式、启发式、互动式、案例式、研究式以及现场教学、激情教学等方法，也包括学生'学'法的改革，如课前演讲、学生讲课、讨论辩论、新闻播报、热点评说、模拟演出、社会调研、实践体验、经典朗诵"[①]。黄建军的《关于高校思想政治理论课教学方法研究的若干思考》一文认为，"所谓教学方法，是指教师和学生在教学过程中为实现一定的教学目的，根据特定的教学内容，完成教学任务，所采取的教与学的方式、办法或手段的总和"。这就使得教学方式内涵的认知和界定更加复杂了。（5）将教学方式和教学方法看作一个整体进行模糊化处理，即采用"教学方式方法"的表述。如"在高校思想政治理论课教学改革实践中，很多人都非常注意教学方式方法乃至模式、手段的改革，并探索创新出许多好的方式方法、模式、手段，如启发式教学、引导式教学、讨论式教学、互动式教学、自主式学习、情景模拟教学、案例式教学、专题讲座教学、专题影像教学等"[②]。（6）将"教学的方式"与"教学方式"混同。潘红涛《主旋律短视频融入高校思政课教学方式初探》一文所说的"教学方式"，其实是指主旋律短视频作品融入思想政治理论课教学"的"方式。此外，在学术研究和教学探讨中，教学方式、教学方法还常常与教学模式相互替换混淆，同一个教学行为有时与"教学方式"结合，有时与"教学方法"或"教学模式"结合，如同样是"体验式"教学，有学者称之为教学方式，有学者称之为教学方法，也有学者称之为教学模式。

在国家有关高校思想政治理论课建设相关政策和文件中，"教学方法"一词的使用频率最高，"教学模式"的表述次之，其他相关概念还有"教学技术""教学手段""教学形式"，而"教学方式"的表述则极为少见。如中宣部、教育部2015年7月发布的《普通高校思想政治理论课建设体系创新计划》中，"教学方法"一词出现了13次，"教学模式"出现2次，没有"教学方式"的表述。此外，在教育部等十部委2022年7月发布的《全面推进"大思政课"建设的工作方案》、教育部2021年12月印发的《高等学校思想政治理论课建设标准（2021年本）》、教育部党组2019年9月印发的《"新时代高校思想政治理论课创优行动"工作方案》、中共中央办公厅和国务院办公厅2019年8月印发《关于深化新时代学校思想政治理论课改革创新的若干意见》、教育部2018年4月印发的《新时代高校思想政治理论课教学工作基本要求》等系列文件中，均基本使用的是"教学方法""教学方法改革""教学方法改革创新"表述。相关文件明确提及的教学形式有"网络教学形式"（《新时代高校思想政治理论课教学工作基本要求》、教学方式有"翻转课堂、混合式教学

---

① 柴艳萍：《高校思政课教学方式方法改革再思考》，载《思想理论教育导刊》，2017年第9期。
② 杨伟荣：《高校思想政治理论课教学方式、方法、模式比较研究》，载《改革与开放》，2013年第22期。

等教学方式"(《2016年教育信息化工作要点》),教学模式有"中班上课,小班研学讨论的教学模式"(《普通高校思想政治理论课建设体系创新计划》《新时代高校思想政治理论课教学工作基本要求》)、"线上线下混合式教学模式"(《"新时代高校思想政治理论课创优行动"工作方案》)、"人工智能的新教学模式"(《高等学校人工智能创新行动计划》)。2020年8月,习近平总书记发表于《求是》的《思政课是落实立德树人根本任务的关键课程》一文指出,"这些年来,思政课建设成效是显著的,教学方法不断创新"[1],也没有"教学方式"的表述。文中有关教学的"方式"的表述有"要在教学过程中进行多样化探索,通过多种方式实现教学目标","一些思政课堂运用小组研学、情景展示、课题研讨、课堂辩论等方式教学,让学生来讲,这有利于发挥学生主体性作用"。

教学方式、教学模式、教学方法说到底都是一个"怎么教"的问题,在内涵和外延上带有很大的相关性和交叉性;"方式"与"模式","方式"与"方法","模式"与"方法",从词源看,都带有"样式""应用""目的"的属性。同时,"从国外现有的研究来看,并没有专门的'师生教学方式改变'这一术语。他们往往将课程变革对师生教学方式的影响归为教师教学行为的范畴进行研究"[2],无疑进一步加剧了如何区别三者之间的难度。要厘清三者之间的关系,有必要明确以下几个问题:

第一,在何种视角进行界定。教学方式、教学方法、教学模式均有广义和狭义上的两种理解。广义上的教学方式,既包括教学"方法",又包括教学"形式"。这一层面的"教学方式"显然是教学方法的上位概念。狭义的教学方式,是与"教学方法"对应的概念,自然不包括教学方法。广义的教学方法,是指方法论意义上的方法,是有关教学的一切手段、途径、方式、方法、技术、形式的总和,"既包括教师对教法的选择和教学程序的设计,又包括教学组织形式和教学语言、教学艺术风格;既包括思政课教学中的哲学方法、一般方法和心理学方法,也体现在教学过程中具体采用的教学方法;既包括教学过程各个阶段所采用的理论教学方法和实践教学方法,又涵盖思想政治理论课教学工作各个环节的方法,如教学管理方法、教学评价方法、教学研究方法和教育技术方法等"[3]。如顾钰民在《论高校思想政治理论课教学方法的研究》一文中所说的"一个教师的教学效果好坏取决于学术水平和教学方法这两个基本要素",这里的"教学方法"显然是包括教学方式的广义的教学方法。而狭义的教学方法,是指在教学实践中具体应用的教学方法。广义上的教学模式是有关教学的一切成型固定的、具有学习推广性的模式,既包括教学方式,也包括教学方法。狭义的教学模式则特指那些系统化、程序化,有着

---

[1] 习近平:《思政课是落实立德树人根本任务的关键课程》,载《求是》,2020年第17期。
[2] 靳玉乐:《新课程下的教学方式转变》,重庆:西南师范大学出版社2012年版,第2页。
[3] 雷儒金:《高校思想政治理论课教学方法改革研究》,武汉大学博士学位论文,2013年,第5页。

深厚理论基础、能产生较大社会效益的相对复杂的模式，我们很少将一种简单应用的教学方法称之为某种教学模式。不难发现，当我们在讨论高校思想政治理论课教学这个具体研究对象的教学具体建设时，采用广义的教学方式、教学方法、教学模式都会带来三者关系和各自内涵理解上的混乱。

第二，在何种语境下讨论。选择某种方式、教学模式进行教学，背后一定有着方法论的指导；而任何一种教学方法，总要以某种方式表现出来，表现为"可学性"。在既不强调工具性、操作性、具体应用性，也不强调整体性、规范性、程式性、可复制推广性语境下，教学方式与教学方法、教学模式的边界十分模糊，这也是同样的教学行为有时会被冠之以"教学方式"，有时会被冠之"教学方法"或"教学模式"的原因。如实践教学，有时被称为"实践教学法"，有时被称为"实践教学方式""实践教学模式"。但是，在强调工具性、操作性、动态性、具体应用性语境下，就不宜采用"实践教学方式"或"实践教学模式"的称呼，因为实践教学是个非常复杂的体系，其实施具有多方面要求，持续性也长。再比如，线上教学作为一种特定的教学方式，只有在复制推广语境下，才可以称之为"线上教学模式"，否则更宜称之为"教学方式"或"教学方法"。

第三，如何界定教学方式、教学方法、教学模式中的"教学"。"教学"同样可以做广义和狭义两个层面的理解。如，当我们说学校的"教学工作""教学管理"时，"教学"既包括"教"的方面，也包括"学"的方面；但当我们说教师的"教学业务""教学资格"时，显然仅仅是指向教师的"教"而不包括学生的"学"。作为一种教育教学理念，"教"与"学"须臾不可分离，教学方式、教学方法、教学模式与学生的学习方式、学习方法、学习模式总是密切联系在一起，但不必时时、事事强调两者的结合。正如同教师的"教"离不开学生的"学"一样，学生的"学"也离不开教师的"教"。如果说任何"教学方式""教学方法""教学模式"的表述总是包涵学生的"学"，那么，学生的学习方式、学习方法、学习模式也应含有教师的"教"，是否应当将学生的"学习方式""学习方法""学习模式"作"学教方式""学教方法""学教模式"的理解更为科学呢？这显然会带来研究和交流的混乱。因此，除非做特别说明，否则"教学方式""教学方法""教学模式"还是作"'教师'的教学方式""'教师'的教学方法""'教师'的教学模式"理解为宜，向来只有"教师教学"而没有"学生教学"的说法。也只有作狭义的理解，才便于与学生的"学习方式""学习方法""学习模式"进行对应和区别。

因此，我们认为，教学方式、教学方法、教学模式在某些情况下可以通用，但在不同视角、语境和对于"教学"的理解下，三者之间仍然是有区别的。

教学方式与教学方法的区别。教学方法是直接面向特定教学对象的，针对具体内容"点"的、最具操作性的教学目的实现途径和工具，"在探索的认识中，方法也就是工具，是在主体方面的某个手段，主体方面通过这个手段和客体相联系"①。教学方法主要取决于教师的教学能力和技巧,对于教学资源特别是硬件资源的依存度较低,具有较强的个体差异性和操作灵活性,在教学实践中可以同时运用多种教学方法并进行随时切换,在数量上也更多。教学方式则具有相对概括性、稳定性、结构性、整体性、周期性,是教学的基本态势和总体样式,是特定教学周期的持续性状态,面向的是一群、一类乃至各种教学对象,因而对于教学结果的影响也更大。教学方式既可能由教师自行选择实施,也可能由教学管理部门以方案的方式统一推进和实施,对于教学资源特别是硬件资源依存度较高,教师在教学方式的选择自由度和灵活性上相对教学方法而言较低。"教学方法偏重于由活动的内容和技术因素决定的行为规则,教学方式偏重于由行为主体的目标、价值观决定的行为规则"②。教学方式和教学方法具有相关性,特定教学方式下采取某些特定教学方法往往更有效。同时,两者之间又具有较强的独立性,同一类教学方式下可以采用不同的教学方法,相同的教学方法也可能应用于不同的教学方式。

教学方式与教学模式的区别。教学方式与教学模式都是在一定教学思想和理念指导下进行的,为了实现教学目的,关于"怎么教"的总体样式,两者都有着稳定的教学结构框架,都有工具性、操作性、整体性、开放性特征。也就是说,从核心内容上看,教学方式和教学模式并没有什么不同。两者的差异主要表现为:(1)表述的语境不同。模式的本意是指可以作为范本、模本的样式,即"某种事物的标准形式或使人可以照着做的标准样式"③。当我们称一种教学方式为"教学模式"时,我们想表达的是,这是一种"可以"或"来自"复制推广的教学方式:第一,它来自一线教学实践,经过了长期教学实践验证,是教学经验由感性上升为理性的成果。第二,它有着可靠的理论支撑,而非仅仅"好用""有效",能从理论上充分论证其何以有效。第三,它具有可复制、可推广性或是来自复制、推广的他人的教学方式。第四,它具有广泛认可的社会基础,只有那些获得广泛社会认可,经过推广并在较大范围被普遍借鉴效仿的教学方式才是真正意义的"教学模式"。也就是说,教学方式可能是教学模式,也可能不是教学模式,但教学模式一定是教学方式。我们看到,已经有少数学者注意到两者的差别。如柴艳萍教授在《高校思政课教学方式方法改革再思考》一文中,有这样的表述:"慕课、在线开放课、网络课堂、视频公开课、资源共享授课等'互联网+思政课'教学方式受到青睐,许多思政课教师研发了此类课程,一些高校也大力推广这类教学模式。而且这类教学模式特别是'慕课'以其独特的教学设计和新颖的教育理念,吸引了众多高校,

---

① 《列宁全集》(第55卷),北京:人民出版社1990年版,第189页。
② 郝文武:《教学方式对能力发展作用的价值取向和实践整合》,载《北京师范大学学报(社会科学版)》,2007年第3期。
③ 中国社会科学院语言研究所词典编辑室:《现代汉语词典》,北京:商务印书馆2012年版,第913页。

已经成为高校思政课教学方法创新的标杆而倍受推崇"[1],"受到青睐""倍受推崇""一些高校也大力推广""吸引了众多高校",清晰地表明了"互联网+思政课"何以由"教学方式"的表述转为"教学模式"的表述。(2)教学方式强调实践性,教学模式强调实践性与理论性的统一。教学方式是教学实践中实际运用的方式,并不突出其理论性。教学模式是对教学方式长期实践应用经验的总结、凝练并理论化,既强调其在具体的教学活动中能被参照借鉴,也突出其具有科学的理论基础。"所谓教学模式,是指在一定教育思想指导下和丰富的教学经验基础上,为完成特定的教学目标和内容而围绕某一主题形成的、稳定且简明的教学结构理论框架及其具体可操作的实践活动方式"[2],是"某种活动方案经过多次检验和提炼,形成了相对稳定的系统化和理论化的教学结构"[3],是从教学原理、教学内容、教学目标和任务、教学过程直至教学组织形式的整体、系统的操作样式。

我们认为,在高校思想政治理论课具体建设的理论研究和交流探讨中,除非有明确的说明,否则教学方式、教学方法都宜作狭义的理解。本书所说的"教学方式""教学方法"均是狭义的教学方式、教学方法。

第二节 应用型本科高校思想政治理论课教学方式方法供给现状调查

伴随思想政治理论课教学理念的发展进步、教学环境的不断优化和现代技术与教学的深度融合,应用型本科高校思想政治理论课教师不断解放思想,与时俱进,守正创新,在实践中积极探索并积极吸收借鉴其他学科教学方式方法创新成果,教学方式方法从单一日益走向多元,学生在教学中的主体性不断得到增强,在推动教学实效建设中发挥了重要作用。同时,也存在着一些还不能满足应用型本科高校思想政治理论课教学"精准供给"的问题和不足,有待于我们在实践中不断改进提高。

一、应用型本科高校思想政治理论课教学方式供给现状

一是以"教师主体型"方式为主,学生主体性仍待加强。从教学活动中师生"主体性"结构看,教学方式可以分为"教师主体型""学生主体型""师生双主体型"教学方式。所谓"教师主体型",就是教师是教学唯一主体,在整个教学过程中居于绝对支配地位,学生是教学的客体,教学表现为"教师的'教'——学生的'学'"的单向式灌输。在教学形式上,教师讲什么,学生听什么,学生是教学受

---

[1] 柴艳萍:《高校思政课教学方式方法改革再思考》,载《思想理论教育导刊》,2017年第9期。
[2] 李如密:《关于教学模式若干理论问题的探讨》,载《课程.教材.教法》,1996年第4期。
[3] 吴也显:《课堂教学模式浅谈》,载《教育研究与实验》,1988年第1期。

动者。在时间分配上，课堂的全部或绝大多数时间被教师用于讲授分析。在活动组织上，教学过程中的一切活动都是按照教师的要求进行组织安排。在师生关系上，教师是思想政治知识理论的权威，与学生是一种"上与下""指令与服从"的不平等关系。"教师主体型"教学方式的重心主要在于教师的"教"，轻视学生的"学"。所谓"学生主体型"，是指学生是教学的主体，在整个教学过程中居于核心地位，教学的整个过程和内容围绕学生展开。教师作为教学的支持者、参与者、服务者和"消极回应者"，重在陪伴学生思考问题、发现问题、分析问题，给出必要的建议和参考。教学的内容和实施不是由教师单方面决定，而是依据学生需求和特点制定乃至师生共同制定。大部分的教学时间交由学生，在学生多形式的学习性活动中完成教学，学生有充分表达观点、提出质疑、展示自我的时间和空间，而非被动地接受知识和信息。"学生主体型"教学方式的重心主要在于学生的"学"，但不是忽视教师的"教"，而是在回应学生中实现"教"的功能。所谓"师生双主体型"，是指师生均是教学的主体，又互为客体，在持续互为主客体的交流交往活动中完成教学内容，实现教学目标，因此也被称为"交互主体"式教学。"师生双主体型"教学方式下，师生之间没有谁居于绝对的控制地位，而是一种平等的"合作"关系，师生形成"学习共同体"，强调教师和学生两个主体的积极性和协作性。从教学任务的分工看，教师是以学生为对象的知识传授者，是基于学生特点和需求的"教"的主体；学生是以教师为意识对象的知识领悟者，是能动自主性"学"的主体。从教学过程看，"教"与"学"是处于一个完整教学过程中既相互独立又彼此依托的双向活动，师生相互认同对方的主体性、价值和功能，是"围绕'学'的教"和"围绕'教'的学"的统一。思想政治理论课教学应当采取何种方式并没有一个固定化模式，而是要根据教学内容和具体情况灵活安排，但总体上，毫无疑问应当突出学生的主体性。

调查显示，应用型本科高校67%的学生期待的思想政治理论课教学方式是"教师为主，学生适当参与"，11%的学生希望"学生为主，教师解答协助"。可见绝大多数学生具有较强的主体意识，有参与教学的意识和愿望，特别是一些思想政治理论基础较好、自学能力和自律能力强的学生有着更强烈的教学主体性需求。但是，也有22%的学生期待的课堂教学方式是"教师讲，学生听"。其中，部分同学认为，应该把课堂时间主要交给教师，因为"老师能讲出很多新思想"，也有同学表达了借此"偷懒"的消极情绪。教师对于"教师讲，学生听""教师为主，学生适当参与""学生为主，教师解答协助"这三者的选择分别占比11%、76%、13%。可见，师生在教学中的师生主体机构关系认识上具有近似性，绝大多数教师和学生都认同"教师为主，学生适当参与"的教学方式，教师对于教学中的学生主体性意识更为强烈。

就应用型本科高校思想政治理论课教学中学生主体性的实际情况和具体表

现,进一步的调查和访谈显示,在应用型本科高校思想政治理论课教学中,"教师主体型"方式占据绝对主体,学生的主体性仍待加强。(1)学生课堂教学参与的时间少。"学生参与教学的时间"的调查中,大学生选择"几乎没有""很少""小部分时间""一半以上时间"学生比例分别为18%、34%、45%、4%左右。这一情况在面向教师的调查中得到印证:仅有不足3%的教师认为自己的课堂中学生参与教学有"一半以上的时间",达到"小部分时间"的比例也仅为62%左右。从大学生参与课堂教学时间来看,学生主体性在应用型本科高校思想政治理论课教学中并不明显。(2)师生课堂互动不多。在"与老师每节课师生互动的平均次数"的调查中,选择"0次""不足1次""1~2次""3次以上"的学生比例分别为8%、53%、26%、13%左右。也就是说,近60%的学生在课堂教学中与教师互动不超过1次。面向教师的调查显示,应用型本科高校教师在一节课中与学生互动的总次数"5次以内""6~10次""11~20次""20次以上"的比例分别为12%、22%、47%、19%左右,大多数师生互动是以"一对多"的方式进行,师生"一对一"互动的实际比例则更低,并且这种互动次数与班级学生人数无明显关系。这也就意味着,班级越大,学生与教师"一对一"互动的机率就必然越低。(3)师生互动中,学生处于被动地位。面向学生的"课堂中与老师'一对一'互动的发起方式"问题调查显示,63%的学生只有在老师明确向自己提问的情况下才会进行师生互动;面对老师提出的问题,积极主动回应的学生比例为26%;"主动向老师发问"的比例仅为11%,面向教师的调查数据则与学生的相差不大。访谈发现,选择"主动回应"的原因有"加平时分""表达自己观点""老师的鼓励"。至于为什么不愿主动回应老师的问题或主动向老师发问,既有"不喜欢抛头露面""答错了丢脸"等学生性格方面的原因,也有问题本身的原因,"觉得问题没什么意思"。也有学习状态和能力的影响,如"没注意听""不知道怎么回答"。这说明,在应用型本科高校思想政治理论课教学中,如何激发学生的教学主体性意识、意愿和能力,积极鼓励引导学生参与教学十分必要。

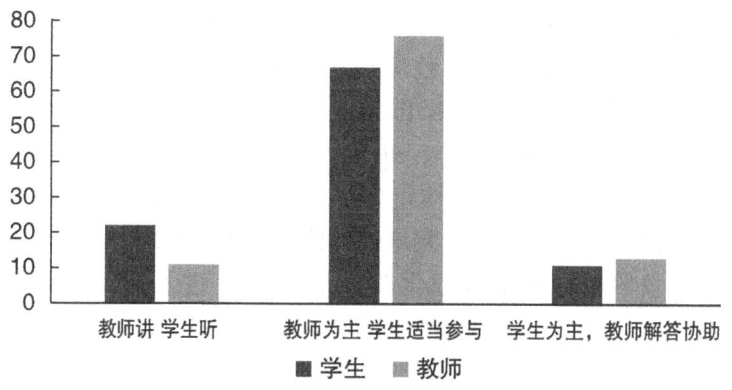

图4-1 应用型本科高校师生思想政治理论课主体结构偏好

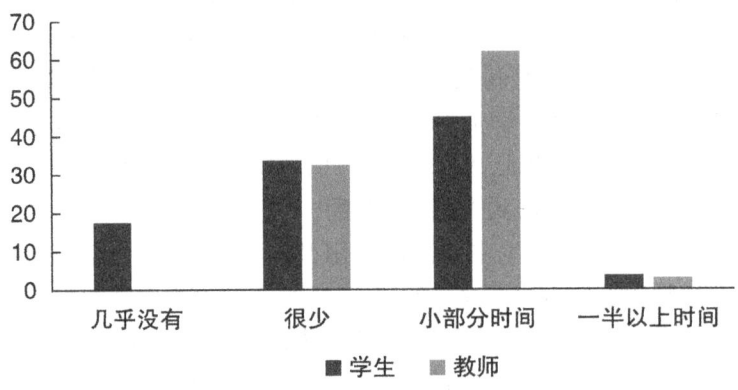

图4-2 应用型本科高校学生思想政治理论课堂教学参与时长

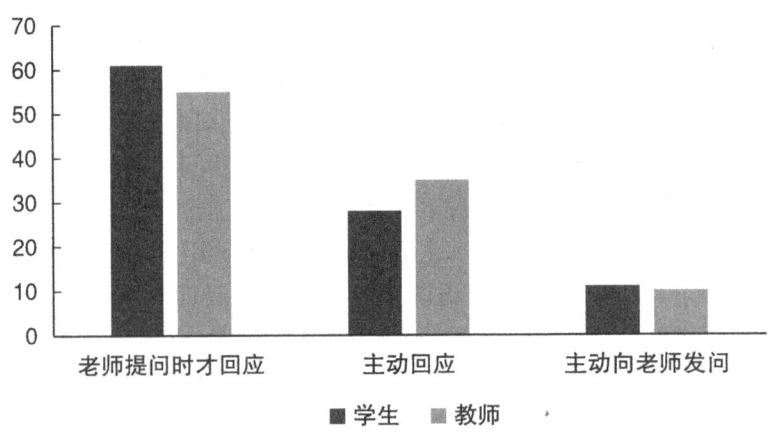

图4-3 应用型本科高校学生思想政治理论课堂师生互动状况

二是以电化型、板书型方式为主,信息化、数字化程度不高。教学活动总是借助一定教学工具,在一定的物理环境下进行的。根据教学工具和物理环境,可以分为传统型、电化型、信息化型、智慧化型教学方式。传统型教学方式,是指以黑板(白板)、粉笔(水笔)等传统基本教学工具,在传统教学物理环境(普通教室)下开展教学。这种教学方式简单、易操作,环境要求低,教学物质成本低,也常常被赋予过时、落后、保守的标签。20世纪90年代左右,电化教学方式开始走向普及,并由幻灯、投影和录音迅速向多媒体组合的方向发展[①],其特点是将教学内容以听觉和视角直观化方式进行展现,有效增强了教学效果。从20世纪90年代中后期开始,信息技术与教学深入融合,信息化教学走向勃兴。进入"互联网+"时代,随着物联网、大数据、人工智能、移动互联网等先进技术的引入,VR、人脸识别、腾讯

---

① 张迪梅:《课堂电化教学的理论与实践》,上海:上海教育出版社1993年版,第41页。

会议、CCtalk、Skype、Zoom、MOOC、学习通、雨课堂、智慧教室等教学新工具、新技术、新环境给教学带来革命性影响,智慧化型教学方式方兴未艾。

从调查结果看,目前一些应用型本科高校信息化、数字化教学软硬件建设逐步加强,信息化、数字化、智慧化教学开始进入思想政治理论课课堂,但电化型教学方式仍然占绝对主体,传统型教学方式也占有一定比例。在面向学生的"思政课教学主要在下列哪种环境、以何种工具下进行"的调查中,14%的学生选择"普通教室,'黑板+粉笔'式",78%的学生选择"普通教室,单一多媒体式",仅有8%的学生选择"智慧教室,信息化平台式"。这一数据与面向教师的调查基本吻合,教师对于上述三种方式的选择比例分别为11%、78%、12%。选择"普通教室,'黑板+粉笔'"方式开展教学的,以年龄偏大的老教师为主。而之所以选择这种方式,既有长期教学习惯的因素,也有对于教学新技术学习应用的畏难心理,还有"课讲好就行,哪种方式不重要"的认识因素。11%的被访谈教师表示正在使用或曾经使用雨课堂、智慧教室等开展教学;对于教学效果,其中的82%的教师表示能有效提升教学效果并愿意继续使用,也有18%的教师表示效果不明显。对于绝大多数教师不选择信息化、智慧化教学的原因,主要有"操作难"的技术障碍,也有智慧教室少、教室小,教学班级多,学生人数多等现实问题。显然,信息化、智慧化教学是一种得到普遍认可的更有效的教学方式,但如何加强教师特别是中青年教师的技术培训,克服其畏难心理,增强操作能力是一个重要环节。

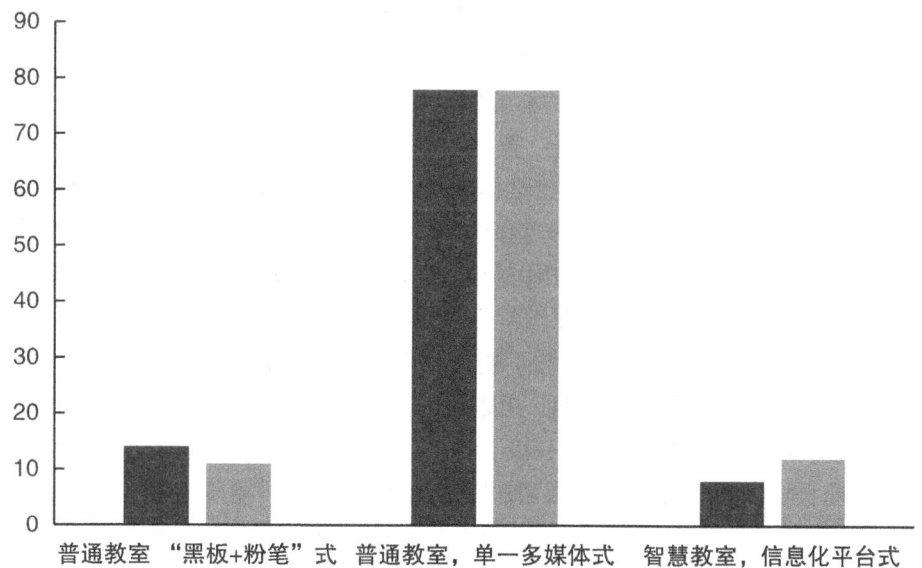

图4-4 应用型本科高校思想政治理论课课堂教学教室环境

三是以理论教学方式为主,实践教学有待加强。所谓"理论教学",是以知识目标为直接指向的教学方式，表现为以理论知识为主要内容，以课堂教学为一般形式，以"教师讲、学生听"为主要形态的教学方式，通过马克思主义基本立场、观点、方法的课堂讲授，使教学对象掌握系统的马克思主义理论并形成正确的思想道德观点。"理论教学"的突出特点是学生在教学过程中主要进行精神世界的活动，动手少，社会体验少。对于"实践教学"的内涵和形式，学界还存在一定争议。主流观点认为，高校思想政治理论课实践教学，是指富含"社会实践性内涵"的教学，其标准不在于教学场所是否"在社会"，而是教学内容是否"在社会"。[①] 教学内容"在社会"的实践教学被认为是广义的实践教学，包括理论实践教学和社会实践教学，有课内、校园、社会三个维度；教学场所"在社会"的实践教学被认为是狭义的实践教学。尽管存在一定争议，但学界对于实践教学的基本共识是，它以学生直接经验为内容，以实践活动为载体，以增强学生解决问题的动手能力为直接目标，教学表现为以学生为主体的实践活动，由学生在实践中体验、感知、认识、理解、感悟真理，增强分析、解决实际问题的能力。调查显示，应用型本科高校思想政治理论课实践教学尽管早已提出和启动，但仍待进一步加强和完善。一方面，实践教学主要以课堂实践教学为主，最具实践教学意义的课下特别是校外实践教学则开展得还比较少。另一方面，已开展的课外实践教学在管理上也不够规范，大部分实践教学是以大学生暑期社会实践方式进行，思想政治理论课教师缺位，有"实践"而无"教学"的现象比较普遍。此外，还存在实践教学内容比较单一、学生参加率不高，学生在教学中的主动性不强、参与度不深等问题。我们将在第五章就实践教学进行专章论述，在此不做赘言。

　　四是以"大班化"教学为主，"小班化""中班化"教学有待加强。根据教学对象规模与实施，可以分为"大班化"教学、"中班化"教学、"小班化"教学三种方式。这三种方式的班级学生具体数量标准是多少，学界目前并没有一个十分准确权威的结论。国内外教学实践和实验成果表明，教学对象的人数在18—35人最为合理[②]。这也成为包括高校在内的国内各类学校进行班级规模设置的一个通常标准，可以作为高校思想政治理论课教学班级规模划分的参考。因此，从教学对象规模来看，"小班化"以班级学生人数不超过35人为宜。高校思想政治理论课"大班化""中班化""小班化"教学，目前主要还处于一个理念阶段，很少见到严谨相关的教学实验和理论成果。尽管已有极少数学者谈及这个问题[③]，但缺乏数据和理论支撑，带有较大的随意性。我国高校思想政治理论课教学相关文件中，并没有明确"小班化"教学的学生规模，但对于"中班化"教学则明确提出了数据标准。在中宣部、教育部2015年7月发布的《普通高校思想政治理论课建设体系创新计划》中

---

① 钱广荣：《高校思想政治理论课的实践教学探讨》，载《思想理论教育》，2007年第3期。
② 张寿松：《小班化教学的理论探讨与实践操作》，载《教育探索》，2002年第9期。
③ 毛圣泰、纪超凡：《医学院校思想政治理论课小班化教学探讨》，载《卫生职业教育》，2012年第3期。

有如下表述："合理设置教学规模，推行中班教学，班级规模原则上不超过100人。充分运用网络等现代技术手段，探索中班上课，小班研学讨论的教学模式"。教育部2018年4月发布的《新时代高校思想政治理论课教学工作基本要求》、2021年11月发布的《高等学校思想政治理论课建设标准（2021年本）》也有类似表述："积极推行100人以下的中班教学，大力提倡中班教学、小班研讨的教学模式""课堂规模一般不超过100人，推行中班教学，倡导中班上课、小班研学讨论的教学模式"。据此，"中班化"教学在教学对象规模的认定标准当作"不超过100人"的理解。高校行政班级的学生数量一般在30～40人左右，在教学管理实践中对于"中班化"教学的认定标准，有的高校是以教学班学生实际数量即"不超过100人"认定，有的是以2个行政班级来认定，也有的是两者相结合，达到其中任何一个即认定为"中班化"教学。由此，我们不难得出，"大班化"教学在教学对象规模上的结论，即教学班级学生超过100名。

调查显示，单就教学对象规模而言，应用型本科高校思想政治理论课"大班化"教学的比例偏高，"中班化""小班化"比例比较低。在面向学生的"课堂学生大约人数"的调查中，选择"30人左右""60人左右""70～99人""100～149人""150～199人""200人以上"的比例分别为0%、26%、39%、31%、4%、0%。对于教师的调查结果与此基本吻合。由此可见，第一，随着近年来高校思想政治理论课建设的加强，特别是将班级学生规模纳入建设标准之后，原来的那种动辄两三百人的超大型班级在应用型本科高校已经消失，但"30人左右"的"小班化"教学也极为罕见。第二，按照教育部"不超过100人"的标准，应用型本科高校"中班化"率达到65%，其中又以"70～99人"的班级规模为主。第三，100人以上的教学班级比例仍然高达35%，特别是少数应用型本科高校还存在少量150人以上的教学班级。针对这一现象，受访教师认为，"小班化""中班化"必然意味着需要更多的思想政治理论课教师，但目前应用型本科高校思想政治理论课师资不足的状况还处于逐步缓解阶段，这是"大班化"率偏高的根本原因。也有教师提出，"大班化"教学也有降低教学成本之嫌。

在班级规模对于教学影响上，22%的学生认为，"大班化"教学的消极影响"很大"，37%的学生选择影响"较大"。这些影响主要表现为"课堂秩序会比较乱""找座位不方便""影响师生交流互动"。27%的学生选择影响"不大"，14%的学生选择"无影响"。也有学生认为，班级人数多"更热闹"，容易"带动气氛"。受访教师中，18%认为"大班化"教学的消极影响"很大"，47%选择"较大"。按照影响度依次为"作业和试卷批阅工作量过重""教学难以组织开展""课堂纪律管理"。还有教师反映，在教师总量不变的情况下，"中班化"必然意味着教师的教学班次增加，这样同一个教学内容就需要反复讲授，拉低了教师的教学体验感。另有24%的受访教师认为影响"不大"，11%的受访教师认为"无影响"。访谈发现，选择影响"不大"和"无影响"的教师主要是针对纯粹的课堂教学而言的,如果考虑教学相关工作如作业、试卷批阅等,则认为需要投入的时间、精力还是明显增加大的,因此这部分教师应归于影响"较大"部分。同时,这部分教师在教学中主要采取"老师讲、学生听"方式,因而也不存在教学的组织开展方面的影响问题。

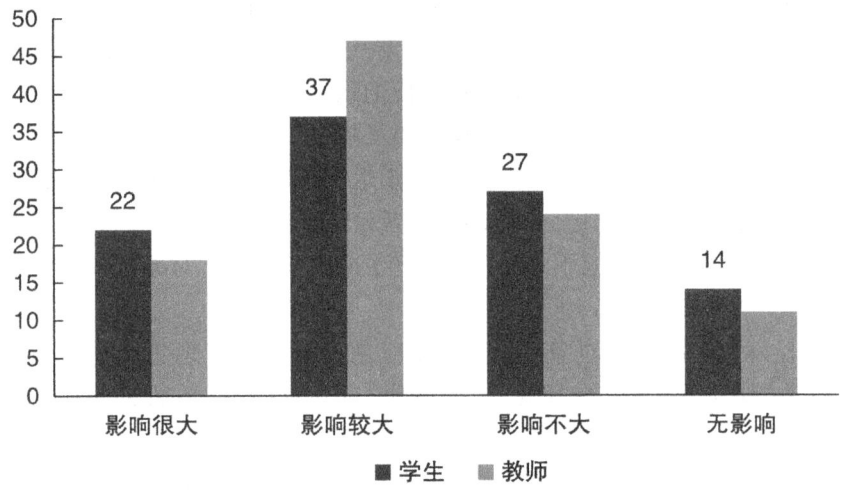

图4-5 课堂规模对于教学的影响(%)

五是以"单主体贯穿式"教学方式为主,教师与教学对象黏合度不足。根据高校思想政治理论课教师与教学对象的组合形式,可以将教学方式分为"单主体贯穿式"和"多主体协作式"两大类型。所谓"单主体贯穿式",就是由特定教师全面负责特定教学对象的课程教学的教学方式,也有学者将其称之为"承包式"[①]。"单主体贯穿式"教学方式的特点是教师教学主体的单一性、教学周期的贯穿性、教学对象的周期内固定性。在某一门课程的完整教学周期内,自始至终只由特定教师(往往是一名教师)负责特定教学对象的该门课程的全部教学和相关工作,该课程其他专职教师不直接介入或仅仅做一些基本的辅助性工作。所谓"多主体协作式"教学方式,是指将一门课程的教学内容和任务进行分解,由多位教师分工合作、共同承担,每位教师负责其中的一部分教学内容,以专题性"轮流作业"方式完成特定教学对象的课程教学任务。

调查显示,目前92%以上的应用型本科高校普遍采用"单主体贯穿式"。我们在访谈中还发现,尽管不少应用型本科高校采取了"单主体贯穿式",但教师与教学对象的结合是"学期制"的,并不具有长期稳定性,我们可以称之为"流动性单主体贯穿式"。例如,某位《思想道德与法治》课程教师在某个学期面向建筑工程类学生授课,但在随后的若干学期则可能面向其他学科学生授课,即其教学对象

---

① 高兴武:《思想政治理论课教学方式评价与选择——以'毛泽东思想和中国特色社会主义理论体系概论'为例》,载《北京教育(德育)》,2012年第10期。

所属学科是随机的,并不具有固定性。这种教学方式下,教师仍然难以深入准确地把握教学对象的特点,不符合教学"精准供给"思维。不同学科教学对象的思想政治理论课基础不同、学习态度不同,教师教学体验感不同。应用型本科高校人文类的大学生往往基础更扎实、学习态度更好、"学评教"成绩往往也更高,所以更为思想政治理论课教师所青睐。从教学管理角度看,出于公平则由教师们对于不同学科的教学对象轮流教学。如何扬长避短地处理好"单主体贯穿式"和"多主体协作式"的关系,有效提升教学供给精度有待进一步探讨。

二、应用型本科高校思想政治理论课教学方法供给现状

改革开放以来,伴随着教学方法理论研究和实践探索的不断深入,思想政治理论课教学方法呈现出多样化的发展态势。据不完全统计,截至2017年,关于思想政治理论课教学方法的研究著作共有256部,在教学论文中出现的教学方法达到16大类26个小类[①],其中的不少教学方法都在应用型本科高校思想政治理论课教学实践中得以应用。

一是讲授法。讲授法是教师通过语言向学生描绘情境、叙述事实、解释概念、论证原理和阐明规律的教学方法。讲授法是教学的基本方法,也是目前应用型本科高校思想政治理论课教学普遍采用的主要方法。采用讲授法教学时,教师是教学单一主体,学生是教学客体,教师借助于口头、肢体、表情语言向学生单向传递信息。思想政治理论课本身的特点决定了理论讲解仍然是高校思想政治理论课教学活动的主要内容,思想政治理论课教师的主体地位也主要表现在教师的"教"上。无论是问题法、互动法、讨论式法、案例法,还是实践教学,都不可能完全脱离教师最基本的讲授,因此讲授法也是其他教学方法的基础。讲授法的优势在于教学效率高,理论性强,教学内容的逻辑性、系统性、整体性好,能有效避免知识理论的碎片化,因而十分适宜于高校思想政治理论课程教学。讲授法不能简单等同于"照本宣科""填鸭式""灌输式"教学,是以生动、形象、准确的语言讲授凝聚了教师教学智慧的内容,是一个解释、分析、推理、论证、启发的过程,因而对于教师的理论功底要求高。

二是问题法。问题法是指师生在教学过程中,以问题的创设、提出、分析、探讨、辩论、解决完成教学内容,实现教学目标的教学方法。问题法旨在通过对于问题抽丝剥茧的分析化解学生具体的思想困惑,增强学生的问题意识和解决问题的能力。早在我国春秋时期,就可见有关问题法的教学思想。在西方则可以追溯到古希腊哲学家苏格拉底的对话式辩论,在与学生的交谈中通过巧妙的设问、反问、追问,在反复诘难和螺旋式否定中引导学生思考并水到渠成地形成结论。因此,问

---

① 佘双好:《改革开放以来高校思想政治理论课教学方法的创新发展》,载《思想理论教育导刊》,2018年第10期。

题法是一种提升学生综合素质、促进学生全面发展的教学方法。"高校思想政治工作实际上是一个解疑释惑的过程"①，高校思想政治理论课就是为了解决人的思想认识问题，引导大学生正确看待、辩证认识、理性分析现实问题，辨明是非真假与黑白。因此，问题法一直是高校思想政治理论课教学的重要方法。问题法实施的关键在于"问题"本身，即该问题是否是学生真正困惑的、关注的、典型的、具有可讨论性并与教学内容密切相关的"真问题"，能吸引学生注意力、参与主动性、引发学生提出新的问题的"好问题"。

三是情境法。情境法是指通过故事、案例、表演、语言、影音资源和现代教学技术，创设一定的具体场景或氛围，在学生的情境情感体验中完成教学内容，实现教学目标的教学方法。学生通过情境体验受到暗示和感染，对于教学内容及知识价值产生共鸣，以润物无声的渗透方式使学生从感性认识上升为理性认识。这些情境包括"问题式"情境、"故事式"情境、"活动式"情境、"情感式"情境②，生活展现情境、实物演示情境、图画再现情境、音乐渲染情境、语言描述情境、表演体会情境③，引入实物的直接情境和非实物的间接情境④等。高校思想政治理论学习对于学生来说是一个情感认同、理性认知和心理内化的过程，最终达到知、情、意、行的统一。同时，思想政治理论比较抽象，理论性强。引入情境教学法，创设生动形象的情境，让学生身临其境、置身其中、感同身受，进而产生移情体验，能够有效增强对思想政治理论的情感认同。因此，情景法十分适宜于应用型本科高校思想政治理论课教学。情境法以情境体验为前提，以产生共鸣为基础，以情感认同为直接目标，情境创设是情境法的关键所在。情境是否能给人以身临其境感，感染力是否充分、是否令人动情共情，真正达到以情感人，决定情境法的成败。如果有境而不生情，就不能称之为情境教学。

四是项目法。即将教学内容项目化，由教师指导学生在完成项目的过程中掌握知识，理解理论，实现教学目标的教学方法。项目教学法最大的特点在于学生的实际操作性强，是在"做中学"，由教师设计具体项目目标，由学生制定实施方案，开展项目实施，完成项目目标，一般包括准备、实施、展示、评价、修正几个阶段。它将以"以知识的逻辑线索为依据"转变为"以能力培养过程为依据"，教学内容以思维活动为导向、以综合能力为目标、以学生为主体、以项目为载体，增强了学生的独立思考和动手能力，激发学生创新意识，打破了理论与现实的鸿沟，实现了知行合一，具有鲜明的学生"主体性"性特点。同时，项目往往以学生分组方式进行，也有助于增强大学生的团队意识和协作精神。项目教学法实施的关键在于项

---

① 《习近平首次点评"95后"大学生》，载《人民日报》，2017年1月3日。
② 喻问琼：《情境教学法在教学中的实践与应用——以思想政治理论课教学为例》，载《中国成人教育》，2011年第10期。
③ 罗琼：《思想政治理论课情境教学探讨》，载《教育评论》，2011年第5期。
④ 米俊魁：《情境教学法理论探讨》，载《教育研究与实验》，1990年第3期。

目设计；项目内容是否具有新颖性、前沿性、现实性、操作性等，对于大学生是否真正具有吸引力，是否能从中产生成就感在很大程度上决定了他们的参与度和积极性。项目化教学对师生在时间、精力、经费上要求相对较高，因此也不便于频繁开展。

调查显示，应用型本科高校思想政治理论课在教学方法上具有如下特点：（1）以讲授法为主，其他教学方法为辅。正如前文所述，在面向师生的调查访谈中我们发现，目前应用型本科高校普遍采用的"教师主体型"教学方式。在这种方式之下，课堂主要交由教师进行思想政治理论课的分析讲解，在综合运用案例法、分析法、情境法等其他教学方法时，也主要由教师的单向性输出为主。讨论法、辩论法、展示法、表演法、师生互动法以及其他耗时较多、学生主体性强的教学方法则使用较少。（2）教学方法的表层化、形式化应用，如讨论法是一种常用的教学方法，在应用型本科高校思想政治理论课教学实践中也被大量使用。然而，我们在对学生的调查访谈中发现，很多应用型本科高校大学生对于讨论的参与热情并不高。其原因显然不在于讨论法本身，而是讨论的主题无法有效吸引学生，"没有什么可讨论的"，"显而易见的结论"，"主题没有意义"，"对主题不熟悉，没什么可说的"。尽管运用了讨论法，但学生并未开展热烈有效讨论，也自然不可能进行深入思考和观点碰撞，在进行小组报告和师生互动时只能简单敷衍应对，无法产生真正的效果。（3）教学方法的滥用。一是少数教师在教学中刻意追求学生"主体性"，所采用的教学方法链过度占用了有效教学时间，得不偿失。如以频繁的课堂讨论、过长时间的视频播放或情景剧表演等取代教师的理论讲解，尽管体现了学生的教学主体性，但教师的主体性、主导性并未有效发挥，也大量挤压了正常教学时间，导致教学内容无法顺利完成。二是泛娱乐化倾向。一些课堂为了迎合学生求新求奇心理，吸引学生眼球，提升所谓"课堂气氛"，以花样繁多的肤浅性表演、游戏等"新颖"的教学方法，以娱乐来消解学习的枯燥，把思想政治理论课堂变成了哄闹的娱乐场。尽管课堂一时热热闹闹，但学生除了感官的娱乐消遣之外，并未真正获得思想上的深刻启迪和收获，也拉低了高校思想政治理论课应有的品味。

第三节　应用型本科高校思想政治理论课教学方式方法"精准供给"建设

教学方式方法与教学吸引力和学生获得感密切相关，对于学生的学习方式方法具有决定性意义，直接影响教学中的师生、生生关系形态。行之有效的教学方式方法对于提升教学实效性不可或缺，是教学实践的一个极其重要的环节。应用型高校思想政治理论课有着特定的教学对象群体，他们对于教学方式方法的需求上既有其他类型高校大学生的一般通性,也有着自身的特点。为此,应用型本科高校思想政治理论课教学方式方法建设,既要充分借鉴高校思想政治理论课教学方式方法,更要紧密结合教学对象特点和需求进行改进和创新,实现教学方式方法的"精准供给"。

一、应用型本科高校思想政治理论课教学方式方法"精准供给"建设的基本思路

坚持务实性,以增进教学实效为核心。教学是一项充满个性化的活动,应该因人、因事、因时、因地而异。没有最好的教学方式方法,只有最合适的教学方式方法。判断教学方式方法优劣的主要标准,在于其能否保证教学目标的顺利实现,能否提高教学效率、能否从主体的社会性需求和心理性需求来验证其合理性和可行性。[①]任何一种教学方式方法,其针对性和普遍性都常常难以两全,不存在哪种教学方式方法绝对优于另一种教学方式方法,也没有某一种教学方式方法可以包打天下,在实践中往往是多种方式方法结合使用或并用,而非简单地厚此薄彼。正如有些学者所言,我们反对的是低层次的"填鸭式""满堂灌",并不反对高水平的"满堂灌";百家讲坛"满堂灌"同样可以把内容讲得酣畅淋漓,把课堂讲得风生水起,听众即便不提问、不互动,照样如沐春风,醍醐灌顶。[②]我们常说"教学有法",但"教无定法";"教学有法"的根本之"法",在于教学方式方法适宜于特定教学对象、教学内容、教学情境和教学需求,推动教学目标的顺利实现,产生教学实效,与"教无定法"殊途同归。教学方式方法的实践效果,是检验其优劣与否的重要指标。[③]选择何种教学方式方法是一个理论问题,更是一个实践问题。各高校的实际情况和优势不同,要在综合考虑学校各方面条件的情况做出选择。应用型本科高校大学生具有自己的特点,高校思想政治理论课教学方式方法可谓多种多样,并非所有"好的"教学方式方法就一定适应于应用型本科高校思想政治理论课教学,也并非适用于其他应用型本科高校思想政治理论课教学的方式方法就适用于本校的思想政治理论课教学。教学的方式方法不可谓不多,新的方式方法还在不断被创生出来。应用型本科高校思想政治理论课教学方式方法"精准供给"建设,既非"求新",也非"求全",而是"求实",只要有助于提高教学效率、契合大学生需求、增加教学实效的方式方法,就是好的方式方法,就是"精准供给"的建设内容。因此,应用型本科高校在积极探究适合本校思想政治理论课教学方式方法时要实事求是,循序渐进,逐步推进,以教学方式方法的最优化实现

---

① 张立昌:《教学方法的选择:从主体需要维度的"另类"思考与实践启示》,载《教育理论与实践》,2006年第1期。
② 刘洪英:《高校思想政治理论课教学方法的辩证分析与功能定位》,载《教育教学论坛》,2021年第36期。
③ 李如密:《教学方法的概念、特点、分类及优化》,载《教育改革》,1998年第2期。

精准化，以精准化实现教学效益的最大化。

明确导向性，服务高层次应用型人才培养。不论是应用型本科高校还是其他类型或层次高校，也不论是思想政治理论课程还是其他课程，在教学方式方法上都具有一定共同之处，值得彼此借鉴。同时，不同类型、层次的高校，有着不同的人才培养目标。作为教育的出发点和归属，人才培养目标是教学的重要依据，我们首先要从人才培养目标来理解教学，研究教学，开展教学建设。"只有符合培养目标的教学方法，才是合适的教学方法；反过来，只有合适的教学方法，才能实现培养目标"[1]。应用型本科高校以高层次应用型人才培养为目标，决定了应用型本科高校思想政治理论课教学方式方法"精准供给"，要做到始终着眼于高层次应用型人才培养目标，探索建立适宜应用型本科高校而非其他类型、其他层次高校，适宜高校思想政治理论课程特点而非高校其他课程的教学方式方法，具有明显的应用型本科高校特色和思想政治理论课教学特色。

增强细致性，避免教学方式方法空心化。实践中，一种教学方式方法的运用，要在真正理解其背后价值的基础上精心组织，在落小、落细、落实上下足功夫。如，在教学方式上，有人以为，只要班级规模小就是"小班化"教学。其实，"小班化"教学并不只是一个班级学生规模问题，更是一种教学理念和价值追求。班级学生规模小只是"小班化"教学划分的必要形式化要件，并不意味着"小班化"教学，根本在于"通过控制班级的学生人数来创设良好的教学环境，并根据这一环境选择适当的教学方式，从而促进学生的发展、全面提高教学质量"[2]。再如在教学方法上，问题教学法是高校思想政治理论课教学的一种常见和十分重要的方法。"没有问题意识的课堂，是没有灵魂的课堂；没有问题导向的思想政治理论课教学，是不可能有吸引力和说服力的"[3]。有人以为，在教学中设置了问题、分析了问题就是"问题教学法"，而对于问题本身是否具有启发性、适宜性，则考虑不多，这就无法培养教学对象的创新性思维、批判性意识。"提出一个问题往往比解决一个问题更重要"[4]，问题是激发学生学习兴趣的关键；但是，"问题不在于不断地提问，而在于如何提问、提什么问题与出于什么动机提问"[5]，运用问题教学的前提，是教师要深谙熟悉发问的技术，否则他的教学工作是不会有成效的[6]。问题教学法的实施不是教师对于问题的自问自答，而是一个引导教学对象直面问题、探究问题、反思问题的主体性认识过程，成功的问题式教学法往往会在问题的解答中引发学生一系列的追问并形成问题链，问题和问题链体系的构建才是问

---

[1] 马凤岐、王伟廉：《教学方法改革在人才培养模式改革中的地位》，载《中国大学教学》，2009年第3期。
[2] 张寿松：《小班化教学的理论探讨与实践操作》，载《教育探索》，2007年第9期。
[3] 杨志刚、刘铎：《"问题导向"与"专题教学"设计》，载《思想理论教育导刊》，2015年第9期。
[4] [美]阿尔伯特·爱因斯坦、[波兰]利·英费尔德：《物理学的进化》，周肇威译，上海：上海科学技术出版社1962年版，第59页。
[5] [法]卢梭：《爱弥儿》，李平沤译，北京：人民教育出版社2001年版，第216页。
[6] 张天宝：《主体性教育》，北京：教育科学出版社2001年版，第55页。

题教学法的关键①,"问题"的质量决定了该教学法实施的成败。问题链教学主要是以学生关注和困惑的问题为起点,在学生关注点和教材重难点的结合上精心设计问题,以环环相扣、层层递进的问题链引导教学、激活学生、点燃课堂,使学生沿着明辨是非、格物致知的思考路径,在不断深入的连续追问中学会思考、确立信仰。②应用型本科高校思想政治理论课教师创设高质量"问题"、建构问题链的前提,是长期关注课程有关重大的理论难题和政策问题,关注重大社会问题、学生主要思想及生活问题,根据发现或学生提出的问题及时发掘学生的困惑焦虑所在,尽量将理论、政策问题与现实社会问题相结合,确保问题的现实性、针对性、启发性、深刻性、新颖性、可探究性以及与应用型本科高校大学生思想政治理论水平相契合性。

二、应用型本科高校思想政治理论课教学方式"精准供给"建设的策略

一是由"教师主体型"向"教师主导的'师生双主体型'"转变。20世纪80年代以来,教学"本体论"始终伴随着"教师主体论""学生主体论""师生双主体论""'教师主导—学生主体'论"等多种观点的交锋,也给应用型本科高校思想政治理论课教学带来一定困惑。从前文的调研数据分析我们知道,在目前应用型本科高校思想政治理论课教学实践中,"教师主体型"方式居于绝对地位,学生的主体性表现不明显。这种单向灌输教学方式有利于教师组织、监督整个教学活动的进程,也有利于知识的系统性传授,但忽视了学生的主体性功能,不利于学生能力的培养。调查同时也显示,大多数应用型本科高校大学生都有参与教学的主体性意识和意愿。但是,这是否意味着应用型本科高校思想政治理论课教学更适宜于"学生主体型"呢?我们对此持保留态度。"学生主体型"教学方式对于学生的思想政治理论基础、自我学习和交互学习能力、教学组织能力、自律意识都具有很高的要求。从调查情况看,应用型本科高校学生在这些方面还不够充分。以理工农医学科为主的应用型本科高校大学生,绝大多数在中学阶段都没有完整地学习过思想政治理论课程,相关基础理论知识相对匮乏。进入大学阶段后,不少学生的自我学习、自我管理、交互学习的意识和能力还不够强,一些学生在很大程度上还处于"要我学"而非"我要学"的状态。只有极少部分基础好、能力强、学习意愿强烈的学生倾向于以"学生为主"思想政治理论课教学方式,大多数学生尽管具有一定教学主体性意识,但也只是愿意"参与"而非主导教学。如果应用型本科高校思想政治理论课教学在目前的状态下采取"学生主体型"教学方式,课堂可能变

---

① 谢佛荣、蒋福明、邓菲菲:《新时代高校思想政治理论课"问题链"教学方法探析》,载《教育教学论坛》,2022年第51期。
② 冯秀军:《用"问题链"打造含金量高、获得感强的思政课》,载《中国高等教育》,2017年第11期。

成极少数优秀学生的"炫技场",其他学生则成为"沉默的大多数"。事实上,我们后期的教学实验也证明了这一结论。

理论性是思想政治理论课的基本属性,思想政治理论课有着严密的理论框架体系。没有经过系统深入的理论学习、严格的学术训练和教学训练,很难将理论讲深讲透。师生之间在理论涵养、学术研究、教学技能、人生阅历等方面的"高度差",决定了应用型本科高校思想政治理论课离不开教师深入细致地分析和讲解,教师的理论讲解仍然是应用型本科高校思想政治理论课教学的主要方式。因此,我们认为,应用型本科高校思想政治理论课教学一方面要改变目前的"教师主体型"教学方式,通过引导、训练不断增强学生的教学主体性意识和能力,同时教师在教学中的主体性也不应受到质疑和削弱。"任何一种教育活动都是教育者主动地向受教育者传输知识、观点和技能的施教活动与受教育者能动地对教育内容进行选择、吸纳性接受活动的联结和统一",教学活动是"施教与接受这两个既互相联结、又相互分离的过程",不能进行简单剥离。[1]学生主体性的增强并不意味着教师主体性的降低,教师主体性与学生主体性不是非此即彼的对立性存在,两者都是思想政治理论课必不可少的平等主体,并且这种"平等"也不应简单以各自占据课堂教学时间的多少进行简单判断。"很多人遵循'一项活动只有一个主体'的理论,直接把学生看作教学实践活动中被主体认识和改造的客体,或者认为教师和学生是同一主体,始终不把教师和学生放在不同的主体地位上,这和教学实践是不相符合的。"[2]我们认为,应用型本科高校思想政治理论课教学应由"教师主体型"转向"师生双主体型",并且在这种"双主体"关系中,教师是居于主导的主体,即"教师主导的'师生双主体型'"。这一点,教育部在《新时代高校思想政治理论课教学工作基本要求》中亦有明确指出,课堂教学方法(方式)创新"要坚持以学生为主体,以教师为主导,加强生师互动,注重调动学生积极性主动性"[3]。

二是由板书型、电化型向信息化、智慧化型合理转变。目前应用型本科高校思想政治理论课教学仍然以电化型、板书型教学为主,信息化、智慧化型教学程度不够高。这其中既有主观认识原因如对于教学方式的轻视和技术应用的畏难心理,也有客观环境的制约如学校的信息化、数字化教学基础设施建设滞后,信息化、智慧化教学平台功能不健全,数据共享未开放,智慧教室数量少、容纳学生少等。为此,要从这两个方面加强建设。

第一,加强教师的教学方式赋能、技术赋能意识建设,增强建设的价值感、

---

[1] 刘先义:《接受理论:教育研究的新领域》,载《教育理论与实践》,1998年第2期。
[2] 孙发利:《交互主体论与主体性教学模式建构》,载《延安大学学报》,2001年第3期。
[3] 《教育部关于印发〈新时代高校思想政治理论课教学工作基本要求〉的通知》,中华人民共和国教育部网站,http://www.moe.gov.cn/srcsite/A13/moe_772/201804/t20180424_334099.html(访问时间:2022年4月15日)。

紧迫感。(1)思想政治理论课教学应当坚持"内容为王",但绝不代表教学方式不重要,先进教学方式对于教学具有显著赋能效应。信息化、数字化、智慧化技术支持下的教学能极大地改善教学的实施环境,提升教学资源的量与质,增强教学的吸引力和感染力,有效适应学生个性化、差异化学习的需求,推进了教学的精准化服务与管理,具有传统电化型、板书型教学难以比拟的优势,能够产生事半功倍的教学效果。(2)信息化、数字化、智慧化教学是高校思想政治理论课教学发展的必然趋势和基本要求。面对教育高质量发展的迫切需求和以人工智能为代表的新一代信息技术变革,各国均将信息化、数字化作为创新教育教学的重要途径。美国的"国家教育技术计划"对开展个性化学习、推进技术支持教学、提升教育信息化领导力做了全面规划,深度推进数字化背景下课程与教学改革。日本于2021年推出"科学技术创新基本计划",强调教育教学数字化转型。德国在2016年提出"数字化教育世界2030"战略目标,并于同年发布"数字世界中的教育"战略,对教学计划、教学实施和课程开发等做出明确规划。①党的二十大报告指出,要加快建设网络强国、数字中国,推进教育数字化。②国务院2023年1月发布的《"十四五"数字经济发展规划》提出,要深入推进智慧教育,推动"互联网+教育"持续健康发展。信息化、数字化、智慧化教学是未来教学发展的必然趋势,也是新时代高校思想政治理论课教学工作基本要求,特别是在应对新冠肺炎疫情等重大突发灾害中发挥了难以替代的作用,"要深入研究网络教学的内容设计和功能发挥,不断创新网络教学形式,推动传统教学方式与现代信息技术有机融合"③。

第二,加快提升教师信息化、数字化、智慧化教学技能和素养。相对于电化型、板书型教学来说,信息化、数字化、智慧化教学对于教师的教学技能和素养要求更高。它既要求教师能够熟练操作设施和灵活运用技术,有效获取、加工、使用、管理和评价教学数字信息和资源,通过基本数据、学习过程性数据、结果性数据准确识别和把握不同教学对象的学习特点和需求,发现、分析和解决教育教学问题,优化、创新和变革教育教学活动,又要有意识地合理保存和使用数据与信息,确保数据与信息安全。从前文的调查数据可以看出,对于信息化、数据化、智慧化教学操作应用的畏难心理是目前不少应用型本科高校思想政治理论课教师没有或不愿开展信息化、数据化、智慧化教学的重要原因。也有不少应用型本科高校尽管已经建成了信息化、数据化、智慧化软硬件设施,但教师还没有达到相应的技术素养要求,一些设施和资源甚至处于相对闲置状态。2022年11月,教育部发布《教师数字素养》,确定了由5个一级维度、13个二级维度和33个三级维度构成的

---

① 徐向梅:《深入推进教育数字化转型》,载《经济日报》,2022年9月9日。
② 习近平:《高举中国特色社会主义伟大旗帜 为全面建设社会主义现代化国家而团结奋斗——在中国共产党第二十次全国代表大会上的报告》,北京:人民出版社2022年版,第34页。
③ 《教育部关于印发〈新时代高校思想政治理论课教学工作基本要求〉的通知》,中华人民共和国教育部网站,http://www.moe.gov.cn/srcsite/A13/moe_772/201804/t20180424_334099.html(访问时间:2022年4月15日)。

教师数字素养框架;其中,一级维度包括数字化意识、数字技术知识与技能、数字化应用、数字社会责任以及专业发展。①为此,要参考这一框架体系,结合学校实际情况和具体问题,分群体、有步骤、针对性加强建设,既要积极引导培训,也要避免"一刀切"。一方面,要通过技术培训、先行示范、"一对一"帮助、做好技术服务等方式,引导教师克服畏难心理;另一方面,通过必要的激励机制引导教师积极开展信息化、数据化教学探索,特别是要抓好中青年教师这个群体,积极推动信息化、数据化、智慧化教学方式的转型。

第三,加强适宜思想政治理论课信息化、数字化、智慧化教学设施建设和运行管理。思想政治理论课开展信息化、数字化、智慧化教学,软硬件建设是基本条件。一方面,加强新型基础设施建设,聚焦信息网络、平台体系、数字资源、智慧校园、创新应用等,建构"5G+智慧教学"。在相关建设规划和升级改造时,要将思想政治理论课纳入其中,充分考虑到思想政治理论课教学的实际要求。另一方面,要建立信息与数据内部统筹机制,集成并开放数据要素,促进数据融通,真正实现大数据在思想政治理论课教学中的应用。

需要指出的是,信息化、数字化、智慧化教学方式尽管有着诸多的优点,但技术只是手段和工具,永远无法取代"人"的意义和价值。正如前文所言,最合适的教学方式就是最好的教学方式,在信息化、数字化、智慧化教学方式的建设推广中,搞"一刀切"对于有些教师来说效果可能适得其反,因此还是要尊重教师的意愿和选择。同时,我们也要看到,思想政治理论课不只是单纯的知识传授,它以教师的经验观察和切身感受为最基本的逻辑基础,情感在思想政治理论课教学中发挥着十分重要的影响。信息和数字技术具有的标准格式化特性有可能导致师生之间的有温度的双向情感交流弱化为冰冷的人机互动。②应用型本科高校思想政治理论课不论采用哪种教学方式,归根结底是服务于价值引导、立德树人,要提防为追求时髦而无限吹捧技术层面教学方式"改革创新"的不良倾向。

三是坚持以理论教学为主,加强实践教学建设。应用型本科高校的人才培养目标是服务于地方经济社会发展的高层次应用型人才。这类人才既要具备一定深度和广度的基础理论知识,又要有较强的实践应用和创新能力;既要有较为宽广的视野,又要熟悉地方经济社会实际情况。实践教学的核心是"真实体验",在真实的情境中观察、体验、感悟、提升,要动手、动腿、动嘴、动脑,是最能发挥学生主体性和创造力的教学方式,也有助于深化对于社会的认识。理论教学与实践教学一体化的人才培养模式是地方本科院校实现应用型人才培养目标的一种主要

---

① 《教育部关于发布〈教师数字素养〉教育行业标准的通知》,中华人民共和国教育部网,http://www.moe.gov.cn/srcsite/A16/s3342/202302/t20230214_1044634.html(访问时间:2022年4月20日)。

② 冉力文:《高校思政课信息化改革热后的冷思考》,载《高教论坛》,2022年第9期。

途径,也是地方本科院校的教学特性。①这就要求应用型本科高校思想政治理论课教学相较于研究型本科高校要更加重视实践教学,相较于高职高专类院校更加重视理论教学。从调查和访谈情况看,目前应用型本科高校思想政治理论课的理论教学主体地位十分明显,但实践教学特别是课下实践教学过于弱化。对此,我们将在第五章进行专章论述。

四是由"大班化"教学转向"中班化""小班化"教学。应用型本科高校思想政治理论课"大班化"教学现象由来已久,在各类高校的教学班级规模上,应用型本科高校(新建高校)的规模最大;而在各类课程的教学班级规模上,思想政治理论课的规模又位居前列②。"大班化"教学在本质上是一种轻视学生教学"主体性",忽略学生差异性的"一体化"供给方式,也直接影响教学实施:(1)先进教学方法难以实施。"大班化"环境下学生数量动辄百人以上,在短短的45分钟内,哪怕全部的课堂教学时间都拿出来与学生进行交流互动,每位学生可分配到的时间也不足30秒。众所周知,高校思想政治理论课的教学内容多,课时量紧张,作为一项基本教学纪律和规范,教师必须在规定的时间内完成全部教学内容。在这种情况下,教师要么与极少数学生开展交流,要么与一些学生进行浅尝辄止的象征性互动,甚至因为考虑时间要素不得不经常打断学生的发言,采用分组讨论、主题辩论、课前报告等耗时较多的"以学生为主体"的教学方法可操作空间很小,所谓的师生交流互动难免形式化、空心化。与之对应的,就是不得不采取传统的"支配—服从"的单向灌输式教学,教师处于教学的绝对核心和主体地位,学生作为教学"客体""听众",被动地接受教学,教学变成教师的"独角戏"。(2)课堂管理存在难度。"班级规模对课堂物理环境的作用最直接、也最容易觉察,主要包括对课堂空间、空气质量、噪音及座位编排等方面的影响。"③过大规模的教学班级会引发人的不适感,造成学生的注意力不集中。行为学研究表明,教师课堂教学视野的最佳覆盖范围是25~28名学生④,在此基数上学生的数量越大,教师的视觉"盲区"就越大,就会有更多学生处于"被无视"的境地,影响学生的课堂学习积极性、主动性和自律性,也增加了课堂教学管理的难度。(3)学生考评不便操作。过程化考核是目前高校普遍采用的一种科学的思想政治理论课考核方式,课堂表现在学生最后的学习评定中所占的比例越来越高,也为学生所十分关注。但是,由于"大班化"教学不可能满足所有学生充分交流互动和展示自我的机会,事实上变相剥夺了这部分学生获取该项平时成绩的权利。同样,过多的学生使得教师在课堂上无法准确掌握学生的学习情况,因而难以给予学生客观的评价与成绩评

---

① 肖伟才:《理论教学与实践教学一体化教学模式的探索与实践》,载《实验室研究与探索》,2011年第4期。
② 杨静、姚利民:《关于高校班级规模的调查分析》,载《高等教育研究》,2012年第7期。
③ 王爱玲:《班级规模:一种不容忽视的课堂环境因素》,载《当代教育科学》,2011年第21期。
④ 李方安:《班级规模到底该多大》,载《教学与管理》,2003年第2期。

定,在平时成绩评定上也难言公平。尽管"人工智能""人脸识别""扫码签到"等技术和一些在线教学平台能够保证学生出勤考核的客观性,保留学生的在线作答痕迹,但是依靠这种冰冷技术手段下的教学考评操作与师生、生生之间面对面的"有温度"的交流互动在育人效果上是难以比拟的。现代教学理念下的学习考评,不仅要求全面客观,还突出个性化、人性化、多样化。"大班化"教学方式下,要做到个性化、人性化、多样化的操作成本远远超出了教师的承受能力,往往只能采取单一的考核方式。(4)教师教学压力大。一是来自备课的压力,"大班化"的教学班级大都是由多个行政班级组合而成,学生的专业不同、学科不同、基础不同,有的学生没有思想政治理论课学习经历,有的则经过较为系统的前期学习。对于思想政治理论课教师来说,如果忽视这种差异性,不仅有损教学效果,也必然影响学生的教学质量评价;如果坚持在内容深度、理论高度、视野广度上充分关照到所有学生,几乎是个"不可能完成的任务",的确是个难能两全的问题。二是教学相关性工作量大。如作业批改、试卷批阅、组织开展实践教学、学生课下与思想政治理论课教师的交流探讨等对于教师是个不小的考验。(5)无益于学生"社会化"养成。教学班级不仅只是一个基本的教学单位,同时又是作为一个群体而存在,是一个"有着共同价值、共同的活动目标与任务,并具有凝聚力的高度组织起来的群体",特别是对于思想政治理论课而言,"班级化"教学本身也是学生共同体意识、"社会人"的塑造过程。社会心理学研究表明,群体规模与集体凝聚力呈负相关。过大的教学班级,陌生的同学,"被无视"、交流少的学习过程和体验下,很难形成从"我"到"我们"的归属感,也难以产生对于任课教师的亲切感、信任感。

"小班化"教学体现了对学生个体的关注,能够有效化解"大班化"教学带来的一系列问题。在"小班化"环境下,合理的教学对象规模赋予了师生较为宽松的交流互动空间,师生、生生交往的机会更多、交流的质量更高,可以对问题进行充分的探讨,了解不同学生的思想观点,针对性解决学生的思想困惑,也在探讨中拉近了师生、生生情感,营造和谐的师生关系,增强师生"我们"的集体归属感和共同体意识,在教学过程中进行"社会人"的塑造。由于学生的基数不大,思想政治理论课教师也有更为充分的时间和精力对少数在课堂讨论中"意犹未尽"的学生或其他寻求答疑解惑的学生进行"一对一"的耐心辅导和交流,更为深刻、全面、准确地了解不同学生的学业基础、思想状况、性格个性、困难困惑乃至成长环境,最大程度的"育人""化人",对于推进学校"大思政"格局建设也有重要意义。"小班化"教学也便于课堂管理和各类教学方法的实施。教学过程中,教师可以将学生的一举一动尽收眼底,营造更好的课堂秩序,分组讨论、情境表演、课堂展示等组织性强、耗费时间较多的先进教学方法也便于开展。此外,"小班化"教学也极大地减轻了教师在作业批改、试卷批阅等方面的工作压力,有更多时间和精力投入教学科研工作,实现"教研相长"。有研究表明,"小班化"教学对教师有着积极影响,教师的教学积极性更高,精神面貌更好,也更亲近学生。

从应用型本科高校现实来看,思想政治理论课专职师资实际缺口总体还比较大,用以师资引进的财政能力有限,一些高校还没有真正将思想政治理论课教学与专业课教学放在同等重要的地位给予支持,短期内做到从"大班化"教学转向"小班化"还不大现实,但"中班化"教学要有保障。为此,教育主管部门要继续加强指导和督查,推动应用型本科高校尽快真正落实《新时代高校思想政治理论课教学工作基本要求》关于"1:350"师生比的要求,确保专职师资引进资金到位、用好,尽快建成一支规模适度、结构合理、教学能力合格的思想政治理论课教学师资队伍。需要指出的是,《新时代高校思想政治理论课教学工作基本要求》(2018)、《"新时代高校思想政治理论课创优行动"工作方案》(2019)、《关于深化新时代学校思想政治理论课改革创新的若干意见》(2019)、《高等学校思想政治理论课建设标准(2021年本)》均明确,这里的"师"是指高校"专职"思想政治理论课教师。此外,降低"师生比"是开展"小班化""中班化"教学的重要条件,但并不必然意味着"小班化""中班化"教学。只有在规模"小班化""中班化"的同时运用相应教学策略、教学方式、方法和手段才是真正意义上的"小班化""中班化"教学。

五是从"多主体协作式""单主体贯穿式"转向"多主体固定性贯穿式"。"多主体协作式"教学方式的优势在于:(1)教师教学优势互补性强。不同教师的专业背景、研究方向、教学兴趣点和擅长点各不相同。通过对教学内容的专题化分解,由教研室全体教师结合自己在教学内容上的擅长点进行专题选择并开展教学,可以最大限度地发挥个体教师的教学优势和教研室教师的整体优势。(2)降低教师的教学成本和压力。教师就特定教学专题开展教学设计,备课压力大大减轻,在总体课时量保持不变的情况下,教师教学的时间、精力成本明显降低。(3)提升教学的内涵和深度,推动教师教研相长。由于教学专题是由教师结合个人的专业背景、研究方向、教学兴趣点和擅长点做出的选择,能讲解得更深更透,"以透彻的学理分析回应学生,以彻底的思想理论说服学生,用真理的强大力量引导学生"。同时,由于备课成本和压力的降低,教师可以集中精力加强特定教学专题的教学设计和研究,促进"教研相长"良性循环。"专题式教学能把教师从无所不包、面面俱到的备课中解脱出来,集中精力研究自己最擅长、最感兴趣的专题,不仅能深化对于理论和现实问题的认识,提高学术研究能力和水平,增强讲授的熟练专深和精巧程度,还能使学生接受精深独到的学术滋养和博学敬业的精神感召,培养学生的学习兴趣和积极性"[①]。(4)增强教师的教学质量意识。不同教师要接受相

---

① 荆钰婷、谭劲松:《高校思想政治理论课专题式教学模式新探》,载《思想理论教育》,2010年第23期。

同教学对象的评价,评价对象的规模也十分庞大,评价结果也更加客观,是真正的"同台竞技",无疑会增加教师的竞争意识、责任意识,加大对于教学工作的投入。此外,学生在一门课程的学习过程中接受多名教师的教学,可以领略不同教师的教学风采,增强教学的新鲜感,也有助于更加客观地进行教师教学能力的比较与评价。"多主体协作式"最大的特点在于教师和教学内容的"流转性",这也不可避免地产生了如下几个问题:第一,在这种不固定的师生结构下,教师在一个教学周期内面向多个对象授课,特定教学对象接受数名教师的轮流教学,每位教师与特定教学对象的教学时间都是碎片化的,教师很难了解教学对象的具体情况和教学需求,学生也缺乏足够时间适应教师,师生之间难以形成亲密的情感,与思想政治理论课程的教学特点和要求不相匹配。第二,教学内容的有机整体性存疑。高校思想政治理论课程与其他专业课程不同,大量的思想性内容是有机的融合在各个章节之中的,具有很强的整体性,很难进行"块状"的专题切割,实现从"化整为零"到"拼装成体"。第三,教学实施和管理的要求高。在专题设计上,既要考虑教学内容的完整性,也要考虑教学专题的衔接性,还要考虑教师的个性化特点。在师资安排上,要求不同教师的专业背景、研究方向、教学兴趣和擅长点要具有明显的互补性。在教学具体实施上,教师要用一套教案不断面对并不熟悉的不同教学对象开展教学活动,教研室要统筹协调不同教学专题的主要内容以避免教学内容、案例、课后任务的重复,同时也会增加教务部门在课程安排、学生在教学评价上的复杂性。

"单主体贯穿式"的优势在于:(1)教学的整体性、系统性强。由于在特定教学周期内只由一名教师全程全面负责特定课程的全部教学工作,该名教师可以对教学进行整体性、一体化的统筹安排和设计,系统灵活地协调不同章节、主题之间的关系,做好内容的衔接和互补,组织实施形式多样的教学活动,最大限度地避免重复教学的问题。(2)师生密切度高。由于一名教师的教学贯穿整个教学周期内,有助于最大限度地增进师生之间的彼此了解。对于教师而言,拥有较为充足的时间全面地把握学生真实的知识理论基础、学习方式方法和课程的教学需求乃至班级特点等,并动态及时地进行教学的调整和改进。对于学生而言,便于把握教师的教学风格和特点,以便制定相应的学习方案。再者,长时间的稳定的师生结构关系也有助于加强师生的联系和情感,这对于实现思想政治理论课教学"沟通心灵、启智润心、激扬斗志"具有十分重要的意义。(3)便于操作和管理。从管理部门教学安排看,由特定教师"点对点"承包若干行政班级某一门课程的教学任务,条块分明,责任到人,也便于教学安排和对特定班级和教师教学质量的管理和评价。从教师教学管理来看,稳定的师生结构、密切的师生关系、适量的学生规模,无疑更有助于课堂内外的教学组织和管理。"单主体贯穿式"的不足在于:思想政治理论课程的教学内容涉及多个学科、多个方向,但教师的学科专业背景、研究方向、教学兴趣点和擅长点相对单一，难以面面俱到地做到对于课程全部内容的教学都游刃有余。由一名教师完整地讲授一门课程的全部内容，教师就需要花费大量的时间和精力进行备课，特别是对于那些并不擅长的教学内容，不仅教学压力大，也很难达到满意的教学效果。从应用型本科高校教学实施来看，其"单主体贯穿式"是"流动性单主体贯穿式"，教师与特定学科、专业教学对象并不固定，又在很大程度上消解了"单主体贯穿式"的优势。

由此可见，"多主体协作式"和"单主体贯穿式"教学方式各有利弊，只有将两者结合起来，才能最大限度地扬长避短，为此，我们提出"多主体固定性贯穿式"教学方式：（1）教师多主体性。根据课程内容专题化设计方向和教师学科专业背景，确定若干名教师共同执教某一门课程。但是，与"多主体协作式"不同，课程内容的专题化分解不宜过细，专题化教学教师的数量不宜过多，每门课程以2~3名教师为宜，以避免"多主体协作式"下师生互不熟悉、感情淡漠和教学协调等问题。（2）教学稳定性。一方面，每位教师只面向特定二级学院、学科、专业的教学对象开展教学。在教完一批特定二级学院、学科和专业的学生后，继续面向下一届或该二级学院其他学科或专业学生开展教学，最大限度地增进对于该学院、学科、专业及学生的了解。另一方面，教学团队固定。由2~3名开展专题化教学的教师组成固定教学团队面向特定二级学院、学科和专业学生开展教学，尽量减少教学沟通协调成本。

第五章

应用型本科高校思想政治理论课实践教学"精准供给"

实践教学是应用型本科高校教学最鲜明的特色。实践教学旨在以实践为桥梁引领教学对象正确认识教学内容与实践活动之间内在的统一性关系，加深对教学内容的深刻理解和把握，是思想政治理论课"涵化育人"的一条重要途径，也是新时代高校思想政治理论课教学工作的基本要求和改革创新的重要内容。应用型本科高校以高层次应用型人才培养为目标，与实践相结合是应用型人才培养的一个重要手段，相较于其他类本科高校来说，应用型本科高校思想政治理论课应该更加重视实践教学。进入新时代以来，实践教学在应用型本科高校思想政治理论课中得到明显加强，但还存在不少现实问题和困难，与新时代高校思想政治理论课教学工作的基本要求和高层次应用型人才培养需要还存有一定差距。如何破解这些问题和困难，开展针对性建设，切实增强思想政治理论课实践教学实效，仍是应用型本科高校有待思考和探索的重要课题。

第一节 应用型本科高校思想政治理论课实践教学基本理论

近年来，特别是进入新时代以来，学术界对于高校思想政治理论课实践教学进行了不少有益的探索，但总的来说还不够深入和全面，在内涵、类型、方式、价值等方面还存在一定争议，对于建设方向、内容、方法也存在不同的认识，在一定程度上制约了高校思想政治理论课实践教学规范化建设发展。

一、高校思想政治理论课实践教学的内涵

高校思想政治理论课实践教学研究起步相对较晚。2004年6月，教育部社政司主持的"全国高校公共理论课实践教学研讨会"在江南大学召开，引发了学界关于高校思想政治理论课实践教学的理论思考。《中共中央宣传部教育部关于进一步加强和改进高等学校思想政治理论课的意见》（教社政[2005]5号）即"05方案"

提出"高等学校思想政治理论课所有课程都要加强实践环节。要建立和完善实践教学保障机制,探索实践育人的长效机制"后,进一步激发了高校思想政治理论课实践教学的理论研究和实践探索热情。

  关于思想政治理论课实践教学的概念,学界既存在共识,也有一定分歧。我们认为,思想政治理论课实践教学是相对于理论教学而言的一种教学方式,是以学生开展思想政治理论课程相关实践性、创造性活动为外在形式,以在实践中进一步理解、验证、深刻认识思想政治理论课程内容,增强学生独立思考、创新意识和动手能力为目标的教学活动。准确理解思想政治理论课实践教学内涵,应把握以下几点内容:(1)实践教学是理论与实践相统一的教学。实践教学与理论教学存在明显的区别,实践教学以教学对象的实践为根本特征,由教学对象运用马克思主义世界观与方法论分析解释纷繁的人类社会现象,重在培养学生的独立思考和动手能力。理论教学则以教师的讲授为根本特征,通过马克思主义基本立场、观点、方法的讲授,使教学对象掌握系统的马克思主义思想政治理论。思想政治理论课实践教学与理论教学密切相关。理论教学是实践教学的基础,决定了实践教学的主题、内容和方向。实践教学是理论教学的延伸,是对理论教学内容的深化、巩固和具体化,是以实践的形式将思想政治理论知识与大学生成长成才规律结合起来,引导大学生在主动参与的实践体验中理解社会主义行为规范,学会为人处事,学会运用理论知识追求个体全面发展和社会全面进步的目的,是以实践体验的形式展现出来的理论教学。[①]思想政治理论课实践教学是理论与实践相结合的教学,须臾不得脱离理论教学的范畴,是一个"理论—实践—理论"的过程。与思想政治理论课教学内容无关的实践教学不是思想政治理论课实践教学,只有实践而没有理论,或没有最终上升到理论、回归理论,也不是思想政治理论课实践教学。(2)教师与学生均是实践教学的主体,但在实践内容上存在差异。思想政治理论课实践教学突出学生的主体地位,但它是一种"教学"活动而非单纯的大学生社会实践活动。所谓"教学",既离不开教师的"教",也离不开学生的"学",是教与学的统一。实践教学要让教学对象更加深刻地理解马克思主义理论体系所揭示的客观世界的本质和规律,单凭大学生自发地组织开展实践活动是难以实现的,离不开教师的"教"。这里的"教"与理论教学的"教"有所不同,主要表现为在实践教学的整个过程中,始终积极引导学生结合理论开展实践活动,随时进行理论的回应和互动,在生动鲜活的实践中感悟理论、验证理论,深化对于理论的认识。没有教师"教"的思想政治理论课实践,不是思想政治理论课实践教学,教师同样是思想政治理论课实践教学不可缺位的主体。理论上,思想政治理论课实践教学中教师的"教"要求教师"在场"。这里的"在场"是一个效果层面而非形式层面的要

---

① 汪馨兰:《高校思想政治理论课实践教学研究》,电子科技大学博士学位论文,2014年,第27—28页。

求,既可以以教师身体力行地参与到实践教学的全过程,也可以通过现代技术手段予以实现,只要能达到"在场"教学的效果即是"在场",但显然前种方式的实现效果更佳。(3)思想政治理论课实践教学形式和方法具有多样性。第一,根据教学实施的空间,思想政治理论课实践教学分为课堂实践教学和课下实践教学两种类型,课下实践教学又包括课下校内实践教学和课下校外实践教学。课堂实践教学是在课堂内开展的实践教学,与课堂理论教学共同构成课堂教学。课堂实践教学的教学方法多样,如小组讨论、课堂辩论、课堂展示、课堂报告等,是目前包括应用型本科高校在内的各类高校思想政治理论课普遍采用的主要实践教学形式。课下校内实践教学是在课下时间、校园之内进行的实践教学,包括校内游学参观、影视鉴赏、读书活动、主题讨论和辩论、情景剧和红歌展演等。课下校外实践教学是在课下校园之外进行的实践教学,包括实践教学基地教学和以场馆参观、社会调查访谈、社会公益活动和服务等形式开展的实践教学。课堂实践教学的优势在于教学成本低,可控性强,便于组织开展,不足之处在于课堂时间有限难以充分实施,社会体验深度不足。课下校内实践教学相较于课堂实践教学而言有着更为充分的时间,学生自主组织、设计、实施,也更能磨砺学生的动手动脑能力,学生的主体性更强。课下校外实践教学是各类实践教学中最有助于学生进行深度社会观察和体验的实践教学形式,不足之处在于教学成本高、组织难。第二,根据教学实施的手段,可以分为虚拟实践教学和现实实践教学。虚拟实践教学是借助现代数据技术,以开发应用虚拟软件或建设虚拟仿真实验室进行虚拟式体验的实践教学形式。所谓现实实践教学是指在现实的人、事、物的环境下开展的,主要通过学生身体力行的行为进行的实践教学形式。前者是一种按照预设程序进行的"人机对话"的教学形式,要求具备特定的技术和设备,其特殊优势在于能够逼真重现那些难以在现实生活中实现的历史等情境,便于组织实施,日常教学成本低。后者在实施过程中离不开人与人、人与社会的直接交往,是一种"有温度"的教学活动。

二、加强应用型本科高校思想政治理论课实践教学建设的逻辑

(一)马克思主义实践观的重要启示

实践的观点是马克思主义认识论的首要的和基本的观点,理论与实践相统一是马克思主义的基本原理。一方面,理论和实践都具有"部分性"和各自的片面性。作为普遍性的主观概念的理论是依据事物运动发展的客观规律性和因果制约性,从客观世界中获得规定自身内容的辩证过程,理论扬弃的是主观世界的片面性,具有抽象性的特点。实践是在遵循客观事物的属性和规律的基础上,按照主体的目的和意志去规定和改造客观对象以满足主体自身需要的一种辩证活动,实践扬弃的是客观世界的片面性,具有现实性的品格。另一方面,理论和实践又存在

着同构性。作为理论基础、动力和标准的实践,总是在一定的理论预设的前提下进行并对理论的产生、发展发挥着决定性的作用,总是在"理论"的统摄下进行的。同时,作为实践的展示、体现和成果的理论,绝不是对实践的直观关照、机械反映和被动接受,而总是把实践作为自身的规定性包括其中,总是在"实践"的支配下进行建构的。只有把理论和实践结合起来,才能达到真理性的认识。[①]高校思想政治理论课教学是引导学生由对马克思主义理论的认知转化为认同,由认同内化为思想政治素质和分析解决问题能力,外化为现实生活中的具体行为的活动,科学的认识是"实践—认识—再实践—再认识"循环往复、以至无穷的过程。"全部社会生活本质上是实践的。凡是把理论引向神秘主义的神秘东西,都能在人的实践中以及对这个实践的理解中得到合理的解决"[②],只有理论教学而无实践教学,或只有实践教学而无扎实的理论教学基础,都不是完整意义上的思想政治理论课教学。

(二)学习心理学的理论支撑

学习心理学是教育心理学重要的主流性分支学科,是教育心理学形成之初最为核心的研究领域。建构主义学习理论自创建以来获得普遍认同,对教育理论和实践产生了广泛而深远的影响,引发了对于传统教育的反思乃至革命,成为引领教学改革的理论先锋。建构主义学习理论认为,尽管世界是客观存在的,但每个人对世界的理解是各不相同的,人们是以自己的经验来解释现实、建构现实的。认识并不是主体对客观现实的简单、被动的反映,而是一个主动建构的过程。学习是建构内在的心理表征的过程,学习者并不是把知识从外界搬到自己的记忆里,而是以已有的经验为基础,通过与外界的相互作用来建构新的理解。建构主义学习理论强调,学习不是被动、客观地接受外部知识的过程,而是主动地以已有经验为基础建构内部认知结构的过程,学习既是对新信息的意义的建构,也是对原有知识经验的改造和重组。[③]建构主义学习理论对认识个体的主体性给予了前所未有的关注,更加注重培养学生分析和解决问题的能力以及他们的创造精神,将教师看作学生学习的指导者、辅助者,倡导情境教学、合作学习教学、支架式教学。高校思想政治理论课实践教学突出学生的动手、体验、思考、合作,最为充分地发挥学生在学习中的主动性、能动性、创造性、自主性、独立性,是最能体现和激发学生主体性的教学方式,顺应了建构主义学习理论和教育发展大势。

(三)高层次应用型人才培养的客观需要

思想政治理论课实践教学是高层次应用型人才培养"一体化"的客观要求。

---

① 张云飞:《理论和实践的统一:马克思主义整体性的内在机理和科学要求》,载《思想理论教育导刊》,2008年第5期。
② 《马克思恩格斯文集》(第1卷),北京:人民出版社2009年版,第544页。
③ 卢家楣:《学习心理与教学》(第三版),上海:上海教育出版社2020年版,第33页。

（1）应用能力"一体化"培养的要求。应用型本科高校所要培养的，是具有一定知识、能力和综合素质，面向生产、建设、管理、服务一线或岗位群的高层次应用型人才。这类人才既要有较为宽广的专业面和知识面，也要具备较高的理论知识和人文素质，更要有强烈的创新意识和解决实际问题的工作能力。突出"应用"是应用型本科高校人才培养的核心，也是其科学定位和办学立足点。实践是应用的基础，是创新意识和解决问题能力培养的有效途径和手段。这就要求应用型本科高校要特别重视理论教学与实践应用的相互渗透和融合。一方面，要注重和加强基础理论的教学，拓宽学生的知识面，为学生打下宽厚的理论知识基础；另一方面，在人才培养中要突出能力培养，强化应用实践，把应用与实践渗透到各门课程教学的全过程，并通过与社会的深入广泛合作，开展实践训练，把实践教学放到至关重要的位置。思想政治理论课程是应用型本科高校课程体系的重要组成部分，思想政治理论课教学必须紧紧围绕高层次应用型人才培养目标进行教学设计和实施，既要结合课程内容在教学中增强学生的创新意识、工匠精神和人文涵养，也要大力开展实践教学，在实践教学中培训大学生发现、分析、解决问题的思维模式、方法和能力，与其他课程在应用型人才培养上协同一致、同向同行。（2）服务地方的高层次人才"一体化"培养的要求。"地方特色"是应用型本科高校的又一鲜明特点，应用型本科高校所培养的，是服务于高校所在地经济社会发展而非"普适性"高层次应用型人才。这就要求包括思想政治理论课程在内的所有课程和教学，要主动适应、融入、引领地方经济社会发展，紧贴当地经济社会和行业发展需求并根据需求变化灵活调整，做到始终与地方要素资源对接，与行业企业人才培养和技术创新需求对接，以社会经济发展和产业技术进步驱动课程和教学改革，以产教融合、协同育人的人才培养模式，实现专业链与产业链、课程内容与职业标准、教学过程与生产过程对接，形成人才培养和技术创新、高校和地方经济社会联动发展新格局。通过实践教学，将课堂搬到地方行业、企业、社会一线，不仅有助于学生真切把握地方新产业、新业态和经济社会的生动现实和发展变化，也深化了对于地方的了解和融入，更好地适应未来在本地和行业领域的生活，增强了思想政治理论课教学的现实性、针对性和实用性。

（四）政策文件的明确要求

教学工作是高校最基础、最根本的工作，实践教学是高校人才培养的重要一环，是新时代高校思想政治理论课建设的基本要求和马克思主义学院建设的一般标准，也是"大思政课"建设的重要内容。《教育部关于全面提高高等教育质量的若干意见》指出，大力提升人才培养水平，全面提高高等教育质量和实施素质教育，就要"把促进人的全面发展和适应社会需要作为衡量人才培养水平的根本标准，落实文化知识学习和思想品德修养、创新思维和社会实践、全面发展和个性发展紧密结合的人才培养要求"。为此，在人才培养模式上，要将科学基础、实践能力和人文素养融合发展,"强化实践育人环节,制定加强高校实践育人工作的办法。结合专业特点和人才培养要求,分类制订实践教学标准",与党政机关、城市社区、农村乡镇、企事业单位、社会服务机构等协作建立实践基地,广泛开展社会调查、生产劳动、志愿服务、公益活动、科技发明、勤工助学和挂职锻炼等社会实践活动。①为了切实加强高校思想政治理论课实践教学建设,中宣部、教育部相继下发了《关于进一步加强和改进高等学校思想政治理论课的意见》(2005年)、《高等学校思想政治理论课建设标准(2011年本)》等数个文件,明确了高校思想政治理论课实践教学建设的指导意见和要求。进入新时代后,高校思想政治理论课实践教学得到进一步加强,《新时代高校思想政治理论课教学工作基本要求》《高等学校思想政治理论课建设标准(2015年本)》《普通高等学校马克思主义学院建设标准(2019年本)》《高等学校思想政治理论课建设标准(2021年本)》《全面推进"大思政课"建设的工作方案(2022年)》对实践教学做出了更为明确细致的要求,有力推动了高校思想政治理论课实践教学标准化、规范化建设。

三、应用型本科高校思想政治理论课实践教学建设的原则

(一)坚持系统性规划,整体性建设

实践教学是一个比理论教学更为复杂的教学体系,涉及多主体、多环节、多要素,其中任何一个方面的短板都可能制约实践教学的实施和效果。因此,要做好应用型本科高校实践教学,必须要统筹处理好以下几类关系,从学校层面进行系统性规划,整体性建设:(1)处理好实践教学与理论教学的关系。正如前文所言,实践教学与理论教学既有区别,又紧密相连,相辅相成;实践教学的根本目的在于加深对理论教学的认识和理解。教师在设计实践教学时要紧密结合理论教学,特别是其中大学生关注的重大理论热点和不易理解的难点问题,保持实践教学和理论教学在目标设定、内容设置的一致性,避免实践教学与理论教学"两张皮"乃至娱乐化、形式化、表面化,否则就背离了实践教学的初衷和目标。(2)处理好各门思想政治理论课程实践教学的关系。高校各门思想政治理论课程具有相对独立性,有着自身的逻辑体系和内容。同时,各门课程共同承担着立德树人的根本任务,统一于中国特色社会主义的伟大实践,构成一个有机课程体系。在进行实践教学的实施中,既要注重各门课程的特色,又要注意统一指导,既要避免厚此薄彼,协调好各门课程实践教学的主题和内容,避免重复教学,伤损大学生的教学积极性,消解教学实效。承担各门课程教学的各教研室负责人要加强沟通,紧密配合,共同探讨实践教学的目标、内容等,确保各门思想政治理论课程实践教学的协同

---

① 《教育部关于全面提高高等教育质量的若干意见》,中华人民共和国教育部网站,http://www.moe.gov.cn/srcsite/A08/s7056/201203/t20120316_146673.html。

性①。(3)处理好不同形式思想政治理论课实践教学之间的关系。思想政治理论课既有课堂实践教学形式,也有课下实践教学形式;既有校内实践教学,也有校外实践教学,还有虚拟实践教学。每一种实践教学形式既有自身优点,又有一定不足,任何一种单一的形式都难以完全实现思想政治理论课实践教学的目标。同时也要看到,最受大学生欢迎的实践教学方式未必是效果最好的实践教学,也未必是最合适的实践教学,在实践教学的具体组织实施中需要整体谋划,实现实践教学效果和效益的最优化。(4)处理好思想政治理论课实践教学与专业课实践教学、社会实践活动的关系。专业课实践教学是应用型本科高校专业课教学一项十分重要的常态化内容,门类多,时间跨度大,参与学生全员化,教学运行与管理已经较为成熟规范,也蕴含着丰富的思想政治理论课实践教学的内容。大学生社会实践活动是高校思想政治教育的一种重要方法与途径,旨在通过主体性实践体验,推动大学生了解国情,增长才干,服务社会,与思想政治理论课实践教学具有较大交叉性。与专业课实践教学和大学生社会实践活动相融合、相衔接,不仅节约了成本,增强了效率,便于思想政治理论课实践教学的组织实施,也推动了各类专业课程与思想政治理论课程同向同行,助推"大思政课"格局的建构。(5)处理好实践教学与教学实施环境的关系。实践教学相较于理论教学而言之所以更为复杂,就在于其对实施环境要求更高,涉及教学经费、教学基地、学生的组织等一系列事项,单凭思想政治理论教师孤掌难鸣,很多事务甚至也不是马克思主义学院能够独立解决。这就要求从学校、学院、思想政治理论课教师三个维度进行整体规划和安排。

(二)坚持建设的标准性与灵活性相结合

实践教学不是高校或教师开展思想政治理论课教学的"自选动作",《新时代高校思想政治理论课教学工作基本要求》《普通高等学校马克思主义学院建设标准(2019年本)》《高等学校思想政治理论课建设标准(2021年本)》等系列文件对此有着明确的规定。作为"基本要求"和"标准"的"规定动作",应用型本科高校必须严格按照相关文件和标准要求开展建设。这些要求包括:(1)建设规范性。思想政治理论课教学是常态化、规范性教学活动,必须"制定实践教学计划""纳入正常的教学计划""制定实践教学大纲""精心设计实践教学大纲",落实"教学内容、指导教师和专项经费",本科院校应设置2个必修学分。(2)学生覆盖全员性。高校思想政治理论课实践教学不是由任课教师选定的少数或部分优秀学生代表参加的"贵族式"教学活动,也不是学生基于个人意愿决定参与否的"选择性"教学活动,而是全体大学生根据课程教学安排有序参加的"必要性"教学活动,"实践教学覆盖全体学生"。(3)校外实践教学不可或缺。要"坚持开门办思政

---

① 谢璐妍:《高校思想政治理论课实践教学的"三化"研究》,载《思想理论教育导刊》,2017年第8期。

课,设立一批实践教学基地,推动思政小课堂与社会大课堂相结合","用好社会大课堂,建设相对稳定的校外教学实践基地","将课堂设在生产劳动和社会实践一线"。

思想政治理论课实践教学形式多样,对于教学实施的环境和条件要求各有不同,应用型本科高校在开展思想政治理论课实践教学时,要因地制宜,有所侧重,扬长避短,量力而行,不宜"一刀切"或刻意追求某种实践教学形式。(1)根据资源基础灵活选择。不同应用型本科高校建校时间各异,所处的地理区位和开展思想政治理论课实践教学资源禀赋各不相同。有的高校建校时间久,文化底蕴深厚,校内就有着可供思想政治理论课实践教学丰富的历史文化资源;有的建校时间短,校区新,开展思想政治理论课实践教学的校内历史文化资源较为稀缺。有的高校所在地方历史文化资源禀赋高,有大量适宜于开展思想政治理论课实践教学的场所和基地,有的高校则相反,相关资源欠缺。校内或地方历史文化资源禀赋高的应用型本科高校,可以积极开发这些校内和地方资源,建立长效合作机制,加强研究和资源开发。对于那些校内和地方历史文化资源禀赋较低的应用型本科高校,应将重点放在课堂实践教学、本地社会调查类实践教学建设上。(2)根据学校办学财力灵活安排。应用型本科高校大都为地方性高校,中央财政支持有限,受所在地方经济状况影响较大。有的高校地处经济发达区域,办学财力状况优渥,在具备经济条件的情况下,要积极加强思想政治理论课实践教学场所如VR虚拟体验中心等建设,为开展更多校外乃至一些较远距离的实践教学提供可靠的财力保障。有的高校所在区域经济相对落后,财力相对紧张,更适宜做好课堂实践教学和校内实践教学,将实践教学与专业课实践教学、大学生社会实践活动统筹进行,适量开展近距离校外实践教学。(3)根据学校思想政治理论课教学师生比灵活安排。思想政治理论课实践教学离不开教师的指导,要结合本校思想政治理论课教学"师生比"进行实践教学的安排。对于一些"师生比"较大、思想政治理论课教师数量不足的应用型本科高校,难以频繁开展大规模的课下实践教学。总之,高校应结合自身和地方实际,按照"课堂实践教学——校内实践教学(虚拟实验室)——校外实践教学"有序推进,在充分开发利用好前一种实践教学的基础上去开展其他实践教学,"鼓励有条件的高校开设专门的实践教学课"。

(三)坚持实效为要,突出建设的针对性

增强育人实效是思想政治理论课实践教学的出发点和落脚点,要"坚决避免实践教学娱乐化、形式化、表面化"[①]。教学针对性是教学实效性的一个基本前提,加强教学针对性、增强教学实效性是教学的基本规律。应用型本科高校实践教学要避免娱乐化、形式化和表面化,必须坚持紧贴课程实际、高校所在地方、高

---

① 《教育部等十部门关于印发〈全面推进"大思政课"建设的工作方案〉的通知》,中华人民共和国教育部网站,http://www.moe.gov.cn/srcsite/A13/moe_772/202208/t20220818_653672.html。

校自身和学生实际,加强教学的针对性建设:(1)紧贴理论教学中的大学生实际思想困惑。实践教学的根本目的在于弥补单一理论教学的不足,实践教学作为课堂教学的延伸拓展,重在帮助学生巩固课堂学习效果,深化对教学重点难点问题的理解和掌握。要结合课程重点难点内容和大学生理论学习中的实际困惑,精选实践教学主题、教学基地。(2)紧贴地方历史文化和社会发展实际。应用型本科高校主要面向所在地方培养人才,人才主要在当地就业。思想政治理论课实践教学要在教学实践中引导大学生深入地方社会,通过实践教学深化对于地方历史文化和社会发展实际的见识和了解,真正开展一些富有地方特色、紧密结合地方经济社会文化事业发展的实践教学。(3)紧贴教学对象的学科、专业。高校人才培养是育人和育才相统一的过程;落实立德树人根本任务,必须将价值塑造、知识传授和能力培养三者融为一体、不可割裂。既要加强"课程思政"建设,实现"各类课程与思想政治理论课同向同行,形成协同效应"[①],也要推动"思政课程"与专业教育的融合,实现思想政治理论课教学与专业课学习的双向互动,建设"大思政课"。在实践教学中,要引导学生在利用专业特长服务社会的实践中厚植家国情怀、法治意识、道德修养,让思想政治理论课实践教学更"专"更"实",更好地满足学生的成才成长体验和发展诉求,实现学生思想道德品质素养与专业核心素养的深度融合。(4)紧贴时代发展。"一切划时代的体系的真正的内容都是由于产生这些体系的那个时期的需要而形成起来的"[②]。现实世界具有丰富的时代性特征,实践教学是沟通思想政治理论知识与现实世界的桥梁,实践教学要以习近平新时代中国特色社会主义思想为指导,顺应时代发展,紧扣时代主题,依据课程内容体系和课程目标,及时将体现时代发展的热点议题添加到思想政治理论课实践教学之中,有针对性地引导大学生面向丰富多彩、不断发展的"现实世界"开展实践教学,科学认识国家发展现状和国际国内形势。

第二节 应用型本科高校思想政治理论课实践教学现状调查

进入新时代以来,应用型本科高校思想政治理论课实践教学建设不断加快和规范化,并形成了一批特色鲜明、确有成效的实践教学成果,但总体还处于摸索阶段。为准确把握应用型本科高校思想政治理论课实践教学现状,我们对相关院校进行了实地调研,并面向师生和相关教学管理人员进行了问卷调查和访谈。

[①] 《习近平在全国高校思想政治工作会议上强调:把思想政治工作贯穿教育教学全过程 开创我国高等教育事业发展新局面》,载《人民日报》,2016年12月9日。
[②] 《马克思恩格斯全集》(第3卷),北京:人民出版社1960年版,第544页。

一、面向高校的调研

（一）H学院

H学院坐落于某中东部省份的省会城市，是国内最早进行应用型转型发展和人才培养模式改革的高校之一，是全国应用型本科高校专门委员会副主席单位、长三角地区应用型本科高校联盟主席单位和该省应用型本科高校联盟常任主席单位。该学院早在2003年就开始了思想政治理论课实践教学的积极探索，2007年在学校层面深入研讨和调研的基础上制定了"思想政治理论课实践教学实施方案"，并于2011年出台《思想政治理论课实践教学活动的规定》，明确了实践教学的指导思想、基本原则、教学内容和组织管理。2014年学校修订了《加强教师应用实践教学能力培养实施办法》，明确将思想政治理论课专职教师纳入学校教师应用实践教学能力培养范围。

该学院思想政治理论课实践教学不单独制定教学大纲，而是分解在5门课程教学大纲中，开展三种形式的实践教学。一是以参观博物院、科技公司、革命纪念馆、文化创新街区、科技创新馆等为内容的校外实践教学。各门课程单独进行，一般在学期末进行，由各门思想政治理论课教研室数名教师共同带队。二是课下实践教学。各教研室分别根据课程内容，紧密结合地方经济社会和历史文化、社会重大热点议题和大学生思想生活实际，统一提供实践教学选题。选题共有50个左右，以4~6人为一组，每组学生根据自己的兴趣爱好自行确定一个选题，教师指导制定研究方案，各小组自行组织实施，主要是开展社会调查并撰写调查报告。三是课堂实践教学。每门课程拿出8个学时集中开展课堂实践教学，共有两种形式，各占4个学时。（1）结合课程特点的实践教学。"思想道德与法治"为"以案释法 就事说理"，"中国近现代史纲要"为"'中国近现代史上的今天'史料分享"，"马克思主义基本原理"和"毛泽东思想和中国特色社会主义理论体系概论"为"经典诵读"，"习近平新时代中国特色社会主义思想概论"为"'习'经典 悟思想"。以"思想道德与法治"的"以案释法 就事说理"实践教学为例，教师指定典型案例，学生以每4至6人为小组进行讨论，各组把讨论的结果进行课堂展示。教师针对各组讨论的情况从道德和法律的视角进行解读，以提高大学生面对实际问题的分析和处理能力。（2）"实践教学调研报告展示"。从各门思想政治理论课中拿出4个学时，由各组在教师指导下完成实践教学选题的社会调查后，选派代表在课堂上以PPT形式展示实践报告成果。

在管理上，该学院马克思主义学院负责思想政治理论课实践教学规划，编写修订课程实践教学大纲，审批任课教师的实践教学授课计划和实施方案，检查指导实践教学活动，审核经费使用和教学考核。任课教师为思想政治理论课实践教学直接责任人，负责制定所任课程学期内实践教学的授课计划和教学方案，具体组织实施实践教学,评定学生成绩等。学校教务处负责审批思想政治理论课实践教学计划和教学大纲,协调学院思想政治理论课实践教学基地建设,制定思想政治理论课教师实践教学工作量计算办法,下达思想政治理论课实践教学的经费指标,检查、督导全院的思想政治理论课实践教学活动。学校党委宣传部为思想政治理论课实践教学课的指导部门,学生处、团委、教务处在组织入学教育、国防教育、心理咨询、第二课堂活动和大学生社会实践中协助开展思想政治理论课实践教学活动。此外,学校还成立了由党委宣传部、教务处、马克思主义学院等组成的思想政治理论课实践教学工作审查认定小组,及时解决思想政治理论课实践教学问题。在考核上,每门思想政治理论课实践教学考核,在总成绩中占比40%;4~6人为一个小组,每个小组撰写不少于2500字的调研报告,由小组成员进行课堂演讲汇报。任课教师和班级其他同学共同打分,分别占比50%。

（二）W大学

W大学位于我国东南沿海发达省份某地级市,2016年被遴选为该省应用型本科转型试点高校。该校以思想品德高尚、基础知识扎实,具有国际化视野、较强实践能力和创新创业能力,适应地方经济社会发展需求的高素质应用型人才为培养目标,着眼于建成"应用型人才培养特色鲜明,服务地方产业发展能力突出"的新型高水平理工科大学。2019年,该校出台《马克思主义学院课程实践教学管理办法》。

该校思想政治理论课实践教学由马克思主义学院统一领导,以各教研室围绕教学大纲和课程目标所确定的重难点,制定本课程的实践教学规划、方案并负责实施。学校每年根据具体情况划拨一定思想政治理论课实践教学专项经费。学生实践教学学分既可通过参加教师统一组织的实践教学获得,也可通过提交与课程学习相关的实践成果申请获得,学生实践学习成绩占课程总成绩的30%。学生自行组织的外出考察学习,以小组形式进行,学院可出具介绍信,由任课教师签名后交由学院审批。学院统一组织的实践教学,由任课教师直接与现场教学点联系,向学院递交《现场教学（调研）申请表》并经审批后进行。学院为实践教学师生统一购买人生意外保险并负责提供车辆,每次实践教学至少安排2名以上教师负责。实践教学倡导小组合作学习,注重培养学生团队协作能力、书面和口头表达及研究能力,带队教师结合教学内容现场讲解,不做单纯参观。

该校思想政治理论课实践教学的内容有:（1）基地教学。结合课程目标和教学内容,与所在地方革命纪念馆、企业、乡村等合作共建了一批多主题校外实践教学基地开展教学。校外实践教学地点不局限于本市,如组建党史实践团,寻访省内10市共24个红色教育基地,打造"行走的思政课堂"。（2）虚拟教学。建成了所在区域首个新一代信息技术与思想政治教育深度融合的区域特色马克思主义理论教育虚拟仿真中心,开设VR沉浸式教室、CAVE沉浸式投影厅、革命场景MR复原体验室以及党史长廊,对红色史迹、文物进行超高精度还原和数字化储存,为师生提供全新的交互式、体验式、沉浸式学习环境。(3)社会调查与服务。以社会为课堂,利用地缘优势,将思想政治理论与丰富的地方本土社会教育教学资源结合起来,开发本土思想政治理论教育教学资源。(4)案例分析。注意将各类典型案例特别是校内案例、本区域案例引入课堂,提供高度仿真的情境,引导学生综合运用所学的理论知识来思考、研究、分析这些案例,独立做出判断和决策,从而提高学生分析问题、解决问题的能力。(5)课下阅读。教师指导学生读书、讲课、研讨和运用相结合的方式进行教学,通过引导学生读书帮助学生理解和深化理论知识。(6)校园文化。与学生的社团活动、读书小组、征文比赛、办报办刊、演讲辩论、书法摄影、公益互动、文明班级和寝室建设等多种形式的大学生活动结合起来。(7)研究性学习。教师指导学生以完成实际课题为动力,让学生搜集资料、分析问题、形成观点、撰写论文和调查报告。

(三)S学院

S学院坐落于我国北部某省会城市。学校坚持地方性、应用型、国际化的办学定位和促进学生全面发展与满足经济社会发展需求相结合的育人理念,紧紧围绕所在区域经济社会发展方向,特别是所在城市支柱产业发展需求加强高水平、应用型高校建设,是中国教育国际交流协会应用型高校国际交流分会理事单位、全国新建本科院校联盟副理事长单位、省新建本科院校联席会首届理事长单位、首批省本科高校转型发展示范学校。该校2005年左右开始探索思想政治理论课实践教学,2006年开始逐渐建立起稳定的实践教学基地和实践教学主题,2009年实践教学进入系统设计和实施阶段,初步形成实践教学的课程化方案,制定了经费、安全、考核等相关保障制度,2012年形成了以"全对应"促进实践教学课程化、以"全过程"促进实践教学进阶化、以"全覆盖"促进实践教学精细化、以"全方位"促进实践教学实效化的"以四全促四化"的思想政治理论课实践教学体系,受到人民网、新华网、光明日报、中国教育报等媒体关注。具体建设内容如下:

以"全对应"促进实践教学课程化。为解决实践教学和理论教学相脱节的问题,结合各门思想政治理论课开发对应实践课程,"思想道德与法治"理论课程对应"公民素质现状及问题调研"实践课程,"中国近现代史纲要"对应"历史的记忆永恒的精神——红色足迹寻访","马克思主义基本原理"对应"马克思主义与当代中国变革","毛泽东思想和中国特色和社会主义理论体系概论"对应"地方改革开放新变化调研"。改变"笼统设置思政课实践教学2学分"的传统做法,将2学分平均分解到4门实践课程之中,每门实践课程均为0.5学分,作为独立的实践课程纳入人才培养方案,有着明确的学分、学时、教学大纲,并结合不同的人才培养规格,相应制定了师范教育类、工程教育类和普通类三种类型的实践课程大纲,保证教学有"章"可依。

以"全过程"促进实践教学进阶化。针对思想政治理论课实践教学集中性与持续性矛盾问题,形成持续效应,开发了5项实践活动课程:第1学期举办理论知识竞赛,第2学期组织创作成果大赛,第3学期开展红色主题科创文化艺术节,第4学期举办大学生红色宣讲比赛,三年级和四年级组织暑期社会实践研学,建构"理论素养→创新能力→解决问题能力→思辨能力→价值内化"等螺旋上升、环环相扣、层层递进的实践教学活动课程链。

以"全覆盖"促进实践教学精细化。针对实践教学精品培育和全员覆盖兼顾难的问题,进行"全覆盖、多层次、精细化、重实效"建设。(1)多层次。第一层次为实践教学基地,开展以参观考察、调查访谈为主的现场专题教学、体验教学和志愿活动等。第二层次为部分研究能力较强的学生深入社会或实践基地进行专题调研,以项目研究、服务社会为主。第三层次为部分优秀大学生到红色老区等地开展暑期主题实践教学活动,进行调研咨询等实践体验,打造精品成果。第四层次为参加"互联网+"等红色创作成果大赛活动。(2)精细化。一是专题教学与项目研究并行,教师结合红色资源和课程内容,进行40分钟左右的专题讲解,结合实践调研中发现的问题进行研究立项和精准化教学指导。二是设置实践教学"双导师",即思想政治理论课实践指导教师和实践教学基地专聘教师,"双导师"共同精研实践教学内容和方法,合作形成特色实践教学指导资料,在协同育人中实现精细化指导。(3)重实效。改变单一的实践报告成果形式,实践报告、微视频、感想等思想性、能力性、素养性和延展性等多样化成果,实现眼见、深思、细悟、践行。

以"全方位"促进思政课实践教学实效化。专项设置实践教学经费,对师生进行安全教育培训、签订安全责任承诺书、购买意外伤害保险、制定安全应急预案等多环节把控的安全保障机制,制定《实践基地建设与管理办法》《大学生创新实践学分认定与管理办法》《马克思主义学院实践教学管理细则》等制度文件,形成了经费、安全、制度"三项基础保障",确保实践教学长期稳定运行。确立思想政治理论课实践教学教师培优项目,"双导师"联合编写实践课教材、签订一批长期合作实践基地等师资、教材、基地"三项固本工程",保障实践教学做实、做精、出成效、出精品。设立实践教学研究专项课题、完善考评体系以及思政小课堂与社会大课堂共育计划等教研、考评、校地"三项协同机制",全方位促进实践教学实效化。

二、面向应用型本科高校师生的调研

(一)实践教学方式

1. 课堂实践教学

就"我的思政课堂里,以下教学方式的开展情况"方面,学生分别做出如下选择：(1)对于"学生展示或报告等"，10%的学生选择"经常"，29%的学生选择"偶尔"，61%的学生选择"从不"。(2)对于"分组讨论、辩论、发言"，11%的学生选择选择"经常"，34%的学生选择"偶尔"，55%的学生选择"从不"。(3)对于"学生进行情景剧表演等"，3%的学生选择"经常"，11%的学生选择"偶尔"，86%的学生选择"从不"。(4)对于"外请人士进入课堂教学"，0%学生选择"经常"，7%的学生选择"偶尔"，93%的学生选择"从不"。(5)对于"其他形式"的课堂教学，选择"经常""偶尔""从不"的比例分别为2%、17%、81%。(6)对于"以上各类方式综合运用"，选择"经常""偶尔""从不"的比例分别为17%、23%、60%。从以上数据可以看出，应用型本科高校思想政治理论课课堂实践教学总体开展程度相对较低，大部分课堂实践教学并未真正开展。学生"分组讨论、辩论、发言"是应用型本科高校思想政治理论课课堂实践教学最为普遍的方式，"外请人士进入课堂教学"比例最低。思想政治理论课教师对于上述内容的选择与学生基本一致，之所以课堂实践教学开展得不多，绝大多数教师都归因于"教学内容多，时间不够"。一部分教师曾经尝试过多开展课堂实践教学，但因"学生的积极性不是很高，效果不满意"而选择回归理论教学。

2. 校内实践教学

就"我的思政课教师指导组织下列活动的情况"，学生做出如下选择：(1)对于"读书活动"的开展情况，选择"经常""偶尔""从不"的比例分别为6%、13%、81%。(2)对于"组织开展红色主题演讲赛、辩论赛、知识竞赛等文化艺术活动"，选择"经常""偶尔""从不"的比例分别为7%、16%、77%。(3)对于"课下集体影视鉴赏"，选择"经常""偶尔""从不"的比例分别为5%、12%、83%。(4)对于"组织参加大学生'挑战杯'红色赛道等"，选择"经常""偶尔""从不"的比例分别为9%、37%、54%。(5)对于"校内参观、调研、访谈等"，选择"经常""偶尔""从不"的比例分别为1%、6%、93%。(6)对于"其他形式"，选择"经常""偶尔""从不"的比例分别为3%、13%、84%。(7)对于"以上方式的综合运用"，选择"经常""偶尔""从不"的比例分别为13%、36%、51%。根据上述调查数据可以发现，应用型本科高校思想政治理论课校内实践教学开展得还比较少，各种教学方式的使用率都不高。面向教师的调查发现，有的学校明确要求开展课下实践教学，主要是读书活动、社会调查等便于组织的形式。"演讲赛、辩论赛、知识竞赛等文化艺术活动""大学生'挑战杯'"等活动学校会定期开展，但主要是由学工部门组织，思想政治理论课教师偶尔也会参与指导，自行组织开展的比较少。

3. 校外实践教学

就"我的思政课校外实践教学方式（可多选）"，学生选择"实践基地教学"的比例不足3%，选择"社会调查"的比例为32%，选择"公益活动"的比例为27%，选择"其他"的比例为14%，选择"无"的比例为43%。教师对上述四项方式的选择比例分别为11%、26%、22%、38%、47%。访谈发现,之所以出现数值上如此巨大的差别及矛盾,一是因为部分学生将大学生暑期社会实践活动理解为思想政治理论课实践教学。二是因为一些教师曾经或偶尔面向部分学生开展过某种类型的校外实践教学而确定选项。如果扣除以上两种因素,校外实践教学的实际开展率应该要低得多。大多数思想政治理论课教师对于校外实践教学的积极性不高,主要原因有"学生规模大,不现实""只能周末进行,时间精力跟不上""程序复杂,协调难""要确保学生安全,压力大""不计工作量、不发酬金""实际意义并不大"等。

4. 虚拟仿真实践教学

就"我校思政课虚拟仿真体验式教学情况",18%的学生选择"学校建有思政课虚拟仿真实验室",63%的学生选择"学校没有思政课虚拟仿真实验室",26%的学生选择"不清楚"。在已经建有虚拟仿真实验室的应用型高校,58%的学生体验过虚拟仿真实践教学。在面向教师的访谈中我们发现,有的应用型高校建有专门的思想政治理论课教学虚拟仿真实验室,但投入成本较大,管理严格,内容有限,并不面向所有思想政治理论课程和学生开放,教学时由教师集中统一开展教学,也有的学校在规定的开放时间内对学生完全开放、自行体验。

(二)实践教学管理与实施

就实践教学"有无明确的课表",17%的学生选择"是",68%的学生选择"否",15%的学生选择"不知道"。对于思想政治理论课课下实践教学过程中,"思政教师现场教学"的情况,11%的学生选择"有",68%的学生选择"无",21%的学生选择"不知道"。部分学生认为教师全程指导和开展现场教学十分必要,但也有学生认为实践教学主要应由学生自主完成,对于存在的问题可以通过与教师交流解决。在"参加的学生规模"上,学生选择"全班参加""少数人参加""视情况而定"的比例分别为26%、33%、41%。以上几项数据中,由于学生对于"实践教学"理解的不同,在数据上存在较大出入。在实践教学主题设计上(可多选),"与高校所在地方相结合"的比例最高,达到73%,其次分别为"与个人兴趣结合度""与暑期社会实践结合度",两者分别达到43%和41%,"与学科、专业结合度""与专业实践结合度"的比例都较低,仅分别为7%、3%。总的来说,应用型本科高校在思想政治理论课实践教学主题设计上,已经较好地考虑到了"地方性"定位,但与学生的学科、专业结合度还很低,没有在实践教学中开发利用好学生的专业技能。

在实践教学规范化建设上,通过教师访谈发现,一些应用型本科高校已经制定了思想政治理论课实践教学总体实施意见或办法,但不少高校尚未制定细化的操作办法或严格执行相关意见或方案,管理运行机制还不够成熟。实践教学建设在很大程度上取决于马克思主义学院主要领导的主观态度,取决于是否具有充足的教学经费，取决于任课教师的个人教学意愿和时间精力情况。各高校都不同程度地开展过课下实践教学，但在开展的时间、方式、学生规模等方面带有较大的不确定性。如课下调研访谈形式的实践教学，一般是教师给出选题范围或由学生自主确定选题报老师批准，教师就具体注意事项和要求进行统一指导，全员参加，由学生分散或以小组形式进行，教师给予的具体针对性指导一般不多。基地实践教学基本是以学生自愿报名或遴选方式组织少量学生参与，有的教师会进行现场教学，也有不少教师主要交由学生自行参观而较少进行现场教学。这是因为有的教学基地不适合开展现场教学，有的则由基地相关工作人员进行，也有教师表示尚不熟悉现场教学。在课下实践教学的时间安排上，学校有统一管理规定的则按照管理要求进行；没有管理规定的，有的在期中进行，有的在期末进行，由教师视情况而定。

（三）实践教学的考核评价与实际效果

课堂实践教学考核一般直接纳入学生的平时成绩，这里主要关注的是课下实践教学。在思想政治理论课课下实践教学的考核方式上，"提交调研报告、心得等"占37%，"撰写论文"占24%，"提交微视频等作品、竞赛成果等"占8%，"其他方式"占7%，"多种方式结合"占24%。可见，传统的以提交调研报告、心得和撰写论文方式仍然是应用型本科高校思想政治理论课课下实践教学考核的主要方式。在访谈中，大部分学生出于考核方式简单、便于通过的考量，也倾向于这种传统方式；提交微视频、其他作品、竞赛成果等所需要的时间精力成本较大，对于大多数学生来说也具有一定挑战性，只有极少数学生主动选择这类方式。更多学生主张多种方式相结合，由学生根据自身兴趣、能力和实际情况自行选择。绝大多数教师在访谈时表示，除非学校有明确的要求，否则在实践教学考核上会根据具体方式选择，也会给予学生选择权，但出于统一管理的便利仍以提交调研报告、心得或撰写论文方式为主。在实践教学的考核组织上，有的学校是由思想政治理论课教师直接考核，有的交由助教或辅导员等负责，有的由思想政治理论课教师等与学生共同进行答辩时评分，但极少有学生在思想政治理论课实践教学考核中没有通过的。

在思想政治理论课课下实践教学效果评价上，学生选择"收获很大，还想参加"的比例有32%，选择"有一些收获，愿意参加"43%，选择"没什么收获，不愿意参加"的比例有25%。这说明，绝大多数应用型本科高校大学生认为，思想政治理论课实践教学有助于个人的成长与发展，对实践教学持积极认可态度，参与需求较高。在具体收获内容上，学生们给出了不同的回答，如"增长了见识"，"第一次开展调研、组织、策划给予我很多锻炼，学到了很多东西"，"访谈老英雄，他们的经历让我很感动"，"增强了我的团队意识、责任意识"等。特别是少数同学在教师指导下将思想政治理论课课下实践教学与大学生"挑战杯"红色赛道、大学生暑期社会实践以及相关课外科技学术作品结合起来,学生的获得感、成就感和主动性表现得较为强烈。部分同学之所以持消极态度,是因为"搞形式主义""太花时间""没什么意思"。也有的同学认为,已经有暑期社会实践了,"内容都差不多",没有必要再另外组织思想政治理论课实践教学。可见,应用型本科高校思想政治理论课课下实践教学效果依然参差不齐,其中有学生主观上是否认真对待实践教学因素的影响,但更主要的在于教师是否严格管理,真正给予认真指导的影响,使学生真正从实践教学中出成果、有收获。

三、应用型本科高校思想政治理论课实践教学存在的问题及原因

通过上述调研我们可以看出,近年来应用型本科高校思想政治理论课实践教学建设取得了长足发展,一些高校先试先行产生了不少创新性成果。同时,目前应用型本科高校思想政治理论课实践教学开展的时间还不长,尚未形成十分成熟的建设模式,还存在一些问题和不足。

(一)认知理念存在偏差

一些应用型本科高校教学管理部门和思想政治理论课教师对于思想政治理论课实践教学的理解不同程度地存在偏差,对实践教学的认识水平参差不齐,是导致思政课实践教学现存问题的根本原因。一是"思想政治理论课教学即思想政治理论教学"的认知误区,即将课堂理论灌输看作思想政治理论课教学的全部内容和形式,忽视了课程的实践性属性。在此认知误导下,必然形成"重课堂、轻课下""重理论教学、轻实践教学"的结果。有的学校尽管开展了思想政治理论课实践教学,也只是将其看作教学任务要求下不得不做的"面子工程",重视实践教学的形式,并未真正重视和开发其育人价值。二是"重专业课、轻思政课"理念惯性影响。在某种程度上,思想政治理论课实践教学现存问题是应用型本科高校思想政治理论课及其教学长期"边缘化"的表现和结果。思想政治理论课教学成果的产出"是一个漫长过程,并且更多是以一种'附加值'的形式出现,并不直接产生经济、社会效益"[①],导致不少应用型本科高校建设意愿一直不强。尽管进入新时代以来,思想政治理论课教学受到前所未有的重视,但这种理念惯性依然存在,如同样是实践教学,应用型本科高校往往在专业课实践教学和基地建设方面不遗余力,而对于思想政治理论课实践教学和基地建设则鲜有投入。三是对于思想政治理论课实践教学内涵的认识误区。有的认为,只要与大学生思想政治教育相关的实地调研、参观考察等社会实践活动就是思想政治理论课实践教学,没有看到实践活动与实践教学的区别,一些实践活动与思想政治理论课程内容关系不大,思想政治理论课教师缺位。有的将课堂教学的一些基本教学形式如课堂师生互

---

① 王震:《应用型本科高校思政教学转型:问题、方向与路径》,载《改革与开放》,2018年第10期。

动看作实践教学，将实践教学泛化；有的则认为，实践教学必须在课下开展、深入社会开展调查等活动，教学实施的成本大，因而态度消极[①]，产生畏难心理。

（二）顶层设计有待加强

2011、2015、2021年本的《高等学校思想政治理论课建设标准》，2017、2019年本的《普通高等学校马克思主义学院建设标准》，2018年颁布的《新时代高校思想政治理论课教学工作基本要求》，2022年实施的《全面推进"大思政课"建设的工作方案》，均对高校思想政治理论课实践教学的学分、内容、形式、经费等作出了规定。但是，这些政策文件主要还处于原则性层面，还需要各高校结合实际进行具体落实，有的内容可能还会存在不同的理解，也在一定程度上影响了应用型本科高校思想政治理论课实践教学建设。从实际调研情况看，相当比例的应用型本科高校仍然没有制定思想政治理论课实践教学"建设意见"，实践教学建设实施无"章"可依。有的应用型本科高校仅由马克思主义学院制定"实施方案"，由于缺乏学校层面的顶层设计和配套政策支撑，只能退而求其次开展"缩水版"实践教学或停留于方案层面。有的应用型本科高校尽管制定了思想政治理论课实践教学的"建设意见"或"实施方案"，也明确了指导思想、学分制、教学形式等，但依然较为原则宏观，在教学实施与管理、资源条件保障、教学考核评价等具体性、实质性内容上缺乏细致的制度设计，也未制定实践教学大纲，实践教学在教学内容、开展形式、实施时间、组织次数等方面仍然带有较大的随意性和非规范性。思想政治理论课实践教学既是学校思想政治工作体系的重要部分，也是学校教学工作的重要内容，不单是马克思主义学院的工作，更不只是思想政治理论课教师的工作。思想政治理论课实践教学涉及学校多个管理部门，缺乏学校层面的整体设计和统筹管理，没有学校主管部门的协力配合，单由马克思主义学院或思想政治理论课教师，或者只是制定一些原则性意见而缺乏明确具体的操作性规定是很难真正展开的。

（三）运行机制尚待完善

一是思想政治理论课实践教学与理论教学协同机制问题。思想政治理论课实践教学"既强调内部关系规律即实践教学各环节之间的逻辑联系，又强调外部关系规律即实践教学与理论教学体系之间相辅相成的关系"[②]。在内容上，有的应用型本科高校尽管以思想政治理论课实践教学之名开展了活动，但与理论教学关系不大，没有围绕教学重难点问题进行内容设置。在时间上，高校思想政治理论课的理论教学内容繁多，长期以来课时十分紧张，但有的应用型本科高校以压缩课堂理论教学的方式开展实践教学，使本已十分有限的课堂理论教学更加紧张。在实践教学与理论教学开展的先后顺序上，有的实践教学先于理论教学实施，有的

---

① 王震：《应用型本科高校思政课实践教学建设的逻辑、问题与策略》，载《宁波工程学报》，2022年第2期。
② 赵静：《对思想政治理论课实践教学中若干关系的思考》，载《思想教育研究》，2016年第8期。

甚至直接以实践教学代替对应内容的理论教学。

二是课下实践教学实施的激励机制问题。课堂实践教学重在培养学生认识、思考、分析和解决问题的能力，课下实践教学重在培养学生创新、观察、组织协同、社会适应等能力以及社会责任感。显然，课下实践教学特别是校外实践教学更加符合实践教学目标。从调研情况看，相当比例的应用型本科高校对于思想政治理论课教师开展的课下实践教学不计入教学课时量，不给予相应课时报酬，也没有明确的课时计算方法。事实上，教师对于课下实践教学所投入的时间和精力并不低于课堂理论教学，一味依靠教师的奉献精神是不可能持续的。除此之外，一些学校缺乏车辆、学生保险购买、基地联系等开展实践教学的基本服务，思想政治理论课教师需要自行联系，多轮审批，也进一步弱化了思想政治理论课教师开展课下特别是校外实践教学的热情。这就必然导致应用型本科高校思想政治理论课实践教学以课堂实践教学为绝对主体，课下实践教学特别是校外实践教学很少开展，也缺乏精心组织和设计。

三是思想政治理论课实践教学与其他课程教学实施存在时间冲突问题。不少应用型本科高校思想政治理论课没有设置专门的实践教学时间点。开展课下特别是校外实践教学往往以半天甚至一天为单位，在正常的教学时间段（周一到周五）势必与学生其他课程的正常学习相冲突，因此只能放在周末或晚上进行，一定程度上也制约了师生的参与热情。

四是思想政治理论课实践教学与大学生社会实践活动的同质化问题。作为一项基本要求，应用型本科大学生在校期间必须完成暑期社会实践，一些学生还积极参加学生社团组织的各类文化公益活动。这些活动不少与思想政治理论课课下实践教学在内容和形式上高度同质，降低了思想政治理论课实践教学的意义和吸引力。

五是思想政治理论课实践教学组织开展与班级规模的矛盾。受师资不足等因素影响，应用型本科高校大班化率居高不下。在动辄一两百名学生规模的情况下，集中开展实践教学难以达到教学效果，分散开展对于数量不多的思想政治理论课教师来说也难言能够做到针对性指导，使实践教学流于形式。

（四）考评体系亟待优化

考核评价是思想政治理论课实践教学的重要环节，科学严格的考核评价是教学有序开展的基本要求，是大学生认真开展实践教学的重要推动器。目前，应用型本科高校一般将学生的课堂实践教学纳入大学生课堂表现，作为平时成绩的一部分。从调研情况看，应用型本科高校思想政治理论课课下实践教学在考评上还存在不少问题：(1)缺乏明确的考评标准。相当比例的应用型本科高校还没有制定思想政治理论课课下实践教学考核评价标准，考核评价带有较大的主观性和随意性，难以真正考查出学生的实际水平。考核要求较低，很少有学生无法通过考核。

（2）重结果，轻过程，考评偏离教学目标。实践教学重在引导学生深入社会进行实践和体验，开阔视野，增长见识，增强动手能力。但是，不少应用型本科高校是依据学生上交的文本材料"酌情"评分，对于学生实践教学的考核变成了对于书面实践报告的考核。学生只要提交了实践教学心得体会、理论文章等便可获得实践教学学分。有的学生直接从网络复制相关内容进行简单修改便"完成"了实践教学，真正深入社会开展社会调研等活动的学生比例不高。（3）考核成果形式较为单一。大学生思想政治理论课实践教学形式多样、成果多样，考核内容同样也应多样化，应当积极鼓励学生根据实践教学的具体内容提交多样化、多形态成果并进行考核。但在实际管理中，大多数应用型本科高校是以提交书面体会、心得方式接受考核，成果形式较为单一。（4）教师作用有待加强。思想政治理论课实践教学是一项由教师的"教"和学生的"学"双向互动构成的教学活动。教师是大学生实践教学的指导者，没有教师指导的所谓"实践教学"只是实践活动。然后，受各种因素影响，在大多数课下思想政治理论课实践教学中，教师的参与度不高，主要由学生自行完成，有实践而无教学。

（五）资源基础较为薄弱

一是实践教学师资力量不足。一支规模合理、能力匹配的师资队伍是高校思想政治理论课实践教学开展的基本保障。在教育部《新时代高等学校思想政治理论课教师队伍建设规定》（2020年）明确"高校要严格按照师生比不低于1:350的比例核定专职思政课教师岗位"后，各高校均加强了思想政治理论课师资引进力度。受制于院校层次、发展空间、地理区位等要素的影响，应用型本科高校在师资引入上处于相对弱势，缺口较大，思想政治理论课教师普遍课时多、教学强度大，开展实践教学的时间和精力不足，一些"实践教学"实际上是交由各二级学院辅导员组织实施的。

二是教师开展实践教学的能力不强。思想政治理论课教师自身在求学期间大都没有接受过相关训练，在工作后也未开展系统有效的培训，部分教师习惯于理论教学，对于实践教学缺乏经验、能力和信心。尽管一些思想政治理论课教师已经尝试开展实践教学，但因缺乏科学设计和有效组织，学生参与度不高、获得感不强，积极性不大，难以真正产生教学实效。

三是实践教学经费不足。《高等学校思想政治理论课建设标准（2021年本）》《普通高等学校马克思主义学院建设标准（2019年本）》等均明确了设立思想政治理论课实践教学专项经费的要求。但是，基于自身办学财力和认知理念的不同，一些应用型本科高校真正用于开展思想政治理论课实践教学的经费十分有限，使用也十分不便。由于实践教学成本相对于课堂理论教学较高，教学经费不足直接制约了实践教学的开展广度和深度，校外实践教学只能以"遴选"少量优秀学生代表方式参加，一些调研活动出于经济压力只能"浅尝辄止"。

四是实践基地资源不足。教学资源是实践教学的基础条件。大多数应用型本科高校建校时间不长,文化历史底蕴不够深厚,校内实践教学基地资源较为贫乏。虚拟网络实验室建设的投入动辄在百万元以上,对于很多应用型本科高校来说存在较大压力。在校外实践教学基地上,数量少、主题少、缺乏稳定合作机制是不少应用型本科高校思想政治理论课校外实践教学的常态,实践教学无法真正走出课堂,走出学校,走向社会。

第三节 应用型本科高校思想政治理论课实践教学"精准供给"建设

习近平总书记指出,"马克思主义是在实践中形成并不断发展的,要高度重视思政课的实践性,把思政小课堂同社会大课堂结合起来,在理论和实践的结合中,教育引导学生把人生抱负落实到脚踏实地的实际行动中来,把学习奋斗的具体目标同民族复兴的伟大目标结合起来"[1]。高校思想政治理论课,不仅应该在课堂上讲,也应该在社会生活中讲。着眼于新时代高校思想政治理论课教学目标,应用型本科高校必须强化问题意识、突出实践导向,从认知理念、顶层设计、运行机制、评价体系和教学资源等方面加强全面建设。

一、应用型本科高校思想政治理论课实践教学建设的总体思路

第一,确立科学的认知理念。(1)科学认识思想政治理论课实践教学与应用型人才培养的关系,破除轻视思想。实践性是高校思想政治理论课的重要属性,解决思想问题与解决实际问题相结合既是思想政治理论课教学的重要方法,也是其生命力所在。思想政治理论课实践教学不是可有可无的,更不应被视为教学负担,而是契合"知识、能力和素养全面发展,具有发现、分析、创造性解决实际问题的实践能力,而非仅仅具有动手能力"[2]的高层次应用型人才素养目标的必要途径。(2)科学认识思想政治理论课实践教学的内涵,破除畏难心理。在主体关系上,学生和教师都是思想政治理论课实践教学的主体,学生是直接"动手者",教师是指导者,教师指导是思想政治实践"活动"和思想政治理论课"教学"的区别所在。同时,也要意识到,教师指导有多种方式,"指导"是指实效而非形式,如果一个教师即使"在场"而未给予指导,仍然称不上实践教学。换言之,只要能够达到教师必要指导的效果,不论是事先指导或在线指导,都是实践教学,"教师在场"不是思想政治理论课实践教学的必要条件。在组织形式上,既可由教师统一

---

[1] 习近平:《思政课是落实立德树人根本任务的关键课程》,载《求是》,2020年第17期。
[2] 华小洋、蒋胜永:《应用型人才培养相关问题研究》,载《高等工程教育研究》,2012年第1期。

组织全班同学进行，也可由学生以个人或团体形式自行实施。在教学空间上，实践教学既可以在课堂进行，也可在校内和校外进行。

第二，加强教学顶层设计。(1)严格遵照《关于深化新时代学校思想政治理论课改革创新的若干意见》精神，将"高校党委书记是思想政治理论课建设第一责任人责任"[1]的要求落到实处。实践教学是新时代高校思想政治理论课教学改革创新的一项重要内容和明确要求。学校党委书记应把实践教学作为学校党委思想政治理论课专题研究会的一项重要内容进行专题研究，并按照"大思政"理念从学校思想政治工作建设全局进行总体规划。(2)尽快建立思想政治理论课实践教学建设组织体系。思想政治理论课实践教学建设涉及多项事务，为此应尽快建构由学校教务处和马克思主义学院共同牵头，学校宣传、学工、财务、人事、后勤等多部门协同参与的思想政治理论课实践教学建设组织体系。(3)制定完善思想政治理论课实践教学配套制度。首要的是将实践教学纳入思想政治理论课教学体系进行整体设计，制定与理论教学相衔接的《思想政治理论课实践教学大纲》，明确教学目标、任务、内容、方式和要求，合理划分课堂、校内、校外实践教学比重。其次，应参考专业课实践教学实施经验，结合思想政治理论课课程和教学特点，制定标准化教学组织、实施流程、学生管理、评价考核、经费管理等各项制度，确保思想政治理论课实践教学有法可依，规范开展。

第三，优化教学运行机制。(1)建构理论教学、实践教学、学生社会实践活动协同机制。首先，打通思想政治理论课实践教学与课程思政、团学社活动的联系，在空间上将课堂、校园、校外结合起来，在时间上将课上、课下、周末、寒暑假结合起来，在内容上整体设计思想政治理论课实践教学主题，真正实现"全员育人、全过程育人、全方位育人"，避免与学生社会实践活动的同质化。其次，解决实践教学时间问题。课堂教学主要用以教师的理论讲解，实践教学尽量安排在课下实施，减少实践教学对于理论教学课时的挤压，化解思想政治理论课实践教学与其他课程教学时间冲突问题。(2)加强课下实践教学实施激励机制建设。在学生层面，鼓励学生在教师指导下开展结合学科、专业、兴趣、面向地方经济社会发展和社会热点的个性化、自主性实践教学，遴选优秀项目培育参加大学生"挑战杯""互联网+"、国家级大学生创新创业项目等大学生科创活动，遴选优秀学生参与教师相关科研。这样不仅能有效调动学生积极性，也契合了面向地方的应用型人才培养方向。在教师层面，给予思想政治理论课实践教学合理工作量，将实践教学纳入教师考核评价体系。(3)加快推进小班化教学，增加课堂实践教学学生覆盖面，减轻教师组织实施校外实践教学的负担，为增进教师对于实践教学的指导创造条件。

第四，完善考核评价体系。(1)明确方向和目标。思想政治理论课实践教学的

---

[1] 戴小江、王桂芳：《探索高校思想政治理论课实践教学新模式》，载《中共山西省委党校学报》，2013年第4期。

出发点和落脚点在教学目标和人才培养目标,只有以教学目标和人才培养目标为方向和标准,应用型本科高校思想政治理论课实践教学才有价值、做得好、有生命力。因此,应用型本科高校应根据思想政治理论课教学目标和高层次应用型人才核心素养要求,对应建构思想政治理论课实践教学指标体系,避免指标体系与教学目标、人才培养目标相游离。(2)增强考评规范性。完善相关的考评制度和方案,将思想政治理论课实践教学考核完整纳入大学生课程综合考评体系,明确考核的主体、内容、时间、形式、标准、学分、组织实施和监督落实,增强考核的可行性、过程性。

第五,加强教学资源建设。(1)提升教师实践教学能力。分类加强思想政治理论课实践教学指导教师特别是思想政治理论课专任教师的实践教学能力建设,以集训轮训方式开展实践教学专题培训、学习调研、挂职锻炼,提升教师实践教学综合素养和实施能力。(2)扩充实践教学师资队伍。优化应用型本科高校思想政治理论课教师人才引进政策,增强政策竞争力,提高人才吸引力,努力争取按照"1:350"的师生比标准充实思想政治理论课专任教师队伍,有效缓解"师资荒"。适量引入一批具有思想政治理论课实践教学指导能力的校外师资、校内学生工作人员和课程思政教师参与实践教学指导。(3)建构主题多样、合作稳定、数量充足的校内外实践教学基地体系。如科学精神、工业文化、美丽中国、抗击疫情、传统文化、革命文化、脱贫攻坚、乡村振兴、党史、新中国史等实践教学基地,明确具体基地实践教学实施的时间、场地、人员要求。从运行成本考虑,应坚持校内与校外基地建设相结合,短距离与长距离基地相结合。(4)保障经费投入与使用。设置思想政治理论课实践教学生均专项经费并专款专用,改善校外实践教学车辆使用等方面的服务,增强经费使用的便捷度。

二、应用型本科高校思想政治理论课实践教学设计

如何选择和处理不同形式实践教学的关系,学生是集中还是分散进行,怎样做到既覆盖全体又避免流于形式,各门思想政治理论课实践教学是各自单独开展还是开设一门思想政治理论实践课程,学生有效参与实践教学如何实现,这些都是应用型本科高校思想政治理论课教学实践中必须要考虑的问题。应用型本科高校在进行思想政治理论课实践教学时,要以教学实效为根本原则,结合学校定位和教学对象特点进行针对性设计。

(一)教学形式设计

应用型本科高校思想政治理论课实践教学形式多样,各类教学形式都有其自身特点、优势与不足。要结合学校实际和各类教学形式特点,扬长避短,建构一个既面向全体学生又有所侧重,结构合理、确有实效的实践教学形式体系。

课堂实践教学成本低,效率高,便于组织,是最为基础的实践教学方式,应当

常态化开展，既可以穿插于日常教学过程，如采取课堂讨论、分组辩论、课堂报告等形式，也可以专门开展，如外请人员进课堂与学生交流探讨等。由于课堂教学时间的有限性，课堂实践教学往往"短、平、快"，难以实现深入、充分的实践，一些具体的课堂实践教学如课堂报告、演讲辩论等也不可能满足每位同学实践的机会，由此需要由课堂延续课下，开展校内实践教学，如将课堂实践教学中的未充分讨论、辩论的主题移至课下；对于课堂中教师强烈推荐的书籍、影视作品组织课下阅读、观看和分享讨论，对于课堂中教师讲解的人物、故事、事件进行资料的查阅整理等，弥补课堂实践教学的不足。校内实践教学介于课堂实践教学与校外实践教学之间。相对于课堂实践教学而言，校内实践教学的持续时间更长，时间和形式也更灵活；相对于校外实践教学，校内实践教学更容易组织开展，成本相对较低，可以较好地兼顾课堂实践教学和校外实践教学的优点，克服了两者的不足。校外实践教学让学生在真实体验中了解国情社情民情，深化思想理论认识，最能体现实践教学的主旨，是真正意义上的"把小课堂同社会大课堂结合起来"，"在社会生活中讲"，是对校内实践教学的进一步拓展。虚拟实践教学是对难以实现或无法重现情境下的校外实践教学的补充。我们认为，课堂实践教学、校内实践教学、校外实践教学和虚拟实践教学是一个循序渐进、依次提升的整体，只有在做好前序实践教学的基础上，开展后续形式实践教学才更有意义和价值，形成一个梯次化、协同性思想政治理论课实践教学体系。

由于学生人数众多，兴趣点各异，要求每次实践教学都做到全员参加、整齐划一、步调一致，既不现实，也无必要。在开展思想政治理论课实践教学时，要把握好各类教学形式的开展频率，把集中实践与分散实践相结合，既做到点面兼顾，又便于操作。正如我们前文多次指出的，高校思想政治理论课教学的内容十分庞杂，理论教学的课时量十分紧张，理论教学始终是高校思想政治理论课教学的主体。因此，课堂应主要用以开展思想政治理论课理论教学，课堂实践教学特别是活动类实践教学不宜过于频繁，每次开展的时间也不宜过长。在具体实践中，根据实践教学具体内容，有时要以个别或少数同学为主，但在完整的教学周期内，要尽可能扩大学生的参与面和参与度。校内实践教学实际上是利用学生课余时间开展的实践教学，时间灵活宽裕，学生安全可控，便于组织实施，教学成本低，适宜于面向全体教学对象统一指导，根据具体内容集中或分散进行。校外实践教学是带着问题和思考的社会参与和体验，开展一些深度调查与学术研究相结合的内容，而非走马观花式的参观游览，持续时间长，时间精力投入大，更适宜于那些具有较为扎实的思想政治理论基础，具有较强研究兴趣的学生群体。思想政治理论课大都在大一、大二开设，这一阶段的大学生从事深度调查和理论研究的经验和能力还比较弱，需要思想政治理论课教师的精心指导和帮助。尽管校外实践教学是思想政治理论课最为理想的教学方式，但从应用型本科高校思想政治理论课教师的现实数量与教学实施的矛盾来看,不适合面向全体大学生开设。虚拟实践教学的场所一般都在校内,可以面向全体学生采取长期开放、自行体验方式进行。

（二）教学课程设计

应用型本科高校思想政治理论课实践教学,是各门思想政治理论课各自独立进行,还是综合各门课程内容开展专门的实践教学课程应不一而论。(1)独立实施。即每门思想政治理论课程单独开展实践教学,主要适用于思想政治理论课课堂实践教学。课堂实践教学的课程属性较为鲜明,与特定课程的具体内容关系最为直接、最为紧密。作为穿插于日常课堂教学的常态化教学形式,理所当然应由各门思想政治理论课在日常教学中各自独立进行。(2)协同实施。一是各门思想政治理论课程相协同的实践教学。高校思想政治理论课几门课程之间不是完全独立的关系,有些课程内容之间彼此相关性较强。在开展实践教学时,选择协同进行,在实践时间上可以更久,在实践内容上可以更深,也避免了各门课程实践教学的重复。如爱国主义精神是"思想道德与法治"课程的重要内容,同时,又与"中国近现代史纲要""四史"课程密切相关,这一主题的实践教学更适宜于几门课程协同进行。二是与大学生思想政治教育活动相协同的实践教学。如与学工部门组织开展的心理健康、法治宣传、环境保护、公益活动等主题教育活动,"五四运动"、建军节、国庆节、"七·一"党的生日、抗日战争胜利纪念日等重大节日的纪念和庆祝活动,校内文化艺术节和大学生暑期社会实践活动,大学生"挑战杯"红色专项比赛、"互联网+""国家级大学生创新创业项目"等。这类实践活动富含大量思想政治内容,目标指向性强,项目化操作,成果产出明显,不少活动或项目还有一定经费资助,学生的主动性强,积极性高,往往教学教育效果也更好。(3)综合性实践教学。应用型本科高校目前共开设了"马克思主义基本原理概论""思想道德与法治""毛泽东思想和中国特色社会主义理论体系概论""中国近现代史纲要""习近平新时代中国特色社会主义思想概论""形势与政策""四史"共7门思想政治理论课。校外实践教学时间、精力成本大,且主要集中开设于大一大二阶段。除少数有条件的高校外,如果每门课程都独立开展校外实践教学,不论对于思想政治理论课教师还是学生无疑都面临较大的压力。为此,可以开设专门的高校思想政治理论综合性实践教学课程,在平衡各门思想政治理论课内容的基础上统一实施。

（三）教学主题设计

一是与大学学习与生活相适应的主题。高校思想政治理论课教学主要在大一、大二开设,这一群体的重要特点是刚刚告别中学生活,迈进大学校门。大学生活与高中生活在学习要求、生活环境、社会活动等方面存在着显著的变化,"自治"是大学生活的一个重要特征。面对全新的学习生活环境,大学生既充满好奇,也容易感到不适,可能面临一些过去没有遇见过的问题、矛盾和困惑。如何帮助大学生尽快适应大学生活，解决他们的种种思想问题、矛盾和困惑是思想政治理论课特别是"思想道德与法治"课程教学的重要内容。因此，有必要结合本校大学生生活实际和问题开展思想政治理论课实践教学，如组织开展学生研读《青年在选择职业时的考虑》《读大学，究竟读什么》等著作，在读书和分享中理解上大学的意义，认识大学生活的真谛，做到自立自强、自信自律，自主学习、全面学习、创新学习、合作学习。再比如围绕大学生违法违纪现象、课余生活安排、手机依赖心理、电信诈骗、恋爱与人际关系、作息时间及对学习生活的影响、食堂和相关管理服务满意度等与大学生学习生活密切相关、针对性强的主题指导大学生开展调查研究。

二是与高校所在地方相适应的主题。应用型本科高校均为地方性高校，学生主要来源于本地，学生就业也主要在本地，高校所在城市和区域是大部分应用型本科高校大学生未来的发展之地、生活之地。每座城市都有着自身独特的历史文化，每天都在经历着日新月异的发展。在中学阶段，由于高考指挥棒的影响，学生普遍缺乏深入了解地方社情民情、历史文化的时间和精力，对于外地学生来说对于高校所在城市的了解则更是少之又少。选择某座城市作为自己的生活之地、发展之地，首先要热爱这座城市，融入这座城市，以身为这座城市市民为荣，这就不能不了解她的历史文化和现实。应用型本科高校思想政治理论课应结合高校所在地方人文历史、经济社会发展开展实践教学，如本地古代、近代、当代先进人物及其优秀品质的挖掘，近代西方列强对于本地的侵略、革命运动史料收集整理，各类博物馆、纪念馆、文化馆的参观学习，本地的抗战老兵、抗美援朝老兵、抗日英烈后人访谈，本地先进科技产业或企业调查、本地居民幸福指数调查等。让学生在实践教学中了解地方、熟悉地方，深化对于思想政治理论的理解。

三是与大学生学科专业相适应的主题。应用型本科高校主要服务于地方经济社会发展，其所设学科、专业也往往与地方密切相关，具有很强的针对性。思想政治理论课与大学生的学科专业从来就不是相互剥离的关系，专业学习中有着思想政治教育的因子，思想政治教育教学也可以与专业学习结合起来，这正是"大思政课"的立意所在。结合学生的学科专业开展思想政治理论课实践教学，不仅有助于在大学生中"弘扬劳模精神和工匠精神，营造劳动光荣的社会风尚和精益求精的敬业风气"[①]，也增强了大学生利用专长为社会服务的获得感和成就感，对于培养立志高远、脚踏实地、技艺精湛，具有敬业、爱业、勤业、乐业、精业、创业精神的合格的社会主义建设者和劳动者具有重大现实意义。例如，组织化学专业学生开展本地河流、空气污染状况的调查，建筑专业学生对于本地古迹建筑的调研和史料整理，人文专业学生对于本地历史文化资源的挖掘，外语专业学生开展本地

---

① 《习近平著作选读》（第二卷），北京：人民出版社2023年版，第25页。

城市国际化建设的调研等。

四是与大学生未来人生事业发展相适应的主题。大学只是大学生人生旅程的一个站点,大学生经过四年学习,终究要跨出校门,踏入社会,从学生身份完全转变为"社会人"。要在未来的社会立得住脚,生活得健康、幸福,需要增强社会认识和生活能力。生活于"象牙塔"之中的在校大学生,对于一些社会现象还缺乏足够的辨识判断能力,一些不良的价值观念也时时侵入大学生的精神世界,如何帮助大学生树立正确的人生观、价值观、得失观、苦乐观、荣辱观、顺逆观、财富观、生死观是高校思想政治理论课教学的重要使命。因此,思想政治理论课要结合大学生未来人生事业发展中可能会走的弯路、遭遇的挫折,开展实践教学,如组织学生开展"家庭生态对于青少年成长的影响",通过调查大学生家庭生态,了解婚姻家庭对于青少年成长的重要影响,增强自身对于未来婚姻和家庭的责任感;如在监狱、法庭开展实践教学,邀请警察、法官进行青少年犯罪真实案例讲座,安排犯罪服刑人员现身警醒说法,增强大学生的法治意识和观念;如在本校毕业生主要就业单位,邀请相关管理人员讲述本校若干毕业生在该单位发展成功和失败的真实案例,增强大学生对于职场的了解。

五是与重大时局热点事件相适应的主题。"国内外形势、党和国家工作任务发展变化较快,思政课教学内容要跟上时代,只有不断备课、常讲常新才能取得较好教学效果。"[①]国内外重大时局发展变化、政治事件、社会热点新闻事件往往也是大学生关注所在,结合课程内容和相关时局热点开展实践教学,能极大地增强实践教学的吸引力和实效性,如在党的二十大召开前后,指导学生开展二十大知识竞赛、二十大报告重点内容书法比赛等。再如,在2022年8月,美国时任众议院议长窜访中国台湾地区,引发台海局势紧张,我们指导学生就此进行校内大学生问卷调查访谈,整理关于台湾问题的文献资料并进行课堂报告。通过这些活动不仅深化了"思想道德与法治"课程中有关台湾问题的理论内容,增强了大学生的爱国热情,也有助于大学生认清西方国家妄图打压中国、阻断中华民族伟大复兴的险恶用心和卑劣行径。

(四)教学成果设计

成就动机是个体追求自认为重要的有价值的工作,并使之达到完美状态的动机,即一种以高标准要求自己力求取得活动成功为目标,能推动个体努力克服困难、力求又快又好地完成任务。[②]不少应用型本科高校在大学生提交的思想政治理论课实践教学成果处理上采取"收集、评价、归档"方式,忽视了实践教学成果的进一步开发和成果最大化。要实现大学生普遍深入地参加实践教学,仅仅依靠

[①] 习近平:《思政课是落实立德树人根本任务的关键课程》,载《求是》,2020年第17期。
[②] 李兴国、顾东晓、任元璞、顾佐佐:《教学设计与氛围对实践教学效果的影响》,载《实验室研究与探索》,2015年第4期。

严格的管理和学分要求还不够,还需要从多个角度最大限度地激发大学生的参与热情,加强实践教学成果的开发与转化。(1)成果形式。学生提交的思想政治理论课实践教学成果不必拘泥于某一种或几种形式,可以提出若干形式,由大学生结合自身兴趣、能力、专业等进行选择,鼓励大学生创新思维,探索新形态实践教学成果。成果形式包括并不限于:一是调研、考察报告或论文。二是文化艺术作品。包括书法、绘画、摄影、视频、模型、雕塑、服装设计、小品、舞台剧、情景剧、文学作品等。三是文创作品。根据实践教学主题,开发设计历史文化和红色主题的各类工艺品、文化产品。四是决策建议和报告。在充分调研分析和论证的基础上向地方相关管理部门提出。(2)成果开发。近几年,有关部门在多个全国性大学生科创项目或竞赛中增设了"红色"赛道,为思想政治理论课实践教学的深度建设创造了契机。将思想政治理论课实践教学与"大学生'挑战杯'"等项目和竞赛结合起来,或者对遴选的思想政治理论课实践教学优秀成果进一步指导完善,推荐参加相关的项目和竞赛,推动实践教学的项目化建设,以赛促学,让实践教学开花结果,产生实实在在的成果,在提升大学生实践教学的现实获得感、成就感的同时,进一步增强了应用型本科高校思想政治理论课实践教学吸引力。(3)成果宣传与转化。定期举办大学生思想政治理论课实践教学优秀成果评选活动,在大学生学习、生活区域进行展示。建设校级大学生思想政治理论课实践教学优秀成果网络平台,指导学生将优秀成果进行进一步打磨成熟后进行展示,将相关案例、成果汇编成册,纳入教师著作、教材或单独出版发行,优秀视频作品等向"学习强国"地方平台推荐,相关论文推荐发表。

三、应用型本科高校思想政治理论课实践教学示例

(一)课堂实践教学示例

"见义勇为":怎么看?怎么办?怎么"断"?
——从宁波"挡刀女孩"说起

1. 示例说明:"挡刀女孩"为一名宁波籍(学校所在地)在校大学生。为保护室友,她两次挺身而出,身中歹徒八刀,险些失去生命。事件发生后,《人民日报》《新华社》、央视新闻等进行了广泛报道,"微博"热搜阅读量近9亿次,一度成为全国网民关注的焦点。"见义勇为"属于应用型本科高校"思想道德与法治"课程第五章第三节"投身崇德向善的道德实践",同时还涉及第一章第二节"正确的人生观"、第四章第三节"积极践行社会主义核心价值观"和第六章第四节"自觉尊法学法守法用法"。

2. 设计缘起:(1)"见义勇为"是一个在现实生活中很有可能面临的情境,具有

很强的实践性。教材中相关内容理论性强，并散见于不同章节，因此有必要以专题形式进行实践教学。（2）该事件被广泛报道后，作为热点新闻同样受到本校大学生的特别关注，数名学生与任课教师讨论。因此，结合该热点开展教学更能吸引学生。（3）网民对于"挡刀女孩"的行为评价存在较大争议，有人表示"不会为了救别人而冒生命危险"，有人认为她的救人方式有问题。这些争议在大学生中同样存在，存在"同等情况下要不要救人、怎样救人"的思想困惑。（4）受多种因素影响，个人主义、功利主义在不少大学生思想中不同程度的存在。同时，由于年龄、阅历和心理特点，部分同学对于见义勇为中的方式选择、法律制度等方面存在误区，存在"好心办坏事"甚至构成犯罪或自身伤亡等风险。

3. 教学目标：（1）知识目标。认识道德的结构与层次，了解见义勇为的认定标准，掌握见义勇为的民事、刑事责任的认定与处理。（2）能力目标。在相关情境中合理选择见义勇为的实施方式，积极合理施救，能够预判行为后果，维护自身合法权益。（3）素质目标。养成"见义勇为"的价值认同，富有正义感和社会责任感，增强相关社会学、法学人文涵养。

4. 教学方法：以讲授法为主，以问题法、情境法、讨论法、案例法、比较法、现场调查法为辅，突出问题法、讨论法。

5. 基本思路：按照"导入主题—提出问题—分析问题—形成结论—留给思考"的逻辑逐层推进：（1）由"宁波挡刀女孩"案例导入，提出争议，进入主题。（2）以分别设问、学生讨论辩论、教师反问和追问的方式，在对学生观点的反复肯定和否定过程中，引导学生思辨"见义勇为"的属性问题、方式选择、法律后果并依次形成结论，逐层回应主题涉及、学生关注的一系列问题。（3）简要总结、留下思考与课下任务。

6. 总体安排：（1）因事发突然，考虑到社会热点时效性，及时安排学生自行查阅网络了解案例，列明学生需查阅的相关理论文章和法律法规，为课堂实践教学的充分讨论做准备。（2）理论教学与实践教学相结合，共设置了2个分组讨论和辩论环节，共设计了18个问题，引入了"重庆公交坠江事件""江歌案""制止高铁霸座构成故意伤害案"、苏联国家英雄帕夫利琴科等7个相关案例。（3）课堂教学延伸。鼓励学生给"挡刀女孩"写信慰问，引导学生在校内开展"见义勇为"的价值取向、方式认知与选择、法律后果认知调查。优秀实践成果向本校校报、学报推荐。

7. 教学内容：第一，导入环节。播放央视关于宁波"挡刀女孩"的新闻视频、相关媒体报道图片，整理网友争议内容，并由此提出问题："见义勇为，我们究竟该怎么看？身处其境该怎么办？法律上该怎么'断'？"，导出主题并列明教学内容：（1）见义勇为的属性，它到底是什么？（2）见义勇为的方式，怎么"为"更合适？（3）见义勇为的相关法律问题。第二，主体内容。（1）见义勇为的属性思辨。首先抛出问题并由学生分组讨论辩论：见义勇为是法律范畴还是道德范畴？是权利还是义务？是"可以为""必须为"还是"应当为"？利用"雨课堂"开展现场调查。其次，总结并分析学生观点，指出在不同国家和社会会形成不同结论，引出西方若干国家的"见危不救罪"，进一步拓宽学生视野。再次，引出"道德结构与分层"理论，扩展学生理论视野并抛出问题："挡刀女孩"的行为属于道德的哪个层次？开展"雨课堂"现场调查并与学生交流互动，调查结果，根据调查结果和学生观点进行社会道德模型设计，证实"不愿见义勇为"社会心理的矛盾性，辅之以"重庆公交坠江事件"、帕夫利琴科的演讲案例，援引马克思、黑格尔、康德、戴维斯关于个人与社会关系、公共伦理思想理论，明确"见义勇为是道德义务、社会责任，是'应当为'"。（2）见义勇为的方式选择。首先，以"江歌案"说明见义勇为的潜在风险，引出问题：见义勇为应当"如何为"，并由学生分组讨论辩论和发言。其次，对学生的观点进行点评，对"鼓励不顾个人安危进行见义勇为"观点进行分析、质疑并与学生互动，引出国内关于见义勇为认定条例相关的修改动态，增强大学生对于生命的尊重和热爱。再次，引出"见义智为"概念，结合"挡刀女孩"和其他相关案例，由学生思考回答相同情境下怎样"见义智为"，培养学生见义勇为实践能力。最后，由"高铁见义勇为构成犯罪"案例交由学生分析，行为人的问题在哪里？类似情境下该如何处理，增强大学生法治意识，进一步培养学生见义勇为实践能力。（3）见义勇为的法律分析。抛出问题：见义勇为可能涉及哪些法律后果和相关法律规范？结合《民法》《刑法》相关内容进行逐一分析，并就其中容易混淆的难点问题进行发问、交流的方式进行解答。第三，总结环节。回顾本节课的重点、难点内容，推荐优秀书面和影视作品，鼓励课下实践教学，以习近平总书记关于道德的重要论述结束本节课的教学。

8. 教学反思。本次教学以"宁波挡刀女孩"这个大学生身边发生的热点新闻事件和与学生关系密切的主题及时开展教学，将理论教学与实践教学相结合、课堂实践教学与课下实践教学相结合，较好地发挥了学生的主体性，课堂氛围活跃，教学效果良好。同时，打破了教材关于"见义勇为"的分散性内容，援引了教材中没有的相关法律知识和思想理论，内容层次分明，结构合理，将显性教育与隐性教育，价值观教育与知识技能教授深度融合，完成了预定教学任务和目标。不足之处在于45分钟的安排较为拥挤，一些问题的解释有待深入。

（二）校内实践教学示例

抗击新冠肺炎疫情实践教学

1. 示例说明：新冠肺炎疫情是百年来全球发生的最严重的流行性传染病，是新中国成立以来我国遭遇的传播速度最快、感染范围最广、防控难度最大的重大突发公共卫生事件。2019年12月，首例新冠肺炎病例在湖北武汉发现。随即，党中央统揽全局、果断决策,坚持人民至上、生命至上,团结带领全国各族人民,迅速打响疫情防控的人民战争、总体战、阻击战。面对突如其来的严重疫情,中国人民风雨同舟、众志成城,构筑起疫情防控的坚固防线,铸就了生命至上、举国同心、舍生忘死、尊重科学、命运与共的伟大抗疫精神。本专题与"思想道德与法治"课程联系十分紧密,涉及绪论第二节"新时代呼唤担当民族复兴大任的时代新人"、第一章第二节"正确的人生观"、第三节"创造有意义的人生",第二章第二节"坚定信仰信念信心"、第三节"在实现中国梦的实践中放飞青春梦想",第六章第二节"坚持全面依法治国"、第四节"自觉尊法学法守法用法"。

2. **设计缘起**:在新冠肺炎疫情阻击战中,党中央的坚强领导、"全国一盘棋"的制度优势表现得淋漓尽致。各行各业万众一心,特别是广大医护人员逆行出征,以身体和心理的极限压力,用血肉之躯筑起阻击病毒的钢铁长城,书写了无数感天动地的故事。同时,突如其来的新冠肺炎疫情极大地冲击了我国经济社会秩序,也一度引发了包括青年大学生在内的民众的恐慌、焦虑心理,出现了一些极度自私自利乃至违法犯罪的现象。随着疫情的全球蔓延,还出现了少数国家因自身抗疫不力质疑、抹黑中国的声音,也引发了大学生的思想困惑。思想政治理论课面对大是大非、重大事件,必须第一时间直面各种错误观点和思潮,旗帜鲜明进行剖析和批判,深入引导学生明辨是非,积极传递正能量。同时,抗击疫情期间学校和所在地方教育部门也积极鼓励思想政治理论课加强疫情期间的安全和思想教育,并设置了多项相关专题宣传展示平台。

3. **教学目标**:(1)知识目标。掌握个人疫情防控知识,明晰一些社会现象背后的深层理论,熟悉我国国家治理体系和本地新冠疫情管理规范,了解《刑法》《突发事件应对法》《治安管理处罚法》等相关法律中有关个人疫情防控有关法律权利和责任的认定标准、法律后果。(2)能力目标。辨识疫情防控中个人行为的正当与否,认清若干有关疫情防控杂音和抹黑中国言论的错误之处,做好个人心理健康和行为自律,主动投身抗击疫情战斗,在批判疫情防控中丑恶现象的同时弘扬真善美。(3)素质目标。坚定党的领导和国家制度认同,坚定战胜疫情的信心,增强责任、自律、法治意识,涵化奉献、友爱、科学、敬畏生命情怀,自觉传承爱国主义、集体主义、社会主义精神,养成人类命运共同体理念。

4. **教学方法**:自主学习法,学生在教师指导下以个体或分组方式开展文献研究、数据整理、集体讨论、问卷调查、人物访谈和相关活动等。

5. **基本思路**:面向全体教学对象,坚持自愿原则,特别强调活动纪律和个人安全防护,要求必须在严格遵守学校有关新冠肺炎疫情防控管理规定的前提下,主要依托个人电脑、网络、电话等工具开展实践教学。寻求学校抗疫工作领导小组支持,将实践教学与教育部门和学校的疫情防控宣传教育活动等结合开展。

6. **总体安排**:第一,前期工作。(1)与学校保卫、宣传、学工、后勤等部门沟通,将本次实践教学纳入学校疫情防控宣传教育工作体系，准许学生在安全的前提下开展相关工作现场拍照拍摄，吸收学生参与疫情防控志愿者工作等。(2)与其他思想政治理论课教师、辅导员、相关专业课教师协同，共同指导此次实践教学。(3)协调实践教学所需相关物资供应。第二，教师拟定选题。拟定多样选题供学生参考，学生也可以根据自身专业、兴趣和专长自拟选题。将思想政治理论课教学内容与学校和大学生抗击新冠肺炎疫情现实工作相结合，尽可能做覆盖面广、可操作性强、有吸引力。第三，学生认领选题或自拟选题，开展实践教学。以学生个人或寝室为单位，确定结对指导教师，制定实践方案，教师以网络或电话形式进行教学指导。第四，成果提交、评定和开发。期末学生提交报告、图片、视频、书法、绘画、雕塑等多类形式成果。评选优秀成果在学校抗击疫情专栏展示，优秀成果进一步打磨后推荐参加学校和教育部门组织的大学生抗击疫情成果展示、学生项目和竞赛。

7. 教学内容：本次实践教学的关键在于给出现实性、针对性、吸引力、可操作性强的高质量选题。我们在教研室反复讨论的基础上，拟出了如下10个选题方向和活动内容：(1)"青年有担当　战'疫'有希望"。聚焦抗疫中的青年群体，特别是青年医护人员、志愿者、大学生等，通过互联网进行相关人物事迹整理和精神挖掘，鼓励以网络或电话访谈形式撰写个人直接参与抗疫的同学、朋友身上的鲜活事迹。(2)"从全民战'疫'看中国之'治'"，聚焦中国国家治理体制。通过文献收集、整理、阅读、研讨，分析在新冠肺炎疫情这类重大风险挑战面前，组织动员、统筹协调、贯彻执行，集中力量办大事、办难事、办急事的独特制度优势，撰写小的理论文章。(3)"战'疫'中的科学力量"。聚焦抗击新冠肺炎疫情中的科学家群体和疫苗研发、核酸检测、大数据追踪、健康码识别等技术攻关成果，增强大学生尊重科学、崇尚科学、刻苦学习、强健本领的意识。(4)"疫情下的新发展理念再思考：人与自然和谐共生"。新冠肺炎疫情的暴发与人类捕食、交易野生动物高度相关，是对人类破坏生态和自然行为的再一次惩罚和警告。引导大学生从这一角度深入反思人与自然的关系，积极探求人与自然和谐共生之道，保护自然、敬畏自然才能守护人类健康、实现永续发展。(5)"'疫'不容辞：中国大规模援外抗疫的背后"，聚焦人类命运共同体。通过网络资料和素材收集整理，一方面了解在中国抗疫之初，大量友好国家、地区和国际组织对于我国的声援和物质帮助，进行感恩教育；另一方面，通过中国积极履行国际义务，主动通报疫情信息，毫无保留同各方分享防控和救治经验，在自身面临巨大压力的情况下，尽己所能为国际社会提供援助，深入认识"人类命运共同体"理论。(6)"欲加之罪：某些国家抗'疫'不力，甩锅中国的背后"，聚焦某些国家恶意抹黑中国背后的深层原因和背景。由学生自己收集资料，查阅文献，有理有据地驳斥此类观点的荒谬所在，认清其卑劣行径背后的险恶用心。(7)"以案示法：抗'疫'中的违法案例汇编"，聚焦抗疫中的违法犯罪问题。在抗击新冠肺炎疫情战役中，多地出现了违反相关疫情管制的违法乃至犯罪行为，有的地方政府也存在行政违法违规问题。这其中既有恶意的作为，也有对于相关法律法规缺乏了解的情况。通过互联网搜集相关案例并汇编成册，既增强了大学生自身的法治意识和观念，也可以通过网络宣传等方式产生社会效益。(8)"涉外防疫一二三"，主要面向外语学院或外语能力强的学生。在疫情防控期间，因语言不通、文化差异等原因，全国多地发生外国人与医护人员、本地群众相冲突的事件。本校有一定数量的外国留学生，学校所在地常住外籍人口也有一定规模，也存在如何减少和化解这类问题的需求。通过专业教师指导，梳理疫情防控中可能出现的中外文化冲突并给出处理意见，对疫情防控常用标识、用语进行对应英文翻译。(9)"疫情防控"专题文化艺术创作和公益活动，主要面向人文学院和有相关特长和爱好的学生。根据疫情防控专家建议和政府管理要求，将个人疫情防控注意事项编写成朗朗上口的顺口溜、诗歌，创作颂扬抗疫精神的歌曲并录制视频，绘制所在地核酸检测地图，以书法、绘画、雕塑、文创作品等各种方式展示中国人民众志成城抗击疫情的精神和英雄形象，积极参加疫苗注射、核酸检测等公益活动。(10)学校抗击新冠肺炎疫情实录。由学生用手机随手拍摄学校、身边同学抗击新冠肺炎疫情活动的照片、视频，记录这段特殊时期的真实生活。

8. 教学反思：活动不仅较为深入地开展了思想政治理论课实践教学，对于加强学生抗击新冠肺炎疫情意识、信心和责任感，更好地开展学校抗击新冠肺炎疫情工作也有现实意义。活动吸引力强，学生参与积极性高，成果产出多，一批高质量成果获得高层次大学生科创项目立项、发表了学术论文，在省市相关竞赛中获奖，"学习强国"地方平台和有关媒体进行了报道。不足之处在于学生人数多，再加上疫情原因，教学指导存在不便，教师精力不足，有些项目不能有效实施，深度不够。

（三）校外实践教学示例

中共浙籍女性英烈群体画像

1. 示例说明：浙江具有浓郁的红色根脉，是中国革命的重要发源地之一，不仅贡献巨大，而且特色鲜明。百年来，在党的不同历史时期，无数浙籍先烈为了革命胜利和人民解放前仆后继，献出了宝贵的生命，其中就包括大量女性共产党员烈士。本专题为"思想道德与法治"第三章第二节"解决台湾问题 维护祖国统一"内容，同时涉及第二章"追求远大理想 坚定崇高信念"、第三章"反对历史虚无主义"和第五章"发扬中国革命道德"。

2. 设计缘起：在"思想道德与法治"第三章第二节"解决台湾问题 维护祖国统一"教学时，任课教师引入了1950年6月牺牲于台湾的朱枫烈士事迹案例。朱枫是在新中国成立后，为了早日实现两岸统一而献出生命的英雄。被捕后，作为蒋介石的同乡，她受尽各种威逼利诱，最终献出了自己的生命。朱枫烈士的村庄和纪念馆距离学校仅3公里，她的传奇人生和英雄事迹引发了一部分学生的关注并自发前往烈士陵园凭吊。随即，有学生向任课教师提出希望开展一次朱枫烈士事迹的整理和宣传活动。随着资料的不断丰富，我们发现，在党的不同历史时期，浙江有多名女性党员烈士。在后期与学生的讨论过程中，我们决定将视角从朱枫烈士一人转向中共浙籍女性英烈这个特殊群体，开展一次专题实践教学。

3. 教学目标：（1）知识目标。了解浙江红色历史与文化特别是中共女性英烈事迹，增进"四史"知识，把握浙江红色文化的时代价值及内涵。（2）能力目标。掌握社会调查和文献研究基本方法，养成较强的组织、策划、沟通、英雄事迹宣讲能力，能开展初步科学研究，探寻浙江大地中共女性英烈群体精神密码。（3）素养目标。深刻感悟中共浙籍女性英烈的革命精神，坚定理想信念，厚植家国情怀，确立正确的世界观、人生观和价值观，增强实现中华民族伟大复兴的使命感和责任感。

4. 教学方法：学生在教师指导下，制定整体研究方案，开展调研访谈、文献整理、宣讲推广和撰写论文。

5. 基本思路：计划开展一年时间，坚持以实地走访、社会调查和理论研究相结合，分散进行和集中行动相结合，与大学生暑期社会实践、国家级大学生创新项目、大学生"挑战杯"红色赛道和学校红色文化活动相结合，形成文献资料汇编、制作视频、校内宣讲、理论文章撰写发表和女英雄主题文创作品开发等多形态成果。

6. 总体安排：（1）团队组建与分工。全省11座城市，共分成11个小组，每组3-5名同学。每组设小组长一名，负责一座城市的调研工作，各组成员来自调研对象所在城市。（2）文献梳理。借助互联网工具，查阅浙江革命烈士纪念馆、浙江抗日战争纪念网、省内各地相关网站、中国知网等，尽可能完整搜集并整理女性英烈文献资料、图片和视频材料。（3）调研访谈。祭扫英烈陵园，访谈英烈后人、生前所在村庄村民、纪念馆工作人员、各地党史研究专家等，形成访谈文字、图片、视频材料。（4）宣讲与推广。面向校内师生，开展英烈事迹报告、展示等活动，设计英雄主题文创作品。（5）教学拓展。整理资料，撰写理论文章并发表，申报国家级大学生创新项目、大学生"挑战杯"红色赛道等。

7. 教学内容：本次实践教学的关键在于两个环节。一是做好社会调查访谈。为此，指导教师反复与团队负责人和成员就社会调查的设计进行商讨、修改，力争调查的真实、深入、充分、全面，充分发挥学生的主动性和创新性，分析可能存在的困难和问题并做出应对方案。二是做好理论研究。指导学生在前期文献整理和充分调研的基础上，从社会背景、家庭出生、成长经历、教育状况、性格特点、理想信念、革命历程、工作性质、牺牲时的年龄和状况等方面总结浙籍中共女性英烈群体的共性特征，探寻她们选择跟党走、坚持革命、坚定信仰乃至大无畏精神的密码所在，分析在新时代挖掘、学习、弘扬中共女性革命英烈的时代价值。

8. 教学反思：由于是学生主动发起，自始至终积极性高、主动性强，在资料的学习和调研访谈中不仅较好地学习和了解党的历史,也受到很好的精神洗礼,更加深刻地感受到了党的伟大、革命的艰难和英雄们的伟大牺牲。同时,学生的组织、策划和科学研究能力也得到了进一步增强。同时,此次实践教学活动时间长,调研区域广,教师和学生在活动成本上承受了不小的压力。

(四)虚拟实践教学示例

"重走长征"虚拟实践教学

虚拟实践教学涉及虚拟资源、硬件设备、软件运行、网络连接、多媒体课件、教学切换等诸多要素,对于教师的信息技术、教学组织和学生的设备运用等都提出了较高的要求。如果没有科学的设计安排,学生可能会将注意力集中于虚拟体验的趣味性、娱乐性、新鲜感上,使得虚拟实践教学形式化、空心化。我们以目前高校使用较为广泛的"重走长征"思想政治理论课实践教学为例。

1. 课前准备。教师熟悉操作教师端系统控制操作平台和学生操作基本规程,结合自身对于虚拟"重走长征"的体验,制定本次实践教学的教学方案,明确教学重点、关键体验点、学生体验过程中的教师适时切入指导点和师生互动点。

2. 教学实施。(1)理论教学环节。在教室或体验馆会议室进行,就红军长征的历史背景、行动路线、面临的困难、遵义会议以及对于中国革命的重要意义开展问题式、启发式教学,穿插相关视频和图片,使学生在头脑里形成有关长征的完整图景,引导学生想象长征路上红军指战员面临的各类极限考验,特别是与虚拟体验密切相关的爬雪山、过草地情境,渲染气氛,激发学生的好奇心,引导学生带着问题和思考体验,为后面的教学环节打下基础。提醒体验环节的重点关注内容,明确学习目标。(2)沉浸体验环节。学生戴上VR头盔进行体验。在体验过程中,教师熟练操作总体控制系统,对所有资源项目进行统一的体验任务发放和管理,并且根据教学设计,适时介入学生体验情境,从而确保与学生在视听脱离关联的情况下,仍然能够随时控制课堂,学生能够及时收到老师的信息并做出反馈,实现教与学的互动互通。(3)讨论提升环节。退出场景、关闭设备、结束体验学习,结合主题设置一些开放性议题,让学生在获取体验感知的基础上迅速开展交流讨论。将体验通过反思讨论形成具体认知观点,教师对发言结果进行总结、凝练、提升,帮助学生强化体验学习经验,将实践感知获取的经验上升为理性认识,助力其内化为自身的认知自觉。

| 第六章 |

应用型本科高校思想政治理论课"精准考核"

"考试是检查学习情况和教学效果的一种重要方法,如同检验产品质量是保证工程生产水平的必要制度一样"。[①]考核的精准设计是教学"精准供给"的内在必然要求,是否重视思想政治理论课程考核,如何设计考核结构与内容、以什么形式考核,体现着教育教学理念,也直接影响教学"精准供给"目标的实现。因此,不断探索和完善考核是应用型本科高校思想政治理论课教学"精准供给"建设的重要内容。近年来,不少应用型本科高校在思想政治理论课考核方式、方法和内容上进行了有益探索,但从实践效果看仍难言令人满意。可以说,高校思想政治理论课教学改革,改到最后的难点在于考核,痛点也在于考核。为此,《普通高校思想政治理论课建设体系创新计划》《新时代高校思想政治理论课教学工作基本要求》《普通高等学校马克思主义学院建设标准》均指出,要探索考试评价方式改革,改进完善考核方式,创新考试考核办法,探索建立科学全面准确评价学生思想政治理论课学习效果的评价体系,避免考核走形式。

第一节 高校思想政治理论课"精准考核"的内涵和类型

一、高校思想政治理论课程"精准考核"的内涵

考核由考核理念、考核目标、考核内容、考核方式、考核诊断与改进等相对独立又相互联系的要素构成。考核在一定程度上是高校思想政治理论课教学的"指挥棒";科学合理的考核不仅有利于素质教育在思想政治理论课教学中的贯彻实施,也是思想政治理论课教学实效性建设的必然要求和内生动力。

高校思想政治理论课程精准考核在内涵上包括以下方面:(1)考核目标精准。考核的直接目标是核查教学效果,但根本还是在于以考促学、以考促教,实现课程的教学目标,服务于高校人才培养目标。考核要紧紧围绕课程教学目标和人才培养目标进行设计,实现考核在功能导向上与教学目标、人才培养目标相一致,

---

① 杨学为:《高考文献(下)》,北京:高等教育出版社2003年版,第89页。

否则考核就从根本上失去意义。(2)考核内容精准。考核内容要与教学内容相适应。所谓"相适应",一方面是指"教什么,考什么",考核是对教学的考核,考核内容不能与教学内容"两张皮",否则就违反了考核的基本目的,也有损考核对于学生日常学习的引导功能。另一方面,考核内容也不是对于教学内容的简单复制,而要有所差别,是在教学内容基础上的转化、延伸、拓展、综合,以考核引导启发学生注重分析思考和解决问题的意识。(3)考核方式精准。高校思想政治理论课考核的方式多种多样。有的侧重于考核结果,有的侧重于考核过程;有的侧重于考核知识点,有的侧重于考核学生解决问题的实际能力;有的考核方式更加高效便捷,有的考核方式更为深入全面。每一种考核方式都有其自身优势和不足;相同的考核内容以不同的考核方式进行,在考核结果上可能产生巨大差异,也会形成不同的导向。在考核方式的选择上,要立足课程教学目标和人才培养目标,充分考虑学校办学条件、教师时间精力状况和学生学习心理特点等实际情况,进行考核方式的最优化选择和设计,实现考核效益的最大化。(4)考核反馈、诊断和改进精准。持续改进考核是"精准考核"的内在要求。这就要求思想政治理论课教师能及时从考核结果信息中发现问题和规律,从自身和学生两个方面诊断问题产生的根源,明确是教的问题、学的问题还是考核设计的问题,并制定针对性改进措施。(5)其他方面。一是考核卷面设计,包括考试卷题型结构、分值分配、考题呈现方式以及对于学生提交的小论文、社会调查报告在主题、内容、字数、规范性等方面的要求等。如,相较于简单直露的论述题,与青年大学生普遍关注的重大理论热点、重大时政热点事件等相结合的论述题则更能增强考题的生动性、吸引力。二是具体内容设计。教学内容的差异化决定了考核内容的差异化,在考核内容设计时要结合教学对象的学科、专业、毕业后所从事的主要工作领域等,不同类学生适用不同类试卷。三是考核的体量和频率设计。考核不是体量越大、频率越高越好,也不是体量越小、频率越低越好。在考核体量和频率设计时,既要力求全面、真实、持续地检查教学效果,也要考虑学生的实际学习负担和教师的考核工作承受能力。四是考核难度设计。考核难度过低会诱发学生对于课程和学习的轻视感,过高会诱发学生对于课程和学习的压力感、抵触感,为此要把握一个合理的度。

二、高校思想政治理论课程的考核方式

根据考核内容和目标,可以分为考试和考查。在有关高校思想政治理论课建设的相关政策文献中,就如何考核主要存在"考试"和"考查"两种表述,有时单独使用,有时两者并列使用,有时也将"考试"与"考核"并列使用。关于"考试""考查"的具体内容、要求以及两者之间的区别,相关政策文献并未加以明确,学界在理论研究中也存在相互混用现象。在由全国科学技术名词审定委员会公布的《教育学名词》中,只有"考试",而无"考查"一词,其将考试界定为"检查、评

定学业成绩和教学效果的一种方法。根据一定的教学目的,让学生按照一定的方式来解答试题,并对其解答结果评等级或记分数,具有评定、诊断、反馈、预测和激励的功能,包括口试、笔试和操作考试等形式"①。这显然是对"考试"的广义解释,涵盖了考查和考评。《现代汉语词典》对于"考试"的解释是"通过书面或口头提问等方式,考查知识或技能","考查"是指"用一定的标准来检查衡量(行为、活动)"。②教育部2018印发的《新时代高校思想政治理论课教学工作基本要求》以及2017年本、2019年本的《普通高等学校马克思主义学院建设标准》就高校思想政治理论课考核方式建设提出,"要采取多种方式综合考核学生对所学内容的理解和实际运用,注重考查学生运用马克思主义立场观点方法分析、解决问题的能力",同时要"坚持闭卷统一考试为主,与开放式个性化考核相结合,注重过程考核"。可以看出,考试的内容是知识或技能并且更侧重于知识,主要以给出书面、线上或口头试题,要求学生在规定时间内作答的方式进行,并依据一定的标准进行量化。考查的内容是行为或活动,以检查的方式进行,需要对行为或活动进行定性分析,重在考核那些通过考试难以考核的内容,即运用马克思主义立场观点方法分析、解决问题的能力、创新能力、动手实践能力等,是对考试方式的补充。在实践中,考试是高校思想政治理论课程特别是核心必修课程的主要考核方式,思想政治理论选修课程则主要以考查方式进行,有时是两者结合进行,力求全面、客观地考核出大学生的学习效果。

考试可以做如下分类:(1)书面考试、口头考试、操作考试。书面考试也被称为笔试,是最为传统的考试方式,即教师以书面形式提供考题,学生在规定时间内完成书面作答并提交,教师根据学生作答情况进行量化评分。书面考试的优点在于能够较为准确地测试出学生的知识理论水平,考试内容较为丰富,考试环境要求也不高,可以在同一时间大规模组织;不足之处在于仅凭学生卷面作答情况进行评分,难以全面立体地考核学生的真实思想和动手能力。此外,还存在阅卷工作量大、试卷保存不便以及可能出现的分数统计错误等问题。口头考试是学生根据教师提供的考题,在规定的时间内以指定的语言进行口头作答,或师生之间以口头问答的方式进行。相对于书面考试来说,口头考试不仅直接考查学生的知识理论水平,同时也是对学生的语言组织、仪表举止、沟通应变、心理素质的综合性考查,相对书面考试来说学生压力往往更大。口头考试的不足之处在于要对学生逐一测试,工作量大、效率低,生均考试时间短,考题较少,考试内容覆盖面小。操作考试是指学生在规定的场所和时间内,现场分析处理某个具体问题或执行某项具体任务,教师根据其表现进行评分,多用于理、工、农、医等专业实验课程以及电子计算机操作课程的合格考试。这一考试形式也开始为一些高校思想政治理论课程

---

① 教育学名词审定委员会:《教育学名词》,北京:高等教育出版社2013年版,第37页。
② 中国社会科学院语言研究所词典编辑室:《现代汉语词典》,北京:商务印书馆2012年版,第728—729页。

考试中所采用。如在设置包括道具、人物、对话、冲突环境等情境,由考生进入考场进行观察、对话和处理。操作考试的优势在于实践性强,能较为真实地检测学生解决实际问题的能力、应变能力和综合素质,考试形式活泼,学生也比较欢迎。其不足之处在于,情境设计要求高,实施环节多,还需要一些道具和"演员",工作量也比较大,仅适合教学对象规模较小的情况。(2)线下考试与线上考试。线下考试是指在特定的实体考场进行的笔试、口试或操作考试。在线考试是指学生借助计算机或移动智能终端以及相应的在线考试系统软件,在互联网或局域网提供的考试平台即虚拟考场进行的口头、书面或虚拟操作的无纸化考核。近年来随着教育教学与互联网技术的深入融合,基于移动平台、智慧平台的线上考试系统功能不断强大,已经具备了智能组卷、在线答题、在线提交、自动阅卷评分、自动统计并生成分数、自动生成考试结果分析、防止作弊等功能。相对于线下考试,在线考试有着诸多优势:一是超越了物理空间限制。克服了线下考试的考场局限性,只要具备网络和智能手机、电脑就可以进行考试,对于新冠肺炎疫情等应急状态下避免人群聚集十分必要。二是可以大规模进行。在线考试在理论上没有考生数量的限制。三是大量减少教师组织考试的时间精力成本。教师可以根据需要在系统轻松进行不同题型、体量的试卷生成,在题库充分的基础上,理论上可以无限量组卷。系统还具有自动阅卷、分数统计和分析功能,不仅大量减少了教师阅卷、统计和分析的时间精力,而且数字精准,可以有效避免分数统计分析中的错误。学生的考卷等以电子数据形式存在,克服了纸质试卷保存的空间和环境要求,也更加节约环保。四是有效防止作弊。目前,线上考试平台已经具备了人脸识别、视线追踪和阻止考试界面切换等功能。线上考试不仅包括期末的终结性考试,也包括形成性考核。如,系统自动记录、统计、分析学生在日常学习中观看视频的时间和进度、师生课堂或课下的在线互动过程和情况、在线作业完成情况、考勤情况等,不仅避免了教师在日常教学中时时记录学生表现这个几乎不可能完成的工作,还可以随时了解掌握学生个体和整体的真实学习状况。更重要的是,每个被考核者的参与过程都是可视化的、被记录的,而且能够直接生成分析数据,从而有助于对每个被考核者的整体把握。数据可视化给考核对象带来了科学的自我认知途径,也方便学生随时自我认识和评价,体现了"以被考核者为中心"的考核理念。线上考试的前提是要开发或购买相关网络教学平台,最大的优势在于节约了教师大量的时间精力。(3)开卷考试、闭卷考试。开卷考试即学生在答卷时可以查阅相关资料的考试方式。开卷考试的优点在于避免学生花费过多精力去死记硬背知识点,引导学生更多地去理解教学内容,培养学生思考、分析、解决问题的能力。开卷考试的不足之处在于,部分学生可能因此放弃掌握必要的思想政治理论知识,而在考试时完全求助于携带的教材和材料,这显然也是不符合高校思想政治理论课程学习要求。更为重要的是,开卷考试的优点能否有效发挥,在很大程度上取决于试卷在设计上是否真正以培养学生分析和解决问题的能力为导向。否则，开卷考试不仅会使考试形式化，而且也会诱发学生轻视思想政治理论课学习和考试。闭卷考试是指学生在答卷时不得查阅任何资料的考试方式。闭卷考试方式的优势在于，学生往往能较好地掌握思想政治理论知识，在考试"过关"的压力下学生对于思想政治理论课学习和考试也比较重视。其不足之处在于，难以考查学生个性化真实的思想价值观和实际解决问题的能力，学生往往将主要时间精力用来记忆"考点""标准答案"。

根据成绩形成方式可以分为终结性考核与形成性考核。终结性考核又称总结性考核，是在阶段性教学活动终结后，为了解教学最终效果而进行的考核方式。终结性考核一般在学期中、学期末或学年末进行，关注和考核的是最终学习结果，用以检验学生是否最终达到了教学目标的要求。终结性考核的优点在于考核环节少、次数少，便于操作，工作量较小。其不足之处在于，功利性导向比较明显，学生主要关注最终考试成绩，因此学生在考前突击学习的现象比较明显。同时，终结性考核由于忽略了学生日常学习过程的考核，教师难以掌握学生学习过程信息，缺乏信息反馈，不利于教师在教学中改进教学和鼓励、督促学生学习。形成性考核也称为过程性考核，是在教学过程中对教与学的持续性、多方面考核，包括出勤、课堂互动、小组讨论、随堂作业、学习笔记、课下研讨、社会调查、日常思想政治表现等，并根据考核中发现的问题，不断改进教与学的考核方式。形成性考核关注的是学习的过程，具有如下特点：（1）历时性、灵活性、全面性。考核与教学同步，贯穿于教学的全过程和不同环节，考核时间、主题、内容、形式灵活机动多样，考核时间跨度较长，考核时间充裕，考核内容丰富，可以更为全面深入细致地考核学生。（2）诊断性、反馈性、螺旋改进性。通过持续、多次、全面考核和对考核数据的分析，能够及时发现、反思、诊断教与学中的问题和不足，教师及时调整教学内容和方式，持续优化教学设计，指导学生调整学习策略，实现教学效果的持续改进。形成性考核注重诊断分析与反馈，重视知识生成和多元评价方法的综合运用，倡导教师传授知识和培养能力并重，体现了"学生中心、产出导向、持续改进"的教学理念。

此外，还有其他考核方式，如根据考核主体，可以进行单主体考核和多主体考核、他人考核和自我考核等分类。在实践中，往往是采取多种考核方式结合进行，以便达到最优化的考核效果。

三、"精准考核"在高校思想政治理论课教学"精准供给"建设中的重要意义

考核既是一门课程教学的延续，也是其最后一个关键环节。考核目标从属于教学目标和课程目标，考核本身是教学工作的一部分，思想政治理论课的课程目

标和教学目标内在地规定了考核的目标。作为一项制度实践，考核设计是否科学有效，直接关系到思想政治理论课程目标和教学目标实现的效果与效率，在思想政治理论课教学"精准供给"建设中具有极其重要的作用。要想实现教学"精准供给"，必须要用好课程考核这个"指挥棒"，有效开发考核的功能，以"精准考核"反向推进教学"精准供给"，避免教、学、考的失衡和"供给"与"需求"的错位。

一是评价、反馈、诊断、改进教学"精准供给"质量。应用型本科高校思想政治理论课教学"精准供给"首先要求在教学前就教学需求进行精准定位，其次是在教学中进行精准施教。但是，这只是理论上的教学"精准供给"，是否真正实现了教学"精准供给"还有待于实践的检验。只有经过对学生学习的历时性、阶段性考核才能做出客观的判断和评价。学生是学的主体，考核结果反馈的是学习效果；通过考核结果和比较，可以观察到学生的思想、道德和行为等方面在学习前后的发展变化，直观地了解学生个体和群体的实际状况，判断学生经过学习后是否达到了应用型本科高校大学生在思想政治理论知识、能力、素养方面的对应性标准，了解不同学生在课程学习中存在的具体问题。学生课程学习考核的结果也是教师教学效果的一面镜子，对于学生课程学习的考核，同时也是对于教师教学质量的考核。教学"精准供给"的根本在于育人，出发点和落脚点在于学生。通过学生的考核结果和分析，教师可以检视和反思自己的教学供给是否得当、重难点是否讲清讲透，促进教师更加准确地把握自身在教学中存在的不足，针对性加强和改进教学工作，使教学"精准供给"持续建设、有的放矢。

二是指引教学"精准供给"建设的方向与内容。理论上，教学决定考核，考核顺应教学；但在教学实践中考核又往往具有一定的独立性，对于教学具有反作用。考核方向和内容成为教学工作事实上的"指挥棒"，既指挥着教师的教，也引导着学生的学。从教师层面看，教学供给在方向和内容上必须做到与考核相一致，否则就背离了教学与考核的基本要求。因此，思想政治理论课如何考核、考核什么也反过来制约教学"精准供给"。从学生层面看，无论一名教师怀着何种教学理念，以何种方式授课，讲授了哪些内容，对于学生来说最关注的往往还是课程以什么方式考核、考核哪些内容、考核难度如何。我们大可不必为此批判苛责学生的功利之心，学生正处于求学阶段，求学阶段的学习与纯粹的自我修养式学习在动机上存在明显区别；前者承受着毕业资质等现实压力，首先需要解决刚性需求，目标更为明确，对于考核的极度关注是必然心理。学生与教师在如何看待思想政治理论课考核上是存在差异的。对于教师来说，考核和分数只是学生学习效果的检测而不是课程学习的目标，重要的是是否在学习中养成正确的世界观、人生观、价值观。对于学生来说，考核和分数直接关系到能否顺利完成学业，也与学生的评奖评优等现实利益和个人学习成就感息息相关，是"头等大事"。从另一个角度看，这恰恰体现了考核导向功能所在，说明了如何发挥好考核导向功能的重要价值。可以说，考核就是学生学习最重要的指挥棒,考什么、怎么考在很大程度上决定了学生在日常的学习中学什么、怎么学。不论高校思想政治理论课教师和教学管理者抱着怎样的良苦用心强调能力提升、价值观养成和行为实践,也不论在教学中如何进行教学内容的精准设计、教学方式方法的精准选择、教学体量和时间的精准安排,如果没有把握好考核这一关口,"精准供给"不过是一厢情愿,也必将难以为继。因此,在应用型本科高校思想政治理论课教学"精准供给"建设中,要避免那种将教学"精准供给"建设仅仅看作是单一的教学建设而轻视考核、轻视考核设计的观念。

三是优化教学"精准供给"实施环境。在不少大学生眼里,思想政治理论课之所以是"水课",并不只是他们认为教学内容上的空洞乏味和缺乏实用,也在于课程考核的"水分"过大、考核结果"含金量"不高。对于大多数人来说,学习终归是一个艰苦的活动过程,需要投入时间精力成本,在缺乏必要的压力和动力下往往会产生抗拒心理。当考题生硬呆板、难以真正考查学生的真实水平和能力,日常学与不学、课堂参与与否对于考核结果影响不大,考核简单易过没压力时,学生就不可能严肃对待教师的"教"和自己的"学",教学"精准供给"就成为无本之木。思想政治理论课是一门育人课程,"全过程育人"是新时代思想政治教育的普遍共识和重要原则。日常教学是引导学生确立科学的世界观、人生观和价值观的主阵地,考核本身也是一个对学生进行教育的过程,同样具有重要的育人功能。试想,如果我们在日常的思想政治教育教学中批判形式主义,引导大学生要坚持理论联系实际,弘扬改革创新的时代精神,思想政治理论课考核内容却脱离学生和社会实际,考核方式方法僵化呆板、考核"形式化",这本身就会引发学生对于教师在教学中所倡导的思想理念和价值观真实性的怀疑、对于教师人格的质疑,必然损害思想政治理论课在学生心目中的形象和地位。必须认识到,不尽合理的考核制度是大学生轻视、抵触思想政治理论课的重要诱因。一些高校的思想政治理论课考核不仅没有发挥引导激励学生认真学习的功能,反而加剧了学生的抬头率低、参与度低等课堂消极行为和思想政治理论"内化于心 外化于行"淡薄意识,形成恶性循环。高校思想政治理论课教学"精准供给"既是教师"教"的问题,也是学生"学"的问题,离不开学生的支持和配合。科学合理的考核方式方法和内容对于端正学生的日常学习态度、调动学生学习的积极性具有强大影响,必须紧紧抓住考核这个学生最为关切的问题,为思想政治理论课教学"精准供给"创造良好的教学环境。

四、高校思想政治理论课考核建设历程

1950年教育部提出了全国推行政治思想教育的三个规定,首次提出了关于思想政治理论课考核问题,即其中的第一条——"由教员负责评定学生政治思想教

育的学习成绩"。1956年教育部专门颁布了《关于高等学校政治理论课考试评分问题的意见》,1978年教育部办公厅颁发《关于加强高等学校马列主义理论教育的意见》(全国教育工作会议征求意见稿),提出要"通过考试或考查,可以督促学生学习,巩固和发展学习成果。不进行考试或考查,必然会造成学生学习的自流现象。哪些课可进行考试,哪些课只进行考查,各校可根据教学计划的情况自行规定"[①]。1980年7月,教育部印发了《改进和加强高等学校马列主义课的试行办法》的通知,再次要求要"严格执行考试考查制度"。1985年8月下发的《中共中央关于改革学校思想品德和政治理论课程教学的通知》中,首次明确提出了高校思想政治理论课考试制度改革问题,"考试制度也要进行改革。考试的主要目的是检查学生对所学内容的理解程度、接受程度和运用能力"[②]。此后,如何改进和完善考试成为高校思想政治理论课建设中的一项重要内容。1986年3月发布的《中共中央关于改革学校思想品德和政治理论课程教学的通知》、1991年8月发布的《国家教育委员会关于加强和改进高等学校马克思主义理论教育的若干意见》、1995年10月发布的《国家教育委员会关于高校马克思主义理论和思想品德课教学改革的若干意见》、2005年2月发布的《中共中央宣传部、教育部关于进一步加强和改进高等学校思想政治理论课的意见》、2008年9月发布的《中共中央宣传部 教育部关于进一步加强高等学校思想政治理论课教师队伍建设的意见》,均强调要严肃严格考核纪律、改革改进高校思想政治理论课考试考核方法。

进入新时代,高校思想政治理论课考核建设与改进继续深入推进。2013年11月发布的《中宣部教育部关于进一步加强和改进高等学校思想政治理论课的意见》提出,"要改进和完善考试方法。采取多种方式,综合考核学生对所学内容的理解和实际表现,力求全面、客观反映大学生的马克思主义理论素养和道德品质。"2015年7月,中宣部、教育部印发的《普通高校思想政治理论课建设体系创新计划》指出,要"坚持知行合一原则,创新考试考核办法,探索建立科学全面准确评价学生思想政治理论课学习效果的评价体系"。2017年本、2019年本《普通高等学校马克思主义学院建设标准》均提出,要"探索考试评价方式改革,注重考查学生运用马克思主义立场、观点、方法分析问题和解决问题的能力。"教育部2018印发的《新时代高校思想政治理论课教学工作基本要求》规定,要"改进完善考核方式。要采取多种方式综合考核学生对所学内容的理解和实际运用,注重考查学生运用马克思主义立场观点方法分析、解决问题的能力,力求全面、客观反映学生的马克思主义理论素养和思想道德品质。坚持闭卷统一考试为主,与开放式个性化考核相结合,注重过程考核。闭卷统一考试须集体命题,不断更新题库,提高命题

[①] 教育部社会科学司:《普通高校思想政治理论课文献选编(1949—2006)》,北京:中国人民大学出版社2007年版,第73页。

[②] 李德芳、李辽宁、杨素稳:《中国共产党思想政治教育史料选编》,武汉:武汉大学出版社2009年版,第421页。

质量。开放式个性化考核应具有严格的组织流程和明确可操作的考核评价标准。要合理区分学生考核档次，避免考核走形式，引导学生更加重视思想政治理论课学习"。2020年12月中共中央宣传部 教育部印发的《新时代学校思想政治理论课改革创新实施方案》提出，"在教学中注重多样化评价方式，综合考核学生的思想政治素质"。2021年本的《普通高等学校马克思主义学院建设标准》再次强调，要"改革考试评价方式，建立健全科学全面准确的考试考核评价体系，注重过程考核和教学效果考核"。

第二节　应用型本科高校思想政治理论课考核现状调查

一、应用型本科高校思想政治理论课考核的基本状况

（一）考核方式

应用型本科高校思想政治理论课程采取了多种方式进行考核。（1）考试与考查。从调研情况看，目前应用型本科高校思想政治理论核心课程普遍采取的是"考试"方式，由全校集中组织进行，其他非核心课程大都采取"考查"方式，由相关部门和管理人员分散进行。以考试方式进行思想政治理论核心课程考核，一方面因为"国家有政策要求"，另一方面也有利于保证考核的严肃性，因为"考试比考查的要求更严格规范"。（2）形成性考核与终结性考核。随着高校教育教学改革的深入，素质教育日益深入人心，形成性考核被越来越多地应用于各类课程考核。调研发现，应用型本科高校思想政治理论课程普遍采取了形成性考核和终结性考核相结合的方式进行考核，由学生平时成绩和期末成绩共同构成学生课程学习最终成绩。在考核结构和考核成绩占比上，各校和思想政治理论课不同课程有所差别，任课教师具有较大自由权。学生平时成绩一般由课堂出勤、平时作业、课堂表现（师生互动、小组讨论、课堂报告等）、随堂或课下章节测试、社会实践、线上学习等构成。为了加强平时学习管理，不少学校明确规定，课堂缺勤达三分之一的学生，不得参加考试，必须重修。少数学校和一些学校的部分课程将学生日常学习生活中的思想政治表现、参加大学生思想政治类竞赛获奖、获得荣誉称号等纳入考核范围，明确列出"优等"或"不合格"评定事项。期末成绩主要为期末考试卷面成绩，也有的高校根据提交的论文进行评分或评级。在成绩占比上，平时成绩占比普遍在30%以上，有的占比高达60%。（3）线下考试与线上考试。调查发现，已有近三分之一的调研对象高校依托"学习通"等平台采取了线上期末考试和平时测试。受到新冠肺炎疫情对于考试影响的启示，一些尚未开展线上考试的高校

正在积极筹划或打算开展线上考试。已经采取线上考试的高校普遍对这一考试方式较为肯定,教师们也普遍表示欢迎。也有教师认为,线上考试方便的是教师,对于教学实效和考试功能本身影响不大,其自动计分功能针对的是客观题,要注意避免有些教师为了省事在命题时过多使用客观题。(4)开卷考试与闭卷考试。有的应用型本科高校对思想政治理论核心课程一律采用闭卷考试形式,有的是部分课程闭卷考试、部分课程开卷考试,但闭卷考试占比在80%以上。各校普遍对于考试制定了严格的管理制度,如明确规定试卷的命题方式、试卷题型、题型数量、试题覆盖面、近3年试题重复率、AB卷重复率、阅卷方式和成绩评定标准等,考试时间有的规定为90分钟,有的规定为100分钟或120分钟,有的学校还设置期中考试。

应用型本科高校大学生对于思想政治理论课各类考核方式做出了不同评价,有的差别还比较大。对于"考试"与"考查"方式,11%的同学倾向于选择"考试"方式,82%的同学选择"考查"方式,也有7%的同学认为两者"差别不大"。对于"形成性考核"与"终结性考核",38%的同学选择"形成性考核",51%的同学选择"终结性考核",11%的同学认为两者"差别不大"。对于"线下考试"与"线上考试",23%的同学选择"线下考试",47%的同学选择"线上考试",30%的同学认为"差别不大"。对于"开卷考试"与"闭卷考试",88%的同学选择"开卷考试",8%的同学选择"闭卷考试",4%的同学认为"差别不大"。可以看出,除对"线上考试"和"线下考试"外,学生对于其他几类考核方式的选择比例存在明显差距。在对学生的访谈中我们发现,学生对于不同考核方式本身并不太在意,决定选择的主要依据在于哪种方式更为简单,更便于通过。如相对于"考试"方式来说,"考查"方式往往更简答易过,有的学校只是要求提交一篇小论文或者调研报告即可,其中一些论文和报告难免从网上拼凑而成。再如,"形成性考核"日常管理严格,学习任务量也比较大,"闭卷考试"给学生的压力较大,而"终结性考核"只需要考前认真备考即可,"开卷考试"最为轻松。有的学生甚至直白地表示,出勤上课、课堂互动的主要动力"就是为了拿平时分"。选择"考试""形成性考核""闭卷考试"的同学则提出了针锋相对的观点,恰恰是因为"考查""终结性考核""开卷考试"太"水",也不够公平,"如果平时认真学习的人和不学习、不上课的同学最后成绩差距不大,谁还会学习?考试的意义在哪里?"

(二)考核内容与教学内容关联度

发挥好考核在大学生日常学习中的引导、激励功能,要求考核内容与教学内容相适应,让学生认识到日常学习与个人最终考核成绩具有直接关联。从对教师的访谈看,58%的教师认为自己的教学内容与考核内容度"关联很高",36%的教师认为度"关联高",6%的教师认为关联度"一般",没有教师选择"低"或"很低"。可见,绝大多数思想政治理论课教师都意识到考核对于学生日常学习的导向功能。然而,这一数据与应用型本科高校大学生的选择存在一定差距。35%的学生认为教学内容与考核内容关联度"很高",27%的学生认为两者关联度"高",23%的学生认为两者关联度"一般",还有15%的学生认为两者关联度"低"或"很低"。两组数据对比不难看出,对于内容教学与考核内容之间的关联度,学生评价要明显低于教师评价。之所以出现这种差距,很大程度上是因为教师与学生之间对于"关联度"的理解不同。从教师的角度来说,教学内容与考核内容相关联并非意味着完全相同,但学生对于"关联度"的理解更多是相同或近似。需要注意的是,也有学生反映,课堂教学内容十分丰富,但一些教学内容尽管教师进行了深入讲解,但在考核内容上并没有得到体现,课堂听讲的认真度与课程最终成绩关系并不十分明显,拉低了课堂认真听讲的主动性。

(三)考核压力

就思想政治理论课考核压力,57%的同学选择"完全无压力",因为"要求不高,能通过就行","考试比较水","考前准备一下,通过不难","老师一般不会太为难我们"。一些高校的思想政治理论课教师在考试前还会集中进行考试辅导或者划定考试范围、给出考试题库等现象。选择"有点压力""压力较大"的比例分别为21%、15%,选择"压力很大"的仅不足7%。不同课程和考核形式下,学生的考核压力也不同,闭卷考试的压力明显大于开卷考试,考试的压力又明显大于考查。这些压力主要在于:一是担心考试不合格则需要补考乃至影响学位证书。二是一些有考研、出国留学、评奖评优特别是奖学金评定需求的同学来说,对于考核成绩比较敏感,考核压力也比其他同学更大,日常学习和考试准备也更为认真。上述数据与应用型本科高校思想政治理论课考核通过率也基本相吻合。调研发现,应用型本科高校思想政治理论课考核成绩具有如下几个特点:一是考核结果总体较好,通过率较高,但也存在区分度不足、成绩分布结构不合理现象。优秀(90—100分)率平均为15%左右,不及格(60分以下)率平均在5%以下,呈"两头小、中间大"分布,结构较为合理。但是,也有的课程考核优秀率高达100%,有的课程一次通过率达100%乃至连续多次、多班级达到这个数值,这显然没有拉开必要的区分度,不够科学客观,要么试卷过于简单,要么评分过于宽松。二是不同课程之间、不同教师任教的同一门课程之间,学生成绩差别明显。如某校一名"毛泽东思想概论"任课教师,其任教班级该门课程的学生考核优秀率连续多次在30%以上,而该校其他思想政治理论课程优秀率均在15%以下。再如,某校同一门课程同一学期的同一张试卷,不同任课教师批阅后的成绩,优秀率最高的达33%,最低的为0%,不及格率最高的达30%以上,最低的为0%。尽管课程不同、教学班级不同以及学生思想政治理论基础、学习态度与考试准备情况等因素对于学生考试成绩具有一定影响,但差距如此之大,在一定程度上也说明了成绩评定不尽合理,对于部分同学来说也有失公平。

(四)考核反馈、诊断、反思和改进

考核反馈、诊断、反思和改进是推动持续"精准考核"的一个重要环节,也是考核价值实现特别是终结性考核的一个关键环节。从调研情况看,应用型本科高校思想政治理论必修课程大都在终结性考核中设置了"试卷分析报告""成绩分析报告""考试分析报告"等不同名称的考核反馈、诊断和改进环节。上述"分析报告"一般包括如下内容:一是考试的基本信息,如课程名称、性质、学分、任课教师、考试形式、考试班级、学生数量等。二是学生考试成绩信息,包括不同等级如优秀、良好、中等、及格、不及格或直接以分数划档,不同等级学生人数和所占比例,以及平均值、标准差等。三是试卷分析,包括对学生考试结果是否达成教学目标、试卷质量等进行评价,从教师"教"和学生"学"两方面分析达成情况的原因,找出存在的问题。四是改进举措,针对问题和原因,提出在后期教学中具体的改进措施。访谈结果显示,在形成性考核中,大多数教师会对学生的考核结果进行一定的分析总结,并能在后期的教学中进行有意识地加以改进。但是,也有部分教师在这方面的意识比较单薄,日常教学测试结果仅仅作为学生平时成绩构成的依据,没有实现考核的反馈、诊断和改进功能。调研中还发现,尽管大多数调研对象高校在思想政治理论核心课程考试结束后要求教师在提交考试成绩时一并提交"试卷分析报告",但报告主要分析的是学生"学"的问题,对于教师"教"的问题分析不足,且存在不同教学对象、不同年份的试卷分析报告内容雷同的情况。一些教学问题缺乏深入细致剖析,一些改进措施针对性不强,一些"老问题"反复出现,说明考核持续改进的效果并不明显。

(五)其他方面

调研显示,应用型本科高校思想政治理论课考试卷面题型有单选题、多选题、判断题、填空题、名词解释题、简答题、材料(案例)分析题、论述题;各校试卷题型不一,少的有3类,多的有5类。在这些题型中,单选题、多选题、简单题、论述题为大多数应用型本科高校所采用,而最能考查学生分析解决问题能力的材料(案例)分析题相对较少。在各类题型的分值分配上,客观题比重在40%至60%不等。在考题的呈现方式上,绝大多数都以直露的方式直接针对某一知识点进行考核,题干的思想性、可读性、生动性不强,由教师严格按照统一的标准答案进行阅卷。以考查方式进行的考核,有的要求学生提交论文、社会调查报告等书面材料,大多数高校在主题、内容、字数、规范性等方面有明确要求。从对师生的访谈来看,这类书面材料对于学生的基本学术训练有一定意义,但不少学生敷衍应对,仅达到了主题、字数等形式性要求,在内容上粗制滥造、摘抄复制的情况比较常见。在考核内容设计上,仅有不足三成的教师在卷面考题设计时有意识地结合相关国际国内重大事件、社会热点进行命题。一些考题持续使用多年,部分高校试卷重复率较高,考题的时效性、新颖度、思想性不够强。结合教学对象学科、专业、毕

业后可能从事的工作场域和地方经济社会发展等进行命题的比例则更低,以相同试卷考核不同学科类群学生的现象十分普遍,忽略了学生的差异性。考核内容和命题对于新颖度、时效性、差异性的忽略,不仅难以发挥考核的引导作用、有效考核学生的真实水平,也无法与教学"精准供给"形成合力,加剧了学生对于课程和学习的距离感、冷漠感。以考查方式进行考核的思想政治理论课非核心课程情况则相对较好,调研对象高校中有不少能给出一定选题范围由学生选择,或由学生结合教学内容和个人兴趣、关注点、学科内容等自拟题目,能较好地发挥学生主动性,照顾到学生的差异性。在考核体量上,试卷总体能涵盖教材、教学的主要内容,题量相对合理,绝大多数学生能在规定时间内完成,也有高校存在课程试卷涵盖内容不够宽、题量相对较少、学生完成考试所用时间明显少于考试时长的现象。在考查方式中,学生提交论文、调研报告等在规定字数上存在较大差异,论文一般在1000字左右,调研报告的字数相对较多,3000至5000字不等。从访谈情况看,学生对于考核体量基本没有太大压力,对于提交材料的质量信心不足。在考核频率上,借助线上教学平台进行教学的,考核频率相对较高,几乎每节课都会面向全班学生进行随堂测试,测试结果由系统自动记录并生成个体和班级考核报告。由于考试组织的时间、精力等因素影响,线下考核频率相对较低,一般是在一门课程学习完成后进行全校性统考,仅有少数课程和教师能做到在章节教学完成后或在日常课堂教学中偶尔进行测试。以考查方式进行的考核,一般也是在课程结束后一次性进行。随着形成性考核在应用型本科高校思想政治理论课考核中的普遍应用,除期末测试、随堂测试等考核外,课下作业、课后调研等也纳入了平时成绩之中,也会留下相关学习任务并纳入考核范畴。面向学生进行的思想政治课学习量的调查显示,52%的学生选择"过大","门数多","不仅仅是上课,作业也不少","老师们担心我们课下不学习,所以布置很多作业,其实我们课下挺忙的","社会调查很花时间"。38%的同学选择"适中",认为尽管课程门数和课时量不少,但课后不需要花很多时间。10%的同学选择"不足",但这里的"不足"不是指绝对量,而是指需求结构问题,"一些想听的东西老师说没时间讲",也有同学表示有些课程应该增加课时量,有些课程应该减少课时量。可见,第一,应用型本科高校大学生认为目前的思想政治理论课学习绝对量偏多的同时,也存在着一些课程和内容的相对量偏少"吃不饱"的情况。第二,学习量问题本身具有伸缩性,在很大程度上取决于学生的学习态度,学习量的加大并不意味着育人实效的必然增加。

二、主要问题与诱因

(一)主要问题

一是考核正面导向功能有待加强。考核对于教学总是具有直接的导向性,要么是积极正面的导向,要么是消极负面的导向。应用型本科高校思想政治理论课考核在正面导向功能方面还存在以下不足：（1）考核对于思想政治理论课教师的正面导向功能有待加强。对于应用型本科高校思想政治理论课教师来说，课程考核的功能绝不仅仅是对学生学习结果做出评价，评定分数、等级，最重要的是对考核结果和其中隐含的信息进行认真分析研究，找出"教"和"学"的问题所在，及时跟进调整教学，实现教学效果的最优化。从现状来看，目前应用型本科高校思想政治理论课教师对于考核的反馈、诊断、反思、改进功能重视不足、开发不够，考核对于改进教学的意义不大。（2）考核对于大学生学习的正面导向功能上仍待加强。第一，在学习目的导向上。高校思想政治理论课教学目标是铸魂育人，引导大学生从知、情、意、行上增强使命担当，培养有理想、有本领、有担当的新时代青年。从当前应用型本科高校思想政治理论课考核设计和效果看，这一导向功能尚待加强，如考核仍以知识理论为重点，对于学生实际思想品德、行为实践和思考、分析、解决问题的能力考核不足。第二，在学习方式导向上。学习目的决定了学习方式。当考分成为学习的主要目标，死记硬背知识点必然成为学生学习的主要方式，感受、理解、认同、实践便无足轻重，教学实效性大打折扣。第三，在学习态度导向上。考核内容与教学内容协同性不强，终结性考核仍然占据学生最终成绩评定绝对主体，考核通过难度不大，日常课堂教学难以拴住学生的心，学生对于学习既无动力也无压力，敷衍了事。这就不难理解为什么一些高校思想政治理论课堂尽管学生出勤率高而抬头率低、作业完成率高而质量低。

　　二是考核结果的真实性公正性有待提高。高校思想政治理论课的课程目标、教学目标决定了要对大学生思想政治理论知识、能力素质和个人品行表现进行全面、客观、综合评价。目前应用型本科高校思想政治理论课考核方式较为单一，主要还是从书本、课程内容出发进行书面考试、终结性考试，偏重对理论知识点的考核，学生通过在卷面填写"标准答案"获得课程学习成绩，难以真实客观地检测出学生在课程学习前后的情感态度价值观变化、学生头脑里真实的思想认识、运用理论分析解决现实问题的能力和在实际生活中的思想政治表现。那些平时思想政治表现好、道德品质修养高、分析解决问题能力强的学生不一定取得好成绩，而实际表现不好、分析解决问题不强的学生却可能凭良好的记忆获得高分。学生的考核结果与品行和能力错位，滋生大学生"言而不行""知而不信""有分数没能力""有知识没修养"的现象，考核成绩的真实性和公正性有待提高，全面综合考核变成了对于学生理论知识水平的片面考核抑或记忆能力的考核，考核形式化，考核结果的社会认可度不足，在求职过程中也不被用人单位看重，这些情况反过来加剧了学生对于考核的轻视。大学生思想政治理论课的平均成绩高、通过率高与高校思想政治理论课教学效果美誉度不高的状况并存，教师的"学评教"得分高与学生教学获得感不强并存，学生的考核成绩既不能真实反映学生的思想政治综合素养和能力，也不能真实反映思想政治理论课的实际教学水平。

三是考核内容的质量有待提高。不论是高校思想政治理论课教学还是考核,内容始终是王道。不论考核采取哪种形式,最为重要的始终是内容本身。然而,目前应用型本科高校思想政治理论课考核关注的重点是考核纪律、考核方式、试卷格式是否规范,对于考核内容本身关注不多,对于考核形式上的重视大于对考核内容设计的重视。当考核内容简单陈旧、设计呆板,缺乏必要的思想深度,剥夺学生的想象力和发挥的空间,脱离大学生的思想实际和鲜活的社会实践,考核体验感无疑是枯燥的、糟糕的,必然引发学生的排斥感。当考核"无难度、易通过"成为大学生的普遍认识并一届届口口相传,学生对于思想政治理论课程与教学就必然产生轻视感,做出负面评价。

四是考核仍是单向的"考学生"。理论上,不论是形成性考核还是过程性考核,都是对学生的"学"和教师的"教"的双重考核,既"考学生",也"考教师",学生的考核结果也是对于教师教学能力的考核评鉴。但在实践中,很少有应用型本科高校会将学生的课程考核成绩作为评价教师教学能力与水平的依据。学生课程考核结果与思想政治理论课教师的教学能力似乎没有太大关系,"教学是教学、考核是考核",教学是教师的事情,考核是学生的事情,绝少有教师会对学生考核结果产生压力感,考核结果的一切不利后果由学生承担,而学生考核优秀比例同样对于教师的意义不大。在这一点上,高校思想政治理论课教师相较于高中阶段的思想政治理论课教师来说压力要小的多,加强改进学生考核结果的动力也小的多。

(二)问题诱因

一是课程特点因素。第一,思想政治理论课学习效果具有内隐性,难以准确考核。高校思想政治理论课教学供给既包括知识性供给,也包括价值性供给,知识是载体,价值是目的,是一个寓价值观于知识传授的过程。知识性学习及其过程的效果具有外显性,如课堂出勤、课堂参与、知识点掌握情况等具有直观性、确定性、可量化性,操作起来也比较简单准确,也较少出现争议。但是,思想、价值具有内隐性。经过学习,大学生的理想信念、政治认同、道德观念、法治理念达到了什么程度、发生了多大的改变,很难通过口头或书面考试准确测评。出于顺利通过考核或获取高分的需要,学生落在纸面的、口头表达的与内心真实所思所想的未必完全一致。第二,课程的意识形态属性给考核命题带来一定顾虑。政治性是高校思想政治理论课的第一属性,政治原则是高校思想政治理论课教学的基本原则。考核是教学的组成部分,高校思想政治理论课考核也必须坚持政治原则,确保考题在思想和内容上与党和国家的思想、路线、方针、政策相一致,以考核引导大学生坚定理想信念,增强中国特色社会主义道路自信、理论自信、制度自信、文化自信。要切实增强考核效能,考查学生思想实际和分析解决现实问题的能力,要求不断改进命题工作,特别是要抓住考核内容这个核心,增强考核内容的思想性、生动性、吸引力,进行考核内容上的不断创新。一些思想政治理论课教师在命题时担心自己把握不好分寸违反了纪律。为降低风险,更愿意直接从教材直接生成考题,以教材原文作为"标准答案"。

二是考核理念因素。(1)部分应用型本科高校教学管理部门、教师和学生仍旧没有跳出传统考核评价理念的束缚。①习惯于将考核理解为终结性考试,对过程化考核不习惯、不适应、不喜欢,重结果轻过程,重考核评价功能,轻视考核激励、引导等功能。②将考试理解为学生通过记忆答卷,重视对于知识的考核,忽视了高校思想政治理论课是以知识为载体的价值塑造的特点。③认为考试就是对课堂教学内容和教材内容的考核、对知识的考核,忽视了对于学生实际生活中的行为考查,没有看到高校思想政治理论课教学效果的时空延展性特点,对于如何在考核中增强对于大学生分析解决问题能力重视不够。④将考核理解为教师对学生学习效果的单向考核,认为考核就是考学生,忽视了学生在考核中的主体地位,没有认识到对学生考核的同时也是对于教师教学效果的考核,对于如何通过学生的考核结果进行教学反思和改进意识不强。⑤割裂了考核与教学的联系,没有意识到考核也是教学的一部分。考核设计的科学与否同样是一种思想政治教育教学活动,会反过来影响今后的教学,重视教学而轻视考核。(2)对于思想政治理论课考核的轻视。高校思想政治理论课考核之所以存在这样那样的问题和不足,从根本上来说,是思想政治理论课在应用型本科高校边缘化的一个侧面反映。一方面,学界对于高校思想政治理论课考核关注不多,研究不够。另一方面,从实践看,思想政治理论课考核结果与大学生思想政治实际品行脱节、"高分低能"等现象由来已久,高校教学管理部门对此恐怕很难说毫不知情。之所以任由这一情况延续至今,除了课程考核难等因素影响外,高校对于思想政治理论课程重视的不够延伸到对于课程考核重视的不够也是一个重要原因,有教学、有考核、结果就意味着"完成"了思想政治理论课程教学工作。至于考核是否真正实现了考核功能和考核目标,是否实现了与教学的良性互动关注不多,考核的形式重于效果。

三是教师命题能力要素。命题能力是教师专业水平的重要组成部分,体现了教师对于课程目标、教学目标、教材的理解与把握能力和对学生及其学习状况的了解程度;只有具备较强的命题能力才可能有高质量的考核命题。高校思想政治理论课教师在入职之前,基本没有接受过命题的专业学习,应用型本科高校也很少开展思想政治课教师考核命题的培训指导,不少教师缺乏进行高质量命题的能力。一些教师主要是通过参考其他教师的命题"照猫画虎"或从网络、各类教学参考用书中摘抄拼凑一些考题。一份高质量的考卷不仅需要有较强的命题能力,也需要掌握大量素材,花费大量的时间精力进行反复的构思设计。由于思想政治理论课程在一些应用型本科高校没有受到足够重视,教师也不愿意在考核命题上花时间、下功夫、动脑筋,考题平庸、呆板、陈旧,缺乏创意和必要的思想深度,对于学生缺乏吸引力。

　　四是管理要素。(1)"学评教"管理。"学评教"对于教师教学质量考核评价发挥了十分重要的作用,有助于增进学生的教学主体性,推动师生教学交流,督促教师发现和解决实际教学中存在的问题。因此,不少高校将其作为考查教师教学质量的一个重要指标,并与教师的职称评定、评奖评优、业绩考核挂钩。同时,学生的"学评教"也事关教师的职业声誉和价值观、成就感,因而为高校思想政治理论课教师所普遍重视。可以说,"学评教"是目前学生能够直接影响任课教师的最重要的方式。但是,现有的"学评教"制度还难以保证大学生真正以教师实际教学质量为根据进行。对于一些大学生来说,管得越少、课后任务量越小、要求越低、考试越易通过、评分越高的教师就越是"好老师","学评教"的分数就越高。相反,一些教师因为教学管理严格、严把考核关的教师反而可能遭致学生的不满,受到负面评价。这就造成一些高校思想政治理论课教师在日常教学考核中不敢、不愿严格管理,在考试命题时更倾向于简单化,在批阅试卷时能松则松,甚至还存在少数教师将班级学生成绩与学生对自己的"学评教"成绩挂钩、诱导学生给自己做高分评价的现象。(2)统一命题管理。目前,不少应用型本科高校思想政治理论课考核仍然采用全校统一命题、统一考试的方式进行,鲜有高校根据教学对象学科的不同进行单独命题。统一化考试消解了个性化学习、个性化教学的效果和意义。无论一名教师在教学中采用了怎样新颖的教学手段实现教材体系向教学体系的转化,只要考核的内容仍然以"制式化"的知识理论为主,教师的教学创新成果就无法从考核结果中体现出来,热心教学创新、考核改革的教师所教学生的考核成绩甚至可能低于那些照本宣科的教师所教学生的考核成绩。在这种情况下,不论是对于教师还是学生来说,教学因时制宜、因材施教就失去了动力。(3)其他方面。尽管应用型本科高校大都制定了包括思想政治理论课考试在内的考试管理制度,但其中对于命题管理的内容不多。一些应用型本科高校在实践中设立了"教师——教研室——学院"自下而上的试卷审查制度,但主要是进行两类审查:一是形式性审查。如试卷格式是否规范统一、题型和分值是否合理、有无明显的错别字等。二是思想政治性审查,即试题在思想、内容和导向上是否存在政治原则立场问题或有违公序良俗。对于命题质量是否精准契合教学对象思想政治理论课程学习实际和心理特点,是否具有必要的新颖性、开放性、灵活性、生动性则关注不多。

第三节　应用型本科高校思想政治理论课"精准考核"建设

考核是应用型本科高校思想政治理论课教学工作中极其重要一环。考核不力，教学便可能"头重脚轻"，教学建设就失去着力点。因此，必须以改革创新的精神探索解决思想政治理论课考核面临的问题和不足。进入新时代，在思想政治理论课建设不断加强的同时，考核环节也愈发受到重视。精准考核是应用型本科高校思想政治理论课考核建设的一个重要方向，没有精准考核的支撑，教学"精准供给"便失去力量和意义。"思政课的教学目标、课程设置、教材使用、教学管理等方面有统一要求，但具体落实要因地制宜、因时制宜、因材施教，结合实际把统一性要求落实好，鼓励探索不同方法和路径……要针对不同学段，根据思想政治理论教育规律和学生成长规律科学设置具体教学目标，抓好教学目标设计、课程设置、教材编写、教学改革、教师培养、考核评价等环节"①。

一、以科学理念引领应用型本科高校思想政治理论课"精准考核"

一是科学认识思想政治理论课考核的内涵。（1）考核是"学生主体性"考核。现代教学理念认为，考核者与被考核者之间不是二元对立的关系，考核是主体间的协商对话，应关注被考核者的感受、建议和心理需求。作为教学的一部分，考核同样要秉持"学生主体性"原则。教师只是考核内容、方式、形式、频率、体量的设计者和组织者，不是单方面的主宰者，要摒弃主观式、专制式考核理念，畅通师生关于考核的平等对话有效渠道，根据考核对象的特点和合理需求进行考核的精准化科学设计。（2）考核是师生"双向性"考核。考核既是对学生学习效果的考核，也是对教师教学效果的考核，还是对考核本身在设计上科学与否的考核，绝不是单向地考学生。考核结果的好坏，既可能出在学生"学"的环节，也可能出在教师"教"的环节和命题环节。在现阶段，更重要的是从教师"教"的环节和命题环节反思高校思想政治理论课考核问题。（3）考核是"全面而有所侧重"的考核。高校思想政治理论课教学是思想政治教育的重要组成部分，不是单纯的教学工作。一方面，马克思主义理论知识是思想政治素质的前提和基础，没有对马克思主义理论知识的掌握，就不可能形成马克思主义的立场、观点和方法。②另一方面，高校思想政治理论课重在塑造学生的价值观，知识传授只是价值观塑造的手段，根

---

① 习近平：《思政课是落实立德树人根本任务的关键课程》，载《求是》，2020年第17期。
② 杨经录：《从知识型考试到能力型考核——思想政治理论课考核方式改革初探》，载《思想政治课研究》，2016年第2期。

本在于引导和实现大学生坚定理想信念，以马克思主义思想政治知识理论认识世界、改造世界。因此，高校思想政治理论课考核是对学生过程性、阶段性学习后知、情、意、行的全面考核。其中，理论知识考核是高校思想政治理论课考核的基础内容，学生能力素养考核才是重点和主要内容。

二是全面认识思想政治理论课考核的功能和目标。任何一门课程的考核都应同时具备引导、评价、反馈、诊断等功能，高校思想政治理论课考核也不例外。只有尽可能地开发实现考核的各项功能，才能最大化地实现考核的价值。评价功能只是考核的核心功能之一，不能认为实现了评价功能就完成了考核的目的。不论是从高校思想政治理论课的特点，还是教学现状来看，考核的引导、诊断、反馈功能都十分重要，也应是当前高校思想政治理论课考核建设加强的重点。考核只是育人的工具和手段，要从高校思想政治教育教学目标出发认识思想政治理论课考核的功能，看到考核与教学、考核与育人的密切关系，有效激发考核在教学和育人中的导向功能，避免考核与育人"两张皮"，避免考核从"手段"异化成为"目的"。高校思想政治理论课考核既是本阶段思想政治理论课教学的最后关键环节，也是立足于考核信息反馈和诊断、为更好开展下阶段思想政治理论课教学的必要准备。考核是教学的一部分，重视教学建设就意味着必须重视考核建设；考核又是对教学的考核，在过程和内容上须臾不能脱离教学，没有考核的有力支撑就不可能有教学的实效。要坚决摒弃那种只重视教学，不重视考核的高校思想政治理论课教学建设理念，做到以考核引导学生重学习、爱学习，培养创新思维、增强实践能力。

三是整体把握思想政治理论课考核建设体系。高校思想政治理论课考核建设既与考核方式、方法和内容直接关联，又与日常教学工作密切相关；既是教学工作的一部分，又具有一定独立性；既涉及教师的考核设计能力，又受到考核制度与管理的影响。在高校思想政治理论课考核建设中，要避免就考核本身建设而建设，要将其置于教学建设整体进行谋划，从考核主体、考核工具、考核管理等多方面进行整体性、系统性推进。

二、采取多样综合方式进行考核

考核方式对考核效度具有重要影响，不同考核方式下的考核结果可能大不相同。考核的方式多种多样，每种方式都有所侧重和不及，有着优势和不足。高校思想政治理论课要考核的是知、情、意、行相统一的综合性目标，仅仅依靠单一的考核方式显然不足。因此，要立足立德树人这一根本任务和目标，根据不同课程和同一门课程的不同内容，采取灵活多样综合化的考核方式，充分发挥考核功能，激发大学生对思想政治理论课学习的兴趣和积极性，全方位地检测学生的知识获取度、能力提升度、价值认同度和理论践行度。

一是形成性考核与终结性考核相结合。思想政治理论课学习效果，不只在于理论知识考试能考多少分,能讲出多少大道理,更在于能够利用所学理论知识分析和解决实际问题,能否把学到的正确的世界观、人生观、价值观、道德观、法治观付诸改造客观世界的实践过程中。终结性考核可以有效检测学生知识理论学习状况和一定的分析解决问题的能力,但在对学生学习过程的引导和实践过程的检测上的作用微乎其微。当前高校思想政治理论课考核的突出问题也正是"重知轻能""重知轻行""重结果轻过程"[①]。因此,我们要以加强过程性考核建设增强考核的功能,改变过去"一考定成绩"的考评方式,引入"过程管理""行为管理"和"绩效管理"的理念,借助学校"大数据"平台,把终结性考核与形成性考核相结合,最大限度地发挥两种考核方式的优势。

二是线上考核与线下考核相结合。基于互联网、物联网技术构建的智慧考核,将学生学习参与过程,如课程任务完成情况、线上讨论参与情况、发表的观点、评价反馈、日常思想政治行为等以数据方式进行呈现,实现全过程考核、实时评价和及时反馈,能够较为有效地满足考核的过程性、即时性和历时性要求,也大大减轻了教师的考核精力和时间压力。但是,任何一个工具一旦走向极端,就可能走向自己的反面。教育是复杂的,浸透着情感和艺术等非理性因素,不能"见物不见人"。同时,数字也是能"撒谎"的,十次无意义的"参与讨论"抵不上一次深入思考后的发言,但却能获得漂亮的"留痕"数据,从而获得更高的在线考核评价。因此,高校思想政治理论课考核既要充分利用好线上考核进行量化评价,同时也要摒弃"技术至上"思维,做好必要的线下考核,秉持人文精神进行质性评价。目前一些高校思想政治理论课线上考核工具存在滥用的倾向,如完全的线上考核、以大量在线任务取代必要的线下任务、在线考核的客观题比例偏高等。"在线"只是考核的工具和形式,如果过于夸大工具的功能、以"形式"取代"实质",仅仅把学生的学习过程和行为转化为一系列冰冷的数字,往往会丢失教育中最有意义和价值的东西,就会与教育的本质渐行渐远。

三是适度灵活开展口头考试和操作考试。目前应用型本科高校大都是以书面考试方式进行终结性考核,口头考试主要是在形成性考核中以课堂随时提问方式进行,操作考试则很少进行。书面考试方式有便于操作、成本相对较低等优点,但活泼性、生动性、吸引力不足,也难以有效考核学生的沟通、表达、观察、动手能力。高校思想政治理论课属于哲学社会科学范畴,具有鲜明的属人性质,带有大量感性内容,涉及很多深层次理论和实践问题。因此,口头考试和操作考试显然更适宜于高校思想政治理论课考核,更能凸显思想政治理论课的魅力,十分值得尝试。当然,由于口头考试特别是操作考试的操作成本大,在实践中要根据学校考核实际条件适度灵活开展。

---

① 张广乐:《高校思想政治理论课学生成绩考评体系的实效性及提升路径研究——以"毛泽东思想和中国特色社会主义理论体系概论"课为例》,载《思想教育研究》,2017年第8期。

四是进行以任课教师为核心的"多主体"考核。教师单一主体考核方式能准确地测评出学生的理论知识掌握度,也能在一定程度上测评出学生分析解决问题的能力,但对于学生真实的思想价值观和行为测评则力有不逮,考核的只能是学生以口头或书面形式展现的其"愿意"呈现的思想,具有表层性、碎片化,也可能失真。要增强考核的深度、广度和信度,有必要拉长考核时长,拉大考核范围,扩大考核主体范围,吸纳班级同学、辅导员、班主任等这些与学生相处时间长,接触面广,了解更为真实全面深刻的主体参与考核,建构"大思政"考核格局。

五是改进开卷考试命题质量。开卷考试的出发点是克服应试教育的弊端,减轻学生对于单纯知识点的死记硬背。开卷考试过程中,考生可以翻阅教材和课堂笔记,但绝不意味着开卷考试难度的降低;开卷考试包含重要知识点的考核,但如果将开卷考试理解为在考试时简单抄书、抄课堂笔记就可以轻松过关,就背离了开卷考试的目的和意义。事实上,开卷考试在考题设计上的难度要远远高于闭卷考试,重在考查学生对于教材和课堂教学内容的理解能力、知识的综合运用能力、分析解决问题能力、提出独立见解和思想的能力。因此,开卷考试要注意把握客观题与主观题的结构,主观题在体量和分值上应占绝对主体,试题应具有开放性、灵活性,为考生发表独立见解和思想提供发挥的空间。

三、精准设计考核内容

一是根据教学内容设计考核内容。教学内容决定考核内容,考核是对教学的考核。这是教学与考核的基本关系,也是确保以考核引导学生认真听课、学习功能的基本要求。这里的"教学内容"是教材体系向教学体系转化后的内容。根据教学内容设计考核内容要把握以下几点原则:(1)"根据"而非"照抄"教学内容。所谓"根据",是指考核内容在思想和主题上"源于"教学内容,考核内容与教学内容不能"两张皮""不搭界"。但是,考核内容不是教学内容的简单移植,不是学生只要原原本本地背诵课堂笔记就得高分,成为"知识的搬运工"。要通过命题内容引导学生在对日常教学内容理解掌握的基础上,进行个性化、创新性解答。如在"思想道德与法治"课程第六章第三节"维护宪法权威"的讲授中,涉及一个重要知识点,即新中国成立以来共产生了1954年宪法、1975年宪法、1978年宪法、1982年宪法四部宪法。如果直接考查知识点,那么学生可以通过单纯记忆的方式进行回答,考核生硬呆板。如果我们换个形式,"新中国成立后不到30年里共产生了1954年宪法、1975年宪法、1978年宪法、1982年宪法,而1982年宪法则沿用至今。从中你能得到什么启示?"学生可以从不同视角对这个问题进行思考和回答。由此,不仅加深了学生对于这一知识点本身的学习,也给予了学生发挥的空间,深化了学生对于宪法与国家治理关系的理解。(2)对教学内容进行"综合化"而非简单"条块化"考核。在日常的教学中,我们往往是按照章节、主题开展教学,教学内容呈"条块化"。在考核命题特别是终结性考核时，我们要能够打通不同章节和主题，进行综合性命题。例如，"思想道德与法治"第五章为"道德"，第六章为"法治"，而道德与法治本身就是既相互联系又有所区别的、极为密切的两个主题，更适宜将两者结合起来进行命题。如对"见义勇为"的分析，既涉及社会公德，又涉及法治思维，可以比较全面地考查学生道德和法治素养。（3）对"重点内容"而非"全部内容"的考核。高校思想政治理论课内容多、细节多、体量大，涉及多方面知识。同时，在从教材体系向教学体系的转化过程中，思想政治理论课教师会进行大量的内容充实与拓展。要想在一次短短的几十分钟的考核中测定全部内容既无可能，也不必要。因此，在考核内容设计时要进行"精选"，主要是结合教学重点内容、学校人才培养目标中的关键能力和素养进行考查。

二是根据考核对象心理特点和需求设计考核内容。根据教学对象特点进行差异化教学是高校思想政治理论课"精准供给"的根本所在。差异化教学必然意味着差异化考核，这是"精准考核"的内在要求。"00后"青年大学生个性鲜明、思维活跃，创新意识、自主意识强烈，对于很多事务往往具有个人的独立见解和思想。高校思想政治理论课在考核中应当有效回应和把握好他们的心理需求和特点进行命题。以"思想道德与法治"课程为例：（1）结合重大时政和新闻热点事件进行命题，增强考核内容的新颖性、生动性、现实性。如在抗击新冠肺炎疫情期间，我们结合该主题设置材料分析题，综合考查学生的爱国主义精神、公共道德与法治精神。在2023年上半年的"思想道德与法治"终结性期末书面考试中，我们结合该学期发生的重大时政热点，如"神州十六号发射成功""洪都拉斯与台'断交'、与我国'建交'""全国'两会'""胡鑫宇事件"等事件进行命题，这些热点本身也是课堂教学所涉及的内容。（2）结合大学生身份进行命题。越是与大学生身份密切的考核内容，越能拉近心理距离，吸引学生的注意，引发学生"共情"，学生也更熟悉，更"有话要说""有话可说"，更能真实考查学生的思想实际。因此，要在日常的教学和生活中，有意识地从人生观、价值观、爱国主义、道德、法治等多个角度分门别类地整理大学生自强自立、勤奋学习、科技创新、志愿者活动等方面的典型案例和求职就业、论文抄袭、同学关系、恋爱情感等方面的典型事件，结合这些内容进行考核命题。（3）结合身边的人和事进行命题。与大学生身边的人和事相关的命题同样能拉近心理距离，特别是对于毕业生主要就业地在本地、服务于地方经济社会发展的应用型本科高校来说更是如此。按照"由近及远"的原则，从本校、本市到本省逐步精选材料进行考核内容设计。例如，结合本校优秀的学生代表、毕业生代表、教师代表成长经历进行人生观命题，结合学校重大事件、本市重大历史文化人物和事件进行命题等。（4）结合学生专业特点进行命题。不同专业学生对思想政治理论课的学习与吸收会呈现出差异性。将考核的思想政治内容与学生专业相结合，能增强考核的情境化、学生眼里的"有用性"。同时，基于专业进行的"差异化教学"也要求进行"差异化考核"。因此，高校思想政治理论课考核要打破马克思主义学科专业的范式，根据授课对象的专业属性来设定思想政治理论课考核。①（5）结合问题进行命题。一是结合一些重大思想理论认识问题和错误观点进行命题，考查学生是否具备了辨识能力、是否能进行有理有据地驳斥。以"思想道德与法治"课程为例，可以从这一角度进行命题的内容包括"有人说，既然'党领导一切'，所以'党大于法'。你如何看待这一观点？"，"有人认为，市场经济具有逐利性，因此必然导致道德滑坡。你如何看待这一观点？"，"有人认为，爱国者就应该绝对服从政府，否则就是不爱国。你如何看待这一观点？"等。这些错误思想和观点往往带有较大的迷惑性，也给大学生的思想认识带来一定干扰，既应该在日常教学中予以有力驳斥和阐释，也有必要对学生学习效果进行考查。二是结合社会现实问题进行命题。与鲜活、真实、具有代表性的热点案例相结合并对核心问题加以凝炼、发问，由学生进行解答。如"北京地铁一大妈因不让座殴打孕妇"，我们就该事件提出如下问题：①公共交通工具设立"爱心专座"背后的理论依据是什么？你认为案例中的大妈与孕妇，谁更该获得这个座位？②该大妈的行为可能承担怎样的法律后果？③因公共交通工具"让座"风波引发的负面事件反复出现，往往是年轻人挨打挨骂的多。你觉得如何解决这一问题？需要说明的是，与问题相结合进行命题时，要有意识地注意问题的表述，化消极为积极，实现正面引导的目的。（6）结合学生思想动态进行命题。通过留意学生微博、微信以及在日常的师生交流交往中，了解学生思想动态，将他们普遍性的思想问题、困惑和关注点纳入考试命题素材范畴。这些内容往往能够引发学生强烈的情感共鸣，也为考试命题素材建设提供了源头活水。

　　三是根据课程教学目标设计考题。高校思想政治理论课教学旨在"重点引导学生系统掌握马克思主义基本原理和马克思主义中国化理论成果，了解党史、新中国史、改革开放史、社会主义发展史，认识世情、国情、党情，深刻领会习近平新时代中国特色社会主义思想，培养运用马克思主义立场观点方法分析和解决问题的能力；自觉践行社会主义核心价值观，尊重和维护宪法法律权威，识大局、尊法治、修美德；矢志不渝听党话跟党走，争做社会主义合格建设者和可靠接班人"。②教学目标的结构决定了考核内容与分值的结构。（1）考核内容结构。高校思想政治理论课教学既有针对学生的知识理论学习目标，又有理论认同和情感目标，还有分析解决问题的能力目标。掌握思想政治理论的基本概念和原理，并系统、全面地理解这一理论体系，是对学习思想政治理论课的大学生的最基本的要

---

① 李琼：《高校思想政治理论课考试改革创新探索——基于思想政治理论课考试的特征》，载《湖北社会科学》，2017年第5期。

② 《中共中央宣传部 教育部关于印发〈新时代学校思想政治理论课改革创新实施方案〉的通知》，中华人民共和国中央人民政府网站，https://www.gov.cn/zhengce/zhengceku/2021-01/01/content_5576046.htm（访问时间：2022年8月12日）。

求,也是运用马克思主义的立场、观点、方法分析和解决现实社会问题能力的基础。[①]理论认同和情感目标是高校思想政治理论课的根本,分析解决问题的能力目标是关键。因此,考核在题型结构和分值上要与这些目标对应和对称。从题型来说,客观题侧重考查学生的知识理论点的掌握情况,主观题侧重考查学生的理论认同和情感目标、分析解决问题的能力。要改变目前学生在思想政治理论课教学听课积极性不高、热衷考前死记硬背知识点搞突击的现状,有必要提高主观题分值占比,宜设为50%左右。在题型上,宜更多采用案例分析、材料分析、论述题等形式,要特别注意避免将"主观题"变成由大学生死记硬背填写"标准答案"的"命题作文"。近年来的高考政治卷、公务员资格考试和研究生政治理论考卷的一些题型设计得十分灵活,十分值得研究并作为高校思想政治理论课考题设计的参考。(2)考核总评结构。从现有情况看,学生对于期末考试普遍比较重视,基本能做到积极应考。但是,对于平时分不够重视,表现为一系列的课堂消极行为,如课堂参与度、抬头率、出勤率不高。因此,要发挥好考核对于教学的引导功能,改变"重结果、轻过程"的状态,有必要加大平时分考核的比重,增强学生对于日常教学的重视。我们认为,学生课程学习最终评分应由平时分和期末分构成,平时分在最终评分的比重宜在50%左右。(3)平时分结构。平时分主要可以分为两类,一是学习表现,二是行为实践。学习表现包括课堂出勤、课堂讨论发言和师生互动、课下作业等。行为实践即生活思政,是指学生在日常生活中有关政治思想道德的各类行为,既有正面清单如参加社会公益活动、红色宣讲活动、科创活动、社会调查活动等以及其他具有良好社会反响的行为,也有负面清单如考试作弊、违法犯罪或其他不良影响的行为,负面清单行为实行"一票否决制"。我们认为,学习表现和行为实践在平时分结构中的占比也宜为1:1,引导学生既注重日常教学,也能够在日常生活中真正"动起来"。

四、加强课程考核建设管理

一是完善考核监督管理制度。(1)完善"学评教"制度。着重祛除其中制约教师积极开展有效考核的内容,消除思想政治理论课教师高质量严格考核管理的思想顾虑。(2)完善统一考核制度。尽管教师们使用的是同一部教材,执行的是同一个教学大纲,但每位思想政治理论课教师的学术功底、理论修养、研究领域、教学对象、教学方式方法等存在一定差异,他们在教学过程中往往各有侧重,风格各异。同时,不同的学生对于同一个问题的认识和解答也可能存在视角和观点的不同。如果要求思想政治理论课统一考核方式、方法、形式、内容和答案,显然违背了考核的基本规律,也制约了教师的特色性、创新性考核和学生的独立性、个性化

---

① 范宝舟:《高校思想政治理论课考核模式改革的整体性探究》,载《思想政治课研究》,2018年第6期。

思维。因此，我们可以以教研室为单位就考核命题进行集体讨论，可以统一考核的时间和一些必要的基本要求，但也要在考核的具体设计上给予思想政治理论课教师一定的空间，允许和鼓励教师根据教学实际和教学对象特点进行考核的灵活安排。对于一些开放性试题，可以不设标准答案，只给出评分原则，给学生留下一定合理发挥的空间，立场正确、言之有理即可得分。(3)改进考核审查制度。在继续坚持高校思想政治理论课考核的政治性审查和形式性审查的同时，加强考核命题质量审查，着重审查命题在内容、形式、表述等方面是否精准契合教学对象思想政治理论课学习实际和心理特点，是否有利于检测学习效果的真实性，是否有利于增强大学生加强日常学习的导向性，是否具有灵活性、开放性、生动性、新颖性，控制单纯知识点考核的题量和分值比重。

　　二是建立健全教师精心考核激励制度。教师是思想政治理论课考核的直接设计者、组织者、实施者，只有充分激发教师的积极性、主动性、创造性，才能深入持久地推动高校思想政治理论课"精准考核"建设，这就要建立健全教师精心设计和组织实施考核的激励制度。正如"做好"教学所付出的时间精力可能数倍于"完成"教学一样，精心设计和组织考核所投入的时间精力同样可能数倍于应付考核。要明确考核工作是教学工作的一部分，将课程考核工作特别是考核设计纳入教师的教学质量评价范畴，对于那些在考核设计和组织实施中投入大、能创新、效果好的教师要给予一定工作量补贴。

　　三是加强教师考核设计能力建设。课程考核设计能力是高校思想政治理论课教师基本功的重要组成部分，教师考核设计能力关乎思想政治理论课考核效能的实现。目前高校思想政治理论课教师培训工作普遍重视教学理论、教学能力、教学方法等方面的培训，很少关注教师考核设计能力。应将教师的课程考核设计能力建设作为一项重要内容列入应用型本科高校思想政治理论课教师进修、培训、备课会日程安排，引导教师认真研究课程目标、教学目标、教材、学生，将命题思想从知识立意转向以知识立意为基础，以能力立意为中心，以价值立意为根本，切实增强教师重视考核设计意识，有效增强考核设计能力。要分别就高校思想政治理论课具体课程进行针对性考核设计能力培训，通过专家授课、小组讨论、试卷评析等多种形式，加强教师在把握命题原则、考核方式、素材收集、内容选定、题型选择、语言表述等方面的能力，争取设计出适用于本校学生的方式合理、方法灵活、体量适中、结构科学、内容精要、素材新颖、表述生动、难度适中、有较高检测度和区分度的原创性、个性化、高质量考核。

第七章

应用型本科高校思想政治理论课教师教学"精准供给"能力建设

习近平总书记指出,思想政治理论课是落实立德树人根本任务的关键课程,办好思想政治理论课,"关键在教师"。[①]作为课程和教学建设的关键主体和一线责任人,思想政治理论课教师教学"精准供给"能力在教学供给体系中居于核心地位,直接关系到高校思想政治理论课教学"精准供给"的程度,也与高校思想政治工作成效息息相关。教师转型是应用型本科高校高质量发展的关键所在。[②]着眼于新时代应用型本科高校思想政治理论课教学的建设发展,只有抓住抓好思想政治理论课教师教学"精准供给"能力建设这个"关键"的关键,才能做到为大学生提供"配方"先进、"工艺"精湛、"包装"时尚、"有滋有味"的思想政治理论课教学。

第一节 应用型本科高校思想政治理论课教师教学"精准供给"能力基本理论

随着我国经济结构、产业结构的深入调整,我国高等教育领域正在发生深刻变化,高校思想政治理论课建设迎来了新的机遇和挑战。在供给侧结构性改革持续推进背景下,加快补齐高校思想政治理论课教师供给能力短板,是实现思想政治理论课教学"精准供给"的关键所在。

一、教师是应用型本科高校思想政治理论课教学"精准供给"建设的关键

思想政治理论课教师是直接面向大学生进行思想政治理论教学供给的主体,也是应用型本科高校思想政治理论课"精准供给"建设的直接组织者、执行者、落实者。高校思想政治理论课教学有着严格的规范性要求,从教材的选定、使用到教

---

① 习近平:《思政课是落实立德树人根本任务的关键课程》,载《求是》,2020年第17期。
② 阚明坤:《教师转型:应用型本科院校高质量发展的关键》,载《中国高等教育》,2022年第23期。

学大纲的编写、教学管理等都有着明确的规定。但是,任何教学都不可能是一个完全"程式化"输出过程,而是由教师在理解基础上进行一定程度的加工、补充和重新建构,是一个从"文本"到"体验"的过程,总是带有教师鲜明的个性特征和主体性色彩。换言之,教师在教学中从来不是一个完全被动的对象,在教学目标、教学内容、教学方式方法与手段上具有很大的主动权,"教师即课程","教师即教学"。面对既定的教学原材料,以怎样的理念制作教学"大餐",最终加工出怎样的"大餐",以何种方式供给"大餐",都带有较强的主体性和差异性。"在任何学校里,最重要的是课程的思想政治方向。这个方向由什么来决定呢?完全而且只能由教学人员来决定……任何监督、任何教学大纲等,绝对不能改变由讲课人员所决定的讲课的方向。"[1]思想政治理论课教师是"教"的主体,也是"学"的指导者、评价者。正如前文所言,尽管教师和学生都是思想政治理论课教学的主体,但两者的主体性是不一样的,教师是"首席的主体"。高校思想政治理论课教学供给"供什么""供多少""怎么供",以及供给质量和实际效果,不是依靠制度与管理就能完全解决的,在很大程度上取决于思想政治理论课教师。

高校思想政治理论课教学不同于其他课程教学,是一门以政治引领、价值观塑造和人格培育而非知识传授为主要内容的铸魂育人课程。思想政治理论课教师是直接以心灵洗礼为根本工作内容的专业专职人员,是所有教师群体中对学生世界观、人生观和价值观影响最深的"灵魂工程师",是大学生的思想引路人和信仰铸魂者。相对于高校其他课程和其他课程教师而言,思想政治理论课和思想政治理论课教师在考查和评价上也更为复杂。思想政治理论课教学实效往往是一个长期渐进的显现过程,很难像其他课程一样在特定教学周期完成后进行显性量化测试评价。思想政治理论课的本质是讲道理,老师要用心教,学生要用心悟,达到沟通心灵、启智润心,激扬斗志[2],教师怀着怎样的"心"开展教学在现有技术和制度条件下很难做出十分准确的甄别判断,但对于学生的影响却是极其深远的。"经师易求,人师难得"。思想政治理论课教学不是一项单纯的教学工作,同时也是高校育人工作的重要组成部分。"教师教给学生的知识,多年以后可能会过时,可能会遗忘,但教给学生为人处世的道理是学生一生的财富,养成的世界观、人生观和价值观,会影响学生的一生。"[3]一名高校思想政治理论课教师是怀着坚定的马克思主义信仰教学,还是仅仅将其作为一种谋生的手段"做一天和尚撞一天钟",是充满自信底气地讲深讲透,还是闪烁其词、模棱两可、欲言又止,是满怀为党育人、为国育才的真情和责任感"有温度"地讲,还是干巴巴、冷冰冰地进行消极输出,是只在意课堂教学、严守课堂教学政治纪律和规矩,还是课上课下一致、网上

---

[1] 《列宁全集》(第45卷),北京:人民出版社1990年版,第249页。
[2] 黄玥:《习近平总书记心目中的思政课》,载《新华每日电讯》,2022年4月26日。
[3] 王炳林:《教师是上好思想政治理论课的关键所在》,载《思想理论教育导刊》,2017年第1期。

网下一致、言传身教相统一，关系到思想政治理论课教学的生命。

因此，我们党始终重视思想政治理论课教师，一直强调教师在思想政治教育教学中的重要地位和影响。毛泽东指出，学校思想政治教育"最重要的问题，是选择校长教员"，"抗大的革命与进步，是因为它的职员教员与课程是革命的进步的"①，教师教学一旦出差错会导致"谬种流传，误人不浅"②。因此，毛泽东十分关注教师的教育学习，指出"因为他们是教育者，是当先生的，他们就有一个先受教育的任务"，教导知识分子"必须继续改造自己"。③邓小平始终重视教师在社会主义人才培养中的突出作用，强调"只有老师教得好，学生才能学得好"，"一个学校能不能为社会主义建设培养合格的人才，培养德智体全面发展、有社会主义觉悟的有文化的劳动者，关键在教师"④。在20世纪80年代末90年代初，邓小平对当时一度出现的思想领域混乱状况进行了深刻反思，多次指出"我们最大的失误在教育"⑤。为此，他特别重视和加强学校思想政治教育教学工作，增强教师教学的荣誉感、获得感、积极性。进入新时代，习近平高度重视思想政治理论课建设，多次就思想政治理论课教师素养和队伍建设发表重要讲话，做出了"思政课作用不可替代，思政课教师队伍责任重大"，"办好思想政治理论课关键在教师，关键在发挥教师的积极性、主动性、创造性"等一系列重要论断，提出要建设一支"可信、可敬、可靠，乐为、敢为、有为的思政课教师队伍"。⑥新时代颁布的有关高校思想政治理论课建设的相关文件，始终将教师素养、能力、队伍建设作为一项重要内容。

应用型本科高校普遍建立时间不长，从地方本科高校办学向高质量应用型本科高校办学转变还处于持续摸索阶段。思想政治理论课如何根据学校办学目标进行精准教学是应用型本科高校教学转型和人才培养的重要一环。应用型本科高校转型，转到难处是教学，转到痛处是教师。⑦没有一支适宜于应用型本科高校特点和要求的教师队伍，就不可能真正实现从宏观走向微观，从形式上的转型走向内涵上的转型；没有教师的转型，就不会有应用型本科高校的转型成功和高质量发展。一些应用型本科高校的转型之所以推进困难，尽管有这样那样的制约因素，但最根本的原因在于教师没有实现转型。应用型本科高校思想政治理论课教学"精准供给"建设，说到底就是思想政治理论课教师如何将教学理念、内容、方式、方法与高层次应用型人才培养需求的精准对接，开展与应用型本科高校相适应的特色教学。

---

① 《毛泽东文集》(第2卷)，北京：人民出版社1993年版，第187页。
② 《毛泽东选集》(第3卷)，北京：人民出版社1991年版，第815页。
③ 《毛泽东文集》(第7卷)，北京：人民出版社1999年版，第270、225页。
④ 《邓小平文选》(第3卷)，北京：人民出版社1994年版，第55、103页。
⑤ 《邓小平文选》(第2卷)，北京：人民出版社1994年版，第327页。
⑥ 习近平：《思政课是落实立德树人根本任务的关键课程》，载《求是》，2020年第17期。
⑦ 阙明坤：《教师转型：应用型本科院校高质量发展的关键》，载《中国高等教育》，2022年第23期。

二、高校思想政治理论课教师教学"精准供给"能力结构

不同学科对于能力的理解存在一定差异,一般是指完成或胜任一定工作角色所必需的知识、技能、判断力、态度和价值观等,是一个智力、非智力、知识、技能行为等多因素的复合体。教学能力是指教师为达到教学目标、顺利从事教学活动所表现的一种行为特征,是教师专业性的集中体现,也是教师完成角色职责,实现自身价值的必备条件。教师不仅要有广博的知识,还需要具备适应学科特点的教学和科研能力。高校教师的教学能力可以概括地解释为高校教师在教学阶段所表现出来的能力,包括在教学前、教学中、教学后所表现出来的教学组织能力、教学设计能力、教学创新能力、教学调控能力、教学实施能力,以及将知识转化为技能的能力、课堂随机应变的能力、自我评估测评的能力、教学反思改进等。高校思想政治理论课教学既具有教学的一般共性,也有自己的特点,在能力结构上呈现以下特点:

第一,育人品德是高校思想政治理论课教师教学"精准供给"能力的基础。思想政治理论课教师内在的思想政治、理论涵养、道德品质、职业精神从根本上决定思想政治理论课教学的政治育人能力、理论育人能力、道德育人能力、情感育人能力。(1)政治育人能力。思想政治理论课教师的政治育人能力,即思想政治理论课教师在教学过程中所表达的政治观点、表现的政治态度、保持的政治立场、展现的政治辨别能力对学生产生的引导、感染和影响力。思想政治理论课教师的政治育人能力,是衡量思想政治理论课教师的"第一标准",是思想政治理论课教师育人能力的核心要素。思想政治理论课教师要求具备"四个意识",坚定"四个自信",做到"两个维护",始终在政治立场、政治方向、政治原则、政治道路上同以习近平同志为核心的党中央保持高度一致,模范践行高等学校教师政治品德规范。(2)理论育人能力。"理论性"是高校思想政治理论课的鲜明特色和根本属性,这就要求教师要具备一定理论思维力、理论说服力。思想政治工作从根本上说是做人的工作,思想政治理论课是"以理服人"的价值教育。办好思想政治理论课,就是要开展马克思主义理论教育,用习近平新时代中国特色社会主义思想铸魂育人,引导学生增强中国特色社会主义道路自信、理论自信、制度自信、文化自信。因此,高精尖水平的思想政治理论课要坚持政治性和学理性相统一,把"四个自信"教育作为主要内容,用科学理论培养人,以习近平新时代中国特色社会主义思想所展现出的真理力量和实践伟力,在"中治西乱""东升西降"的国际比较中,讲清楚中国共产党为什么"能"、马克思主义为什么"行"、中国特色社会主义为什么"好"等一系列重大命题,让思想政治理论课成为播撒"四个自信"种子的沃土、铸就"四个自信"基石的熔炉,引导学生自尊、自信、自立、自强。思想政治理论课教师理论育人能力,主要体现在学生们接受和践行马克思主义理论的程度,也体现在能否

培养学生的理论思维意识和习惯。(3)道德育人能力。"师者,人之模范也。"教师的职业特性决定了教师必须是道德高尚的群体。"人格要正"是思想政治理论课教师讲好思想政治理论课、实现铸魂育人的基本道德标准,也是思想政治理论课教师鲜明而独特的价值标识和精神磁场。"亲其师,才能信其道"。人格是一个人精神修养的集中体现,思想政治理论课教师的思想光辉与人格魅力如同一个循序渐进的磁场,政治信仰愈坚定、真理力量愈刚健、育人情怀愈真挚,思想政治理论课教师的精神磁场便会愈加强烈,铸魂育人愈有实效。合格的老师首先应该是道德上的合格者,好老师首先应该是以德施教、以德立身的楷模,思想政治理论课教师更需要有高尚的师德风范。思想政治理论课教师的道德育人能力,不仅仅在于自己给学生传播了哪些道德知识、道德观念,主要在于自己这种"道德示范力"的大小,"道德示范力"是思想政治理论课教师道德育人能力的根本。(4)情感育人能力。习近平总书记在学校思想政治理论课教师座谈会上谈到,思想政治理论课教师"情怀要深,保持家国情怀,心里装着国家和民族"。思想政治理论课教师要怀着对国家和人民的热爱之情、对马克思主义思想理论的崇敬之情、对广大青年大学生和教学事业的喜爱之情、对人类前途命运的关怀之情走上讲台,并在教学中将这些深厚的情感传导给学生,影响到学生,在学生的心中也种下这些情怀的种子。①

第二,教学技能是高校思想政治理论课教师教学"精准供给"能力的核心。教学技能是教师在教学活动中有效促进学生学习的教学技巧和能力的总和,包括教学监控能力、教学认知能力、教学操作能力②。教学监控能力,是指教师在教学过程中,将教学活动本身作为意识的对象,进行计划、检查、评价、反馈、控制和调节的能力。教学认知能力,是指教师对教学目标、教学任务、学习者特点、教学方法与策略以及教学情境的分析判断能力,包括分析了解学生学习基础与个性特点、教学大纲、教材体系与教材,进行教学设计能力等。教学操作能力,是指教师具体开展教学的能力,包括言语表达能力、教学媒体的选择和运用能力、课堂组织管理能力等。教学能力是在教学活动中形成、发展、表现出来的,在时间顺序上可以分为教学前、教学中、教学后三个阶段。教学前阶段,也是教学的准备或教学方案制定阶段,主要受教师的知识、观念与教学动机等教师因素和学生特点以及教学的目标、内容、环境等因素影响。教学中阶段,即教学的直接实施过程阶段,主要表现为知识传授与互动、课堂管理和教学评价。教学后阶段,即直接教学行为结束之后的后续性教学相关活动,如教学反思、师生课后的交流交往等。教学能力是高校思想政治理论课教师最重要的能力,是职业化、专业化教师的"看家本领"。一名思想政治理论课教师不论具有多高的政治觉悟、理论水平、道德操守和深厚情感,

---

① 习近平:《思政课是落实立德树人根本任务的关键课程》,载《求是》,2020年第17期。
② 申继亮、王凯荣:《论教师的教学能力》,载《北京师范大学学报(人文社会科学版)》,2000年第1期。

如果教学技能不足，仍难言是一名合格的教师。

第三，教研科研能力是高校思想政治理论课教师教学"精准供给"能力的支撑。高校思想政治理论课既具有政治性、思想性，也具有学术性、专业性，"其学术深度广度和学术含金量不亚于任何一门哲学社会科学"①，学识渊博、理论功底深厚是高校思想政治理论课教师当然的能力要求。从内容看，高校思想政治理论课涉及马克思主义哲学、政治经济学、科学社会主义，涉及经济、政治、文化、社会、生态文明和党的建设，涉及改革发展稳定、内政外交国防、治党治国治军，涉及党史、国史、改革开放史、社会主义发展史，涉及世界史、国际共运史，涉及世情、国情、党情、民情，等等。从教学实践看，要讲清讲透讲生动一些重要内容，回应学生的深层次理论和实践问题，教师在教学中还需要进行历史与现实、国内与国外、中国与世界的比较，这就要求高校思想政治理论课教师仅仅精通马克思主义理论还不够，还需要广泛涉猎其他哲学社会科学以及自然科学的知识。没有扎实、全面的理论学术功底和宽广的学术视野，很难做到以透彻的学理分析回应学生，以彻底的思想理论说服学生，用真理的强大力量引导学生。随着信息化与教育的深度融合、新媒体时代的到来、教学理念的不断进步和新一代青年大学生学习习惯、成长环境、心理特征的发展变化，如何切实增强教学效果日益成为一个现实课题，这就需要加强教学研究，使高校思想政治理论课更好地适应这些新情况、新环境、新变化。

三、应用型本科高校思想政治理论教师教学"精准供给"能力的特别要求

人才培养是高等学校四大基本职能中的核心，高校教学资源配置和条件保障都应该围绕这个核心进行。要使学生具备某种能力，教师必须首先具备这种能力；如果教师自身的能力都欠缺，就谈不上培养学生相应的能力。是否适应人才培养的需求是教师能力和素质的基本评价标准，人才培养的特点和需求决定了应用型高校教师教学能力构成。应用型本科高校既不同于研究型高校，也不同于高职专科类高校，有着特定的人才培养目标和教学对象。要实现教学"精准供给"，应用型本科高校思想政治理论课教师不仅要具备高校思想政治理论课教师的一般性能力要求，还应具备与应用型本科高校人才培养目标相匹配的教学能力。

一是知识理论应用能力。适应地方经济社会发展需求的高层次应用型人才是应用型本科高校人才培养的基本目标定位，应用能力是应用型本科高校大学生的核心能力。这就要求各门课程和教学要以新的人才观、质量观和教育观为引领，更新教学内容、教学环节、教学方法和教学手段，建构以能力为本位的教学体系，

---

① 习近平：《思政课是落实立德树人根本任务的关键课程》，载《求是》，2020年第17期。

重视学生应用能力的培养，培养具有较强社会适应能力和竞争能力的高素质应用型人才。思想政治理论课程是应用型本科高校课程体系不可或缺的组成部分，思想政治理论课教学是应用型本科高校教学体系和人才培养的重要环节，必须主动适应学校人才核心能力培养要求，与其他课程和教学形成人才培养协同效应。因此，应用型本科高校思想政治理论教师不能只进行理论上的清谈，进行空洞的价值观说教，还要具备思想政治理论应用能力，以彻底的理论有力回应大学生关注的重大现实问题，解答大学生成长成才面临的种种困惑。

二是创新创业教学能力。《关于引导部分地方普通本科高校向应用型转变的指导意见》指出，地方普通本科高校向应用型转变，要紧紧围绕创新驱动发展、互联网+、大众创业万众创新等，找准转型发展的着力点、突破口，推动高校把办学思路真正转到增强学生就业创业能力等方面来。高校大学生创新创业教育与思想政治理论课教学在目标上具有一致性，内容上具有相通性，方法和功能上具有相契合性，二者可以实现有机融合、互动发展，共同服务于高校立德树人工作。[①]当前，面对国家创新驱动战略和严峻的就业形势，应用型本科高校思想政治理论课要结合相关内容开展创新创业教育内容，培育大学生创新性思维，激发大学生创新创业精神，引导大学生确立创新创业发展目标，不断追求提升人生理想境界。

三是服务地方的能力。应用型本科高校主要培养服务地方经济社会发展的本科以上层次应用型人才，立足地方、服务地方是应用型本科高校办学的基本定位。这就对思想政治理论课教师提出了相应要求，在教学中既要"顶天"——进行必要的宏观思想政治理论讲解，又要"立地"——紧密结合地方经济社会文化开展教学；既要视野宽广——从国际国内的宏大视角进行阐释，又要入微落地，讲好"地方故事"。熟悉地方、服务地方是应用型本科高校思想政治理论课教师做好教学工作的一项重要要求，要在结合自身学科专业专长服务地方经济社会发展中融入地方社会、了解地方社情民情，把握地方新产业新业态发展态势和行业企业人才培养需求与发展变化，充分发掘地方文化和教学实例，实现教学工作与服务地方相得益彰，发挥好服务地方的引领示范作用。

四是实践教学能力。应用型本科高校培养的是高层次应用型人才，特别突出人才的实践能力，不仅要教给学生理论知识，更要培养其"知行合一"的实践操作能力。教师作为实践教学的组织者和引导者，示范操作能力、理论知识转化能力是教师有效指导实践教学活动必需的能力。思想政治理论课教师要坚持教育与生产劳动、社会实践相结合，积极开展科教融合、校企联合等协同育人模式，深入挖掘社会实践所蕴含的思想政治教育因子和价值功能，着力培养青年大学生的社会责任感和奉献意识，推动青年大学生在不断融入国家和社会中持续成长成才。

---

① 黄家周、陈林：《新时代高校创新创业教育有机融入思政课教学基本策略探析》，载《高教论坛》，2019年第10期。

四、应用型本科高校思想政治理论课教师教学"精准供给"能力建设的影响因素

(一)政策导向与制度支撑

党和国家关于高校思想政治理论课建设的政策及执行对于教师能否有效开展教学"精准供给"至关重要。思想政治理论课的特殊性决定了其不同于高校其他课程,其建设具有很强的政策性,思想政治理论课课程体系、使用的教材、建设的原则标准、领导体制和工作机制等方面具有统一性要求。党和国家相关政策是高校思想政治理论课建设的权威和依据,对于高校思想政治理论课建设具有全局性、根本性作用,规制着思想政治理论课的建设发展。习近平总书记指出,"思想政治理论课能否在立德树人中发挥应有作用,关键看重视不重视、适应不适应、做得好不好"[①]。我们党历来高度重视思想政治理论课建设的政策导向和引领,在革命、建设、改革各个历史时期都作出过重要部署。政策要素对于高校思想政治理论课教师的教学积极性、主动性、创造性具有重要的影响,政策的变化发展深刻影响着思想政治理论课建设的变化发展。一项积极有力的政策,总能营造思想政治理论课教学创新实践的良好氛围,引发思想政治理论课教学创新实践的浪潮,激发思想政治理论课教师的教学热情,推动教师教学水平的提升。

"政府制定和执行政策的能力,换句话说就是制度构成了主要的政治情景,它影响政策产出"[②]。政策目标的实现,既受制于政策本身的科学性,也可能受制于政策的落实。高校思想政治理论课教学"精准供给"有赖于导向性政策来推动,但把政策要求落实到终端,则需要学校具体的制度发挥作用。高校具有一定办学自主权,我国教学改革的主体已经由政府更多地转向高校自身,学校层面的制度建设直接作用于高校思想政治理论课教学"精准供给"建设。"要加深对我国改革开放以来高校教学改革政策及其实施成效的认知和理解,有必要重点关注制度创新是如何影响高校教学改革政策实施的,进而关注制度创新是如何推动提升政策质量的"[③]。按照政策的要求,从具体制度上明确责任人、实施路径、条件保障,聚焦真问题、一线问题和迫切问题,以制度建设推动思想政治理论课教学"精准供给"机制建设,才能使高校思想政治理论课教学"精准供给"获得持续稳定的动力。需要指出的是,"政策的制定者是政策目标的积极追求者,政策执行者未必都是"[④]。国家政策主要考虑的是社会效益、整体和长远利益,但各所高校对于教学

---

① 《坚持党的领导传承红色基因扎根中国大地 走出一条建设中国特色世界一流大学新路》,载《人民日报》,2022年04月26日。
② 张烨:《教育政策的制度分析:必要、框架及限度》,载《复旦教育论坛》,2006年第4期。
③ 马廷奇:《政策选择与制度创新——改革开放以来高校本科教学改革的回顾与思考》,载《高等工程教育研究》,2009年第1期。
④ 徐艳国、徐建军:《思想政治教育政策环境的构成要素分析》,载《中国高等教育》,2010年第9期。

建设和改革则具有功利性、个体性和短期性，以便在教育市场获得更大竞争力。面对思想政治理论课这类难以产生短期效益和不直接产生经济效益的课程，一些高校对于思想政治理论课教师教学"精准供给"能力建设的内生动力不足，很有可能出现"上有政策、下有对策"的形式主义，虚与委蛇地搞打折、变通、应付，不仅政策无法真正落地，反而会挫伤教师的教学建设的积极性。

（二）职业声望与功利心理

职业声望是社会公众对某一职业的意义、价值和声誉的综合评价，具体体现在职业形象的优劣、职业吸引力的大小、职业的稳定性和威信等方面，职业声望评价是一种特殊形式的社会舆论。思想政治理论课是立德树人的关键课程，是铸魂育人的主渠道，做好思想政治理论课教学意义重大。但是，思想政治理论课教学"精准供给"建设不仅仅是能力性、技术性或行政性工作，还与社会对于思想政治理论课教师的评价息息相关。从职业社会学意义上来说，高校思想政治理论课教师所从事的是一种社会职业，仍然遵循职业社会发展的基本逻辑和规律。社会声望及其表现的对于这一职业的美誉度、敬重度，不仅影响教师的职业认同感、荣誉感、责任感，也会影响学生对于思想政治理论课教学和教师的态度，潜移默化地塑造高校思想政治理论课教师教学态度和心理。必须认识到，思想政治理论课教学"精准供给"绝不仅是一个教师教学能力本身的问题，也是一个与教师教学情绪、心理、价值感密切相关的问题。如果说教学"精准供给"能力不足会引发高校思想政治理论课教师力不从心的焦虑感和危机感，那么社会声望的不足会导致教师无所适从的失落感、自卑感，教学供给是否精准将没有太大意义，教师就会丧失追求教学"精准供给"的动力和热情。

相对于一般性教学供给而言，教学"精准供给"是一个更为复杂化的劳动过程。从成本来看，高校思想政治理论课教学"精准供给"与粗放"漫灌式"教学供给的差别在于，前者往往要投入更多的时间、精力和情感去追求"讲精""讲深""讲透""讲好"，后者追求的仅仅是"讲完"。教学"精准供给"的实现有着一系列的环节和要求，如准确把握学生的学习基础、兴趣爱好、学习特点等，"先向学生学七分，了解学生的历史、个性和需要，然后再拿三分去教学生"[①]；精心设计教学内容，研究教学方法；了解社会和主要用人单位对于本校学生思想、道德、法治素养的评价，并在教学中制定针对性改善举措；加强师生课下交往，走进学生生活，培养师生情感，赢得学生信任，等等。这些工作无不意味着大量隐性的、难以计量的成本投入。一个人的时间和精力总是有限的，这方面投入得多了必然意味着那方面投入的减少。高校思想政治理论课教师的职业伦理赋予了其牺牲奉献精神，但正如马克思所言，人奋斗所争取的一切，都同利益有关。作为现实生活中的

[①] 中华人民共和国教育部、中共中央文献研究室：《毛泽东邓小平江泽民论教育》，北京：中央文献出版社、人民教育出版社、北京师范大学出版社2002年版，第39页。

一员,人们在面临两种以上选择时,往往会选择对自己更有利的方案,力求使自己的利益最大化。在功利心理驱动下,当个人在教学上的投入与产出不对等、"干多干少一个样"时,高校思想政治理论课教师就会缺乏教学"精准供给"建设的积极性和主动性。

(三)教学资源与工具

教学总是借助教学工具,依托一定的教学资源开展实施的。一般来说,在同等情况下,教学工具越先进、教学资源越优质充分,教学效果往往也越好。广义的教学资源是指支持教学活动的各种资源的总和,既有人的资源,也有其他资源,既有物质性资源,也有非物质性资源,既包括校内资源,也包括校外资源,既包括有形资源,也包括无形资源,既包括生成性资源,也包括潜在性资源,包涵了教学工具。教学资源和工具是提升教学品质和教学境界的重要依托,教学是在教学资源的整合和教学工具的综合运用基础上的活动,教学优化包括教学资源和工具的优化。高校思想政治理论课教学"精准供给"建设,既是一个教师教学能力问题,也是一个教学资源问题。要实现教学"精准供给",在教学过程和一些环节上离不开教学资源和工具的精准供给、优化、应用。这些资源和工具主要包括:(1)师资力量。教学"精准供给"意味着开展"小班化教学",更强调个体的针对性,必要的师资力量不可或缺。(2)硬件设施,包括适应于教学"精准供给"实施所需的智慧教室、教室内部陈设、必要的教学音像设备等。(3)教学与管理软件与工具,如教学前的学生相关个性化信息的收集、分析、处理软件,教学过程中学生分组讨论与师生即时互动等软件,课下学生学习跟踪、评价、管理软件等。(4)课程配套资源,包括面向教师备课的课程配套资源、面向学生学习的相关资源、实践教学基地资源等。(5)其他教学资源与工具,如思想政治理论课教材等。总之,高校思想政治理论课教学资源的规模、类型、质量和运行机制等在很大程度上决定了教学供给的时空、方式、方法,高校思想政治理论教学中的一些教学供给问题也是教学资源问题。

(四)教学供给对象

教师的工作对象是学生,思想政治理论课包含着大量感性内容,思想政治理论课教学是师生双方双向的共同活动,也是一个师生之间情感表达与感染、学生情感认同与升华的过程。如果师生交流顺畅,教师的教学理念、教学内容、教学方式、教学方法、教学效果得到学生的认可与积极正面回应,就会给师生双方带来愉悦的教学体验,教师的成就感、获得感会得到提升,从而激励教师增加教学投入,不断改进教学,实现"教学相长"的良性循环和效应。反之,如果学生对于一门课程缺乏基本的认同,对于课程和教学持冷漠、排斥、厌恶的消极心理,就不会在意供给什么和怎么供给,加强教学"精准供给"的举措反而可能被学生视为"负担""麻烦",而加剧消极心理。诚然,学生对于课程和教学的认知与态度离不开教师的精心培育和引导,尽管"好的教学总是会受到学生的喜爱和欢迎",但我们也不应过于夸大教师在面对学生时的这种能动性，特别是当某种认知和理念由来已久并十分强劲的时候。"离开了学生的主动性，教师的主导作用就失去了它的主要内涵，失去了它的对象和归宿。"①当高校思想政治理论课教师投入大量时间、精力和情感开展教学"精准供给"，却不能得到学生的支持、配合和认可时，就会产生挫败感，久而久之也会心生倦怠，丧失教学"精准供给"的信心和动力。

第二节　应用型本科高校思想政治理论课教师教学"精准供给"能力现状调查

党的十八大以来，特别是习近平总书记亲自主持召开学校思想政治理论课教师座谈会以来，思想政治理论课在党中央治国理政战略全局中的地位日益凸显，建设环境和整体生态明显优化，极大地激发了应用型本科高校思想政治理论课教师铸魂育人的积极性、主动性和责任感，教师教学"精准供给"能力建设不断加强，形成了一批建设成果。同时，一些教师也存在着教学理念落后，"精准供给"意识、能力和意愿不足等问题。

一、教师教学"精准供给"能力建设成果丰硕

一是教学"精准供给"理念不断强化。理念是实践的先导，有什么样的思想政治理论课教学理念，就有什么样的思想政治理论课教学实践。党的十八大以来，广大应用型本科高校思想政治理论课教师以习近平总书记关于思想政治理论课建设的重要论述为指导，教学"精准供给"理念不断强化，有力改善了长期以来困扰高校思想政治理论课教学的"供给错配"问题，极大提升了高校思想政治理论课的教学效果。"从哲学角度而言，精准是一种把握事物本质规定性的思维方法，强调对象差异性，提出针对性策略，体现了具体问题具体分析的马克思主义科学方法论。"②"精准"顾名思义就是精炼、准确的意思。"精准"理念的提出是适应社会转型和社会发展需要，在应对政治、经济、文化和社会等各领域存在的新问题、新挑战和新要求，在更好地把握普遍性与特殊性、全面性与差异性、一元性与多元性、均衡性与非均衡性等方法论基础上，运用现代科学技术和思维模式，有效提升执政效能和社会治理水平的一种新思路和策略。这一理念同样适用于高校思想政治理论课建设。习近平总书记关于思想政治理论课建设的一系列重要思想和论断体现了鲜明的"精准供给"思维。在2016年全国高校思想政治工作会议上，习近平总书记指出"要用好课堂教学这个主渠道，思想政治理论课要坚持在改进中

---

① 南京师范大学教育系：《教育学》，北京：人民教育出版社2005年版，第128页。
② 周远：《精准思政：新时代高校思想政治工作的新理念与新模式》，载《思想理论教育》，2020年第8期。

加强，提升思想政治教育亲和力和针对性，满足学生成长发展需求和期待"①。在2019年学校思想政治理论课教师座谈会上，习近平总书记再次强调，"要不断增强思政课的思想性、理论性和亲和力、针对性"。②《关于深化新时代学校思想政治理论课改革创新的若干意见》针对"统筹推进思想政治理论课课程内容建设"事宜时，不仅明确提出"坚持用习近平新时代中国特色社会主义思想铸魂育人，以政治认同、家国情怀、道德修养、法治意识、文化素养为重点，以爱党、爱国、爱社会主义、爱人民、爱集体为主线，坚持爱国和爱党爱社会主义相统一，系统开展马克思主义理论教育，系统进行中国特色社会主义和中国梦教育、社会主义核心价值观教育、法治教育、劳动教育、心理健康教育、中华优秀传统文化教育"，而且进一步强调要"遵循学生认知规律设计课程内容，体现不同学段特点，研究生阶段重在开展探究性学习，本专科阶段重在开展理论性学习，高中阶段重在开展常识性学习，初中阶段重在开展体验性学习，小学阶段重在开展启蒙性学习"。明确提出了统筹推进思想政治理论课课程内容建设问题，并强调课程内容建设的重点、主线、内容以及要能够遵循学生认知规律，体现不同学段特点和差异性，为新时代高校思想政治理论课教学"精准供给"建设提供了基本遵循。只有确立精准思维，把握精准教学方法，采取精准育人措施，才能切实解决高校思想政治理论课教学的针对性问题，从根本上提高育人实效。

　　二是教学供给内容与方式方法"精准发力"。习近平总书记强调："思想政治理论课的本质是讲道理，要注重方式方法，把道理讲深、讲透、讲活。"③方法更偏向"形式"，内容更聚焦"实质"。科学合理的教学方法是把道理讲深、讲透、讲活的必要条件，能够实现"形式"与"实质"的相融相通。党的十八大以来，为支撑思想政治理论课高质量发展，应用型本科高校思想政治理论课教学供给内容和方式方法"精准供给"持续加强。一方面，因地制宜、因校施策、因材施教探索取得重要进展。一些应用型本科高校思想政治理论课立足高层次应用型人才培养目标，在教学内容设计和教学方式方法选择上紧密结合地方和学校实际，考虑到不同类型学科、专业的学生对于思想政治理论课的需求和期待差异，最大限度地满足学生成长成才的需要。另一方面，积极开发利用现代教育教学技术为思想政治理论课教学内容和方式方法创新提供强大技术支撑，"线上课堂"与"线下课堂"共同发力，"实体课堂"与"仿真课堂"有机结合，一系列精准教学技术手段融入思想政治理论课堂。

---

　　① 习近平：《把思想政治工作贯穿教育教学全过程　开创我国高等教育事业发展新局面》，载《人民日报》，2016年12月9日。
　　② 《习近平主持召开学校思想政治理论课教师座谈会》，中国政府网，http://www.gov.cn/xinwen/2019-03/18/content_5374831.htm（访问时间：2022年9月13日）。
　　③ 《习近平考察中国人民大学，重点强调了什么？》，人民网，http://politics.people.com.cn/n1/2022/0426/c1001-32409426.html（访问时间：2022年9月13日）。

三是教学"精准供给"主体队伍不断发展壮大。党的十八大以来,党和国家在配齐建强思想政治理论课教师队伍上下了大功夫、硬功夫,高校思想政治理论课专兼职教师在数量上实现倍增,总体上达到1:350师生比的要求,基本解决了长期困扰高校思想政治理论课建设的教师缺口问题。教育部社科司数据显示,截至2021年年底,高校思想政治理论课专兼职教师超过12.7万人,比2012年增加7.4万人。① 十年来,高校思想政治理论课教师队伍的充实与壮大,深刻反映了我国思想政治理论课教学事业发展的历史性成就,形成了以高质量教师队伍推动思想政治理论课教学高质量发展的重要经验。与此同时,党和国家还出台了一系列高校思想政治理论课教师队伍内涵建设的具体举措,高校思想政治理论课教师队伍管理体系更加完善,思想政治理论课教师队伍层次结构更加科学,思想政治理论课教师的核心素养不断提升。在物质保障上,构建了反映思想政治理论课特殊性并同思想政治理论课教师教学科研特点相匹配的评价体系,设置项目资助计划,加大对教学名师、中青年教师以及教学团队的支持,夯实思想政治理论课教师发展的物质基础。在队伍结构上,构建老、中、青一体化的"橄榄型"教师队伍,发挥优秀教师的榜样引领作用,打造思想政治理论课教师队伍的"高原"和"高峰"。在素养培育上,完善思想政治理论课教师研修培训体系,丰富思想政治理论课教学资源供给,健全思想政治理论课示范推广制度,全面提升思想政治理论课教师的核心素养。

四是教学"精准供给"能力建设体制机制基本成型。党的十八大以来,思想政治理论课教学管理的体制机制不断健全,一系列以教学"精准供给"为导向的高校思想政治理论课建设校本制度相继出台,为推动高校思想政治理论课教学"精准供给"体系建设提供了坚实支撑。思想政治理论课建设标准更加明晰化、规范化,高校思想政治理论课教师应当具有怎样的品质与能力、怎样养成这一能力、思想政治理论课教学"谁来教""教什么""怎么教"等一系列理论与实践问题得到进一步明确和解答。从组织管理来看,高校思想政治理论课建设主体责任不断压实,高校党委书记和校长被明确为学校思想政治理论课建设的第一责任人,高校党委书记、校长带头抓思想政治理论课的机制不断健全,思想政治理论课教学有了更坚实的组织保障。党的领导贯彻到思想政治理论课建设全过程、各方面,成为思想政治理论课教学的优势和底气所在,思想政治理论课教学更好地融入了各级各类学校的发展全局。思想政治理论课的课程设置、教材选用、班级规模等不断规范化,思想政治理论课学时、学分等硬性指标得到进一步明确,"中班教学"与"小班研讨"相结合成为趋势。从教学评价来看,包括学生评价、教师自我评价、教学督导评价、同行专家评价、社会大众评价等在内的思想政治理论课教学评价

---

① 《教育部:全国高校思政课专兼职教师超12.7万人》,中国新闻网,https://m.chinanews.com/wap/detail/chs/sp/9704414.shtml(访问时间:2022年9月20日)。

体系不断健全。从教师教学能力培训看,横跨部、省、校多层级联动的教师培训制度更加完善。

五是教学供给成效显著提升。思想政治理论课教学成效是衡量教学质量的关键标尺。党的十八大以来,经过各级党委、教育主管部门、学校等各方面力量的共同努力,思想政治理论课的思想性、理论性和亲和力、针对性不断增强,取得了显著的教学成效。思想政治理论课教学实效性的提升,首先直观地表现为学生听课满意度的提升。2017年,教育部高校思想政治理论课"教学质量年"大调研的统计结果显示,思想政治理论课课程优良率达83.2%,86.6%的受访学生表示非常喜欢或比较喜欢上思想政治理论课,91.8%的受访学生表示非常喜欢或比较喜欢自己的思想政治理论课老师,91.3%的受访学生表示在思想政治理论课上很有收获或比较有收获。[①]高校思想政治理论课教学实效性的提升,还体现在学生对于思想政治理论课的"定性"评价与描述,表现为学生学习的主观体验与直接感受。知识传授、价值塑造与能力培养是衡量思想政治理论课教学实效性的重要标准。2021年,中国青年报社在面向全国238所高校的2270名大学生发起的问卷调查的基础上发布了《大学生心目中的思政课》调查报告。报告显示,"引人深思""生动鲜活""创新实用""鞭辟入里"等是大学生形容与描述思想政治理论课常用的关键词,大学生对思想政治理论课老师的认可度较高。[②]

二、应用型本科高校思想政治理论课教师教学"精准供给"能力建设问题

调研发现,目前应用型本科高校思想政治理论课教师在教学"精准供给"上还面临着不少的问题。这些问题既有来自教师自身的原因,也有资源、制度、环境等外在因素的影响。

(一)建设的社会环境仍待优化

从社会整体环境来看,尽管党的十八大以来思想政治理论课建设环境已经得到很大改善,但也应当承认,整个社会真正重视、关心、认同思想政治理论课程的氛围仍然有待加强,高校思想政治理论课教师的职业声望、社会美誉度仍不高。一些人认为,思想政治理论课缺少深奥复杂的学科知识,思想政治理论课教学岗位的专业性、职业性不强,不需要特别的训练,职业歧视和学科歧视在一定程度上客观存在,思想政治理论课教师还没有得到充分的尊重,职业价值感和成就感不够高。"有的地方形成了思想政治专业非学术、无学术等极为错误的观点和氛

---

① 《思政课堂 点亮青年信仰——高校思政课教学质量年专项工作述评》,中华人民共和国教育部网站,http://www.moe.gov.cn/jyb_xwfb/xw_zt/moe_357/jyzt_2018n/2018_zt05/zt1805_szgg/201802/t20180227_327855.html(访问时间:2022年10月1日)。

② 毕若旭、程思、罗希:《大学生的思政关键词》,载《中国青年报》,2021年6月24日。

围,给一些思政课教师造成很大心理阴影,严重影响了他们的工作热情"[1]。在一些专业课教师眼中,大学生思想政治教育与自己关系不大,有意无意贬损思想政治理论课的现象仍然存在,大学生轻视思想政治理论课程的情况还比较普遍,思想政治理论课教师与专业教师相比自信心不足。当前,大学生就业竞争力既是社会评价一所高校的重要依据,也是上级管理部门考查一所高校办学质量的核心指标之一,与就业最为直接和紧密的无疑是大学生的专业能力,而隐性的思想政治道德素养功能则没有受到必要关注。调研中就有高校管理人员提出,"就业是硬道理!学生思想品德好能解决就业问题吗?如果专业能力不行、就业不好,我们怎么向学生交代?怎么向家长交代?而且也影响学校后续招生"。因此,高校首要任务和优先解决的是就业这一显性的、可以量化的硬性指标,这也是不少应用型本科高校重视专业课、轻视思想政治理论课的原因所在。访谈中,我们不难感受到一些教学管理者对于思想政治理论课教学或显或隐的轻视态度,对于思想政治理论课教学开展"精准供给"的必要性和可行性表示质疑,"你们能搞什么'精准供给'?"对于那些契中学生需求的精彩思想政治理论课,有的教学管理者甚至直言是因为这些教师"会忽悠学生"。更多教学管理者认为,思想政治理论课教学与建设因是"规定动作""政治任务"而"重要",但与高层次应用型人才培养"两张皮","不得不完成"但又谈不上建设积极性,只要"不出事"就行。教学管理层的这种消极认知和理念,直接体现在对于思想政治理论课教学"精准供给"的建设管理上,并传导给思想政治理论课教师,挫伤教师教学"精准供给"建设的积极主动性。当思想政治理论课程本身处于一种相对边缘化的冷遇境地时,思想政治理论课教学是否"精准供给"便显得无足轻重,思想政治理论课教师开展教学"精准供给"的热情便无从谈起。

(二)存在一些认知误区

有观点认为,高校思想政治理论课就是要严格按照教材完完全全、原原本本地将党的思想政治理论一体化地讲授给大学生。教学"精准供给"则意味着要基于教学对象实际特点和需求对教学内容进行精选、重组、优化,这在教学上是"缺斤少两"、存在风险的。"教材内容是什么,我就讲什么,顶多在案例上自由发挥一下。在没有明确规定和要求的情况下,我不可能根据学生更需要什么、对什么感兴趣就对教学内容进行调整,出了问题怎么办","哪些内容该增、哪些该减,标准是什么?原则性和灵活性怎么把握?我不确定"。在调研访谈中,我们发现,不少应用型本科高校思想政治理论课"教学大纲"基于"安全"的考虑,在教学内容设置上与教材结构和体系几乎一致,完全看不出应用型本科高校思想政治理论课教学的特点,也没有体现本校学生需求和学科、专业特点,很少见到个性化内容设计,基

---

[1] 习近平:《思政课是落实立德树人根本任务的关键课程》,载《求是》,2020年第17期。

本忽视了大学生的主体性、差异性。

（三）教师的负面情绪

教学"精准供给"意味着教师要更新教学理念，培养"精准供给"的能力，也意味着更多的教学投入，无疑会对教师形成一定的心理压力，生成一些负面情绪。（1）排斥心理。不同的教师在长期的教学实践中会养成自己特定的教学模式和风格。每一个人都有自己的"舒适地带"，即自己熟悉的范围和习惯的经验，人们在这个范围内活动会觉得安全、舒适。"如果实事求是又毫不避讳地说，教师常常是最不希望改革的，因为他们已习惯于自己一种得心应手的教育模式。"[①]思想政治理论课教学"精准供给"对于一部分已经习惯于"粗放式""漫灌式""单向式"教学的教师带来的冲击无疑是巨大的，必然产生抵触心理。"好的教师哪怕仅凭一张嘴、一支粉笔，也能把课讲好，搞那些虚的有什么用"，"热衷于谈教学改革、教学创新，不断提新要求，不是让我更擅长教学了，而是变得不知道怎么教学了"。特别是一些年龄相对较大的思想政治理论课教师对于教学"精准供给"涉及的教学设备操作与技术应用等未知领域具有明显的畏惧感、焦虑感。（2）现实压力。一方面，的确存在有的思想政治理论课教师使命感、责任感不够强，将思想政治理论课教学看作"养家糊口"的工作，热衷于省时省力的"完成"教学而非"做好"教学，不重视教学供给是否精准的问题。另一方面，也要实事求是地看到，高校思想政治理论课教师尽管职业神圣光荣，但教学毕竟只是教师生活的一部分。作为社会和家庭的一员，高校思想政治理论课教师同样要面对家庭、生活和事业发展等多方面的现实压力，渴望有体面舒适的生活，一样有物质和精神需求。然而，"重科研、轻教学"是高校的普遍现状，教学投入的时间和精力往往很难进行准确的计算，教学工作往往只是教师业绩的锦上之花，与教师绩效收入关系微乎其微。繁重的教学任务和科研工作已经给高校思想政治理论课教师带来了很大的压力，额外投入更多时间和精力去开展教学"精准供给"无疑会给教师增加更大的负担，教师对于教学"精准供给"建设的积极性难免不高。

（四）教师教学"精准供给"能力不足

高校思想政治理论课的要求高，讲好不容易，做到教学"精准供给"更不容易；要求思想政治理论课教师既要有广博的理论知识，又要有宽广的视野，既要有扎实的马克思主义理论功底，又要广泛涉猎其他哲学社会科学和自然科学知识，既要掌握经济社会变化发展大势，又能进行历史与现实、国内与国外的纵横比较，既要有"干货""硬货"可授，又要保证教学亲和力、感染力、针对性，既要有过硬的教学技能，还要熟练运用各种教学"精准供给"设备和技术的运用。

应用型本科高校思想政治理论课教学要做到"精准供给"，除对教师的上述

---

① 李方、冯华、张彬福：《教师培训热的冷思考—新课程培训创新三人谈》，载《教育科学研究》，2004年第10期。

要求外,还特别强调知识理论应用、创新创业、服务地方、实践教学等方面的能力。从调研访谈情况看,尽管一些应用型本科高校思想政治理论课教师已经接受了教学"精准供给"理念,但受多种因素制约,教学"精准供给"能力仍待加强。(1)青年教师的"应用型"素养有待提升。近年来,在教育部明确高校思想政治理论课师生比"1:350"的政策推动下,应用型本科高校马克思主义学院教师引进脚步加快,大批年轻教师进入教学队伍,"年轻化"成为专职教师队伍新态势[①]。年轻教师学历高、劲头足、热情大、精力充沛、创新意识强、理论造诣较为深厚,但他们普遍是从学校到学校,对于应用型本科高校所在城市往往了解不多,服务地方的意识和能力不强。同时,这批年轻教师大都来自重点研究型高校,更习惯于理论教学与研究,对于应用型本科高校思想政治理论课教学所涉及的创新创业、实践教学等了解不多。(2)信息化教学、智慧化教学技能有待提高。思想政治理论课教师大都是人文社会科学背景,对于数据信息处理敏感度普遍不强,对一些先进教学平台和设备的操作能力不高。因缺乏必要的信息化、智慧化教学专业训练,存在不用、少用、功能没有充分运用的情况,不仅造成了设施的闲置浪费,也难以开展精准有效的数据分析、信息化管理和智慧教学。(3)一些教师的知识理论储备和结构有待优化。思想政治理论课教学的内容涉及马克思主义知识理论和其他多学科知识。一般来说,一名教师要讲授两门以上思想政治课程,这就对其提出了更高的多学科知识理论储备要求。在社会高速发展变化的今天,知识更新和理论创新速度进一步加快,高校思想政治理论课教材每两三年就会出现新的版本,无疑进一步加剧了思想政治理论课教师的"知识荒""能力荒"。同时,作为应用型本科高校思想政治理论课教师,还要熟悉高校所在地方经济社会发展状况,并在教学内容上尽可能与教学对象学科专业相结合。然而,从现实看,相当比例的应用型本科高校思想政治理论课教师学科背景较为单一,对于高校所在地方特别是教学对象的学科、专业、未来从事行业等了解不多,自身知识储备和结构与"精准供给"的质量和结构要求不相匹配。(4)供给方式方法的运用技能有待提升。如一些教师缺乏实践教学的设计、组织、教学能力,导致实践教学看似热热闹闹但却华而不实,甚至成为变相游玩。再如,尽管一些教师尽管在教学中设计了讨论环节,但设计的主题思想性不强、"可讨论性"不强、与学生关系不大,难以真正吸引学生思考和参加讨论。(5)"精准供给"的精力和时空不足。由于课时多、科研压力大,思想政治理论课教师没有足够的精力和时间调研了解地方经济社会发展状况、教学对象未来就业行业、本校大学生思想道德法治教育需求等情况,鲜有教师在课前对于教学对象思想政治状况进行细致分析,制定针对性策略,教学缺乏精心设计。"大班化"教学过程中,学生在课堂中与教师互动比例低,师生在现实生活中的

---

① 《高校思政课专兼职教师超12.7万人 队伍年轻化》,中国新闻网,https://www.chinanews.com.cn/gn/2022/03-17/9704413.shtml(访问时间:2022年10月17日)。

交集面窄，教师很少参与学生活动，深入学生生活，除有限教学时间外师生之间几乎没有交流，难以动态准确了解和把握学生真实思想动态和需求，师生情感比较单薄。(6) 部分教师的专业素养有待加强。教学工作与教研、科研工作相辅相成。受多种因素影响，应用型本科高校思想政治理论课教师开展教研、科研工作的比例较低，成果层次较低。从调研情况看，有的应用型本科高校马克思主义学院近70%的教师几乎不开展任何教研科研工作，有的十余年没有教师申报过高级职称，有的教师十余年没有参加过校外理论研讨会，有的教师十余年没有发表过一篇理论研究文章，基本处于"躺平"状态，知识理论和教学工作靠"吃老本"。近些年，有的应用型本科高校为了尽快在教学"师生比"上达标，将校内一些或专业匹配度不高或缺乏教学经历的行政人员在没有进行必要培训的情况下直接调入思想政治理论课教师队伍，也拉低了教学"精准供给"的整体质量。

(五) 教学"精准供给"资源基础不足

教学"精准供给"离不开必要教学资源的支撑。从调研情况看，应用型本科高校在思想政治理论课教学"精准供给"资源上还存在以下不足：(1) 大数据和智慧教学平台建设有待推进。部分应用型本科高校因办学条件所限，在大数据平台和智慧教学软硬件设备方面的投入不足，总体处于起步阶段，覆盖面积小、偏差率大、数据多样性不足等问题突出，难以给予思想政治理论课教学"精准供给"必要的技术和数据支撑。(2) 可供选择的精准化课程资源不多。尽管大多数应用型本科高校建设了网络教学平台，实现了课程资源共享，但这些资源在主题和内容上与应用型本科高校特别是本校思想政治理论课教学实际需求存在一定距离，自建的校本选修课程、在线课程数量比较少，必修与选修课程不平衡，线下与线上课程不平衡，理论教学与实践教学不平衡，以思想政治理论必修课程为核心的高校思想政治理论课程体系尚未形成，难以满足大学生"选修"的要求。(3) 思想政治理论课教师数量不足。不少应用型本科高校兼职教师比例偏高，这批教师有自己的专职业务，难以保证充分的教学时间和精力，教学质量建设的压力和动力相对较小。尽管应用型本科高校思想政治理论课"师生比"在数据上基本都达到了教育部规定的配备要求，但"师资荒"事实上并未得到完全解决，特别是一些地理区位偏僻的应用型本科高校思想政治理论课教师引入难的问题还将持续一段时间。在师资总量不足状态下，思想政治理论课教师只能勉强应付基本教学工作量，难以额外投入时间精力开展"精准供给"，也缺乏进修、访学、培训提升教学能力的时间。

(六) 教学"精准供给"服务管理机制有待完善

一些应用型本科高校并未将教学内容是否结合地方经济社会发展、学生学科专业等纳入对教师的教学评价体系，没有明确教学前的各项教学需求调查要求，对于教学供给是否契合大学生需求缺乏监督，开展教学"精准供给"的额外时间精力在绩效分配中没有得到必要的体现，主要还是依靠思想政治理论课教师的道德自律和奉献精神。有的应用型本科高校缺乏统一的数据采集和管理平台,存在"数据孤岛"现象,无法生成思想政治理论课教学所需的系统完整数据。一些应用型本科高校尽管已经初步建立了大数据平台,但尚未向思想政治理论课教师开放相关系统和数据,只能每次开学前挨个部门去申请获取,程序烦琐、效率不高。在教学培训上,普遍采取的是邀请一些专家学者进行党的重大思想政治理论报告或思想政治理论课教学理论讲座,不同层次和类型高校、不同课程教师统一进行,对于特定类型高校、具体某一门课程如何讲、怎样讲好则关注不多,培训的效果还有待加强,教师们的获得感不够高。一些应用型本科高校过于依赖在线平台进行教学管理,线下教学不足线上补,由学生自行观看教学视频,教学流于形式。在对学生的过程化学习考核中,存在简单地以在线学习的发言数量、视频学习时长等系统记录的数据作为依据,没有去除大量无效信息,并不能真正考查学生学习过程真实情况和质量。

第三节 应用型本科高校思想政治理论课教师教学"精准供给"能力建设

针对应用型本科高校思想政治理论课教师教学"精准供给"能力问题,要按照整体性、系统性、可行性和人性化原则,以优化建设环境、强化"精准供给"意识为先导,以加强"精准供给"资源建设为支撑,以机制建设为关键,推动应用型本科高校思想政治理论课教师教学"精准供给"能力建设。

一、优化教师教学"精准供给"的社会环境

从某种意义上说,一门课程教学建设的质量和空间与所其处的社会环境和氛围息息相关,不同的社会环境和氛围往往会将教学导向不同的境地,产生不同的效果。思想政治理论课教学是一个良心职业,教师的教学责任心、教学情感、教学投入不仅源于教师自身的职业态度、专业精神和教学热情,也深受社会环境和氛围的影响。教师职业声望既与该职业自身的特征有关,也与特定的社会文化背景中形成的社会价值取向有关。社会对于思想政治理论课程的认同感、对于思想政治理论课教学的重视度以及思想政治理论课教师的社会形象,是高校思想政治理论课教师能否做好本职工作的社会心理基础。因此,要借助媒体和多种途径消除社会对于思想政治理论课程和教师的一些消极刻板印象和偏见,积极宣传树立思想政治理论课程和教师的正面形象,形成尊敬思想政治理论课教师、重视思想政治理论课程和教学的社会大环境,提高思想政治理论课教师的职业尊严感、价值感、认同感、归属感,为高校思想政治理论课教师教学"精准供给"创造良好的社

会氛围和心理支持。

从应用型本科高校内部来说,学校党委书记和校长要切实担负起学校思想政治理论课建设第一责任人的职责,真正重视思想政治理论课建设,关心思想政治理论课教师,进一步完善政策环境,推动制定国家有关高校思想政治理论课教师各项支持性政策和制度的配套文件,确保政策制度的落地落实。开展多层次、多方位、多渠道调查,特别是要充分听到一线教师的真实声音,鼓励表达不同意见,"不能带着事先定的调子下去",坚持结论产生于调查研究之后,建立于科学论证基础之上。学校相关管理部门要坚决摒弃和破除那种轻视思想政治理论课程和教学的思想认识,在校内外评奖评优中充分考虑思想政治理论课教师的特点,对于思想政治理论课教师和其他专业课教师一视同仁。挖掘宣传好那些精心教学、潜心育人的思想政治理论课教师优秀典型和事迹,营造高校内部尊重思想政治理论课教师的良好氛围,为思想政治理论课教师理直气壮地开展好教学"精准供给"创造良好的校园环境。专业课教师在教学中也应有意识地引导学生重视思想政治理论课学习、锤炼个人的思想道德品质,这也是"课程思政"的应有之意。教学工作既有"教"也有"学",是教与学的统一。"学生的主动性是构成教师主导作用的主要任务、内容和衡量这种主导作用的重要标志。离开了学生的主动性,教师的主导作用就失去了它的主要内涵,失去了它的对象和归宿。"[①]学生的"学"是学生自己的独立主动的活动,没有主体的能动活动,则任何环境和教育都不起作用[②];那种认为只要教师教得好,学生就会爱学、学得好的观点显然过于夸大了教师在教学中的主导作用。因此,学校学生工作部门也要有意识地引导大学生正确认识思想政治理论课的价值、端正思想政治理论课程的学习态度。

高校思想政治理论课教学良好社会环境的建设,主要还是在于思想政治理论课教师自身,在于能否建成一支政治强、情怀深、思维新、视野广、自律严、人格正、深受学生欢迎、社会认可、党和国家放心的高质量思想政治理论课教师队伍。思想政治理论课教师首先要确立自信意识。要深刻认识到,思想政治教育是科学,思想政治理论课具有鲜明的学术性、专业性,其学术深度广度和学术含金量不亚于任何一门哲学社会科学。要真正理解、认同思想政治理论课是高校立德树人的关键课程,认识到自己所从事的是一项事关大学生健康成长走正道的铸魂育人工作,坚定职业认同感、自豪感。思想政治理论课教师要确立自律意识。思想政治理论课的特殊性,决定了社会对于思想政治理论课教师提出了更高的政治标准、师德标准、人格标准。广大高校思想政治理论课教师要时刻提醒自己严格遵守政治纪律、政治规矩、教学纪律、生活纪律和道德规范,做到课上课下、网上网下、言谈行为相一致,在任何时间、空间绝不乱说、乱讲、乱为,教书与育人、正人与正己并

---

① 南京师范大学教育系:《教育学》,北京:人民教育出版社2005年版,第128页。
② 王策三:《论教师的主导作用和学生的主体地位》,载《北京师范大学学报(社科版)》,1983年第6期。

重,以堂堂正正的人格、言行一致的品德赢得学生敬重,赢得崇高的职业尊敬和良好的社会声望。思想政治理论课教师还有确立自我超越意识。必须承认,思想政治理论课教师队伍中的确存在教学水平一般、理论功底薄弱、自我要求不严格的现象,个别思想政治理论课教师还因为一些负面新闻引发了社会非议。思想政治理论学科化、专业化建设的基础还不够强,一些高校思想政治理论研究成果的质量和社会效益还不够好。广大高校思想政治理论课教师要抓住新时代高校思想政治理论课程建设的契机,自我激励、自我加压、自我要求,以高质量、高品味的教学、教研和科研成果赢得大学生和社会的支持和赞誉。

二、强化教学"精准供给"意识

思想是行动的先导,思想认识的深度决定行动的力度。加强应用型本科高校思想政治理论课教师教学"精准供给"能力建设,前提是要解决学校教学管理部门和思想政治理论课教师对于思想政治理论课教学"精准供给"的思想认识问题。一是准确把握思想政治理论课教学"精准供给"的精神实质,即以增强教学供给"精准度"提升教学的质量和实效,更好地服务于大学生的健康成长与发展、高层次应用型人才培养和社会主义合格建设者和可靠接班人培育。思想政治理论课教学"精准供给"说到底是教书育人家国情怀、传道情怀、仁爱情怀的行为外化,是教师发自内心地爱学生、关注学生个体生命价值,"把对家国的爱、对教育的爱、对学生的爱融为一体,心中始终装着学生"[①]。二是科学把握思想政治理论课"精准供给"的价值与功能。人的全面发展既是个体的全面发展,也是个体与自然、社会、他人关系的全面发展,两者相统一。一方面,思想政治理论课教学要凸显主流价值导向、引领社会,而非一味迎合社会或学生;另一方面,个体发展在社会发展中居于基础地位,"任何人的职责、使命、任务就是全面地发展自己的一切能力"[②],要围绕学生个体成长成才的现实发展合理需求进行"精准供给",不能仅仅将大学生视为实现社会目标的手段和工具。教师对于学生的任何期望、行为、影响,如果没有转化为学生的内心认同和行为实践,就不可能对学生产生实际意义。三是增强教学"精准供给"能力与危机意识。在现代数字技术和智慧教育时代,传统的"漫灌式""批量化"教学模式必然走向没落[③],信息化、数字化、智能化技术和工具与学生主体性相结合的人性化、个性化、订制化、精准化教学模式将成为主流。思想政治理论课教师必须要有加强教学"精准供给"能力建设的紧迫感和危机感,坚决破除因循守旧、固步自封、"做一天和尚撞一天钟"的消极心理。

---

① 习近平:《思政课是落实立德树人根本任务的关键课程》,载《求是》,2020年第17期。
② 《马克思恩格斯全集》(第3卷),北京:人民出版社2002年版,第330页。
③ 谢建:《教师精准教学能力模型建构研究》,东北师范大学博士学位论文,2020年,第5页。

三、推动教师"精准供给"能力自我建设

一是增强教学"精准供给"的技术应用能力。以AI为代表的新兴技术既为个性化、多样化、精准化教学提供了条件,也对思想政治理论课教师提出了新的能力要求,即熟练开展信息化、智能化环境下的教学。面对智慧校园、智慧教育、智慧学习时代的来临,如何在强化信息化教学能力的基础上进一步实现智慧化教学,熟练掌握和运用信息化、智能化教学工具和技术,对于思想政治理论课教师教学"精准供给"能力十分重要。为此,应用型本科高校思想政治理论课教师要做到在教学中熟练地操控相关教学硬件和软件,灵活运用教学工具和平台,最大限度地利用技术和工具增强教学附加效益。同时,要增强数据使用并据此做出教学决策和执行的能力,精准识别、收集、组织、分析、总结和处理数据,并基于数据制定、规划、实施和监督行动方案。其中,相关数据采集与分析能力是其中最为核心和关键的部分,从根本上决定后续教学策略和供给的精准度。需要特别强调的是,思想政治理论课教师在相关数据的获取、使用上必须严格恪守职业道德伦理和法律底线,同时要确保数据的安全。

二是筑实教学"精准供给"的知识理论基础。内容的高质量供给始终是教学供给的根本所在,深厚广博的知识理论储备是思想政治理论课教师教学"精准供给"最为重要和核心的要素。为此,思想政治理论课教师要加强自身教学"精准供给"的知识理论基础:第一,要加强思想政治理论的学习研究,形成深厚的马克思主义理论功底。"政治上的坚定、党性上的坚定都离不开理论上的坚定"[1],"掌握马克思主义理论的深度,决定着政治敏感的程度、思维视野广度、思想境界的高度"[2]。理论功底不扎实,就会缺乏鉴别力,看不透、说不清一些重大问题。为此,要认真研读马列经典和中国特色社会主义理论体系,特别是要加强习近平新时代中国特色社会主义思想的学习研究。第二,加强多学科知识的学习。思想政治理论课内容涉及多学科知识,从调研情况看一些思想政治理论课教师跨学科的知识还很缺乏。因此,要特别注意加强这方面知识的学习,广泛涉猎其他哲学社会科学以及自然科学知识,尤其是教育学相关知识。"学科知识是教师的基础性必备知识,而教育科学知识、教育技能知识和教育实践知识等不断发展丰富的如何教的知识和能力才是教师专业的标志性基点"[3]。要形成宽广的知识、理论、历史视野,在教学中旁征博引、融会贯通,以多学科知识回应论证马克思主义理论的科学性进步性,增强教学的学理性。第三,持续学习、在实践中学习。思想政治理论课

---

[1] 习近平:《论党的自我革命》,北京:党建读物出版社、中国方正出版社、中央文献出版社2023年版,第266页。
[2] 中共中央文献研究室:《习近平总书记重要讲话文章选编》,北京:中央文献出版社、党建读物出版社2016年版,第339页。
[3] 孙阳春:《教师专业化:以何为基点》,载《教育发展研究》,2003年第1期。

教师不仅是教学者，也是学习者；不仅是教育者，也是研究者。思想政治理论课的一个重要特点就是内容更新快，教材一般两到三年就会更新出版。要将党和国家最新重大思想政治理论传递给大学生，首先自己要掌握这些思想政治理论。因此，必须要持续学习，通过学习保持师生知识理论的"高度差"，在教学中为学生提供有营养的"干货"，以专业化知识、宽广的视野赢得学生。"过去讲，要给学生一碗水，教师要有一桶水，现在看，这个要求已经不够了，应该是要有一潭水。"①此外，还要在实践中学习，以调研、挂职等多种形式深入社会了解国情社情民情。"人的正确思想，只能从社会实践中来"②，要在生动的社会实践中感受变化、增长见识、开阔视野、检验理论、启发思考。第四，开展必要的教研科研工作。思想政治理论课的政治性、思想性、学术性、专业性是紧密联系在一起的。要做到"要以透彻的学理分析回应学生，以彻底的思想理论说服学生"，前提是教师具备透彻的学理分析能力，掌握彻底的思想理论。一名合格的高校思想政治理论课教师，绝不仅仅是政治强、情怀深、人格正，还要有学识、懂学术、能研究。因此，习近平总书记反复提醒，"讲思想政治理论课，要让信仰坚定、学识渊博、理论功底深厚的教师来讲"③。思想政治理论课教师必须认识到，好的教学一定植根于扎实的理论功底，教学与研究从来就是不可分的。思想政治理论课"不好讲"本身就说明了加强研究的必要性，不能以"潜心教学"为由完全抛开教研科研工作，这是不符合教学规律的。

三是提升"精准供给"的方式方法技能。教学中要真正秉持"以人为本"理念，尊重学生主体性，在师生平等、真诚、民主的对话沟通中孕育学生热爱知识与真理的种子。坚持"内容为王"，在吃准吃透教材的基础上紧密结合国际国内重大理论社会热点和学生学习、生活和思想实际问题等开展教学，结合学生需求特别是"刚性需求"开展教学，主动回应学生的问题关切，实现教材体系向教学体系的有效转化。在教学中有意识地区别教学对象在学科方向、知识基础、思维方式、发展目标等方面的差异性，切实开展差异化教学、多样式考核。在教学方法上，要不断改进"配方"、改善"工艺"、改良"包装"，灵活运用案例式、启发式、研究式、专题式、互动式、体验式、辩论式、情景式等多种教学方法，以抽丝剥茧的方式推动学生实现从现象到本质，从知其然到知其所以然的认知转变，启发学生发现、分析、思考问题。在语言运用上，熟悉青少年话语体系，生动、形象、通俗地论道说理。

四是拓展教学"精准供给"的师生情感时空。思想政治理论课教学是以精神

---

① 习近平：《做党和人民满意的好老师——同北京师范大学师生代表座谈时的讲话》，载《人民教育》，2014年19期。
② 《毛泽东文集》（第8卷），北京：人民出版社1999年版，第320页。
③ 习近平：《思政课是落实立德树人根本任务的关键课程》，载《求是》，2020年第17期。

产品为内容的特殊教学活动，其教学时间不止于课上，也在于课下，教学空间也不止于课堂，更在于生活。思想政治理论课教师是直接以心灵洗礼为根本工作内容的专业人员，是所有教师群体中对学生世界观、人生观和价值观影响最深的专职"灵魂工程师"。"没有人的感情，就从来没有，也不可能有人对真理的追求"①。师生情感要素在思想政治理论课教学实践中具有远比其他类课程教学更为重要的影响，不论教学工具如何先进、技术手段如何科学，脱离人的情感的思想政治理论课教学都难以真正吸引人、感染人、改造人，也不可能做到"精准供给"。只有在深入学生生活实际的师生交往中，才能了解学生的所思、所难、所求，才能发现问题、增进情感，以高尚品行感染学生，并在教学中做到有的放矢、"精准供给"。在这方面，我们曾有过很多很好的传统和经验，如西南联合大学当年尽管办学环境极为艰苦，但"师生之间，亲若父子家人。到老师家吃饭、打桥牌、整理书籍，是常有的事"②，"师生共处一栋三层楼的宿舍，天天见面，朝夕相处，虽然来自五湖四海，但心心相通，俨然是血脉相连的亲人"③。为此，应用型本科高校思想政治理论课教师要主动通过担任班主任、指导学生项目、参加学生活动等方式，尽可能扩大师生在现实生活中的交集面，不仅关心学生思想政治理论学习，也热心帮助解决学生其他困难和问题，在师生交往中拓展教学"精准供给"的时间和空间。

四、加快教学"精准供给"资源建设

一是推进智能教学建设改造。学生精准画像是应用型本科高校思想政治理论课教学"精准供给"的关键点之一，而画像的精准与否取决于数据的精准度和全面度，融合大数据、云计算、物联网、人工智能技术的智能校园平台在应用型本科高校思想政治理论课教学"精准供给"建设中具有不可替代的重要作用。早在2018年9月，国务院在《新一代人工智能发展规划》中就明确提出，要发展智能教育，利用智能技术加快推动人才培养模式、教学方法改革，构建包含智能学习、交互式学习的新型教育体系，开展智能校园建设，推动人工智能在教学、管理、资源建设等全流程应用，开发立体综合教学场、基于大数据智能的在线学习教育平台。开发智能教育助理，建立智能、快速、全面的教育分析系统。④党的二十大报告也指出，要"推进教育数字化"⑤。智能校园不仅实现了教学需求、学习行为、思想状况的"精准定位"，也为教学"精准供给"、定制化学习提供了可靠的数据信息支撑，为

---

① 《列宁全集》（第20卷），北京：人民出版社1958年版，第255页。
② 中国人民政治协商会议云南省委员会文史资料委员会编：《云南文史资料选辑（第53辑）——内迁院校在云南》，昆明：云南人民出版社1998年版，第32页。
③ 何南：《一代大师任继愈》，长春：时代文艺出版社2010年版，第29页。
④ 《国务院关于印发新一代人工智能发展规划的通知》，中华人民共和国中央人民政府网，http://www.gov.cn/zhengce/content/2017-07/20/content_5211996.htm（访问时间：2022年10月3日）。
⑤ 习近平：《高举中国特色社会主义伟大旗帜　为全面建设社会主义现代化国家而团结奋斗——在中国共产党第二十次全国代表大会上的报告》，北京：人民出版社2022年版，第34页。

教学建设提供了精准化治理工具，契合了以学习者为中心的现代教学理念。为此，要加强学校智能化信息设施的升级改造，加快推动以信息传输为核心的数字化、网络化信息基础设施向集融合感知、传输、存储、计算、处理于一体的智能化信息基础设施转变，建成具有实时多模态信息采集和分析功能的大数据平台和智慧教室，实现从数字校园到智慧校园、智能校园的转型升级，形成适应智能教育需要的基础设施体系。融学工系统、教务系统、图书借阅系统、在线教学系统等多信息平台为一体，实现对学生基础性数据、行为类数据和学习结果数据的全方位采集，抓取学生在相关网站和社交媒体中的浏览、评论、发文、点赞等动态信息行为[①]，为思想政治理论课教学需求"精准定位"、教学"精准供给"提供海量数据支撑和分析服务。需要指出的是，要实现数据的真实性和完整性，还需要及时向大数据平台补充那些智能校园难以捕捉和采集的非数字化信息，如用人单位对于本校毕业生思想政治理论素养评价和需求信息、大学生线下日常生活中体现大学生思想政治素养的信息等。

二是加强多类型、高质量教学资源库建设。开展"差异化"供给是实现教学"精准供给"的一个基本要求，为此必须结合课程内容和特点，建立契合本校实际和特色的多主题、多类型、多形态、多数量的优质教学资源库，给予教学对象以更多学习选择权。（1）加强辅助性课程建设。在确保质量的前提下，通过对接大型网络课程平台或由本校建设的思想政治理论课辅助性选修在线课程和线下课程，形成针对性强、结构完整、门类齐全的思想政治理论课程体系，由学生根据自身的学习需求、时间安排自由选择。（2）开发建构具有地方性、校本性、学科性、新颖性的教学案例库。应用型本科高校人才培养目标决定了应用型本科高校思想政治理论课教学在供给内容上要"化大为小"，以地方性、校本性、学科性的生动案例支撑理论教学并不断更新完善。通过网络搜集、调研访谈等方式进行典型案例的采集；其中，校本性、学科性采集对象既包括主要用人单位、学工部门、其他二级学院专业课教师，也包括本校优秀毕业生和在校生，鼓励学生参与案例库建设。着眼于案例库建设的丰富性和效用，可以与本地其他应用型本科高校进行共建共享。（3）建构主题多样、合作稳定、数量充足的实践教学基地体系。结合课程内容，设立不同主题和方向的思想政治理论课实践教学基地，避免重复建设，合理划分课堂、校内、校外实践教学比重，坚持校内与校外基地建设相结合，短距离与长距离基地相结合，保障经费投入，明确实践教专项经费。

三是加强师资力量建设。师资力量的不足是制约思想政治理论课教学"精准供给"的一个十分重要的因素，要从以下方面加强建设：（1）优化应用型本科高校思想政治理论课专职教师人才引进政策，增强政策竞争力，提高环境吸引力，

---

① 万力勇、易新涛：《人工智能驱动的高校思想政治理论课精准教学：实施框架与实现路径》，载《思想政治教育》，2022年第4期。

稳步合理降低兼职教师比例，不折不扣地达到教育部要求"1:350"的师生比标准。（2）进行学校内部师资调整，将一部分学科专业对口、热爱教学工作、具备教学能力的其他岗位教师充实到思想政治理论课专职教师队伍。（3）加强兼职教师的管理。要充分考查校内外公开聘用的思想政治理论课兼职教师的学科背景和教学能力，明确教学纪律和质量要求，避免某些机构和个人敷衍应付教学、套取高校思想政治理论课兼职教师身份的现象。（4）严格教师退出机制。对于一些长期教学质量差、学生评价低、的确难以胜任思想政治理论课教学工作的专职教师要及时转岗，兼职教师要解除聘用关系。

五、完善教学"精准供给"机制

一是思想政治理论课教学"精准供给"引导机制。（1）教学需求"精准定位"机制。由马克思主义学院统筹，学校学工、就业等部门协助，开展面向主要用人单位、本校在读大学生和毕业生的思想政治理论课教学需求调查分析，每一到三年进行一次，形成"先调研后教学，先确需后供给"的教学供给常态机制。"在特定的意义上说，清楚学生的需要，比明确社会要求更为重要。因为，只有清楚学生需要什么，才能更好地让学生接受社会的要求。"[①]以项目方式引导鼓励思想政治理论课教师积极组织参与调查，给予必要的资金支持。（2）教学"精准供给"学生评价机制。完善现有的"学评教"内容，坚持"定性"和"定量"评价相结合、过程评价与结果评价相结合，将教学针对性、对于学生需求的满足度作为学生对于教师教学评价的一项重要指标。拉长"学评教"时间，在学校有关部门组织的毕业生调查中增设对于思想政治理论课教学实效的评价。（3）教学"精准供给"激励机制。教学"精准供给"意味着大量额外劳动的付出，"不重视物质利益，一段时间可以，长期不行；只讲牺牲精神，不讲物质利益，就是唯心论"[②]。为此，一方面要完善教学"精准供给"为导向的思想政治理论课教学制度，明确教学"精准供给"内容和能力标准，建构以教学内容评价为核心，涵盖教学方式、方法、手段、配套教学课程和资源、智慧教学工具操作的体系，以制度引导、规范、监督教学"精准供给"。另一方面，增强教学"精准供给"在教师绩效分配、考核评优、职称晋升、事业发展中的影响系数，给予开展教学"精准供给"的教师合理的物质奖励和补偿，确保教师劳有所得。此外，以课题、项目等方式鼓励思想政治理论课教师开展基于应用型本科高校特别是基于本校实际的思想政治理论课教学"精准供给"的改革探索和理论研究，开展思想政治理论课教师教学"精准供给"能力认证。

二是相关数据信息共享机制。打破目前部分应用型本科高校存在的管理部门与马克思主义学院、思想政治理论课教师间的数据壁垒，形成覆盖马克思主义

---

① 上官苗苗、王立仁：《学生需要在思想政治理论课教学中的意义》，载《思想政治教育研究》，2016年第6期。
② 《邓小平文选》（第2卷），北京：人民出版社1994年版，第146页。

学院、教务部门、学工部门、教育信息化建设等部门的多方联动机制，实现思想政治理论课教学相关大数据互联融通，授权教师自行查阅、获取教学对象群体和个体相关数据信息，提供必要的数据分析技术支持服务，尽可能减少教师在教学需求"精准定位"上的技术困难和时间、精力成本，并按照学生素养发展需求，为教师提供基于数据的教学建设意见。这些共享信息至少应包括：(1) 教学对象个体基本信息，如前文所述的性别、年龄、民族、政治面貌、宗教信仰、心理状况、家庭出生等。(2) 教学对象群体结构信息，即教学对象群体的各类结构与比例等。(3) 教学对象的相关思想行为信息，即教学对象在网络生活、现实生活中的体现其思想政治素养的相关数据。(4) 教学对象前期学习信息，如学习成绩、排名、挂科、学科竞赛、科研成果以及思想政治理论线上课程学习数据等。在大数据的收集和共享过程中，要把握好必要性、合理性原则，避免信息的泄露和不当使用。

三是教师"精准供给"能力建设机制。(1) 开展"专题化"教学。打破传统的"教师——班级——课程"教学模式，在对课程教学内容进行专题化设计的基础上，教研室根据教师的学科专业背景、知识结构、科研方向和教学兴趣进行分组，由教师认领特定专题开展专题化教学，尽可能实现教学内容与教师学科专业背景、结构、科研专长的优势互补，提高供给质量。同时，也有助于减轻教师对于课程全部内容备课的压力，便于集中精力将特定专题讲精讲透讲好。当然，这一模式也会产生教学班级和对象规模扩大的消极后果，需要结合学校思想政治理论课教师数量、班级数量等具体情况通盘考虑。(2) 严格教师准入与退出机制。要以教学"精准供给"能力为参考，从学科、专业、学历、专业资格、职业准入等入手，建立严格规范的高校思想政治理论课教师职业标准。要严把教师聘用关，从主要关注其学历学位层次转为更加关注其学科背景与教学内容的契合度、与学院教师整体学科背景结构的互补度，更加关注其教学能力，为学院、教研室开展教学"精准供给"提供人力资源支撑。畅通思想政治理论课教师退出机制。将一批教学能力弱、责任感低、教学评价差的思想政治理论课教师进行转岗分流，堵住"低端供给"生产端。(3) 加强教师教学"精准供给"能力培养。开展教学需求"精准定位"能力培训，既包括教学内容、教学方式方法设计能力培训，也包括网络平台、在线课程、大数据平台的使用、建设、运行、管理和智慧教室相关设施使用管理能力培训。改进教师教学能力培训方式。改变目前以专家学者学术或政治报告为主的方式，要更多地与具体的教学内容、教学方法、教学实践问题相结合，着眼于实践应用能力培养。如果说思想政治理论课教学要坚持学生主体性的化，那么思想政治理论课教师培训首先应该坚持培训对象即受训教师的主体性，给予受训教师之间以及受训教师与专家之间充分交流互动空间，而非一味地理论灌输。引导鼓励思想政治理论课教师以挂职、调研、"博士进企业"等形式，增强对于高校所在地经济社会发展和社情民意的了解和把握，以及对于学生就业环境和生活的体验。以交流、研讨等方式,学习了解其他应用型本科高校思想政治理论课教学,特别是教学"精准供给"的建设经验和成果。以高层次院校访学等方式不断提升教师的思想政治理论素养和教学科研能力。

附录1

应用型本科高校思想政治理论课教学调查问卷

亲爱的同学：我们正在进行关于应用型本科高校思政课教学需求的问卷调查，恳请得到您的支持。本卷匿名进行，所有信息仅供研究使用，请根据自己的实际情况填写，非常感谢！

一、我的个人信息

1. 性别：男⊙　女⊙
2. 年级：大一⊙　大二⊙　大三⊙　大四⊙
3. 学科：人文类⊙　理工类⊙　其他类⊙
4. 政治身份：中共党员（预备党员、入党积极分子）⊙　团员⊙　其他⊙
5. 来自：农村⊙　城市⊙　乡镇⊙
6. 我的家境状况：优渥⊙　一般⊙　低于一般⊙
7. 我最大的压力来自：
学业⊙　就业⊙　经济⊙　两性情感⊙　同学关系⊙　其他⊙

二、总体情况

1. 我认为开设思政课：十分必要⊙　比较必要⊙　没有太大必要⊙　完全没有必要⊙
2. 经过前期思政课学习，我的收获：很大⊙　较大⊙　一般⊙　无收获⊙
3. 我最关注思政课的：
教学内容⊙　教学方式方法⊙　教学环境（班级规模、教室设施等）⊙　教师⊙　考核方式⊙

4. 我对思政课的整体评价：

教学内容	非常满意⊙	比较满意⊙	一般⊙	不满意⊙	很不满意⊙
教学方式方法	非常满意⊙	比较满意⊙	一般⊙	不满意⊙	很不满意⊙
教学环境	非常满意⊙	比较满意⊙	一般⊙	不满意⊙	很不满意⊙
教师素养	非常满意⊙	比较满意⊙	一般⊙	不满意⊙	很不满意⊙
考核方式	非常满意⊙	比较满意⊙	一般⊙	不满意⊙	很不满意⊙

5. 我主动提出或被征求过思政课建设意见的次数是：

0次	⊙
1次	⊙
2次	⊙
3次及以上	⊙

6. 我认为，目前思政课的课时和作业量：

思政课的课时量	过多⊙	适中⊙	过少⊙
思政课的作业量	过多⊙	适中⊙	过少⊙

7. 我与思政课教师课下交流的情况是：

⊙从不交流	⊙偶尔交流	⊙经常交流

三、教学内容

1. 我最希望听的内容是（可多选）：

政治理论	时事热点	理想信仰	为人处世	实用知识	择业就业	学业事业
⊙	⊙	⊙	⊙	⊙	⊙	⊙

2. 我认为，思政课教学应该：

与教材绝对一致⊙ 与教材总体一致⊙ 不用太考虑教材，根据学生特点需求灵活安排⊙

3. 我的思政课老师在教学中：

及时讲授党的重大理论创新成果	优秀⊙	良好⊙	合格⊙	不合格⊙
及时引入相关学术前沿成果	优秀⊙	良好⊙	合格⊙	不合格⊙
及时关注国际、国内重大热点事件	优秀⊙	良好⊙	合格⊙	不合格⊙
及时关注地方、学校重大热点事件	优秀⊙	良好⊙	合格⊙	不合格⊙
援引的数据、案例新颖	优秀⊙	良好⊙	合格⊙	不合格⊙

4. 我的思政课老师在教学内容设计上：

与学校所在地经济社会文化结合	优秀⊙	良好⊙	合格⊙	不合格⊙
与学校的人与事相结合	优秀⊙	良好⊙	合格⊙	不合格⊙
与大学生日常学习和生活结合	优秀⊙	良好⊙	合格⊙	不合格⊙

续表

与大学生关注的思想、社会问题相结合	优秀⊙	良好⊙	合格⊙	不合格⊙
与大学生未来社会生活能力相结合	优秀⊙	良好⊙	合格⊙	不合格⊙
与教学对象学科专业结合	优秀⊙	良好⊙	合格⊙	不合格⊙
与教学对象预期行业岗位内容结合	优秀⊙	良好⊙	合格⊙	不合格⊙

5. 我对思政课下列方面的评价：

思想性、深度性、感染力	优秀⊙	良好⊙	合格⊙	不合格⊙
有意思、有新意、吸引力	优秀⊙	良好⊙	合格⊙	不合格⊙
论证推理严密度、说服力	优秀⊙	良好⊙	合格⊙	不合格⊙
涉及多学科知识，视野开阔	优秀⊙	良好⊙	合格⊙	不合格⊙

6. 我的思政课教学内容重复情况：

与中学课程内容重复度	较高⊙	较低⊙	不清楚⊙
大学各门思政课程之间的内容重复度	较高⊙	较低⊙	不清楚⊙

7. 思政课老师课上讲的内容：

与教材在结构框架上	完全一致⊙	基本一致⊙	差距较大⊙	完全不一致⊙
与教材在重点内容上	完全一致⊙	基本一致⊙	差距较大⊙	完全不一致⊙
与教材在内容点上	完全一致⊙	基本一致⊙	差距较大⊙	完全不一致⊙

四、教学方式方法

1. 我期待的课堂教学方式是：

老师全程讲，学生全程听	老师讲为主，学生适当参与	学生自主学习为主，老师给予协助
⊙	⊙	⊙

2. 我与老师在每节思政课中语言互动的平均次数大约是：

0次	不足1次	1~2次	3~5次	6次以上
⊙	⊙	⊙	⊙	⊙

3. 我的思政课堂里，学生参与课堂教学的时间大约是：

几乎没有	很少	小部分时间	一半以上
⊙	⊙	⊙	⊙

4. 我的思政课堂里，师生"一对一"互动的发起方式是：

老师提问才回应	主动回应	主动向老师发问
⊙	⊙	⊙

5. 我的思政课教学主要在下列哪种环境、以何种工具下进行：

普通教室，"黑板+粉笔"式	普通教室，单一多媒体式	智慧教室，信息化平台式
⊙	⊙	⊙

6. 我的思政课班级学生人数大约是：

30人左右	60人左右	100人左右	150人左右	200人以上
⊙	⊙	⊙	⊙	⊙

7. 下列教学方式对我的影响度是：

大班化（3个班以上）教学	很大⊙	较大⊙	不大⊙	无影响⊙
智慧教室/普通教室教学	很大⊙	较大⊙	不大⊙	无影响⊙
多媒体教学/"黑板-粉笔"式教学	很大⊙	较大⊙	不大⊙	无影响⊙

8. 下列行为在我的思政课堂出现的情况是：

学生做时政报告等	经常⊙	偶尔⊙	从不⊙
分组讨论、辩论、发言	经常⊙	偶尔⊙	从不⊙
学生进行情景剧表演等	经常⊙	偶尔⊙	从不⊙
外请人士参与课堂交流互动	经常⊙	偶尔⊙	从不⊙
其他	经常⊙	偶尔⊙	从不⊙

9. 对于课堂上老师设置的分组讨论，我的看法是：

不赞成	⊙	不适合思政课程，思政课主要靠教师课堂讲才有意思	⊙
		不适合中国学生，学生课堂讨论的积极性不高	⊙
		不适合中国学生，学生课前自学的积极性不高	⊙
较赞成	⊙	可以开展，但不能整学期开展，因为没那么多有必要讨论的主题	⊙
很赞成	⊙	基础知识可以自学	⊙
		有助于提高教学效率	⊙
		课堂气氛更活跃	⊙

10. 对于下列教学方式，我的观点是：

一门思政课程由一名教师专门教	⊙
一门思政课由数名教师轮流教，每位教师只讲其中的若干专题	⊙
思政课教师与特定学科专业学生结对固定教学	⊙
思政课不必固定教学对象	⊙

五、实践教学

1. 我所在的学校课下思政课实践教学的情况：

定期开展	⊙	经常开展	⊙	偶尔开展	⊙	从未开展	⊙

——选择"偶尔开展"和"经常开展"的同学会出现下列内容：

（1）教学组织情况是：

有明确的实践教学课表	是⊙	否⊙
主要实践地点	校内⊙	校外⊙
有无思政教师现场教学	有⊙	无⊙
参加的学生规模	全班参加⊙	少数人参加⊙

（2）开展过的实践教学形式有：

红色场馆、教育基地参观学习	⊙
新农村、社区、企业、机构参观学习	⊙
社会调查、访谈	⊙
制作微视频、文艺表演、演讲或辩论赛等	⊙
观看影视作品	⊙
其他	⊙

（3）实践教学的针对性：

与学科、专业结合度	高⊙	中⊙	低⊙	无⊙
与个人兴趣结合度	高⊙	中⊙	低⊙	无⊙
与高校所在地方结合度	高⊙	中⊙	低⊙	无⊙
与专业实践结合度	高⊙	中⊙	低⊙	无⊙
与暑期社会实践结合度	高⊙	中⊙	低⊙	无⊙

(4) 课外实践教学的效果是：

收获很大，还想参加	⊙
有一些收获，愿意参加	⊙
没什么收获，不愿意参加	⊙

2. 我参加的课下实践教学次数情况：

	0次	1次	2次	3次以上
实践基地参观	⊙	⊙	⊙	⊙
社会调查	⊙	⊙	⊙	⊙
公益活动	⊙	⊙	⊙	⊙
VR仿真体验等	⊙	⊙	⊙	⊙
其他	⊙	⊙	⊙	⊙

3. 下列人士走进思政课堂讲课的情况是：

	从来没有	有过1次	有过2次	有过3次及以上
学校、学院领导	⊙	⊙	⊙	⊙
用人单位人士	⊙	⊙	⊙	⊙
校友、优秀在校生	⊙	⊙	⊙	⊙
专家、其他社会人士	⊙	⊙	⊙	⊙

六、教师素养

1. 请对思政课教师下列素养进行总体评价：

为党育人的政治素养	优秀⊙	良好⊙	合格⊙	不合格⊙
真诚关爱学生的职业伦理	优秀⊙	良好⊙	合格⊙	不合格⊙
教学技能水平	优秀⊙	良好⊙	合格⊙	不合格⊙
马克思主义理论专业素养	优秀⊙	良好⊙	合格⊙	不合格⊙
多学科人文社会科学素养	优秀⊙	良好⊙	合格⊙	不合格⊙

2. 思政课教师对于学生的了解状况：

对于教学对象学科专业的了解	高⊙	中⊙	低⊙	无⊙
对于大学生学习、生活的了解	高⊙	中⊙	低⊙	无⊙
对于大学生思想困惑的了解	高⊙	中⊙	低⊙	无⊙

七、考核

1. 我倾向的思政课考核方式是：

考试	⊙	考查	⊙	两者相结合	⊙
形成性考核	⊙	终结性考核	⊙	两者相结合	⊙
线下考试	⊙	线上考试	⊙	两者相结合	⊙
开卷考试	⊙	闭卷考试	⊙	两者相结合	⊙

2. 我倾向的思政课考核成果形式是：

提供论文	⊙	⊙	⊙
提交作品、成果（微视频、红色艺术作品等）	⊙	⊙	⊙
综合性方式	⊙	⊙	⊙

3. 思政课考核内容与下列内容的相关度情况是：

与学科、专业相关度	高⊙	中⊙	低⊙	无⊙
与高校所在地方相关度	高⊙	中⊙	低⊙	无⊙
与大学生生活、思想实际相关度	高⊙	中⊙	低⊙	无⊙
与未来人生事业发展相关度	高⊙	中⊙	低⊙	无⊙

4. "你认为目前的思想政治课学习量如何？"

过大⊙	适中⊙	过小⊙

5. 总的来说，思政课考核对我来说：

完全无压力⊙	有点压力⊙	压力较大⊙	压力很大⊙

6. 我的思政课考核在内容上：

以知识点考查为主	⊙	都是教材上的内容	⊙
		以教材内容为主，还有教师讲过的新内容	⊙
		有一些灵活新颖、需要独立思考作答的内容	⊙
以思想理论考查为主	⊙		
以事务处理能力考查为主	⊙		

附录2

教育部 国家发展改革委 财政部关于
引导部分地方普通本科高校向应用型转变的指导意见

教发〔2015〕7号

各省、自治区、直辖市教育厅（教委）、发展改革委、财政厅(局)，新疆生产建设兵团教育局、发展改革委、财务局：

为贯彻落实党中央、国务院关于引导部分地方普通本科高校向应用型转变（以下简称转型发展）的决策部署，推动高校转型发展，现提出如下意见。

一、重要意义

当前，我国已经建成了世界上最大规模的高等教育体系，为现代化建设作出了巨大贡献。但随着经济发展进入新常态，人才供给与需求关系深刻变化，面对经济结构深刻调整、产业升级加快步伐、社会文化建设不断推进特别是创新驱动发展战略的实施，高等教育结构性矛盾更加突出，同质化倾向严重，毕业生就业难和就业质量低的问题仍未有效缓解，生产服务一线紧缺的应用型、复合型、创新型人才培养机制尚未完全建立，人才培养结构和质量尚不适应经济结构调整和产业升级的要求。

积极推进转型发展，必须采取有力举措破解转型发展改革中顶层设计不够、改革动力不足、体制束缚太多等突出问题。特别是紧紧围绕创新驱动发展、中国制造2025、互联网+、大众创业万众创新、"一带一路"等国家重大战略，找准转型发展的着力点、突破口，真正增强地方高校为区域经济社会发展服务的能力，为行业企业技术进步服务的能力，为学习者创造价值的能力。各地各高校要从适应和引领经济发展新常态、服务创新驱动发展的大局出发，切实增强对转型发展工作重要性、紧迫性的认识，摆在当前工作的重要位置，以改革创新的精神，推动部分普通本科高校转型发展。

二、指导思想和基本思路

1. 指导思想

贯彻党中央、国务院重大决策，主动适应我国经济发展新常态，主动融入产业转型升级和创新驱动发展，坚持试点引领、示范推动，转变发展理念，增强改革动力,强化评价引导,推动转型发展高校把办学思路真正转到服务地方经济社会发展上来,转到产教融合校企合作上来,转到培养应用型技术技能型人才上来,转到增强学生就业创业能力上来,全面提高学校服务区域经济社会发展和创新驱动发展的能力。

2. 基本思路

——坚持顶层设计、综合改革。系统总结近年来高等教育和职业教育改革的成功经验,增强改革的系统性、整体性和协调性。不断完善促进转型发展的政策体系,推动院校设置、招生计划、拨款制度、学校治理结构、学科专业设置、人才培养模式、师资队伍建设、招生考试制度等重点难点领域的改革。充分发挥评估评价制度的导向作用,以评促建、以评促转,使转型高校的教育目标和质量标准更加对接社会需求、更加符合应用型高校的办学定位。

——坚持需求导向、服务地方。发挥政府宏观调控和市场机制作用,推进需求传导式的改革,深化产教融合、校企合作,促进高校科学定位、特色发展,加强一线技术技能人才培养,促进毕业生就业质量显著提高,科技型创业人才培养取得重大突破,将一批高校建成有区域影响力的先进技术转移中心、科技服务中心和技术创新基地。

——坚持试点先行、示范引领。转型的主体是学校。按照试点一批、带动一片的要求,确定一批有条件、有意愿的试点高校率先探索应用型(含应用技术大学、学院)发展模式。充分发挥试点高校的示范引领作用,激发高校转型内生动力活力,带动更多地方高校加快转型步伐,推动高等教育改革和现代职业教育体系建设不断取得新进展。

——坚持省级统筹、协同推进。转型的责任在地方。充分发挥省级政府统筹权,根据区域经济社会发展和高等教育整体布局结构,制定转型发展的实施方案,加强区域内产业、教育、科技资源的统筹和部门之间的协调,积极稳妥推进转型发展工作。

三、转型发展的主要任务

3. 明确类型定位和转型路径。确立应用型的类型定位和培养应用型技术技能型人才的职责使命,以产教融合、校企合作为突破口,根据所服务区域、行业的发展需求,找准切入点、创新点、增长点,制定改革的时间表、路线图。转型高校要结合"十三五"规划编制工作,切实发扬民主,通过广泛的思想动员,将学校类型定位和转型发展战略通过学校章程、党代会教代会决议的形式予以明确。

4. 加快融入区域经济社会发展。建立合作关系,使转型高校更好地与当地创新要素资源对接,与经济开发区、产业聚集区创新发展对接,与行业企业人才培养和技术创新需求对接。积极争取地方政府、行业企业支持,通过建设协同创新中心、工业研究院、创新创业基地等载体和科研、医疗、文化、体育等基础设施共建共享，形成高校和区域经济社会联动发展格局。围绕中国制造2025、"一带一路"、京津冀协同发展、长江经济带建设、区域特色优势产业转型升级、社会建设和基本公共服务等重大战略，加快建立人才培养、科技服务、技术创新、万众创业的一体化发展机制。

5. 抓住新产业、新业态和新技术发展机遇。创新发展思路，增强把握社会经济技术重大变革趋势的能力，加强战略谋划和布局，实现弯道超车。适应、融入、引领所服务区域的新产业、新业态发展，瞄准当地经济社会发展的新增长点，形成人才培养和技术创新新格局。促进新技术向生产生活广泛渗透、应用，推动"互联网+"战略在当地深入推进，形成人才培养和技术创新新优势。以服务新产业、新业态、新技术为突破口，形成一批服务产业转型升级和先进技术转移应用特色鲜明的应用技术大学、学院。

6. 建立行业企业合作发展平台。建立学校、地方、行业、企业和社区共同参与的合作办学、合作治理机制。校企合作的专业集群实现全覆盖。转型高校可以与行业、企业实行共同组建教育集团，也可以与行业企业、产业集聚区共建共管二级学院。建立有地方、行业和用人单位参与的校、院理事会（董事会）制度、专业指导委员会制度，成员中来自地方政府、行业、企业和社区的比例不低于50%。支持行业、企业全方位全过程参与学校管理、专业建设、课程设置、人才培养和绩效评价。积极争取地方、行业、企业的经费、项目和资源在学校集聚，合作推动学校转型发展。

7. 建立紧密对接产业链、创新链的专业体系。按需重组人才培养结构和流程，围绕产业链、创新链调整专业设置，形成特色专业集群。通过改造传统专业、设立复合型新专业、建立课程超市等方式，大幅度提高复合型技术技能人才培养比重。建立行业和用人单位专家参与的校内专业设置评议制度，形成根据社会需求、学校能力和行业指导依法设置新专业的机制。改变专业设置盲目追求数量的倾向，集中力量办好地方（行业）急需、优势突出、特色鲜明的专业。

8. 创新应用型技术技能型人才培养模式。建立以提高实践能力为引领的人才培养流程，率先应用"卓越计划"的改革成果，建立产教融合、协同育人的人才培养模式，实现专业链与产业链、课程内容与职业标准、教学过程与生产过程对接。加强实验、实训、实习环节，实训实习的课时占专业教学总课时的比例达到30%以上，建立实训实习质量保障机制。扩大学生的学习自主权，实施以学生为中心的启发式、合作式、参与式教学，逐步扩大学生自主选择专业和课程的权利。具有培养专业学位研究生资格的转型高校要建立以职业需求为导向、以实践能力培养为重点、以产学结合为途径的专业学位研究生培养模式。工程硕士等有关专业学位类别的研究生教育要瞄准产业先进技术的转移和创新，与行业内领先企业开展联合培养，主要招收在科技应用和创新一线有实际工作经验的学员。

9. 深化人才培养方案和课程体系改革。以社会经济发展和产业技术进步驱动课程改革，整合相关的专业基础课、主干课、核心课、专业技能应用和实验实践课，更加专注培养学习者的技术技能和创新创业能力。认真贯彻落实《关于深化高等学校创新创业教育改革的实施意见》，将创新创业教育融入人才培养全过程，将专业教育和创业教育有机结合。把企业技术革新项目作为人才培养的重要载体，把行业企业的一线需要作为毕业设计选题来源，全面推行案例教学、项目教学。将现代信息技术全面融入教学改革，推动信息化教学、虚拟现实技术、数字仿真实验、在线知识支持、在线教学监测等广泛应用，通过校校合作、校企合作联合开发在线开放课程。

10. 加强实验实训实习基地建设。按照工学结合、知行合一的要求，根据生产、服务的真实技术和流程构建知识教育体系、技术技能训练体系和实验实训实习环境。按照所服务行业先进技术水平，采取企业投资或捐赠、政府购买、学校自筹、融资租赁等多种方式加快实验实训实习基地建设。引进企业科研、生产基地，建立校企一体、产学研一体的大型实验实训实习中心。统筹各类实践教学资源，构建功能集约、资源共享、开放充分、运作高效的专业类或跨专业类实验教学平台。

11. 促进与中职、专科层次高职有机衔接。建立与普通高中教育、中等职业教育和专科层次高等职业教育的衔接机制。有条件的高校要逐步提高招收在职技术技能人员的比例，积极探索建立教育-就业"旋转门"机制，为一线技术技能人才的职业发展、终身学习提供有效支持。适当扩大招收中职、专科层次高职毕业生的比例。制定多样化人才培养方案，根据学习者来源、知识技能基础和培养方向的多样性，全面推进模块化教学和学分制。

12. 广泛开展面向一线技术技能人才的继续教育。瞄准传统产业改造升级、新兴产业发展和新型城镇化过程中一线劳动者技术提升、技能深化、职业转换、城市融入的需求，大力发展促进先进技术应用、形式多样、贴近需求的继续教育。主动承接地方继续教育任务，加强与行业和领先企业合作，使转型高校成为地方政府、行业和企业依赖的继续教育基地，成为适应技术加速进步的加油站、顺应传统产业变革的换乘站、促进新兴产业发展的人才池。

13. 深化考试招生制度改革。按照国家考试招生制度改革总体方案，积极探索有利于技术技能人才职业发展的考试招生制度。试点高校招收中、高等职业院校优秀应届毕业生和在职优秀技术技能人员，应当将技术技能测试作为录取的主要依据之一，教育部制定有关考试招生改革实施意见。试点高校考试招生改革办法应当报省级教育行政部门批准并以省为单位报教育部备案。招生计划、方案、过程、结果等要按有关规定向社会公开。

14. 加强"双师双能型"教师队伍建设。调整教师结构，改革教师聘任制度和评价办法，积极引进行业公认专才，聘请企业优秀专业技术人才、管理人才和高技能人才作为专业建设带头人、担任专兼职教师。有计划地选送教师到企业接受培训、挂职工作和实践锻炼。通过教学评价、绩效考核、职务（职称）评聘、薪酬激励、校企交流等制度改革，增强教师提高实践能力的主动性、积极性。

15. 提升以应用为驱动的创新能力。积极融入以企业为主体的区域、行业技术创新体系，以解决生产生活的实际问题为导向，广泛开展科技服务和应用性创新活动，努力成为区域和行业的科技服务基地、技术创新基地。通过校企合作、校地合作等协同创新方式加强产业技术技能积累，促进先进技术转移、应用和创新。打通先进技术转移、应用、扩散路径，既与高水平大学和科研院所联动，又与中职、专科层次高职联动，广泛开展面向中小微企业的技术服务。

16. 完善校内评价制度和信息公开制度。建立适应应用型高校的人才培养、科学研究质量标准、内控体系和评估制度，将学习者实践能力、就业质量和创业能力作为评价教育质量的主要标准，将服务行业企业、服务社区作为绩效评价的重要内容，将先进技术转移、创新和转化应用作为科研评价的主要方面。完善本科教学基本状态数据库，建立本科教学质量、毕业生就业质量年度报告发布制度。

四、配套政策和推进机制

17. 落实省级政府统筹责任。各地要结合本地本科高校的改革意愿和办学基础，在充分评估试点方案的基础上确定试点高校。试点高校应综合考虑民办本科高校和独立学院。省级改革试点方案要落实和扩大试点高校的考试招生、教师聘任聘用、教师职务（职称）评审、财务管理等方面的自主权。

18. 加快推进配套制度改革。建立高校分类体系，实行分类管理，制定应用型高校的设置标准。制定应用型高校评估标准，开展转型发展成效评估，强化对产业和专业结合程度、实验实习实训水平与专业教育的符合程度、双师型教师团队的比例和质量、校企合作的广度和深度等方面的考查，鼓励行业企业等第三方机构开展质量评价。制定试点高校扩大专业设置自主权的改革方案，支持试点高校依法加快设置适应新产业、新业态、新技术发展的新专业。支持地方制定校企合作相关法规制度和配套政策。

19. 加大对试点高校的政策支持。通过招生计划的增量倾斜、存量调整，支持试点高校符合产业规划、就业质量高和贡献力强的专业扩大招生。将试点高校"双师双能型"高水平师资培养纳入中央和地方相关人才支持项目。在国家公派青年骨干教师出国研修项目中适当增加试点高校选派计划。支持试点高校开展与国外同类高校合作办学，与教育援外、对外投资等领域的国家重大战略项目相结合走出去办学。充分发挥应用技术大学（学院）联盟等作用，与国外相应联盟、协会开展对等合作交流。

20. 加大改革试点的经费支持。各地可结合实际情况，完善相关财政政策，对改革试点统筹给予倾斜支持,加大对产业发展急需、技术性强、办学成本高和艰苦行业相关专业的支持力度。建立以结果为导向的绩效评价机制,中央财政根据改革试点进展和相关评估评价结果,通过中央财政支持地方高校发展等专项资金,适时对改革成效显著的省(区、市)给予奖励。高校要健全多元投入机制,积极争取行业企业和社会各界支持,优化调整经费支出结构,向教育教学改革、实验实训实习和"双师双能型"教师队伍建设等方面倾斜。积极创新支持方式,探索政府和社会资本合作(PPP)等模式,吸引社会投入。

21. 总结推广改革试点典型经验。在省级试点的基础上,总结梳理改革试点的经验和案例,有计划地推广一批试点方案科学、行业企业支持力度较大、实施效果显著的试点典型高校,并加大政策和经费支持力度。教育、发展改革、财政等部门共同建立跟踪检查和评估制度。

22. 营造良好改革氛围和舆论环境。加强对转型发展高校各级领导干部和广大师生员工的思想教育和政策宣传,举办转型试点高校领导干部专题研修班和师资培训班,坚定改革信心,形成改革合力。广泛动员各部门、专家学者和用人单位参与改革方案的设计和政策研究。组织新闻媒体及时宣传报道试点经验。

根据本意见精神,教育部、发展改革委、财政部建立协调工作机制,加强对转型发展工作的指导。

教育部　国家发展改革委　财政部
2015年10月21日

附录3

中共中央办公厅 国务院办公厅印发《关于深化新时代学校思想政治理论课改革创新的若干意见》

中办发〔2019〕47号

为深入贯彻落实习近平新时代中国特色社会主义思想和党的十九大精神,贯彻落实习近平总书记关于教育的重要论述,特别是在学校思想政治理论课教师座谈会上的重要讲话精神,全面贯彻党的教育方针,解决好培养什么人、怎样培养人、为谁培养人这个根本问题,坚持不懈用习近平新时代中国特色社会主义思想铸魂育人,现就深化新时代学校思想政治理论课(以下简称思政课)改革创新提出如下意见。

一、重要意义和总体要求

1. 重要意义。教育是国之大计、党之大计,承担着立德树人的根本任务。思政课是落实立德树人根本任务的关键课程,发挥着不可替代的作用。党的十八大以来,以习近平同志为核心的党中央高度重视思政课建设,作出一系列重大决策部署,各地区各部门和各级各类学校采取有力措施认真贯彻落实,思政课建设取得显著成效。同时也要看到,面对新形势新任务新挑战,有的地方和学校对思政课重要性认识还不够到位,课堂教学效果还需提升,教材内容不够鲜活,教师选配和培养工作存在短板,体制机制有待完善,评价和支持体系有待健全,大中小学思政课一体化建设需要深化,民办学校、中外合作办学思政课建设相对薄弱,各类课程同思政课建设的协同效应有待增强,学校、家庭、社会协同推动思政课建设的合力没有完全形成,全党全社会关心支持思政课建设的氛围不够浓厚。办好思政课,要放在世界百年未有之大变局、党和国家事业发展全局中来看待,要从坚持和发展中国特色社会主义、建设社会主义现代化强国、实现中华民族伟大复兴的高度来对待。思政课建设只能加强、不能削弱,必须切实增强办好思政课的信心,全面提高思政课质量和水平。

2. 指导思想。全面贯彻党的教育方针,坚持马克思主义指导地位,贯彻落实习近平新时代中国特色社会主义思想,坚持社会主义办学方向,落实立德树人根本任务,坚持教育为人民服务、为中国共产党治国理政服务、为巩固和发展中国特色社会主义制度服务、为改革开放和社会主义现代化建设服务,扎根中国大地办教育,同生产劳动和社会实践相结合,加快推进教育现代化、建设教育强国、办好人民满意的教育,努力培养担当民族复兴大任的时代新人,培养德智体美劳全面发展的社会主义建设者和接班人。

3. 基本原则。一是坚持党对思政课建设的全面领导,把加强和改进思政课建设摆在突出位置。二是坚持思政课建设与党的创新理论武装同步推进,全面推动习近平新时代中国特色社会主义思想进教材进课堂进学生头脑,把社会主义核心价值观贯穿国民教育全过程。三是坚持守正和创新相统一,落实新时代思政课改革创新要求,不断增强思政课的思想性、理论性和亲和力、针对性。四是坚持思政课在课程体系中的政治引领和价值引领作用,统筹大中小学思政课一体化建设,推动各类课程与思政课建设形成协同效应。五是坚持培养高素质专业化思政课教师队伍,积极为这支队伍成长发展搭建平台、创造条件。六是坚持问题导向和目标导向相结合,注重推动思政课建设内涵式发展,全面提升学生思想政治理论素养,实现知、情、意、行的统一。

二、完善思政课课程教材体系

4. 整体规划思政课课程目标。在大中小学循序渐进、螺旋上升地开设思政课,引导学生立德成人、立志成才,树立正确世界观、人生观、价值观,坚定对马克思主义的信仰,坚定对社会主义和共产主义的信念,增强中国特色社会主义道路自信、理论自信、制度自信、文化自信,厚植爱国主义情怀,把爱国情、强国志、报国行自觉融入坚持和发展中国特色社会主义事业、建设社会主义现代化强国、实现中华民族伟大复兴的奋斗之中。大学阶段重在增强使命担当,引导学生矢志不渝听党话跟党走,争做社会主义合格建设者和可靠接班人。高中阶段重在提升政治素养,引导学生衷心拥护党的领导和我国社会主义制度,形成做社会主义建设者和接班人的政治认同。初中阶段重在打牢思想基础,引导学生把党、祖国、人民装在心中,强化做社会主义建设者和接班人的思想意识。小学阶段重在启蒙道德情感,引导学生形成爱党、爱国、爱社会主义、爱人民、爱集体的情感,具有做社会主义建设者和接班人的美好愿望。

5. 调整创新思政课课程体系。加强以习近平新时代中国特色社会主义思想为核心内容的思政课课程群建设。在保持思政课必修课程设置相对稳定基础上,结合大中小学各学段特点构建形成必修课加选修课的课程体系。全国重点马克思主义学院率先全面开设"习近平新时代中国特色社会主义思想概论"课。博士阶段开设"中国马克思主义与当代",硕士阶段开设"中国特色社会主义理论与实践研究",本科阶段开设"马克思主义基本原理概论""毛泽东思想和中国特色社会主义理论体系概论""中国近现代史纲要""思想道德修养与法律基础""形势与政策",专科阶段开设"毛泽东思想和中国特色社会主义理论体系概论""思想道德修养与法律基础""形势与政策"等必修课。各高校要重点围绕习近平新时代中国特色社会主义思想，党史、国史、改革开放史、社会主义发展史，宪法法律，中华优秀传统文化等设定课程模块，开设系列选择性必修课程。高中阶段开设"思想政治"必修课程，围绕学习习近平总书记最新重要讲话精神开设"思想政治"选择性必修课程。初中、小学阶段开设"道德与法治"必修课程，可结合校本课程、兴趣班开设思政类选修课程。

6. 统筹推进思政课课程内容建设。坚持用习近平新时代中国特色社会主义思想铸魂育人，以政治认同、家国情怀、道德修养、法治意识、文化素养为重点，以爱党、爱国、爱社会主义、爱人民、爱集体为主线，坚持爱国和爱党爱社会主义相统一，系统开展马克思主义理论教育，系统进行中国特色社会主义和中国梦教育、社会主义核心价值观教育、法治教育、劳动教育、心理健康教育、中华优秀传统文化教育。遵循学生认知规律设计课程内容，体现不同学段特点，研究生阶段重在开展探究性学习，本专科阶段重在开展理论性学习，高中阶段重在开展常识性学习，初中阶段重在开展体验性学习，小学阶段重在开展启蒙性学习。

7. 加强思政课教材体系建设。国家教材委员会统筹大中小学思政课教材建设，科学制定教材建设规划，注重提升思政课教材的政治性、时代性、科学性、可读性。国家统一开设的大中小学思政课教材全部由国家教材委员会组织统编统审统用，在教材中及时融入马克思主义中国化最新成果、坚持和发展中国特色社会主义最新经验、马克思主义理论学科最新研究进展。地方或学校开设的思政课选修课教材，由各地负责组织审定。研究编制习近平新时代中国特色社会主义思想进课程教材指导纲要，研究编制中华优秀传统文化、革命文化、社会主义先进文化、科技创新文化及总体国家安全观等进课程教材指南，编制中华民族古代历史和革命建设改革时期英雄人物、先进模范进课程教材图谱，分课程组织编写高校思政课专题教学指南，组织专家编写深度解读教材体系的示范教案，实施思政课优秀讲义出版工程，开列马克思主义经典著作、当代中国马克思主义理论著作、中华优秀传统文化典籍书单，建设思政课网络教学资源库。

三、建设一支政治强、情怀深、思维新、视野广、自律严、人格正的思政课教师队伍

8. 加快壮大学校思政课教师队伍。各地在核定编制时要充分考虑思政课教师配备要求。高校要严格按照师生比不低于1:350的比例核定专职思政课教师岗位，在编制内配足，且不得挪作他用，并尽快配备到位。制定关于加强新时代中小学思政课教师队伍建设的意见，加强中小学专职思政课教师配备。各地要统筹解决好思政课教师缺口问题。各高校可在与思政课教学内容相关的学科选择优秀教师进行培训后充实思政课教师队伍，可探索胜任思政课教学的党政管理干部转岗为专职思政课教师机制和办法，积极推动符合条件的辅导员参与思政课教学。高校要

积极动员政治素质过硬的相关学科专家转任思政课教师。采取兼职的办法遴选相关单位的骨干支援高校思政课建设。各地应对民办学校指派思政课教师或组建专门讲师团。制定新时代高校思政课教师队伍建设规定。

9. 切实提高思政课教师综合素质。以培育一大批优秀马克思主义理论教育家为目标,制定思政课教师队伍培养培训规划,在中央党校(国家行政学院)及地方党校(行政学院)面向思政课教师举办学习习近平新时代中国特色社会主义思想专题研修班,办好"周末理论大讲堂"、骨干教师研修班,实施好思政课教师在职攻读马克思主义理论博士学位专项计划。建强高校思政课教师研修基地,依托首批全国重点马克思主义学院所在高校重点开展理论研修,依托高水平师范类院校重点开展教学研修,全面提升每一位思政课教师的理论功底、知识素养。建立一批"新时代高校思想政治理论课教师研学基地",组织思政课教师在国内考察调研,在深入了解党和人民伟大实践中汲取养分、丰富思想。组织思政课骨干教师赴国外调研,拓宽国际视野,在比较分析中坚定"四个自信"。完善国家、省(自治区、直辖市)、学校三级培训体系。本科院校按在校生总数每生每年不低于40元,专科院校按每生每年不低于30元的标准提取专项经费,用于思政课教师的学术交流、实践研修等,并逐步加大支持力度。中央和地方主流媒体的政论、时政节目要积极推出优秀思政课教师传播理论成果,展示综合素质,增强社会影响力。

10. 切实改革思政课教师评价机制。严把政治关、师德关、业务关,明确与思政课教师教学科研特点相匹配的评价标准,进一步提高评价中教学和教学研究占比。各高校在专业技术职务(职称)评聘工作中,要单独设立马克思主义理论类别,校级专业技术职务(职称)评聘委员会要有同比例的马克思主义理论学科专家。按教师比例核定思政课教师专业技术职务(职称)各类岗位占比,高级专业技术职务(职称)岗位比例不低于学校平均水平,指标不得挪作他用。要将思政课教师在中央和地方主要媒体上发表的理论文章纳入学术成果范畴。实行不合格思政课教师退出机制。

11. 加大思政课教师激励力度。增强教师的职业认同感、荣誉感、责任感,把思政课教师和辅导员中的优秀分子纳入各类高层次人才项目,在"万人计划""长江学者奖励计划""四个一批"等人才项目中加大倾斜支持力度。各地要因地制宜设立思政课教师和辅导员岗位津贴,纳入绩效工资管理,相应核增学校绩效工资总量。要把思政课教师作为学校干部队伍重要来源,学校党政管理干部原则上应有思政课教师、辅导员或班主任工作经历。党和国家设立的荣誉称号要注重表彰优秀思政课教师,教育部门要大力推选思政课教师年度影响力人物等先进典型。对立场坚定、学养深厚、联系实际、成果突出的思政课教师优秀代表加大宣传力度,发挥示范引领作用。

12. 大力加强思政课教师队伍后备人才培养工作。注重选拔培养高素质人才从事马克思主义理论学习研究和教育教学，统筹推进马克思主义理论学科本硕博一体化人才培养，构建完善马克思主义理论学科本硕博学科体系和课程体系。全国重点马克思主义学院通过提前批次录取或综合考核招生等方式招收马克思主义理论专业本科生，给予推免政策倾斜鼓励优秀马克思主义理论专业本科生攻读硕士学位，采取硕博连读或直接攻读博士学位的方式加强培养。深入实施"高校思想政治理论课教师队伍后备人才培养专项支持计划"，专门招收马克思主义理论学科研究生，并逐步按需增加招生培养指标。加强思政课教师队伍后备人才思想政治工作，加大发展党员力度，提高党员发展质量。

四、不断增强思政课的思想性、理论性和亲和力、针对性

13. 加大思想性、理论性资源供给。进一步建强马克思主义理论学科，进入世界一流大学建设的高校应将马克思主义理论学科设为重点建设学科，为思政课建设提供坚实学科支撑。深入研究坚持和发展中国特色社会主义的重大理论和实践问题，为增强思政课的思想性、理论性提供多角度学术支持。充分发挥马克思主义理论学科的领航作用，大力推进中国特色社会主义学科体系建设。根据需求逐步增加马克思主义理论学科博士学位授权点，支持有关高校联合申报马克思主义理论学科博士学位授权点。组织思政课教师及时学习习近平总书记最新重要讲话精神，及时学习相关文件精神，全面理解和准确把握党中央重大决策部署。

14. 加大思政课教研工作力度。建立健全大中小学思政课教师一体化备课机制，普遍实行思政课教师集体备课制度，全面提升教研水平。遴选学科带头人担任各门课集体备课牵头人，学校领导干部要积极支持和主动参与。建立思政课教师"手拉手"备课机制，发挥思政课建设强校和高水平思政课专家示范带动作用。加强"全国高校思想政治理论课教师网络集体备课平台"建设，完善思政课教师网络备课服务支撑系统。建立纵向跨学段、横向跨学科的交流研修机制，深入开展相邻学段思政课教师教学交流研讨。推动建立思政课教师与其他学科专业教师交流机制。大力推进思政课教学方法改革，提升思政课教师信息化能力素养，推动人工智能等现代信息技术在思政课教学中应用，建设一批国家级虚拟仿真思政课体验教学中心。

15. 切实加强思政课课题研究和成果交流。国家社科基金规划项目、教育部人文社科研究项目等设立思政课教师研究专项，开展思政课教学重点难点问题和教学方法改革创新等研究，逐步加大对相关课题研究的支持力度。各地要参照设立相关项目并给予经费投入。加强马克思主义理论教学科研成果学术阵地建设，首批重点建设10家学术期刊和若干学术网站，支持新创办一定数量的思政课研究学术期刊。制定思政课教师发表文章的重点报刊目录，将《人民日报》《求是》《解放军报》《光明日报》《经济日报》等中央媒体及地方党报党刊列入其中。委托高校马克思主义学院分片建立高校思政课教学创新中心，设立一批思政课教学质量监测基地。在国家级教学成果奖中单列思政课专项，每2年开展1次全国思政课教学展示活动，定期开展优秀思政课示范课巡讲活动。打造一批思政课国家精品在线开放课程，探索建设融媒体思政公开课，推动优质教学资源共享。

16. 全面提升高校马克思主义学院建设水平。强化"马院姓马、在马言马"的鲜明导向，把思政课教学作为高校马克思主义学院基本职责，将马克思主义学院作为重点学院、马克思主义理论学科作为重点学科、思政课作为重点课程加强建设，在发展规划、人才引进、公共资源使用等方面给予马克思主义学院优先保障。建好建强一批全国重点马克思主义学院和示范性马克思主义学院，依托有条件的高校马克思主义学院建设一批习近平新时代中国特色社会主义思想研究院。建立和完善马克思主义理论学科体系，实施马克思主义理论学科领航工程，在马克思主义理论学习研究宣传上发挥引领带动作用。全面推动各地宣传、教育等部门共建所在地区高校马克思主义学院。实施马克思主义学院院长培养工程，加强马克思主义学院领导班子建设。

17. 整体推进高校课程思政和中小学学科德育。深度挖掘高校各学科门类专业课程和中小学语文、历史、地理、体育、艺术等所有课程蕴含的思想政治教育资源，解决好各类课程与思政课相互配合的问题，发挥所有课程育人功能，构建全面覆盖、类型丰富、层次递进、相互支撑的课程体系，使各类课程与思政课同向同行，形成协同效应。建成一批课程思政示范高校，推出一批课程思政示范课程，选树一批课程思政教学名师和团队，建设一批高校课程思政教学研究示范中心。

五、加强党对思政课建设的领导

18. 严格落实地方党委思政课建设主体责任。地方各级党委要把思政课建设作为党的建设和意识形态工作的标志性工程摆上重要议程，党委常委会每年至少召开1次专题会议研究思政课建设，抓住制约思政课建设的突出问题，在工作格局、队伍建设、支持保障等方面采取有效措施。建立和完善省（自治区、直辖市）党委领导班子成员联系高校和讲思政课特别是"形势与政策"课制度，各省（自治区、直辖市）党委和政府主要负责同志每学期结合学习和工作至少讲1次课。各地要把民办学校、中外合作办学院校纳入思政课建设整体布局。思政课建设情况纳入各级党委领导班子考核和政治巡视。

19. 推动建立高校党委书记、校长带头抓思政课机制。加强和改进高校领导干部深入基层联系学生工作，推动高校领导干部兼任班主任等工作，建立健全高校党委书记、校长及职能部门力量深入一线了解学生思想动态、服务学生发展的制度性安排。高校党委书记、校长作为思政课建设第一责任人，要结合自身学科背景和工作经历，带头走进课堂听课讲课，带头推动思政课建设，带头联系思政课教师。高校党委常委会每学期至少召开1次会议专题研究思政课建设，高校党委书记、校长每学期至少给学生讲授4个课时思政课，高校领导班子其他成员每学期至少给学生讲授2个课时思政课,可重点讲授"形势与政策"课。开学典礼、毕业典礼讲话等要鲜明体现党的教育方针、积极传播马克思主义科学理论、弘扬社会主义核心价值观。要把思政课建设情况纳入学校党的建设工作考核、办学质量和学科建设评估标准体系。

20. 积极拓展思政课建设格局。中央教育工作领导小组要把思政课建设纳入重要议事日程,教育部、中央宣传部等部门要牵头抓好思政课建设,中央军委政治工作部要指导抓好军队院校思政课建设。教育部成立大中小学思政课一体化建设指导委员会,加强对不同类型思政课建设分类指导。有关部门和各地要保证思政课管理人员配备,确保事有人干、责有人负。强化中考、高考、研究生招生考试对学生学习思政课的指挥棒作用,将思政课学习实践情况等作为重要内容纳入综合素质评价体系,探索记入本人档案,作为学生评奖评优重要标准,作为加入中国少年先锋队、中国共产主义青年团、中国共产党的重要参考。坚持开门办思政课,推动思政课实践教学与学生社会实践活动、志愿服务活动结合,思政小课堂和社会大课堂结合,鼓励党政机关、企事业单位等就近与高校对接,挂牌建立思政课实践教学基地,完善思政课实践教学机制。制定关于加快构建高校思想政治工作体系的意见,汇聚办好思政课合力。加大正面宣传和舆论引导力度,推动形成全党全社会努力办好思政课、教师认真讲好思政课、学生积极学好思政课的良好氛围。

附录4

中共中央宣传部 教育部关于印发
《新时代学校思想政治理论课改革创新实施方案》的通知

教材〔2020〕6号

各省、自治区、直辖市党委宣传部、党委教育工作部门、教育厅(教委),新疆生产建设兵团党委宣传部、教育局,有关部门(单位)教育司(局),部属各高等学校、部省合建各高等学校:

  为深入贯彻中共中央办公厅、国务院办公厅《关于深化新时代学校思想政治理论课改革创新的若干意见》精神,中央宣传部、教育部制定了《新时代学校思想政治理论课改革创新实施方案》,现印发给你们,请认真贯彻执行,贯彻落实情况请及时报教育部。

中共中央宣传部
教育部
2020年12月18日

新时代学校思想政治理论课改革创新实施方案

为全面贯彻党的教育方针,深入落实中共中央办公厅、国务院办公厅《关于深化新时代学校思想政治理论课改革创新的若干意见》精神,充分发挥思想政治理论课(以下简称思政课)在立德树人中的关键课程作用,循序渐进、螺旋上升地开设好大中小学思政课,现就新时代学校思政课课程教材改革创新提出如下实施方案。

一、基本要求

一是把握新时代。坚持用习近平新时代中国特色社会主义思想铸魂育人,加强"四个自信"教育,将学习贯彻习近平新时代中国特色社会主义思想体现在大中小学各学段的课程目标、课程设置和课程教材内容中,实现全覆盖、贯穿全过程。二是推进一体化。建立纵向各学段层层递进、横向各课程密切配合、必修课选修课相互协调的课程教材体系,实现课程目标、课程设置、课程教材内容的有效贯通。三是突出创新性。完善课程教材建设机制,优化教材内容,创新教学方法,推动思政课在改进中加强、在创新中提高。四是增强针对性。遵循思想政治工作规律、教书育人规律、学生成长规律,编写适用不同类型高校的教材,进一步增强思政课的思想性、理论性和亲和力、针对性。五是注重统筹性。总体推进,分类指导,分步实施,积极稳妥地做好各项工作。

二、课程目标体系

按照循序渐进、螺旋上升的原则,立足于思政课的政治性属性,对大中小学思政课课程目标进行一体化设计,以了解学习、理解把握习近平新时代中国特色社会主义思想为课程主线,在政治认同、家国情怀、道德修养、法治意识、文化修养等方面提出明确要求,引导学生坚定"四个自信",做德智体美劳全面发展的社会主义建设者和接班人。

(一)小学阶段重在培养学生的道德情感。重点引导学生知晓基本国情,尊敬国旗国徽,会唱国歌;了解革命领袖和民族英雄的生平故事,培养学生对习近平新时代中国特色社会主义思想的情感认同;知道社会主义核心价值观,初步形成规则意识,知道宪法有关常识,初步具有依据法律维护自身权益的意识;讲礼貌、守纪律、知对错;形成爱党、爱国、爱社会主义、爱人民、爱集体的情感,具有做社会主义建设者和接班人的美好愿望。

(二)初中阶段重在打牢学生的思想基础。重点引导学生初步了解习近平新时代中国特色社会主义思想,感知马克思主义的思想力量和中国特色社会主义的实践成就;增强国家意识和国情观念,树立民族自尊心、自信心、自豪感;加深理解社会主义核心价值观,了解与学生日常生活密切相关的法律常识,具有初步的宪法意识、法治观念等;明是非、讲规则、辨善恶;把党、祖国、人民装在心中,强化做社会主义建设者和接班人的思想意识。

（三）高中阶段重在提升学生的政治素养。重点引导学生初步掌握马克思主义基本原理,了解马克思主义中国化历史进程及其理论成果,理解习近平新时代中国特色社会主义思想;树立正确的历史观、民族观、国家观、文化观,认同伟大祖国、中华民族、中华文化、中国共产党、中国特色社会主义,积极践行社会主义核心价值观,树立宪法法律至上、法律面前人人平等观念,进一步增强法治意识;有序参与公共事务,勇于承担社会责任,积极行使人民当家作主的政治权利,明方向、遵法纪、知荣辱;衷心拥护党的领导和我国社会主义制度,形成做社会主义建设者和接班人的政治认同。中等职业学校（含技工学校）课程要体现职业教育特色。

（四）大学阶段重在增强学生的使命担当。重点引导学生系统掌握马克思主义基本原理和马克思主义中国化理论成果,了解党史、新中国史、改革开放史、社会主义发展史,认识世情、国情、党情,深刻领会习近平新时代中国特色社会主义思想,培养运用马克思主义立场观点方法分析和解决问题的能力;自觉践行社会主义核心价值观,尊重和维护宪法法律权威,识大局、尊法治、修美德;矢志不渝听党话跟党走,争做社会主义合格建设者和可靠接班人。本科及高等职业学校专科课程重在加强理论教育和学习,高等职业学校课程还要体现职业教育特色。研究生课程重在探究式教育和学习。

三、课程体系

根据学生成长规律,结合不同年龄段学生的认知特点,构建大中小学一体化思政课课程体系。在小学及初中阶段"道德与法治"、高中阶段"思想政治"、大学阶段"思想政治理论课"中落实课程目标要求,重点推进习近平新时代中国特色社会主义思想融入课程,实现整体设计、循序渐进、逐步深化,切实提高课程设置的针对性实效性。

（一）小学、初中阶段

小学、初中阶段开设"道德与法治"必修课程,课程教学内容主要包括中国特色社会主义、品德、法律常识、中华文化、心理健康等,课时占小学、初中阶段九年总课时的6%~8%。

（二）高中阶段

1. 普通高中课程设置

立足学习习近平总书记最新重要讲话精神,普通高中开设"思想政治"必修课程和选择性必修课程。

必修课程教学内容包括中国特色社会主义、经济与社会、政治与法治、哲学与文化，共6学分。

选择性必修课程围绕当代国际政治与经济、法律与生活、逻辑与思维等开展教学，共6学分。

2. 中等职业学校课程设置

中等职业学校（含技工学校）开设"思想政治"必修课程和选修课程。

必修课程教学内容包括中国特色社会主义、心理健康与职业生涯、哲学与人生、职业道德与法治，共144学时。

围绕时事政策教育，中华优秀传统文化、革命文化、社会主义先进文化教育，法律与职业教育，国家安全教育，民族团结进步教育，就业创业创新教育，公共卫生安全教育等教学内容，开设选修课程，不少于36学时。

（三）大学阶段

大学阶段开设"思想政治理论课"必修课程和选择性必修课程。

1. 大学阶段必修课程

本科课程设置：

（1）马克思主义基本原理 3学分

（2）毛泽东思想和中国特色社会主义理论体系概论 5学分

（3）中国近现代史纲要 3学分

（4）思想道德与法治 3学分

（5）形势与政策 2学分

在全国重点马克思主义学院率先全面开设"习近平新时代中国特色社会主义思想概论"课，学分按有关要求执行。

高等职业学校专科课程设置：

（1）毛泽东思想和中国特色社会主义理论体系概论 4学分

（2）思想道德与法治 3学分

（3）形势与政策 1学分

硕士研究生课程设置：

新时代中国特色社会主义理论与实践 2学分

博士研究生课程设置：

中国马克思主义与当代 2学分

2. 大学阶段选择性必修课程

各高校结合本校实际，统筹校内通识类课程，围绕马克思主义经典著作，党史、新中国史、改革开放史、社会主义发展史、中华优秀传统文化、革命文化、社会主义先进文化、宪法法律等，开设本科及高等职业学校专科选择性必修课程，确保学生至少从"四史"中选修1门课程；围绕习近平新时代中国特色社会主义思想专题研究、马克思恩格斯列宁经典著作选读、马克思主义与社会科学方法论、自然辩证法概论等,开设硕士、博士研究生选择性必修课程,硕士研究生至少选择1学分课程。各高校要安排选择性必修课程必要学时,充分发挥马克思主义学院统筹审核把关作用。

各高校要规范实践教学,把思想政治教育有机融入社会实践、志愿服务、实习实训等活动中,切实提高实践教学实效。

四、课程内容

在各学段现有课程内容基础上,重点强化习近平新时代中国特色社会主义思想进课程进教材,培育和践行社会主义核心价值观,推进法治教育、劳动教育、总体国家安全观教育、公共卫生安全教育等方面内容的全面融入,实现学段纵向衔接、逐层递进,学科、课程协同联动。

(一)小学课程。以学生的生活为基础,主要讲授学生与自我、家庭、班级、社会、国家、世界、自然等的关系,结合"看到什么""听到什么",了解中国特色社会主义的由来与发展,懂得当代中国怎样从站起来、富起来到强起来的奋斗历程,初步了解新时代"两步走"战略安排,帮助小学生从情感上认同伟大祖国、中华民族、中华文化、中国共产党、中国特色社会主义。

(二)初中课程。以学生的体验为基础,主要讲授个人和集体、自我和时代、社会规则和社会秩序、社会责任和社会担当、宪法和法律、国家利益和国家目标、中国和世界等内容,通过呈现党和国家事业在各方面取得的历史性成就,引导学生明确"是什么",树立"四个自信"。

(三)高中课程。以学生的认知为基础,讲授中国特色社会主义的开创与发展,习近平新时代中国特色社会主义思想的丰富内涵、思想精髓和理论意义,帮助学生理解社会主义基本经济制度、中国特色社会主义政治发展道路、中华优秀传统文化、革命文化和社会主义先进文化等内容,引导学生理解"为什么",坚定"四个自信"。中等职业学校(含技工学校)课程还要体现职业教育特色,加强对学生的心理健康与职业道德教育。

(四)本科及高等职业学校专科课程

本科及高等职业学校专科要围绕以下课程内容,根据不同类型学校和不同层次人才培养要求,进一步增强教学的针对性和实效性。

"马克思主义基本原理",主要讲授反映马克思主义世界观和方法论的最基本的原理,帮助学生深刻领会、准确把握马克思主义的根本性质和整体特征,学习掌握贯穿其中的马克思主义立场观点方法,提升运用马克思主义基本原理分析世界的能力,增强对人类社会发展规律、特别是中国特色社会主义发展规律的认识和把握,树立共产主义远大理想和中国特色社会主义共同理想。

"毛泽东思想和中国特色社会主义理论体系概论",主要讲授中国共产党把马克思主义基本原理同中国具体实际相结合产生的马克思主义中国化的两大理论成果,帮助学生理解毛泽东思想、邓小平理论、"三个代表"重要思想、科学发展观、习近平新时代中国特色社会主义思想是一脉相承又与时俱进的科学体系,引导学生深刻理解中国共产党为什么能、马克思主义为什么行、中国特色社会主义为什么好,坚定"四个自信"。

"中国近现代史纲要",主要讲授中国近代以来争取民族独立、人民解放和实现国家富强、人民幸福的历史,帮助学生了解党史、国史、国情,深刻领会历史和人民选择马克思主义、选择中国共产党、选择社会主义道路、选择改革开放的必然性。

"思想道德与法治",主要讲授马克思主义的人生观、价值观、道德观、法治观,社会主义核心价值观与社会主义法治建设的关系,帮助学生筑牢理想信念之基,培育和践行社会主义核心价值观,传承中华传统美德,弘扬中国精神,尊重和维护宪法法律权威,提升思想道德素质和法治素养。高等职业学校结合自身特点,注重加强对学生的职业道德教育。

"形势与政策",主要讲授党的理论创新最新成果,新时代坚持和发展中国特色社会主义的生动实践,马克思主义形势观政策观、党的路线方针政策、基本国情、国内外形势及其热点难点问题,帮助学生准确理解当代中国马克思主义,深刻领会党和国家事业取得的历史性成就、面临的历史性机遇和挑战,引导大学生正确认识世界和中国发展大势,正确认识中国特色和国际比较,正确认识时代责任和历史使命,正确认识远大抱负和脚踏实地。

(五)研究生课程

"新时代中国特色社会主义理论与实践",专题讲授新时代中国特色社会主义理论和实践的重大问题,帮助学生进一步掌握中国特色社会主义理论体系,深化对习近平新时代中国特色社会主义思想的认识,坚定对马克思主义的信仰、对中国特色社会主义的信念、对实现中华民族伟大复兴中国梦的信心。

"中国马克思主义与当代",运用当代中国马克思主义的基本观点,深入分析当代世界重大社会问题和国际经济、政治、文化、生态环境等热点问题、全球治理问题、当代科学技术前沿问题、当代重大社会思潮和理论热点等,提高学生正确分析、研判当代世界问题的能力和水平。

五、教材体系建设

(一)完善教材编审制度。在党中央集中统一领导下,国家教材委员会指导和统筹大中小学思政课课程标准、教学大纲和教材的统编统审统用。依据小学、初中、高中阶段思政课课程标准,教材实行"一标一本",由教育部负责组织编写。大学阶段必修课教材实行"一纲一本"。由中央宣传部会同教育部组织编写本科、高等职业学校专科、研究生必修课教材,按程序审核后报中央审定,适时推出。适时组织编写"习近平新时代中国特色社会主义思想概论"课教材,规范"形势与政策"课教学资料编写使用。由教育部根据教学实际情况组织编写选择性必修课教学大纲或教材。地方或高校开设的思政课选修课教材,由地方或高校负责组织审核选用。

（二）健全一体化教材建设机制。建立大中小学思政课教材主编和主要编写人员联席沟通制度,定期研究各学段教材编写内容。健全一体化教材建设的编审专家库,加强编写人员与审核专家的沟通交流,发挥审核专家的指导作用。建立一体化教材建设监测反馈机制,跟踪研判评估教材使用情况,为加强教材研究和修订完善提供支撑。

（三）加强教材研究。重视和加强思政课课程教材建设的基础理论、基本概念、基本规律、重大问题研究。持续开展课程教材一体化研究,每门思政课教材内容、不同学段及同一学段各门思政课教材内容的相互关系研究,教材文献资料、学术话语、表述方式、呈现形式研究,以及思政课课程与教材、教学评价之间的互动研究等,促进思政课教材的科学性、权威性与针对性、生动性有机结合。

（四）构建立体化教材体系。加强大中小学思政课教材配套用书的建设和管理,依规进行编审工作。国家统编的中小学思政课教材的配套用书,按现行要求组织编写。高校思政课必修课教材的配套用书,根据需要由国家统一组织编写审核、推荐使用。支持、鼓励研制优秀教案、课件和案例等,推进数字资源和网络信息资源库建设,构建大中小学思政课立体化教材体系。

六、组织领导

（一）加强领导。各地各级教育部门和学校要从坚持马克思主义在意识形态领域指导地位的根本制度的高度,切实加强领导,认真组织实施,作出具体的实施工作安排,确保取得实效。省级教育部门要统筹推进大中小学思政课课程教材一体化建设,做好组织领导和督促检查,落实大中小学思政课建设专项经费。省级宣传部门要从落实意识形态工作责任制的高度推进实施。各学校要加强党组织对学校思政课的统一领导,落实党组织书记、校长带头抓思政课机制。

（二）组织好教学。开齐开足课程,大中小学都要高度重视思政课教学,确保学时学分和教学质量。健全教学机构,小学应配备一定数量的专职思政课教师,中学应配齐专职思政课教师,高校要根据课程设立教研室（部）。鼓励有条件的高校和中小学组建思政课一体化教学改革创新联合体。充分挖掘各学科专业课程蕴含的思想政治教育资源,推进各类课程与思政课同向同行。在教学中注重多样化评价方式,综合考核学生的思想政治素质。

（三）培训好教师。针对教材重点内容和难点问题,组织开展大中小学思政课教师全员培训、专题研修,确保实现全覆盖。围绕教材使用,分课程、跨课程、跨学段组织大中小学思政课教师集体备课,每年至少一次。结合教学实践,组织大中小学思政课教师开展交流研讨,共同探讨思政课一体化教学规律。

(四)使用好教材。统一使用国家统编教材,把教材使用情况作为教学监测、评估、检查的重要内容和主要指标。组织教师加强教材重点难点的研究,准确把握教材的基本精神和主要内容。做好教材内容向教学内容的转化,组织教师编写教案、制作课件、整理案例,切实把教材体系转化为教学体系。

本方案从2021年秋季入学的新生开始,在全国大中小学普遍实施。

附录5

教育部关于印发《新时代高校思想政治理论课教学工作基本要求》的通知

教社科〔2018〕2号

各省、自治区、直辖市党委教育工作部门、教育厅（教委），新疆生产建设兵团教育局，部属各高等学校：

  为深入贯彻落实习近平新时代中国特色社会主义思想和党的十九大精神，进一步巩固马克思主义在高校意识形态领域的指导地位，坚持社会主义办学方向，全面贯彻党的教育方针，加强新时代高校思想政治理论课建设，全面推动习近平新时代中国特色社会主义思想进教材进课堂进学生头脑，培养担当民族复兴大任的时代新人，我部研制了《新时代高校思想政治理论课教学工作基本要求》。现印发给你们，请参照执行。

教育部

2018年4月12日

新时代高校思想政治理论课教学工作基本要求

思想政治理论课承担着对大学生进行系统的马克思主义理论教育的任务，是巩固马克思主义在高校意识形态领域指导地位、坚持社会主义办学方向的重要阵地，是全面贯彻党的教育方针、落实立德树人根本任务的主干渠道和核心课程，是加强和改进高校思想政治工作、实现高等教育内涵式发展的灵魂课程。党的十八大以来，以习近平同志为核心的党中央高度重视思想政治理论课建设，作出一系列重大决策部署，思想政治理论课建设在改进中不断加强，课堂教学状况显著改善，大学生学习思想政治理论课的获得感明显增强。中国特色社会主义进入新时代，对高校思想政治理论课发挥育人主渠道作用提出了新的更高要求。为继续打好提高思想政治理论课质量和水平的攻坚战，坚持不懈传播马克思主义科学理论，讲清讲透习近平新时代中国特色社会主义思想的时代背景、重大意义、科学体系、精神实质、实践要求，全面推动习近平新时代中国特色社会主义思想进教材进课堂进学生头脑，打牢大学生成长成才的科学思想基础，引导大学生树立正确的世界观、人生观、价值观，不断提高大学生对思想政治理论课的获得感，现就教学工作提出以下基本要求。

1. 明确指导思想。高举中国特色社会主义伟大旗帜，以马克思列宁主义、毛泽东思想、邓小平理论、"三个代表"重要思想、科学发展观、习近平新时代中国特色社会主义思想为指导，全面贯彻党的教育方针，落实立德树人根本任务，把高校思想政治理论课教学工作摆在更加突出的位置，更加重视加强和改进教学管理，更加重视提升教学质量，不断提升思想政治理论课的亲和力和针对性，全面推动习近平新时代中国特色社会主义思想进教材进课堂进学生头脑，牢固树立"四个意识"，坚定"四个自信"，培养德智体美全面发展的中国特色社会主义合格建设者和可靠接班人，培养担当民族复兴大任的时代新人。

2. 坚持基本原则。（1）坚持正确政治方向，强化思想政治理论课价值引领功能；（2）坚持全流程管理，贯穿思想政治理论课课前、课中、课后各环节；（3）坚持规范化建设，不断健全思想政治理论课教学工作制度；（4）坚持增强获得感，促进思想政治理论课教学有虚有实、有棱有角、有情有义、有滋有味。

3. 严格落实学分。本科生"马克思主义基本原理概论"（以下简称"原理"）课3学分、"毛泽东思想和中国特色社会主义理论体系概论"（以下简称"概论"）课5学分、"中国近现代史纲要"（以下简称"纲要"）课3学分、"思想道德修养与法律基础"（以下简称"基础"）课3学分、"形势与政策"课2学分。专科生"概论"

课4学分、"基础"课3学分、"形势与政策"课1学分。

硕士研究生"中国特色社会主义理论与实践研究"课2学分,同时须从"自然辩证法概论"课和"马克思主义与社会科学方法论"课中选择1门作为选修课程,占1学分。博士研究生"中国马克思主义与当代"课2学分,同时可开设"马克思恩格斯列宁经典著作选读"课(列入学校博士生公共选修课)。鼓励各地各高校结合实际开设思想政治理论课选修课。

从本科思想政治理论课现有学分中划出2个学分、从专科思想政治理论课现有学分中划出1个学分,开展本专科思想政治理论课实践教学。学生既可通过参加教师统一组织的实践教学获得相应学分,也可通过提交与思想政治理论课学习相关的实践成果申请获得相应学分。网络教学作为思想政治理论课辅助手段,不得挤占课堂教学时数。

4. 合理安排教务。思想政治理论课各门课程应有序衔接,原则上本科生先学习"基础"课、"纲要"课,再学习"原理"课、"概论"课;专科生先学习"基础"课,再学习"概论"课;本专科生每学期必修"形势与政策"课。原则上晚间和周末不安排思想政治理论课必修课。应避免教师周课时安排过于集中。应综合考虑学生专业背景组织思想政治理论课教学班,积极推行100人以下的中班教学,大力提倡中班教学、小班研讨的教学模式,逐步消除大班额现象。

5. 规范建设教研室(组)。本专科思想政治理论课教学应按课程分别设置教研室(组),研究生思想政治理论课教学可结合实际设置教研室(组)。思想政治理论课教学科研二级机构的所有教师都要明确所属教研室(组),承担相应的思想政治理论课教学任务。教研室(组)具体负责本课程的教学管理工作。按照师生比不低于1:350的比例设置专职思想政治理论课教师岗位,为每个教研室(组)配足师资。可以返聘高水平思想政治理论课退休教师继续承担一定的教学工作。本科院校按在校本硕博全部在校生总数每生每年不低于20元,专科院校每生每年不低于15元的标准提取专项经费,加强以教研室(组)为单位开展教师学术交流、实践研修等。思想政治理论课兼职教师、特聘教授,要由相应的教研室(组)规范管理。

6. 统一实行集体备课。教研室(组)要依据马克思主义理论研究和建设工程统编思想政治理论课最新版教材和教学大纲定期组织集体备课,准确把握教材基本精神,研究确定教学进度和内容,形成统一的参考教案。思想政治理论课教学科研二级机构要定期组织全员集体备课,集中研讨教学共性问题,促进各门课程有效衔接。要组织教师集中学习党中央重大方针政策和决策部署,及时将党的理论创新最新成果贯穿融入教学,充分体现课程的思想性理论性时效性。

7. 创新集体备课形式。要丰富集体备课载体,通过多种方式有针对性地增强集体备课效果。要组织新任职教师进行试讲,加强对新任职教师的教学指导。要组织骨干教师讲示范课,加强对其他教师的引领带动。要组织教学经验丰富的教师说课,加强广大教师对思想政治理论课教学规律的把握。要组织教师互相听课,促进思想政治理论课教师互学互鉴。要推动思想政治理论课教师在有条件的情况下兼职担任辅导员、班主任,充分了解学生思想政治状况,提高备课针对性。要注重运用新媒体新技术开展集体备课,提升集体备课效果。

8. 严肃课堂教学纪律。要保证思想政治理论课教师在课堂教学中始终坚持马克思主义立场观点方法,在政治立场、政治方向、政治原则、政治道路上同以习近平同志为核心的党中央保持高度一致,坚定不移维护党中央权威和集中统一领导。进一步加强课堂教学秩序管理,确保学生到课率,为高质量开展教学提供保障。进一步完善教学事故认定及处理办法,把课堂教学纪律的要求落到实处。

9. 科学运用教学方法。要鼓励思想政治理论课教师结合教学实际、针对学生思想和认知特点,积极探索行之有效的教学方法,自觉强化党的理论创新成果的学理阐释,努力实现思想政治理论课教学"配方"先进、"工艺"精湛、"包装"时尚。要加大对优秀教学方法的推广力度,注重用点上的经验带动面上的提升。课堂教学方法创新要坚持以学生为主体,以教师为主导,加强生师互动,注重调动学生积极性主动性。实践教学作为课堂教学的延伸拓展,重在帮助学生巩固课堂学习效果,深化对教学重点难点问题的理解和掌握。要制定实践教学大纲,整合实践教学资源,拓展实践教学形式,注重实践教学效果。网络教学作为课堂教学的有益补充,重在引导学生学习基本知识、基本理论等内容。要深入研究网络教学的内容设计和功能发挥,不断创新网络教学形式,推动传统教学方式与现代信息技术有机融合。

10. 改进完善考核方式。要采取多种方式综合考核学生对所学内容的理解和实际运用,注重考查学生运用马克思主义立场观点方法分析、解决问题的能力,力求全面、客观反映学生的马克思主义理论素养和思想道德品质。坚持闭卷统一考试为主,与开放式个性化考核相结合,注重过程考核。闭卷统一考试须集体命题,不断更新题库,提高命题质量。开放式个性化考核应具有严格的组织流程和明确可操作的考核评价标准。要合理区分学生考核档次,避免考核走形式,引导学生更加重视思想政治理论课学习。各门课程均须先学后考,不得以考代学。应优先安排思想政治理论课成绩优良的学生入党积极分子参加党校学习。

11. 强化科研支撑教学。要引导思想政治理论课教师围绕马克思主义理论一级学科所属相应二级学科开展科学研究,凝练形成与所教课程紧密相关的科研方向,深入研究课程教学重点难点问题和教学方法改革创新。要支持思想政治理论课教师将研究成果作为重要教学资源,有机融入课堂教学。要进一步完善思想政治理论课教师科研评价机制，将科研成果在教学中的转化情况作为重要考核指标。

12. 健全听课指导制度。建立校、省、部三级听课制度。高校党委书记、校长，分管思想政治理论课建设和分管教学、科研工作的校领导，对每门思想政治理论课必修课，每人每学期至少听1次课；思想政治理论课教学科研二级机构领导班子每位成员，在一个任期内要对所有授课教师做到听课全覆盖。省级教育部门每学年要组织专家对属地高校开展全覆盖听课，总体上要覆盖各门思想政治理论课，并形成本地高校思想政治理论课课堂教学状况报告。教育部高校思想政治理论课教学指导委员会要组织专家开展随机听课，研制发布全国高校思想政治理论课教学状况年度报告。

13. 综合评价教学质量。要建立健全多元评价机制，采用教师自评、学生评价、同行评价、督导评价、社会评价等多种方式，对教师教学质量进行综合评价。合理运用教师教学质量评价结果，在教师职务职称评聘标准中提高教学和教学研究占比，评价结果与绩效考核和津贴分配等挂钩，引导和鼓励思想政治理论课教师将更多时间和精力投入到教学中。可基于评价结果探索建立思想政治理论课教师课堂教学退出机制。

14. 落实高校主体责任。高校党委书记要落实思想政治理论课建设第一责任人责任，校长要切实负起政治责任和领导责任，进一步完善思想政治理论课教学工作制度，建立健全教学督导机制，面向全体思想政治理论课教师、全部思想政治理论课课堂，全面提升思想政治理论课教学质量。高校要建立思想政治理论课教学科研二级机构牵头，宣传、教务、学工、科研、财务、人事等部门共同配合的思想政治理论课教学管理体制，建立健全教学管理制度体系，推动各类课程与思想政治理论课同向同行，形成协同效应。

15. 强化地方统筹管理。各地党委教育工作部门要加强对属地高校思想政治理论课教学工作的统筹管理，结合实际制定政策、创造条件，消除思想政治理论课教学工作中的薄弱环节，注重从整体上提升思想政治理论课教学质量。原则上各地都要分课程组建思想政治理论课教学指导委员会，建立教学热点难点定期搜集解答制度，组织专家深入一线精准指导，确保教学指导工作贯穿教学全过程、覆盖全体教师。要及时总结属地高校思想政治理论课教学工作经验，宣传推广教学工作先进典型，为加强和改进思想政治理论课教学工作、提升教学质量营造良好环境和氛围。

16. 加强全国宏观指导。教育部高校思想政治理论课教学指导委员会要发挥好咨询、研判、督查、评估、培训、示范、指导、引领等作用，组织专家建好"全国高校思想政治理论课教师网络集体备课平台"，研制发布各门课程专题教学指南，加强对教学重点难点问题研究解答，开展精品课程教学展示活动，及时发布各门课程教学建议。要统筹好思想政治理论课教师理论培训和实践研修,加大教师社会实践的力度。要适时开展思想政治理论课教学情况督查,推动各方面把教学管理责任落到实处。

附录6

教育部关于印发《普通高等学校马克思主义学院建设标准(2019年本)的通知》

(教社科函〔2019〕9号)

各省、自治区、直辖市党委教育工作部门、教育厅(教委),新疆生产建设兵团教育局,有关部门(单位)教育司(局),部属各高等学校、部省合建各高等学校:

  为深入贯彻落实全国教育大会、全国高校思想政治工作会议、学校思想政治理论课教师座谈会精神,深入贯彻落实中共中央、国务院《关于加强和改进新形势下高校思想政治工作的意见》精神,实施好"新时代高校思想政治理论课创优行动",进一步建强建好高校马克思主义学院,不断提升马克思主义学院建设的科学化、规范化、现代化水平,打造马克思主义理论教学、研究、宣传和人才培养的坚强阵地,使之成为办好高校思想政治理论课的坚强战斗堡垒,我部研制了《普通高等学校马克思主义学院建设标准(2019年本)》(教社科函〔2019〕9),现印发给你们,请参照执行。同时,《高等学校马克思主义学院建设标准(2017年本)》(教社科〔2017〕1号)废止。

教育部
2019年4月17日

普通高等学校马克思主义学院建设标准
（2019年本）

一级指标	二级指标	具体要求
组织领导与管理	领导责任	1. 学校党政领导班子带头学习贯彻习近平新时代中国特色社会主义思想，树牢"四个意识"，坚定"四个自信"，坚决做到"两个维护"，自觉在政治立场、政治方向、政治原则、政治道路上同以习近平同志为核心的党中央保持高度一致，坚决贯彻落实习近平总书记关于教育的重要论述特别是关于高校思想政治理论课、马克思主义学院建设的重要指示批示和党中央决策部署，深入贯彻落实学校思想政治理论课教师座谈会、全国教育大会、全国高校思想政治工作会议精神，全面推动习近平新时代中国特色社会主义思想进教材进课堂进学生头脑，用习近平新时代中国特色社会主义思想铸魂育人。落实学校党委书记第一责任人责任，校长要切实负起政治责任和领导责任，每学年分别到学院至少召开1次现场办公会，听取工作汇报，解决实际问题。党委书记、校长要带头走进课堂，每学期讲授思政课不少于2次，领导班子其他成员每学期讲授思政课不少于1次，带头推动思政课建设，带头联系思政课教师。分管思想政治理论课建设的校领导和分管教学、科研等工作的校领导要主动研究学院工作，对学院开展经常性工作指导。
		2. 校党委（常委）会议、校长办公会每学期分别至少召开1次专题会议，研究马克思主义学院建设重点工作，会议决议及时落实。推动本校马克思主义学院与其他高校马克思主义学院协同发展，主动争取与有关部门共建马克思主义学院。有计划地安排马克思主义学院教师参加社会实践和校外挂职。
		3. 坚持把立德树人的成效作为检验学校一切工作的根本标准，全面贯彻党的教育方针，把思想政治理论课作为重点课程、把马克思主义理论学科作为重点学科、把马克思主义学院作为重点学院，纳入学校发展规划以及"双一流"建设方案进行重点建设，及时总结宣传推广建设经验，持续推动思想政治理论课建设的思路创优、师资创优、教材创优、教法创优、机制创优、环境创优，不断提高思想政治理论课质量和水平，培养担当民族复兴大任的时代新人，培养德智体美劳全面发展的社会主义建设者和接班人。
	机构设置	1. 坚持"马院姓马，在马言马"的鲜明导向和办学原则，擦亮我国大学最鲜亮的底色，由马克思主义学院统一开设全校思想政治理论课，统一管理思想政治理论课教师，统一负责马克思主义理论学科建设，巩固马克思主义在高校意识形态领域的指导地位。
		2. 学院党政领导班子职数合理，按政治强、学术强、作风好要求配备齐全，勇于担当作为。班子成员是中共党员，长期从事思想政治理论课教学和马克思主义理论学科研究，有奉献精神，开拓进取，群众认可。
		3. 本、专科思想政治理论课教学应按课程分别设置教研室（组），研究生思想政治理论课教学可结合实际设置教研室（组），党政工团组织机构健全，教学委员会、学术委员会、学位评定委员会等机构运转有效。

续表

一级指标	二级指标	具体要求
组织领导与管理	工作机制	1. 制定学院中长期发展规划，规划既符合思想政治理论课建设和马克思主义理论学科发展要求，又与本地或本校重点学院建设要求相一致。
		2. 把抓好党建工作作为办学治院的基本功，加强党的领导，进一步发挥学院党委（党总支）的政治核心作用，履行政治责任，保证监督党的路线方针政策及上级党组织决定的贯彻执行。坚持民主集中制，健全完善学院党组织会议和党政联席会议制度，有关干部任用、党员队伍建设等工作，由党组织会议研究决定，涉及办学方向、教师队伍建设、师生员工切身利益等重大事项，党组织先研究再提交党政联席会议决定。健全学院集体领导、党政分工合作、协调运行的工作机制，提升班子整体功能和议事决策水平。
		3. 完善学院二级教代会或教职工大会制度，实行民主管理和监督。
	基础建设	1. 学校在保障学院正常办公经费的基础上，按在校生总数每生每年不低于20元的标准提取专项经费，用于思想政治理论课教师的学术交流、实践研修等，并随着学校经费的增长逐年增加。专项经费安排使用明确，专款专用。
		2. 保证学院办公用房，原则上教授有独立的教研用房。
		3. 配备满足教学科研需要的硬件设备和图书资料室，图书期刊、音像资料齐全，更新及时。
思想政治理论课教学	教学组织	1. 按照本、专科生思想政治理论课"05方案"，研究生思想政治理论课"10方案"，以及《教育部关于加强新时代高校"形势与政策"课建设的若干意见》开课，在坚定理想信念、厚植爱国主义情怀、加强品德修养、增长知识见识、培养奋斗精神、增强综合素质上下功夫，教育引导学生树立正确的世界观、人生观、价值观，正确认识世界和中国发展大势，正确认识中国特色和国际比较，正确认识时代责任和历史使命，正确认识远大抱负和脚踏实地，坚定对马克思主义的信仰，坚定对社会主义和共产主义的信念，坚定对实现中华民族伟大复兴中国梦的信心，增强中国特色社会主义道路自信、理论自信、制度自信、文化自信，打牢成长成才的科学思想基础。
		2. 落实课程学分及对应学时，不挪用或减少课堂教学学时。落实《新时代高校思想政治理论课教学工作基本要求》，合理安排教务，确保思想政治理论课各门课程有序衔接，原则上晚间和周末不安排思想政治理论必修课，避免教师周课时安排过于集中。
		3. 使用马克思主义理论研究和建设工程统编的最新版思想政治理论课教材和教学大纲。
		4. 推行中班教学，班级规模原则上不超过100人。推广中班上课、小班研学讨论的教学模式。
		5. 充分发挥思想政治理论课的主渠道作用，充分发掘和运用各学科专业蕴含的思想政治教育资源。
	教学实施	1. 以教研室为单位建立健全严格的新教师试讲制度、集体备课制度、教师听课互评制度、集中命题制度等，组织教师集中研讨提问题、集中培训提素质、集中备课提质量。

续表

一级指标	二级指标	具体要求
思想政治理论课教学	教学实施	2. 具有教学大纲核准和教案评价制度，建设精彩教案、精彩课件、精彩课程资源库，实现优质教学资源共建共享。
		3. 探索考试评价方式改革，注重考查学生运用马克思主义立场、观点、方法分析问题和解决问题的能力。
	教学改革	1. 系统组织教师开展教学改革创新，坚持政治性和学理性相统一、价值性和知识性相统一、建设性和批判性相统一、理论性和实践性相统一、统一性和多样性相统一、主导性和主体性相统一、灌输性和启发性相统一、显性教育和隐性教育相统一。注重改进教学模式，提倡专题教学，注重从理论和实践、历史和现实、国际和国内的结合上回答学生关心的热点难点问题，培育推广形式多样、效果良好、受学生欢迎的教学方法，培育推广"配方"新颖、"工艺"精湛、"包装"时尚有特色的品牌课。
		2. 制定实践教学计划，用好社会大课堂，统筹思想政治理论课各门课程的实践教学，落实学时学分、教学内容、指导教师和专项经费。实践教学原则上覆盖全体在校学生，建设相对稳定的校外教学实践基地。
		3. 依托全国高校思想政治理论课教师网络集体备课平台，开发在线课程，建设名师名家网络示范课，推进优质网络教学资源建设。
		4. 建立大学生思想政治理论课自主学习平台，广泛开展大学生自主学习活动。
	教学考评	1. 强化课堂教学纪律，健全课堂教学管理办法。
		2. 具有完备的教学内容和教学质量监测管理制度。
		3. 定期组织开展优秀教学成果评选活动，将教学质量和水平作为首要评价标准，确保教师把主要精力放在教书育人上，着力研究教学内容、创新教学方法、不断增强思想政治理论课的思想性、理论性和亲和力、实效性。
		4. 以学生获得感为评价导向，以"有虚有实、有棱有角、有情有义、有滋有味、有己有人"为根本标准，在学生评教基础上进一步完善教师评价制度。探索实行思想政治理论课教师课堂教学退出机制。
	师资配备	1. 按照政治要强、情怀要深、思维要新、视野要广、自律要严、人格要正的素养要求，建设一支专职为主、专兼结合、数量充足、素质优良的思想政治理论课教师队伍。教师要认真研究马克思主义理论教育规律，坚持教书和育人相统一、言传和身教相统一、潜心问道和关注社会相统一、学术自由和学术规范相统一，传播知识传播思想传播真理、塑造灵魂塑造生命塑造新人，做先进思想文化的传播者、党执政的坚定支持者，更好担起学生健康成长指导者和引路人的责任，努力成为马克思主义理论教育家。
		2. 按照师生比不低于1:350的比例设置专职教师岗位，制定计划加快配齐建强专职教师队伍。专兼职教师应具有马克思主义理论学科或相关学科背景；新任专职教师原则上是中共党员。

续表

一级指标	二级指标	具体要求
思想政治理论课教学	师资配备	3. 选聘高水平专家担任特聘教授，统筹好地方党政领导干部、企事业单位负责人、社科理论界专家、各行业先进模范以及高校党委书记校长、院（系）党政负责人、名师大家和专业课骨干教师、日常思想政治教育骨干等八支队伍上思想政治理论课讲台。
		4. 建立"传帮带"工作机制，通过培训、访学、教学比赛等多种方式，切实提高教师教学能力。探索思想政治理论课教师队伍与日常思想政治教育教师队伍深度融合的工作机制。
马克思主义理论学科建设	学科设置	1. 学院是马克思主义理论学科的依托机构，严格依据国务院学位委员会发布的《授予博士、硕士学位和培养研究生的学科、专业目录》以及二级学科设置相关规定，设置马克思主义理论学科所属二级学科。
		2. 明确二级学科带头人，发挥学科带头人在学科建设中的作用，凝练学科研究方向，学科研究成果符合马克思主义理论学科内涵和规范。
	科学研究	1. 紧紧围绕马克思主义理论一级学科及其所属二级学科开展科研，从整体上研究马克思主义基本原理和科学体系，深入研究马克思列宁主义、毛泽东思想、邓小平理论、"三个代表"重要思想、科学发展观、习近平新时代中国特色社会主义思想，加强21世纪马克思主义、当代中国马克思主义原创性研究，加强贯穿于党的创新理论中的马克思主义立场、观点、方法研究，及时研究阐释习近平总书记最新重要讲话精神；紧紧围绕坚持和发展中国特色社会主义，紧密跟踪亿万人民的创造性实践，深入研究回答时代和实践提出的新的重大课题；紧紧围绕进一步办好高校思想政治理论课，深入研究思想政治理论课教学重点难点问题和教学方法改革创新。
		2. 思想政治理论课专职教师有明确的二级学科归属和研究方向。
		3. 坚持以思想政治理论课教学为核心的科研导向。开展科研成果评优奖励，加大对中青年教师的科研支持力度。
		4. 支持教师经常参与国内外高水平学术研讨交流。有条件的学院积极举办与马克思主义理论学科相关的国际性、全国性、区域性学术会议，提高马克思主义理论学科的学术影响力和国际影响力。
	人才培养	1. 探索建立本硕博相衔接的人才培养体系，有条件的高校设置马克思主义理论专业，已设置马克思主义理论专业的高校要切实提高人才培养质量，坚定学生的马克思主义科学信仰，提高运用马克思主义科学武器分析和解决问题的能力，坚定为祖国和人民矢志奋斗的信念。
		2. 人才培养方案符合教育部、国务院学位委员会关于本学科专业学士、硕士、博士学位基本要求，开设核心课程。
		3. 研究生入学考试、课程设置与教学、中期综合考核、科研训练、学位论文开题和答辩等环节管理规范，保证研究生培养质量。
		4. 导师遴选和日常管理严格，保证导师对研究生的指导时间。
		5. 支持专职教师攻读本学科博士学位，安排中青年教师国内外研修。
社会服务与社会影响	决策咨询	1. 积极组织教师围绕重大现实问题、重大理论问题和重大实践经验总结开展调研，提交咨询报告。
		2. 支持教师参与各级党委政府重要文件、报告等起草工作，参与企事业单位决策咨询。

续表

一级指标	二级指标	具体要求
社会服务与社会影响	理论宣讲	1. 自觉承担起举旗帜、聚民心、育新人、兴文化、展形象的使命任务。
		2. 支持教师参加各级宣讲团，进行马克思主义理论和党的路线方针政策宣讲。
		3. 支持教师在主流媒体刊发有影响的理论文章，创作通俗理论读物、音像作品，参加各类媒体政论节目，弘扬主旋律，传播正能量，抵制和批判各种错误思潮。
党的建设与思想政治工作	支部建设	1. 围绕推动全面从严治党向纵深发展，把政治建设摆在首位，着力提高组织力和领导力，突出政治功能、强化政治引领，按照有利于党的领导、有利于党组织活动、有利于党员教育管理的原则，调整优化支部设置，推行在教研室设置教师党支部，把学生党支部建在班级年级上，充分发挥党支部的战斗堡垒作用。
		2. 严格"三会一课"、民主生活会和组织生活会、谈心谈话、民主评议党员等制度。每月至少固定半天时间开展党日活动，组织师生党员深入学习党章党规，深入学习近平新时代中国特色社会主义思想，开展形势政策教育，用党的创新理论武装头脑、指导实践、推动工作。
		3. 实施党员先锋工程和党员名师工程，创设党员教育管理服务示范岗，使师生党员发挥先锋模范作用。
		4. 建立师生思想政治状况定期研判制度，通过日常联系、谈心谈话等渠道，了解分析师生思想特点和变化，帮助解决实际困难和问题。
	师德师风	1. 加强教师思想政治工作，强化理想信念教育，把社会主义核心价值观纳入教师教育，融入教师职前培养准入、在职培训管理全过程。
		2. 把师德师风作为评价教师队伍素质的第一标准，扎实推进师德建设，模范践行《新时代高校教师职业行为十项准则》，实施师德"一票否决"。
	文化建设	1. 大力弘扬理论联系实际的学风，注重体现时代性和实践性。培育具有自身特色的学院文化，凝练体现办院目标的院训。
		2. 引领校园文化，提升理论品质，组织举办马克思主义理论课外学习活动。高水平教师积极担任学生理论社团指导教师，履行好指导、引导、服务、联系责任。
		3. 紧紧围绕坚持和发展中国特色社会主义这条主线，引导师生建设良好的政治文化，为巩固马克思主义在高校意识形态领域的指导地位发挥示范引领作用。

附录7

教育部关于印发《高等学校思想政治理论课建设标准(2021年本)》的通知

教社科〔2021〕2号

各省、自治区、直辖市教育厅(教委),新疆生产建设兵团教育局,有关部门(单位)教育司(局),部属各高等学校、部省合建各高等学校:

  为进一步加强高校思想政治理论课的宏观指导,规范组织管理、教学管理、队伍管理和学科建设,我部对2015年颁布的《高等学校思想政治理论课建设标准(暂行)》(教社科〔2015〕3号)进行了修订。现将修订后的《高等学校思想政治理论课建设标准(2021年本)》印发给你们,请遵照执行。原《高等学校思想政治理论课建设标准(暂行)》(教社科〔2015〕3号)同时废止。

教育部
2021年10月30日

高等学校思想政治理论课建设标准
（2021年本）

一级指标	二级指标	三级指标	指标类型	责任部门
组织管理	领导体制	1.学校党委直接领导,支持校行政负责实施。分管校领导具体负责,并成立相应的领导机构。坚持把从严管理和科学治理结合起来,增强"四个意识"、坚定"四个自信"、做到"两个维护"	A	学校党委、行政领导
	工作机制	2.校党委（常委）会议、校长办公会每学期至少召开一次专题会议研究思想政治理论课建设,解决突出问题,在工作格局、队伍建设、支持保障等方面采取有效措施,会议决议能够及时落实	A	学校党委、行政领导
		3.建立学校党委书记、校长带头抓思想政治理论课机制。党委书记、校长作为第一责任人,带头听课讲课,带头推动思想政治理论课建设,带头联系思想政治理论课教师,每学年到思想政治理论课教研部门开现场办公会至少1次,听取思想政治理论课教学工作汇报,解决实际问题。学校党政主要负责同志每学期至少给学生讲授4个课时思想政治理论课。高校领导班子其他成员每学期至少给学生讲授2个课时思想政治理论课。党委书记、校长及分管思想政治理论课建设、教学、科研工作的校领导每学期至少听1课时思想政治理论课	A	学校党委、行政领导
		4.把思想政治理论课建设列入学校事业发展规划,纳入学校党的建设工作考核、办学质量和学科建设评估标准体系,作为学校重点课程建设。有条件的本科院校同时应作为重点学科建设,每年至少进行一次专项督查。思想政治理论课建设情况纳入领导班子考核和政治巡视	A	
		5.学校宣传、人事、教务、研究生院（处）、财务、科研、学生处、团委等党政部门和思想政治理论课教学科研机构各负其责,相互配合,落实思想政治理论课教育教学、学科建设、人才培养、科研立项、社会实践、经费保障等各方面政策和措施	A	学校党委、行政领导及有关部门
	机构建设	6.独立设置直属学校领导的、与学校其他二级院（系）行政同级的思想政治理论课教学科研组织二级机构,承担全校本、专科学生和研究生思想政治理论课教学任务,统一管理思想政治理论课教师。有马克思主义理论学科点的机构同时应作为马克思主义理论学科点的依托单位,承担马克思主义理论科学研究、学科建设、研究生培养	A	学校党委、行政领导

续表

一级指标	二级指标	三级指标	指标类型	责任部门
组织管理	机构建设	7. 配齐二级机构领导班子，思想政治理论课教学科研机构负责人应当是中共党员，并有长期从事思想政治理论课教学或者马克思主义理论学科研究的经历，不得兼任其他二级院(系)的主要负责人	A	学校党委、行政领导及有关部门
		8. 与专业院系同等配备办公用房和教学设备、基本图书资料、国内外主要社科期刊、声像资料、教学课件以及办公设备等，满足教学及办公需要	B	
	专项经费	9.学校在保障思想政治理论课教学科研机构正常运转的各项经费的同时，本科院校按在校本硕博全部在校生总数每生每年不低于40元，专科院校每生每年不低于30元的标准提取专项经费，用于教师学术交流、实践研修等，并随着学校经费的增长逐年增加。专项经费安排使用明确，专款专用	A	学校党委、行政领导及财务部门
教学管理	管理制度	10.教学管理制度健全，建立备课、听课制度以及教学内容和教学质量监控制度，认真执行各项管理规章制度，检查、评价制度等。教学档案齐全	B	教务处思想政治理论课教学科研机构
	课程设置	11. 按照中央确定的最新方案，落实课程和学分及对应的课堂教学学时，无挪用或减少课时的情况	A	教务处研究生院（处）
		12. 积极创造条件开设本科生和研究生层次思想政治理论课选修课。要重点围绕习近平新时代中国特色社会主义思想、党史、新中国史、改革开放史、社会主义发展史，宪法法律，中华优秀传统文化等设定课程模块，开设系列选择性必修课	A	
	教材使用	13. 使用最新版马克思主义理论研究和建设工程重点教材为思想政治理论课统编教材	A	教务处研究生院（处）
		14. "形势与政策"课要根据教育部下发的教学要点组织教学，选用中宣部和教育部组织制作的《时事报告（大学生版）》和《时事》DVD作为学生学习辅导资料	A	
	课堂教学	15. 课堂规模一般不超过100人，推行中班教学，倡导中班上课、小	A	教务处
		16. 合理安排课堂教学时间	B	
	实践教学	17.实践教学纳入教学计划，统筹思想政治理论课各门课的实践教学，落实学分（本科2学分，专科1学分）、教学内容、指导教师和专项经费。实践教学覆盖全体学生，建立相对稳定的校外实践教学基地	B	教务处财务处学生处团委思想政治理论课教学科研机构

续表

一级指标	二级指标	三级指标	指标类型	责任部门
教学管理	改革创新	18.深化思想政治理论课改革创新,坚持政治性和学理性相统一、价值性和知识性相统一、建设性和批判性相统一、理论性和实践性相统一、统一性和多样性相统一、主导性和主体性相统一、灌输性和启发性相统一、显性教育和隐性教育相统一,积极探索教学方法改革、优化教学手段,不断增强思想政治理论课的思想性、理论性和亲和力、针对性	A	思想政治理论课 教学科研机构 教务处
		19.建设"大思政课",调动各种资源用于思想政治理论课建设,把思政小课堂与社会大课堂相结合,突出实践教学,将生动鲜活的实践引入课堂教学,将课堂设在生产劳动和社会实践一线,全面提升育人效果	A	
		20.改革考试评价方式,建立健全科学全面准确的考试考核评价体系,注重过程考核和教学效果考核	B	
	教学成果	21.列入校级教学成果类奖系列评选之中,并积极组织推荐参评校级以上教学评选活动	B	教务处
队伍管理	政治方向	22.建设一支政治强、情怀深、思维新、视野广、自律严、人格正的思想政治理论课教师队伍。思想政治理论课教师应坚持正确的政治方向,有扎实的马克思主义理论基础,在政治立场、政治方向、政治原则、政治道路上同以习近平同志为核心的党中央保持高度一致	A	人事处 思想政治理论课 教学科研机构
	师德师风	23.思想政治理论课教师具有良好的思想品德、职业道德、责任意识和敬业精神,无学术不端、教学违纪现象	A	人事处 思想政治理论课 教学科研机构
	教师选配	24.学校应建设专职为主、专兼结合、数量充足、素质优良的思想政治理论课教师队伍,严格按照师生比不低于1:350的比例核定专职思想政治理论课教师岗位,在编制内配足,且不得挪作他用	A	人事处
		25.兼职教师具有硕士研究生以上学历(专科院校兼职教师具有本科以上学历)和相关专业背景,按学校有关规定考核合格	B	
		26.新任专职教师原则上应是中共党员,并具备马克思主义理论相关学科背景硕士以上学位	A	
		27.实行不合格思想政治理论课教师退出机制	B	

续表

一级指标	二级指标	三级指标	指标类型	责任部门
队伍管理	培养培训	28. 统一实行集体备课，集中研讨提问题、集中培训提素质、集中备课提质量。新任专职教师必须参加省级岗前培训；所有专职教师应积极参加省级或中宣部、教育部组织的示范培训或课程培训或骨干研修。学校每年对全体教师至少培训一次	B	人事处 思想政治理论课 教学科研机构
		29. 每学年至少安排1/4的专职教师开展学术交流、实践研修或学习考察活动。有条件的学校可以开展国（境）外学术交流和实践研修，但不作为评聘职称硬性要求	B	
		30. 安排专职教师进行脱产或半脱产进修，每人每4年至少一次	B	
		31. 鼓励支持专职教师攻读马克思主义理论相关学科学位。实施好思想政治理论课教师在职攻读马克思主义理论博士学位专项计划	B	
	职务评聘	32. 学校在专业技术职务（职称）评聘工作中，要单独设立马克思主义理论类别，校级专业技术职务（职称）评聘委员会要有同比例的马克思主义理论学科专家。按教师比例核定思想政治理论课教师专业技术职务（职称）各类岗位占比，高级专业技术职务（职称）岗位比例不低于学校平均水平，指标不得挪作他用	A	人事处
		33. 制定实施符合思想政治理论课教师职业特点的（职务）职称评聘标准，提高教学和教学研究占比。要将思想政治理论课教师在中央和地方主要媒体上发表的理论文章纳入学术成果范畴。被有关部门采纳并发挥积极作用的理论文章、调研报告等应作为专业技术职务（职称）评定的依据	B	
	经济待遇	34. 思想政治理论课教师的岗位津贴和课时补助等纳入学校内部分配体系统筹考虑，思想政治理论课教师工作量、课酬计算标准与其他专业课教师一致，教师的实际平均收入不低于本校教师的平均水平，相应核增学校绩效工资总量	A	人事处 教务处
	表彰评优	35. 纳入学校各类教师表彰体系中，并为思想政治理论课教师确定一定比例，进行统一表彰	B	人事处
学科建设	学科点建设	36. 马克思主义理论学科点设在思想政治理论课教学科研机构，首要任务是为思想政治理论课教育教学服务。紧紧围绕马克思主义理论一级学科及其所属二级学科开展科研，从整体上研究马克思主义基本原理和科学体系、深入研究马克思列宁主义、毛泽东思想、邓小平理论、"三个代表"重要思想、科学发展观，深入研究习近平新时代中国特色社会主义思想；深入研究中国特色社会主义重大理论和实践问题；深入研究思想政治理论课教学重点难点问题和教学方法改革创新	A	人事处 科研处 教务处 研究生院（处）

续表

一级指标	二级指标	三级指标	指标类型	责任部门
学科建设	学科点建设	37. 除马克思主义理论学科下属的本科专业外，马克思主义理论学科点不办其他本科专业。统筹推进马克思主义理论学科本硕博一体化人才培养，积极承担"高校思想政治理论课教师队伍后备人才培养专项支持计划"任务	A	人事处 科研处 教务处 研究生院（处）
		38. 马克思主义理论学科的学术骨干必须是思想政治理论课的教学骨干。每一位导师至少承担一门思想政治理论课的教学任务	A	
	科研工作	39.设立思想政治理论课教育教学研究专项课题。创造条件支持思想政治理论课教师申报各级各类课题，参评各种科研成果奖等，鼓励教师围绕教材和教学中的重点、难点问题发表论文、出版专著。在校报、校刊设置思想政治理	B	教务处 科研处 思想政治理论课教学科研机构
特色项目	教学改革特色项目	40.开展思想政治理论课教学改革与创新，并取得显著成果，其经验在全国或全省得到一定推广	B	宣传部 教务处 思想政治理论课 教学科研机构
	其他	41.能够推动思想政治理论课建设工作的其他有特色的项目	B	

说明：

关于指标类型。建设指标分 A*、A、B 三类，共 41 项，其中 A*为核心指标（9 项），A 为重点指标（14 项），B 为基本指标（18 项）。

关于评价标准。本科院校 A*指标 9 项、A 类指标 12 项以上、B 类指标 14 项以上达标方可认定合格；专科院校 A*指标 7 项、A 类指标 10 项以上、B 类指标 13 项以上达标方可认定合格。

关于教师类别。专职教师是指编制在思想政治理论课教学科研机构且从事思想政治理论课教学科研工作的教师；兼职教师是指编制属其他教学机构或管理部门（单位）的教师。

参考文献

一、著作

[1]《马克思恩格斯选集》(第1、2卷),北京:人民出版社2012年版。

[2]《马克思恩格斯文集》(第1卷),北京:人民出版社2009年版。

[3]《马克思恩格斯全集》(第2、3、12、40卷),北京:人民出版社2002年版。

[4]《列宁全集》(第45、55卷),北京:人民出版社1990年版。

[5]《毛泽东文集》(第2、7、8卷),北京:人民出版社1999年版。

[6]《毛泽东选集》(第1、3卷),北京:人民出版社1991年版。

[7]《邓小平文选》(第2、3卷),北京:人民出版社1993年版。

[8] 习近平:《高举中国特色社会主义伟大旗帜 为全面建设社会主义现代化国家而团结奋斗——在中国共产党第二十次全国代表大会上的报告》,北京:人民出版社2022年版。

[9] 习近平:《习近平谈治国理政》(第三卷),北京:外文出版社2020年版。

[10] 中共中央党史和文献研究院编:《习近平扶贫论述摘编》,北京:中央文献出版社2018年版。

[11] 习近平:《在北京大学师生座谈会上的讲话》,北京:人民出版社2018年版。

[12] 中共中央文献研究室:《习近平关于社会主义文化建设论述摘编》,北京:中央文献出版社2017年版。

[13] 中共中央文献研究室:《习近平总书记重要讲话文章选编》,北京:中央文献出版社、党建读物出版社2016年版。

[14] 中共中央纪律检查委员会、中共中央文献研究室:《习近平关于党风廉政建设和反腐败斗争论述摘编》,北京:中央文献出版社、中国方正出版社2015年版。

[15] 中华人民共和国教育部、中共中央文献研究室:《毛泽东邓小平江泽民论教育》,北京:中央文献出版社、人民教育出版社、北京师范大学出版社2002年版。

[16] 中国人民政治协商会议云南省委员会文史资料委员会:《云南文史资料选辑(第53辑)内迁院校在云南》,昆明:云南人民出版社1998年版。

[17] 教育部社会科学司:《普通高校思想政治理论课文献选编(1949—2006)》,北京:中国人民大学出版社2007年版。

[18] 教育学名词审定委员会:《教育学名词》,北京:高等教育出版社2013年版。

[19] 中国社会科学院语言研究所词典编辑室:《现代汉语词典》,北京:商务

印书馆2012年版。

[20] 顾明远：《教育大辞典（增订合编本）》，上海：上海教育出版社1998年版。

[21] [美]维托·佩龙：《给教师的一封信》，张京译，北京：教育科学出版社2009年版。

[22] [英]A.V. Kelly：《课程理论与实践》，吕敏霞译，北京：中国轻工业出版社2007年版。

[23] [美]马斯洛：《马斯洛人本哲学》，成明编译，北京：九州出版社2006年版。

[24] [法]卢梭：《爱弥儿》，李平沤译，北京：人民教育出版社2001年版。

[25] [美]杰弗里·亚历山大：《社会学二十讲》，贾春增译，北京：华夏出版社2000年版。

[26] [瑞典]胡森：《简明国际教育百科全书·教育》，北京：教育科学出版社1991年版。

[27] [苏联] B·A·苏霍姆林斯基：《给教师的一百条建议》，北京：教育科学出版社1984年版。

[28] [美]阿尔伯特·爱因斯坦、[波兰]利·英费尔德：《物理学的进化》，周肇威译，上海：上海科学技术出版社1962年版。

[30] 卢家楣：《学习心理与教学》（第三版），上海：上海教育出版社2020年版。

[31] 冯刚：《探索思想政治教育发展的内生动力》，北京：人民出版社2017年版。

[32] 王永贵：《马克思主义意识形态理论与当代中国实践研究》，北京：人民出版社2013年版。

[33] 汪元宏、蒋德勤、王有炜：《高校应用型人才思想政治教育改革探索》，南京：南京大学出版社2013年版。

[34] 胡德海：《教育学原理》，北京：人民教育出版社2013年版。

[35] 靳玉乐：《新课程下的教学方式转变》，重庆：西南师范大学出版社2012年版。

[36] 何南：《一代大师任继愈》，长春：时代文艺出版社2010年版。

[37] 李德芳、李辽宁、杨素稳：《中国共产党思想政治教育史料选编》，武汉：武汉大学出版社2009年版。

[38] 裴娣娜：《教学论》，北京：教育科学出版社2007年版。

[39] 吴效锋：《新课程高效率教学》，沈阳：辽宁大学出版社2006年版。

[40] 南京师范大学教育系：《教育学》，北京：人民教育出版社2005年版。

[41] 周祯祥、胡泽洪：《逻辑导论——理性思维的模式、方法及其评价》，广州：广东高等教育出版社2005年版。

[42] 杨学为：《高考文献（下）》，北京：高等教育出版社2003年版。

[43] 沈国权：《思想政治教育环境论》，上海：复旦大学出版社2002年版。

[44] 张天宝：《主体性教育》，北京：教育科学出版社2001年版。
[45] 陶行知：《陶行知教育名篇》，北京：教育科学出版2000年版。
[46] 黄希庭：《人格心理学》，杭州：浙江教育出版社1998年版。
[47] 高平叔：《蔡元培全集》（第3卷），杭州：浙江教育出版社1997年版。
[48] 张武升：《教学论问题争鸣研究》，天津：南开大学出版社1994年版
[49] 张迪梅：《课堂电化教学的理论与实践》，上海：上海教育出版社1993年版。
[50] 叶澜：《新编教育学教程》，上海：华东师范大学出版社1991年版。
[51] 路冠英、韩金生：《教学论》，石家庄：河北教育出版社1987年版。

二、期刊论文

[1] 金德楠：《高校思政课共产主义信仰教育关键在以理服人》，载《湖北社会科学》，2022年第11期。

[2] 阙明坤：《教师转型：应用型本科院校高质量发展的关键》，载《中国高等教育》，2022年第23期。

[3] 冉力文：《高校思政课信息化改革热后的冷思考》，载《高教论坛》，2022年第9期。

[4] 谢佛荣、蒋福明、邓菲菲：《新时代高校思想政治理论课"问题链"教学方法探析》，载《教育教学论坛》，2022年第51期。

[5] 张瑜、贾经铭：《基于信息技术的思想政治理论课精准施教模式探析——以清华大学'思想道德与法治'课程为例》，载《中国青年社会科学》，2022年第1期。

[6] 罗珍：《论高校思想政治理论课的供给侧改革》，载《红河学院学报》，2022年第3期。

[7] 孙正聿：《当代中国哲学的主体性与原创性》，载《中国社会科学》，2022年第3期。

[8] 万力勇、易新涛：《人工智能驱动的高校思想政治理论课精准教学：实施框架与实现路径》，载《思想政治教育》，2022年第4期。

[9] 郑晓容、黎海燕：《教材体系向教学体系转化的逻辑建构——"毛泽东思想和中国特色社会主义理论体系概论"教学内容改革的探索》，载《岭南师范学院学报》，2022年第4期。

[10] 王震：《应用型本科高校思政课实践教学建设的逻辑、问题与策略》，载《宁波工程学院学报》，2022年第2期。

[11] 刘洪英：《高校思想政治理论课教学方法的辩证分析与功能定位》，载《教育教学论坛，2021年第36期。

[12] 秦宣：《〈毛泽东思想和中国特色社会主义理论体系概论（2021年版）〉修

订说明和教学建议》，载《思想理论教育导刊》，2021年第9期。

[13] 安富海：《精准教学：历史演进、现实审视与价值澄明》，载《课程·教材·教法》，2021年第8期。

[14] 刘晓玲、彭子轩：《新时代高校思想政治理论课供给侧改革的实践路径》，载《高校辅导员》，2021年第1期。

[15] 潘智璇：《思想政治理论课生活化的三重意蕴与实践路径》，载《教育探索》，2021年第5期。

[16] 阮博：《驳关于思想政治理论课的若干流行偏见》，载《中国矿业大学学报（社会科学版）》，2021年第7期。

[17] 黄宁花、禹旭才：《独立学院思想政治理论课建设的现状与思考——以湖南省某独立学院为例》，载《当代教育理论与实践》，2021年第1期。

[18] 宾岩、黄冰凤、希利补发、朱娅铺：《应用型人才培养视域下发挥好思政课引领作用的路径研究》，载《改革与开放》，2021年第4期。

[19] 李亚男：《独立学院思想政治理论课教师素质能力研究》，载《文教资料》，2021年第18期。

[20] 王玉娥：《工匠精神融入应用型本科院校思政课教学的应然与路径》，载《南宁职业技术学院学报》，2021年第4期。

[21] 翟会盘：《影响应用型本科高校思政课实效性的教师因素》，载《中学政治教学参考》，2021年第9期。

[22] 习近平：《思政课是落实立德树人根本任务的关键课程》，载《求是》，2020年第17期。

[23] 厉孝忠：《应用型本科院校思政课教学与科研融合发展对策研究》，载《三江论坛》，2020年第4期。

[24] 胡万山：《中国应用型本科教育发展70年：历程、经验及展望》，载《黑龙江高教研究》，2020年第7期。

[25] 李辉、孙晓晖：《精准思政：必要与可行》，载《思想教育研究》，2020年第6期。

[26] 周远：《精准思政：新时代高校思想政治工作的新理念与新模式》，载《思想理论教育》，2020年第8期。

[27] 王云霞：《高校思政课应处理好"内容为王"教学模式的三对关系》，载《思想政治教育研究》，2020年第6期。

[28] 姜倩、李艳、钱圣凡：《基于大数据的高校精准教学模式构建研究》，载《高教探索》，2020年第11期。

[29] 谢幼如、邱艺、黄瑜玲、王芹磊：《疫情防控期间"停课不停学"在线教学方式的特征、问题与创新》，载《电化教育研究》，2020年第3期。

[30] 黄家周、陈林:《新时代高校创新创业教育有机融入思政课教学基本策略探析》,载《高教论坛》,2019年第10期。

[31] 张雷声:《新时代思想政治理论课教学的重要遵循》,载《马克思主义理论学科研究》,2019年第2期。

[32] 北京高校思想政治理论课高精尖创新中心:《高校思想政治理论课学理支撑研究》,载《北京教育(德育)》,2019年第2期。

[33] 李敏:《论思想政治教育属性的学理内涵》,载《马克思主义理论学科研究》,2019年第2期。

[34] 张奕:《基于教学精准交互行为分析的人工智能精准教学研究》,载《成人教育》,2019年第9期。

[35] 汪娜:《建设应用型本科思想政治教育"金课"的几点思考》,载《合肥学院学报》,2019年第3期。

[36] 邓小明:《提升新建应用型本科院校思政课教学实效性研究》,载《学理论》,2019年第11期。

[37] 王震:《应用型本科高校思政教学转型:问题、方向与路径》,载《改革与开放》,2018年第5期。

[38] 张春和:《新时代高校思想政治理论课实践教学体系的探索与构建——兼论'2018新方案'基本要求的落实落细》,载《学校党建与思想教育》,2018年第17期。

[39] 张国顺:《大学生思想政治理论课供给侧结构性改革创新研究》,载《黑龙江高教研究》,2018年第7期。

[40] 李均、何伟光:《应用型本科大学40年:历史、特征与变革》,载《南京师大学报(社会科学版)》,2018年第5期。

[41] 范宝舟:《高校思想政治理论课考核模式改革的整体性探究》,载《思想政治课研究》,2018年第6期。

[42] 许驰、陈庆章:《课堂教学内容重构的原则与方法》,载《高等工程教育研究》,2018年第4期。

[43] 佘双好:《改革开放以来高校思想政治理论课教学方法的创新发展》,载《思想理论教育导刊》,2018年第10期。

[44] 陈占安:《改革开放以来高校思想政治理论课教材建设的回顾与展望》,载《思想理论教育导刊》,2018年第10期。

[45] 唐俊峰:《课堂教学为主,内容引领为王:对提升高校思政课实效性的思考》,载《吉林师范大学学报》,2018年第6期。

[46] 茆素琼:《师资建设是思想政治理论课供给侧改革的关键》,载《高教学刊》,2018年第1期。

[47] 张宝君：《"精准供给"视域下高校思想政治理论课教学现实反思与策略》，载《思想理论教育导刊》，2017年第8期。

[48] 刘勇、邵宇：《论高校思想政治理论课教师供给能力的优化》，载《学校党建与思想教育》，2017年第15期。

[49] 柴艳萍：《高校思政课教学方式方法改革再思考》，载《思想理论教育导刊》，2017年第9期。

[50] 张广乐：《高校思想政治理论课学生成绩考评体系的实效性及提升路径研究——以"毛泽东思想和中国特色社会主义理论体系概论"课为例》，载《思想教育研究》，2017年第8期。

[51] 李琼：《高校思想政治理论课考试改革创新探索—基于思想政治理论课考试的特征》，载《湖北社会科学》，2017年第5期。

[52] 冯秀军：《用"问题链"打造含金量高、获得感强的思政课》，载《中国高等教育》，2017年第11期。

[53] 谢璐妍：《高校思想政治理论课实践教学的"三化"研究》，载《思想理论教育导刊》，2017年第8期。

[54] 冯刚：《增强高校思想政治教育持续发展的内生动力》，载《中国高等教育》，2017年第Z2期。

[55] 孙英：《高校思想政治理论课教学供给侧改革论析》，载《思想理论教育导刊》，2017年第5期。

[56] 卜建华、孙静：《人的全面发展理论视域下的思想政治教育创新浅析》，载《学校党建与思想教育》，2016年第5期。

[57] 邬旭东、施光跃、李荣：《安徽新建本科院校思想政治理论课教学改革调查研究》，载《思想理论教育导刊》，2016年第10期。

[58] 龙海平、熊建生：《独立学院思政理论课"05方案"实施十年的回顾与展望》，载《思想政治教育研究》，2016年第6期。

[59] 杨经录：《从知识型考试到能力型考核——思想政治理论课考核方式改革初探》，载《思想政治课研究》，2016年第2期。

[60] 黄美娟：《基于供给侧视角下的高校思想政治理论课教学改革审视》，载《广西科技师范学院学报》，2016年第2期。

[61] 马静：《供给侧视域下思想政治理论课教学改革的双重维度》，载《教育评论》，2016年第10期。

[62] 刘慧、蔡桂如：《供给侧结构性改革视域下新建本科院校思想政治理论课教学改革》，载《长沙航空职业技术学院学报》，2016年第16期。

[63] 王阳、叶敏：《从"精细化管理"到精准化治理:社会治理的理念变革与政府实践》，载《新视野》，2016年第1期。

[64] 上官苗苗、王立仁：《学生需要在思想政治理论课教学中的意义》，载《思想政治教育研究》，2016年第6期。

[65] 武晓霞：《推进民办高校思想政治理论课供给侧改革的思考》，辽宁省高等教育学会2016年学术年会暨第七届中青年学者论坛论文，2016年12月。

[66] 赵静：《对思想政治理论课实践教学中若干关系的思考》，载《思想教育研究》，2016年第8期。

[67] 李兴国、顾东晓、任元璞、顾佐佐：《教学设计与氛围对实践教学效果的影响》，载《实验室研究与探索》，2015年第4期。

[68] 杨志刚、刘铎：《"问题导向"与"专题教学"设计》，载《思想理论教育导刊》，2015年第9期。

[69] 郑丽娟、何友鹏：《马克思人学理论视域下高校思想政治理论教学改革的新探索》，载《扬州大学学报（高教研究版）》，2015年第6期。

[70] 邱丽娟：《独立学院思想政治理论课教学方法初探》，载《新西部（理论版）》，2015年第11期。

[71] 侯保龙：《应用型本科院校思政课教学方法改革的原则与路径》，载《思想理论教育导刊》，2015年第6期。

[72] 吕学芳、郑流云、肖映胜：《论高校思想政治理论课"育人理念"的转换——从"供给者本位"与"需求者本位"的视角分析》，载《吉首大学学报（社会科学版）》，2015年第6期。

[73] 范伟：《转型发展时期应用技术型院校通识教育的反思》，载《中国成人教育》，2014年第22期。

[74] 玉素萍：《广西新建本科院校思想政治理论课教学改革探析——基于'二次转型'的背景》，载《教育观察》，2014年第10期。

[75] 杨冠亚、王兆香、陈惠珍：《新形势下应用型本科院校思想政治课教学时效性研究》，载《中国石油大学胜利学院学报》，2014年第4期。

[76] 陈钢：《讲道理的哲学观与马克思主义哲学大众化》，载《山西师范大学学报（社会科学版）》，2014年第1期。

[77] 杨伟荣：《高校思想政治理论课教学方式、方法、模式比较研究》，载《改革与开放》，2013年第22期。

[78] 吴潜涛：《〈思想道德修养与法律基础〉教材修订说明及教学建议》，载《思想理论教育导刊》，2013年第9期。

[79] 李道霞、梅传声：《"大思政"视阈下独立学院思想政治理论课教学改革路径略探》，载《学校党建与思想教育》，2013年第17期。

[80] 戴小江、王桂芳：《探索高校思想政治理论课实践教学新模式》，载《中共山西省委党校学报》，2013年第4期。

[81] 杨静、姚利民：《关于高校班级规模的调查分析》，载《高等教育研究》，2012年第7期。

[82] 华小洋、蒋胜永：《应用型人才培养相关问题研究》，载《高等工程教育研究》，2012年第1期。

[83] 高兴武：《思想政治理论课教学方式评价与选择——以"毛泽东思想和中国特色社会主义理论体系概论"为例》，载《北京教育（德育）》，2012年第10期。

[84] 毛圣泰、纪超凡：《医学院校思想政治理论课小班化教学探讨》，载《卫生职业教育》，2012年第3期。

[85] 刘万英：《高校本专科思政课程体系的比较研究》，载《教育与职业》，2012年第12期。

[86] 李新富：《新建本科院校教学团队建设问题研究——以思想政治理论课师资队伍建设为例》，载《学理论》，2011年第6期。

[87] 李新富：《新建本科院校教学团队建设问题研究》，载《学理论》，2011年第6期。

[88] 石雪梅：《新建本科院校思想政治理论课教学实效性问题分析》，载《湖北经济学院学报（人文社会科学版）》，2011年第3期。

[89] 冯来兴：《独立学院思想政治理论课建设的现状及对策》，载《思想政治教育研究》，2011年4期。

[90] 秦宣：《问题与对策：提高马克思主义大众化的实效》，载《思想理论教育导刊》，2011年第5期。

[91] 肖映胜、张耀灿：《高校思想政治理论课教学评价理念新探》，载《高校理论战线》，2011年第5期。

[92] 罗琼：《思想政治理论课情境教学探讨》，载《教育评论》，2011年第5期。

[93] 李森、赵鑫：《教学方式变革的文化审视》，载《课程·教材·教法》，2011年第4期。

[94] 王爱玲：《班级规模：一种不容忽视的课堂环境因素》，载《当代教育科学》，2011年第21期。

[95] 喻问琼：《情境教学法在教学中的实践与应用——以思想政治理论课教学为例》，载《中国成人教育》，2011年第10期。

[96] 肖伟才：《理论教学与实践教学一体化教学模式的探索与实践》，载《实验室研究与探索》，2011年第4期。

[97] 徐艳国、徐建军：《思想政治教育政策环境的构成要素分析》，载《中国高等教育》，2010年第9期。

[98] 荆钰婷、谭劲松：《高校思想政治理论课专题式教学模式新探》，载《思

想理论教育》，2010年第23期。

[99] 李金昌：《特色办学与高层次应用型人才培养模式探索》，载《浙江工商大学学报》，2010奶奶第4期。

[100] 苏梅芳：《从合格评估标准谈新建本科高校思想政治理论课教学改革》，载《南阳理工学院学报》，2010年第2期。

[101] 李俊义：《本科教育专科化问题及其成因和对策分析》，载《现代教育科学》，2010年第3期。

[102] 刘颁、唐玉蛟：《新建本科院校思政课面临的问题及对策》，载《衡水学院学报》，2009年第10期。

[103] 张百顺、韦三：《新建地方本科院校〈形势与政策〉课教学的现状与对策》，载《经济研究导刊》，2009年第3期。

[104] 肖应连：《从"独白"到"交往"的思想政治教育实践范式转换》，载《吉首大学学报（社会科学版）》，2009年第1期。

[105] 颜素珍、顾辉：《论思想政治理论课对大学生政治社会化的作用》，载《河海大学学报（哲学社会科学版）》，2009年第4期。

[106] 马廷奇：《政策选择与制度创新——改革开放以来高校本科教学改革的回顾与思考》，载《高等工程教育研究》，2009年第1期。

[107] 马凤岐、王伟廉：《教学方法改革在人才培养模式改革中的地位》，载《中国大学教学》，2009年第3期。

[108] 张云飞：《理论和实践的统一：马克思主义整体性的内在机理和科学要求》，载《思想理论教育导刊》，2008年第5期。

[109] 彭轩雁、肖中云：《新建本科院校思想政治理论课教学的探索》，载《当代教育论坛（学科教育研究）》，2008年第5期。

[110] 王磊、刘亚军：《独立学院思想政治理论课教学面临的问题及其对策》，载《长春理工大学学报（高教版）》，2007年第4期。

[111] 张寿松：《小班化教学的理论探讨与实践操作》，载《教育探索》，2007年第9期。

[112] 朱霞梅：《"三贴近"：高校思想政治工作创新的根本途径》，载《社科纵横》，2007年第9期。

[113] 郝文武：《教学方式对能力发展作用的价值取向和实践整合》，载《北京师范大学学报（社会科学版）》，2007年第3期。

[114] 钱广荣：《高校思想政治理论课的实践教学探讨》，载《思想理论教育》，2007年第3期。

[115] 张烨：《教育政策的制度分析：必要、框架及限度》，载《复旦教育论坛》，2006年第4期。

[116] 张立昌:《教学方法的选择:从主体需要维度的"另类"思考与实践启示》,载《教育理论与实践》,2006年第1期。

[117] 曹永昕、刘华:《从美国高校班级规模看我国高校大班课堂教学存在的现实意义》,载《河北大学成人教育学院学报》,2006年第2期。

[118] 高林、鲍洁:《关于高等教育分类与应用性本科教育培养目标的研究》,载《教育与职业》,2006年第17期。

[119] 俞红珍:《课程内容、教材内容、教学内容的术语之辨》,载《课程·教材·教法》,2005年第8期。

[120] 孙阳春:《教师专业化:以何为基点》,载《教育发展研究》,2003年第1期。

[121] 李方安:《班级规模到底该多大》,载《教学与管理》,2003年第2期。

[122] 张寿松:《小班化教学的理论探讨与实践操作》,载《教育探索》,2002年第9期。

[123] 孙发利:《交互主体论与主体性教学模式建构》,载《延安大学学报》,2001年第3期。

[124] 申继亮、王凯荣:《论教师的教学能力》,载《北京师范大学学报(人文社会科学版)》,2000年第1期。

[125] 吴康宁:《"课程内容"的社会学释义》,载《教育评论》,2000年第5期。

[126] 刘先义:《接受理论:教育研究的新领域》,载《教育理论与实践》,1998年第2期。

[127] 李如密:《关于教学模式若干理论问题的探讨》,载《课程·教材·教法》,1996年第4期。

[128] 刘天祥:《大学本科教育与专科教育的比较及其启示》,载《湖南商学院学报》,1996年第5期。

[129] 米俊魁:《情境教学法理论探讨》,载《教育研究与实验》,1990年第3期。

[130] 吴也显:《课堂教学模式浅谈》,载《教育研究与实验》,1988年第1期。

[131] 王策三:《论教师的主导作用和学生的主体地位》,载《北京师范大学学报(社科版)》,1983年第6期。

三、学位论文

[1] 贾龙:《群体分类视角下新时代大学生思想政治教育针对性研究》,山东大学博士学位论文,2021年。

[2] 张丽娜:《教学方式、课堂学习环境对高中生自我调节学习的影响》,东北

师范大学博士学位论文，2021年。

[3] 谢建：《教师精准教学能力模型构建研究》，东北师范大学博士学位论文，2020

[4] 吴长汉：《我国应用技术型高校人才培养目标研究》，天津职业技术师范大学博士学位论文，2017年。

[5] 汪馨兰：《高校思想政治理论课实践教学研究》，电子科技大学博士学位论文，2014年。

[6] 雷儒金：《高校思想政治理论课教学方法改革研究》，武汉大学博士学位论文，2013年。

四、报纸和网络文献

[1] 柯进：《城校共生成新建本科新愿景》，载《中国教育报》，2019年12月30日。

[2] 习近平：《用新时代中国特色社会主义思想铸魂育人 贯彻党的教育方针 落实立德树人根本任务》，载《人民日报》，2019年3月19日。

[3] 习近平：《坚持中国特色社会主义教育发展道路 培养德智体美劳全面发展的社会主义建设者和接班人》，载《人民日报》，2018年9月11日。

[4] 习近平：《决胜全面建成小康社会夺取新时代中国特色社会主义伟大胜利》，载《人民日报》，2017年10月19日。

[5] 《习近平首次点评"95后"大学生》，载《人民日报》，2017年1月3日。

[6] 《习近平在全国高校思想政治工作会议上强调：把思想政治工作贯穿教育教学全过程开创我国高等教育事业发展新局面》，载《人民日报》，2016年12月9日。

[7] 《习近平在省部级主要领导干部学习贯彻党的十八届五中全会精神专题研讨班上的讲话》，载《人民日报》，2016年5月10日。

[8] 张薇：《超九成大学生和白领群体从网上获取信息》，载《光明日报》，2015年3月24日。

[9] 《教育部关于发布〈教师数字素养〉教育行业标准的通知》，中华人民共和国教育部网站，http://www.moe.gov.cn/srcsite/A16/s3342/202302/t20230214_1044634.html（访问时间，2023年2月14日）。

[10] 《深入推进教育数字化转型》，中国经济网，http://m.ce.cn/bwzg/202209/09/t20220909_38094531.shtml（访问时间，2022年11月8日）。

[11] 黄玥：《习近平总书记心目中的思政课》，人民网，http://politics.people.com.cn/n1/2022/0426/c1001-32409260.html（访问时间，2022年11月1日）。

[12] 《习近平出席中央人才工作会议并发表重要讲话》，中华人民共和国中央

政府网, http://www.gov.cn/xinwen/2021-09/28/content_5639868.htm（访问时间, 2022年11月5日）。

[13]《教育部2020年教育统计数据》, 中华人民共和国教育部网, http://www.moe.gov.cn/jyb_sjzl/moe_560/2020/quanguo/（访问时间, 2022年11月12日）。

[14]《中华人民共和国教育法》, 中华人民共和国教育部网, http://www.moe.gov.cn/jyb_sjzl/sjzl_zcfg/zcfg_jyfl/（访问时间, 2022年11月10日）。

[15]《中华人民共和国国民经济和社会发展第十四个五年规划和2035年远景目标纲要》, 中华人民共和国中央人民政府网, http://www.gov.cn/xinwen/2021-03/13/content_5592681.htm（访问时间, 2022年11月16日）。

[16]《中共中央宣传部 教育部关于印发〈新时代学校思想政治理论课改革创新实施方案〉的通知》, 中华人民共和国教育部网站, https://www.gov.cn/zhengce/zhengceku/2021-01/01/content_5576046.htm（访问时间, 2022年11月15日）。

[17]《新时代学校思想政治理论课改革创新实施方案》, 中华人民共和国教育部网, http://www.moe.gov.cn/srcsite/A26/jcj_kcjcgh/202012/t20201231_508361.html（访问时间, 2022年11月18日）。

[18] 习近平:《在常学常新中加强理论修养 在知行合一中主动担当作为》, 人民网, http://dangjian.people.com.cn/n1/2019/0304/c117092-30955461.html（访问时间, 2022年11月16日）。

[19] 李剑平:《浙江20所本科大学成为应用型建设示范高校》, 中国青年报客户端, https://shareapp.cyol.com/cmsfile/News/201901/15/share174351.html?t=1547562622（访问时间, 2022年11月12日）。

[20]《习近平出席全国教育大会并发表重要讲话》, 中央人民政府网, http://www.gov.cn/xinwen/2018-09/10/content_5320835.htm（访问时间, 2022年11月10日）。

[21]《习近平同北京师范大学师生代表座谈时的讲话（全文）》, 新华网, http://www.xinhuanet.com/politics/2018-05/03/c_1122774230.htm（访问时间, 2022年5月10日）。

[22]《国务院关于印发新一代人工智能发展规划的通知》, 中华人民共和国中央人民政府网, http://www.gov.cn/zhengce/content/2017-07/20/content_5211996.htm（访问时间, 2022年9月20日）。

[23]《教育部 国家发展改革委 财政部关于引导部分地方普通本科高校向应用型转变的指导意见》, 中华人民共和国教育部网, http://www.moe.gov.cn/srcsite/A03/moe_1892/moe_630/201511/t20151113_218942.html（访问时间, 2022年10月15日）。

[24]《习近平主持召开中央财经领导小组第十一次会议》, 新华网, http://

www.xinhuanet.com/politics/2015-11/10/c_1117099915.htm（访问时间，2022年11月19日）。

[25]《习近平在中共中央政治局第二十次集体学习时强调：坚持运用辩证唯物主义世界观方法论 提高解决我国改革发展基本问题本领》，中华人民共和国中央人民政府网，http://www.gov.cn/xinwen/2015-01/24/content_2809598.htm（访问时间，2022年9月16日）。

后　记

记得一位思想政治理论研究前辈和学者曾说过，课题申报无论中与不中，都免不了痛苦：不中的痛苦是不中，中的痛苦是结题。对于笔者来说，作为2021年度教育部"高校思想政治理论课教学研究项目"的主要结题成果的本书的写作过程，则是一个"痛并快乐着"的过程。这两年来，除了教学工作之外，几乎所有空余时间都在忙着做调研、搞统计、收集文献资料以及长时间而反复地写作，不可谓不"苦"不"痛"。好在，这是笔者一个自选的、熟悉的、感兴趣的主题，特别是在研究过程中有了一些意想不到的收获和体会，于是便也有了"乐"。

本书是笔者近年来研究成果的一次系统总结和再思考、再深入，力求做到理论研究与实证实践相结合，全书共分为7章。第一章为绪论，主要是探讨新时代应用型本科高校思想政治理论课教学"精准供给"研究的意义和价值，并进行了较为充分的文献梳理。第二章为应用型本科高校思想政治理论课教学需求与"精准供给"体系，这是全书的基础和灵魂，即教学需求是什么以及怎样才是教学"精准对接"。第三、四、五、六、七章为本书的主体，即教学"精准供给"的主要内容与实现。其中，第三章为应用型本科高校思想政治理论课教学内容"精准供给"，第四章为应用型本科高校思想政治理论课教学方式方法"精准供给"，第五章为应用型本科高校思想政治理论课实践教学"精准供给"，第六章为应用型本科高校思想政治理论课"精准考核"，第七章为应用型本科高校思想政治理论课教师教学"精准供给"能力。最后附有调查问卷和主要参考文献。

本书由如下人员协力完成：绪论、第一、三、六章由王震撰写，第二章由王震、刘琪琳、施楚撰写，第四章由杨维伟、王震撰写，第五章由陈佳眉、王震撰写，第七章由郑娟、王震撰写。王震负责全书的提纲设计、组织调研和最后统稿修订工作。我的学生黄诗涵、王文、刘荣钒、楼雅境、姚煜兰、刘晶晶、王嘉欣、林欢、刘皖豫、徐栋、官泽方、周瑞坚、傅埕波、李诗雨、李昕曦、郑俊凯、陈安琪、陈王洺、王加斌负责问卷调查、访谈、校对和资料收集整理工作。

十分感谢在本书的写作过程中给予大力支持的各位师长、同行、朋友和兄弟院校。宁波工程学院马克思主义学院邹泉康书记牺牲了宝贵的休息时间通读全文并严把了政治原则和方向，张新光院长提出的许多宝贵意见建议并在出版经费上给予了支持。在调研过程中，多所院校和同行们给予了大力支持协助，耐心地接受调研访谈，特别是不吝赠赐学校内部相关文件以供研究。同时，在写作过程中，我们借鉴和参考了学界大量研究成果，这些成果已尽可能在本书注释或在参考文献中列明，为本书的完成奠定了坚实基础，在此一并感谢。

高校思想政治理论课教学是大道、正道、人道与学术、技术、艺术的融合，高校思想政治理论课教学研究是一座值得永远攀爬的巍峨高山、一座探索不尽的魅力宝库。作为一名专注于教学的高校思想政治理论课教师，笔者一直对于"科研"二字怀有莫大的敬畏感，如临如履。因能力水平有限，本书难免还存在一些粗浅错漏之处，一些观点亦是逞"一家之言"，不当之处，敬请学界批评指正。

笔者

2023年8月1日夜